AF558527

Der Maler Eugen Spiro

1874–1972

WOLFGANG FEYERABEND · JAN GEHLSEN

Der Maler Eugen Spiro

1874–1972
Berlin · Paris · New York
Werk und Biografie

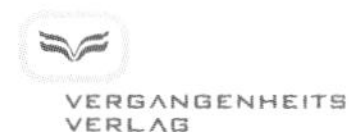
VERGANGENHEITSVERLAG

Impressum

Bibliografische Informationen der Deutschen Nationalbibliothek

Die Deutsche Nationalbibliothek verzeichnet diese Publikation in der Deutschen Nationalbibliografie; detaillierte bibliografische Daten sind im Internet über
http://dnb.d-nb.de abrufbar.

ISBN: 978-3-86408-292-4

Korrektorat: Tobias Keil
Grafisches Gesamtkonzept, Satz und Layout: Darius Samek

www.vergangenheitsverlag.de

Danksagung

Für wertvolle Hinweise bei der Arbeit am Manuskript
danken wir

dem
Archiv der Akademie der Künste Berlin,
insbesondere Herrn Michael Krejsa,

dem
Deutschen Exilarchiv der Deutschen Nationalbibliothek
Frankfurt am Main,
insbesondere Frau Regina Elzner,

dem
M.E. Grenander Department
for Special Collections & Archives,
University of Albany, SUNY,
insbesondere Frau Melissa McMullen,

dem
Hans Purrmann Archiv in München,
insbesondere Frau Julie Kennedy,

Herrn Dr. Claus Beneking, Hiddensee,
Frau Elizabeth Spiro, London,

und
Frau Karin Weyert, Detmold

Inhaltsverzeichnis

Memories of my Grandfather Eugen Spiro

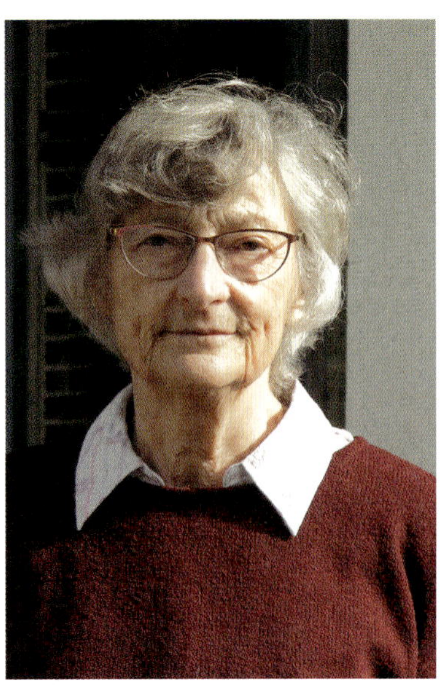

I remember my grandfather well. When I was born in London in 1942 Eugen – Genio to his family – was safely in the United States. He was divorced from my grandmother, married to Lilli, and trying to re-launch his career as an artist. Portraits of me as a baby and as a toddler were painted by Eugen from photographs sent to him by my parents. I met him for the first time on his and Lilli's visit to London in 1947.

In the mid to late 1950s and the 1960s, when my grandfather and Lilli spent much of each summer in Europe, my parents, my brother and I would join them for perhaps a couple of weeks in Italy and later in Switzerland, along with other friends and relatives. Later, as an adult, I visited them a few times in New York, and then after Eugen died, I continued to visit Lilli. So, although we lived on opposite sides of the Atlantic, my grandfather was very much a part of my life. I remember him as generally cheerful and playful with us as children, showing us in hotel dining rooms, for example, how to make a loud whistling noise running a wet finger around the top of a wine glass, or building models of planes and an airport out of bread rolls and toothpicks. He was also musical and sometimes burst loudly into operatic song, to the embarrassment of my brother and me.

Although I do not remember ever seriously discussing painting with him, my grandfather's influence on me was considerable. Whenever we met, except for in his last few years, he was always painting, and I often watched him. My father, Peter Spiro, Eugen's son, also drew and painted, although like me he made his living from other things. So I grew up with drawing and painting as a normal way to spend time. There are many things that I learnt from Eugen, though whether through things he said or from watching him, or indirectly from my father I do not remember. These included a love of outdoor painting and the importance of changing light – wherever I saw him painting he would always have both a morning painting and a separate afternoon painting on the go, a practise I still continue. It was not only for landscapes that the quality and direction of light was crucial. I well remember him occupying the bathroom in our hotel rooms for a couple of days because the bathroom mirror offered the best light for a self-portrait (Torbole 1959). The palette of colours that he used, including the cadmiums for reds and yellows, has also stuck with me, reinforced by the fact that I inherited his painting materials. On visits to New York I learnt the trick of, whenever possible, attending concerts during rehearsals rather than the actual performance, as the lights stayed on and one could draw.

Only much later (1993–2013) did my father and I paint together, in our different ways, visiting and revisiting the European places and views that Eugen had painted. This was a wonderful way to revive and share memories of Eugen and his paintings.

Elizabeth Spiro

Erinnerungen an meinen Großvater Eugen Spiro

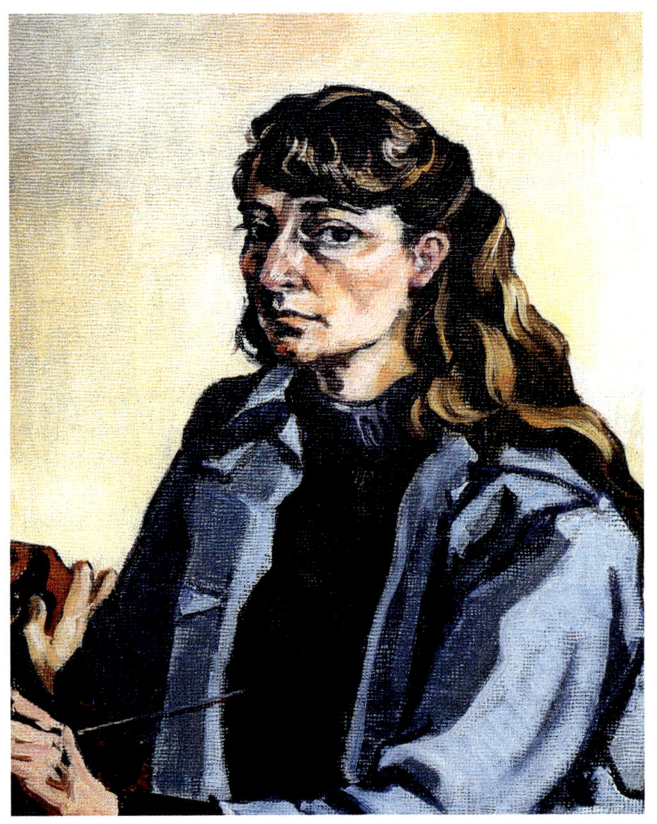

Elizabeth Spiro, Selbstbildnis, 1985

Ich erinnere mich gut an meinen Großvater. Als ich im Jahre 1942 in London geboren wurde, hatte sich Eugen – in der Familie Genio genannt – in die Vereinigten Staaten in Sicherheit gebracht. Von meiner Großmutter geschieden und jetzt mit Lilli verheiratet, arbeitete er an einem Neustart als Künstler. Nach Photographien, die ihm meine Eltern geschickt hatten, malte er mich als Baby und Kleinkind. Kennen gelernt habe ich ihn, als er und Lilli im Jahre 1947 nach London kamen.

Während der zweiten Hälfte der fünfziger Jahre und während der sechziger Jahre verbrachten mein Großvater und Lilli große Teile des Sommers in Europa, zunächst in Italien und später in der Schweiz. Meine Eltern, mein Bruder und ich sowie andere Verwandte und Freunde konnten sie dann mehrere Wochen lang treffen. Erwachsen geworden, habe ich sie mehrmals in New York besucht, und nachdem Eugen gestorben war, fuhr ich fort, Lilli dort zu besuchen. Auf diese Weise wurde Eugen ein wichtiger Teil meines Lebens, obwohl wir auf entgegengesetzten Seiten des Atlantiks lebten. Er ist mir als meistens gut gelaunt und zu Spielen mit uns Kindern aufgelegt in Erinnerung. In Speisesälen von Hotels lehrte er uns, mit feuchten Fingern auf den Rändern von Weingläsern laute Pfeiftöne zu produzieren oder aus Brötchen und Zahnstochern Flugzeuge und Landebahnen zu bauen. Er war auch musikalisch und brachte meinen Bruder und mich in Verlegenheit, indem er lauthals Opernarien zum Besten gab.

Obwohl ich mich nicht daran erinnern kann, jemals ausdrücklich über Malerei mit ihm diskutiert zu haben, war meines Großvaters Einfluss auf mich beträchtlich. Abgesehen von den allerletzten Jahren, war er immer mit Malen beschäftigt, wenn wir zusammentrafen, und ich sah ihm dabei zu. Mein Vater Peter Spiro, Eugens Sohn, malte und zeichnete auch, aber ebenso wie ich verdiente er seinen Lebensunterhalt auf andere Weise. So bin ich in dem Bewusstsein aufgewachsen, dass Malen und Zeichnen die richtige Art und Weise seien, seine Zeit zu verbringen. Es gibt viele Dinge, die ich von Eugen gelernt habe, ohne mich erinnern zu können, ob das durch Erklärungen oder durch Beobachtung geschah, ob direkt durch Eugen oder indirekt über meinen Vater. Das schließt die Vorliebe für Freiluftmalerei ein mit ihrer Bedeutung von wechselndem Licht. Wo immer Eugen damit beschäftigt war, pflegte er, parallel eine Morgen- und eine Nachmittagsstimmung festzuhalten, eine Vorgehensweise, die ich fortsetze. Dass die Intensität und die Richtung des Lichts entscheidend sind, gilt nicht nur für Landschaften. Ich kann mich gut erinnern, dass er mehrere Tage lang das Bad in einem Hotelzimmer besetzte, weil der dortige Spiegel das beste Licht für ein Selbstporträt hergab (Torbole 1959, Abercron, S. 207). Die von ihm verwendete Farbpalette, die Cadmium für Rot und Gelb einschloss, hat sich auch bei mir durchgesetzt, verstärkt dadurch, dass ich seine Malutensilien geerbt habe. Bei Besuchen in New York habe ich den Trick gelernt, bei Konzerten – wo immer möglich – lieber die Generalprobe als die eigentliche Aufführung zu besuchen, weil das Licht eingeschaltet bleibt und man zeichnen kann.

Erst viel später haben mein Vater und ich mit unseren stilistischen Unterschieden gemeinsam gemalt, wenn wir Orte und Ansichten aufgesucht haben, die Eugen gemalt hatte. Das war eine wundervolle Möglichkeit, Erinnerungen an Eugen und seine Bilder zu teilen und wiederzubeleben.

Elizabeth Spiro
Übersetzung Jan Gehlsen

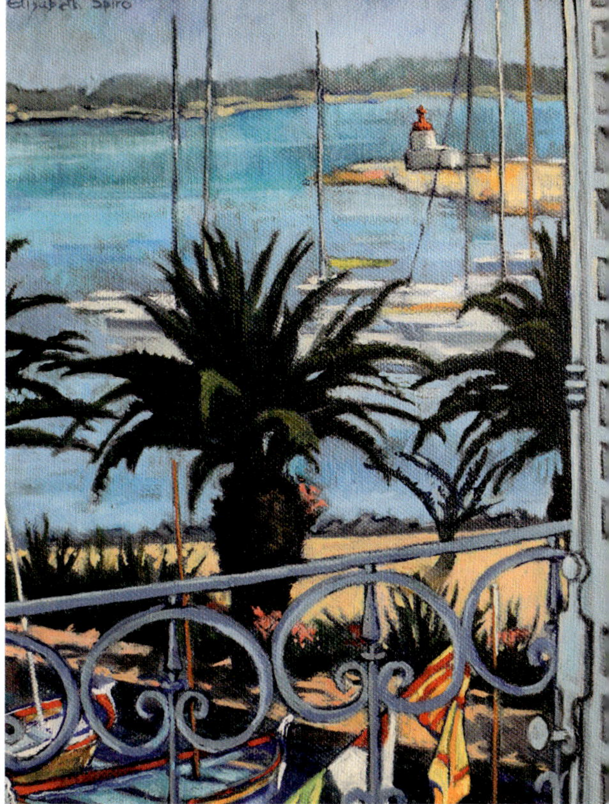

Elizabeth Spiro, Sanary sur Mer

Verfemt, vertrieben, vergessen

Der Name des Malers und Grafikers Eugen Spiro (1874–1972) ist auch Kunstinteressierten heute kaum noch ein Begriff. Das verwundert umso mehr, als er im Berlin der Weimarer Republik eine zentrale Figur des Kunstlebens und einer der gefragtesten Porträtisten war. Prominenz aus Kultur, Wissenschaft und Politik gehörte zu den von ihm Dargestellten. Weithin Anerkennung fanden darüber hinaus seine Landschaften und Stadtansichten, die vorzugsweise auf den Reisen ans Mittelmeer entstanden. Nach dem Tod von Lovis Corinth leitete er ab 1925 – gemeinsam mit Charlotte Berend-Corinth, später allein – die Berliner Secession. Ein Jahr zuvor war er in die Ankaufkommission der Nationalgalerie berufen worden; 1927 erfolgte seine Wahl zum Präsidenten des Kartells der vereinigten Verbände bildender Künstler Berlins. Ebenfalls hervorgehoben werden muss seine lebenslange Tätigkeit als Lehrender. Ihrerseits bekannt gewordene Schülerinnen und Schüler von ihm waren Marcelle Cahn und Kaete Ephraim Marcus, Egbert Lammers und Peter Weiss, der als Dramatiker und Erzähler Weltruf erlangte, aber auch als Maler große Beachtung fand.

Der aus Breslau gebürtige Spiro entstammte der Familie eines jüdischen Kantors, in der die Musik eine herausragende Rolle spielte. Und obwohl er selbst die Malerei zum Beruf machte, blieb ihm die Musik lebenslang Inspirationsquell. Davon zeugen seine Skizzen aus Konzertsaal und Oper von namhaften Protagonisten des Berliner Musiklebens. Die Abgebildeten bedankten sich häufig persönlich bei ihm oder versahen die Zeichnungen mit ihrer Gegensignatur. Gesammelt erschienen diese lithografischen Porträts in den Bänden „Das Podium“ und „Im Konzert“.

Studiert hatte Spiro an der Staatlichen Akademie für Kunst und Kunstgewerbe Breslau bei Albrecht Bräuer und an der Münchner Akademie bei Franz von Stuck, dessen Meisterschüler er wurde. Nach einem über ein Stipendium finanzierten einjährigen Italienaufenthalt, etablierte er sich als freier Maler in seiner Heimatstadt. Dort lernte er die damals noch weitgehend unbekannte Tilla Durieux (1880–1971) kennen. Als sie an die Reinhardt-Bühnen verpflichtet wurde, folgte er ihr nach Berlin. Im Sommer 1904 heirateten beide. Der Verbindung war indes keine Dauer beschieden. Sie verliebte sich Hals über Kopf in den Kunsthändler Paul Cassirer. Im Herbst 1906 ließ sich das Paar scheiden.

Spiro entschied, nach Paris zugehen, um sich als Maler weiter zu vervollkommnen. Daraus wurde ein 8-jähriger Aufenthalt, der seine künstlerische Entwicklung nachhaltig beeinflusste. Anregungen für das eigene Schaffen empfing er namentlich von Werken

Portrait Ernst Toller, 1931 →

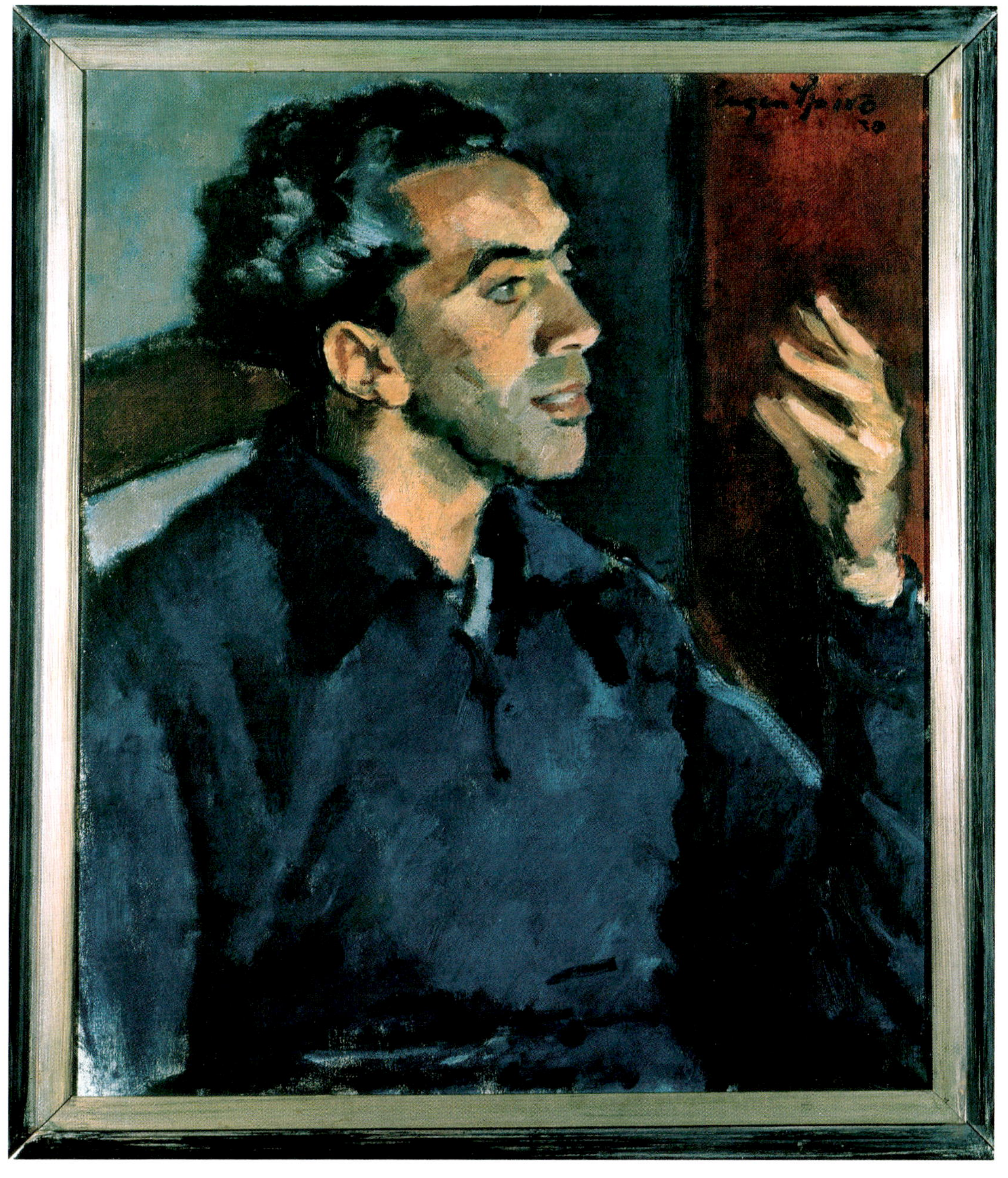

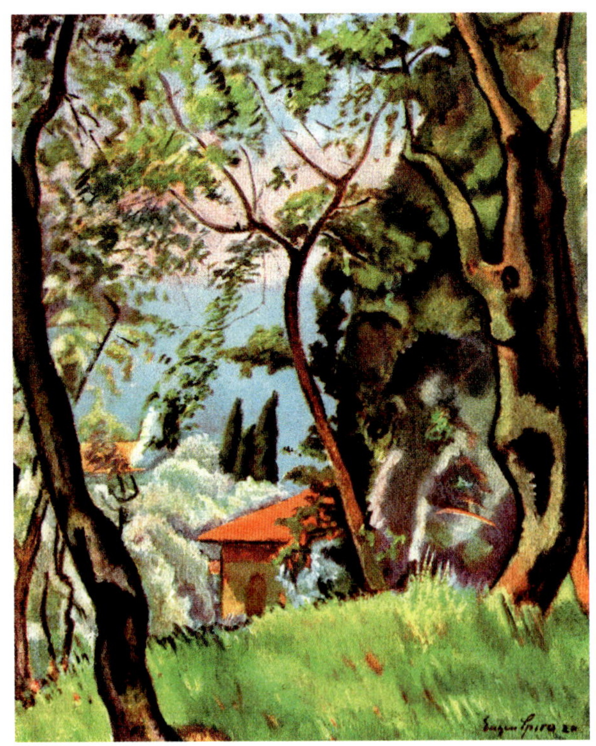

Landschaft am Gardasee, 1922

Édouard Manets und Paul Cézannes. In Paris traf er auch den Maler und Kunstschriftsteller Erich Klossowski (1875–1949) wieder, den er aus Breslau kannte und der sein Schwager werden sollte. Dieser heiratete Spiros jüngere Schwester Elisabeth Dorothée (1881–1969), die sich als Malerin Baladine nannte. Aus der Ehe gingen die Söhne Pierre (1905–2001) und Balthasar Klossowski (1908–2001) hervor. Ersterer reüssierte als Schriftsteller, Letzterer kam als Maler unter dem Pseudonym Balthus zu Weltruhm.

Wie die meisten deutschen Maler in Paris verkehrte auch Spiro in dem etwas trostlosen und erst im Nachhinein legendär gewordenen Café du Dôme, über das sein Münchener Kommilitone Hans Purrmann, ebenfalls „Dômier", rückblickend schrieb: „Allen aber war dieses Café zu einer Art Universität geworden, ohne System, ohne Einpauken, ohne Pensum, wo vielen Dingen auf den Grund gegangen wurde, unsere Sensibilität gesteigert, unser Urteil erweitert und ein Lebenssinn erspürt, der zur Erkenntnis führen konnte!"[1]

Mit Beginn des Ersten Weltkrieges 1914 musste Spiro als „feindlicher Ausländer" Paris verlassen und kehrte nach Berlin zurück. Der Kontakt war ohnehin nicht abgerissen, da Porträtaufträge, mit denen er den Paris-Aufenthalt finanzierte, häufig seine Anwesenheit in der deutschen Hauptstadt erforderten. Auch hatte er sich weiterhin an Ausstellungen der Secession – seit 1907 als ordentliches Mitglied – beteiligt. Nach der 1913 vollzogenen Spaltung der Künstlervereinigung verblieb er mit Corinth in der „Rumpf"-Secession.

Zurück in Berlin wurde der 42-Jährige zum Kriegsdienst eingezogen, aber wegen seines Alters vom Fronteinsatz freigestellt und der Karthographischen Abteilung des stellvertretenden Generalstabes mit Sitz in Berlin-Tiergarten zugeteilt. Der nicht allzu aufreibende Dienst erlaubte ihm, nebenher der eigenen künstlerischen Arbeit nachzugehen und sich zunehmend in der Secession zu engagieren, die ihn 1917 in den Vorstand wählte.

Das Jahr hielt eine weitere Veränderung bereit. In zweiter Ehe heiratete er Elisabeth Saenger-Sethe (1898–1990). Seine junge Frau und beider einziges Kind, Sohn Peter Spiro (1918–2018), wurden bevorzugte Modelle von ihm. Spiros Schwiegereltern waren die ehemalige Konzertviolinistin Irma Sethe (1876–1958) sowie der Publizist und Diplomat Samuel Saenger (1864–1944).

Spätestens ab Mitte der 1920er Jahre stand Spiro auf dem Höhepunkt seines Schaffens und seines Ruhmes. Ausstellungen und Ausstellungsbeteiligungen im In-

Ferruccio Busoni

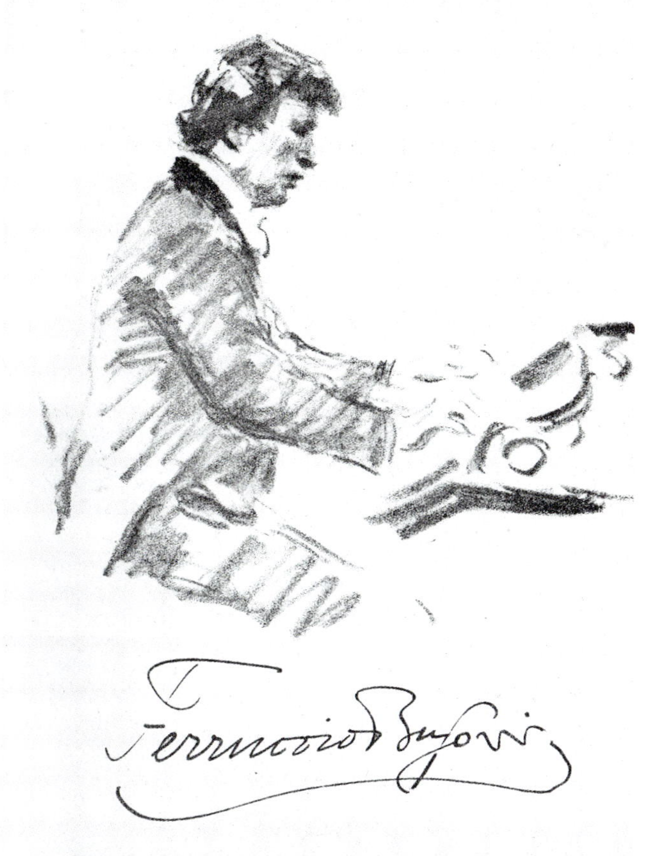

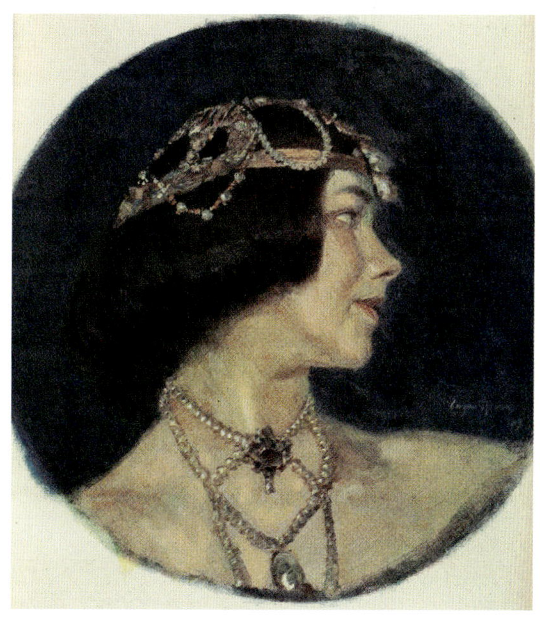

Tilla Durieux als Salome, 1905

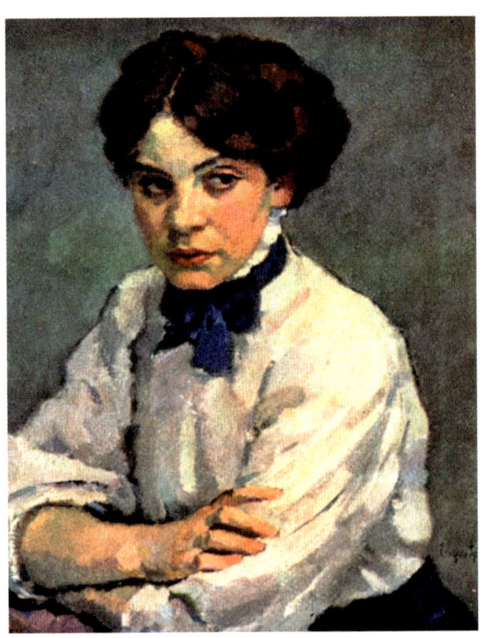
Mademoiselle Lucie

und Ausland wechselten in rascher Folge ab. Der Umzug von Halensee ins vornehme Westend 1928 machte deutlich, dass auch die wirtschaftlichen Verhältnisse der Familie überaus stabil waren.

All das änderte sich schlagartig mit der Gewaltherrschaft der Nationalsozialisten 1933. Bereits im März sah sich Spiro gezwungen, vom Vorsitz der Berliner Secession und den weiteren Ehrenämtern zurückzutreten. Wegen seiner jüdischen Herkunft wurde ihm 1934 Arbeitsverbot als Maler und Grafiker erteilt. Dass er mit der Familie nicht in existenzielle Not geriet, verdankte sich vor allem Gönnern, die ihn weiterhin unterstützten. Im Februar 1935 gehörte Spiro zu den wenigen Künstlern, die noch den Mut aufbrachten, am Begräbnis des verfemten Max Liebermann teilzunehmen. Ende September gingen er und seine Frau ins Exil nach Paris. Für Sohn Peter wurde ein schweizerisches Internat ausgesucht. Dort konnte er nach einem Jahr einen Abschluss erwerben, der es ihm erlaubte, am renommierten Imperial College in London ein Ingenieur-Studium aufzunehmen.

Davon, dass Eugen Spiro die Arbeit als Maler in Paris fortsetzte, ohne kunstfernen Tätigkeiten nachgehen zu müssen, und 1938 zum Präsidenten des Freien Künstlerbundes/Union des artistes libres gewählt wurde, erfuhr die deutsche Öffentlichkeit selbstredend nichts. Lediglich die Gestapo war informiert und alarmiert. Als die Wehrmacht im Sommer 1940 in Frankreich einfiel und Paris besetzte – ihm gelang noch rechtzeitig die Flucht –, konfiszierte der Einsatzstab Reichsleiter Rosenberg umgehend in Spiros Wohnung Bilder, Möbel und Unterlagen.

Der abenteuerliche Weg dieser Unterlagen nach Berlin bildet die Geschichte des 20. Jahrhunderts ab. Von besonderem Interesse für die Besatzer waren die Akten des Freien Künstlerbundes. Dieser Vereinigung galt der Hass, denn von ihr aus war die NS-Kunstpolitik publizistisch scharf kritisiert, in einem Falle sogar international lächerlich gemacht worden. Die Beschlagnahme umfasste aber auch Spiros private Papiere. Dies alles gelangte nach Berlin, wurde nach Kriegsende nach Moskau verbracht und später dem Staatsarchiv der DDR übergeben. Nach 1989 war das Bundesarchiv zuständig, ehe die Archivalien auf Wunsch der Spiro Erben 2010 dauerhaft dem Archiv der Akademie der Künste in Berlin anvertraut wurden.[2]

Unter den mentalen Belastungen und finanziell zunehmend schwieriger gewordenen Bedingungen des Exils war Spiros Ehe zerbrochen. Sie wie er befanden sich schon in neuen Partnerschaften, als sie zu viert in den unbesetzten Teil Frankreichs flohen: Elisabeth mit dem Autor Joseph Chapiro (1893–1962), Eugen mit der aus Berlin stam-

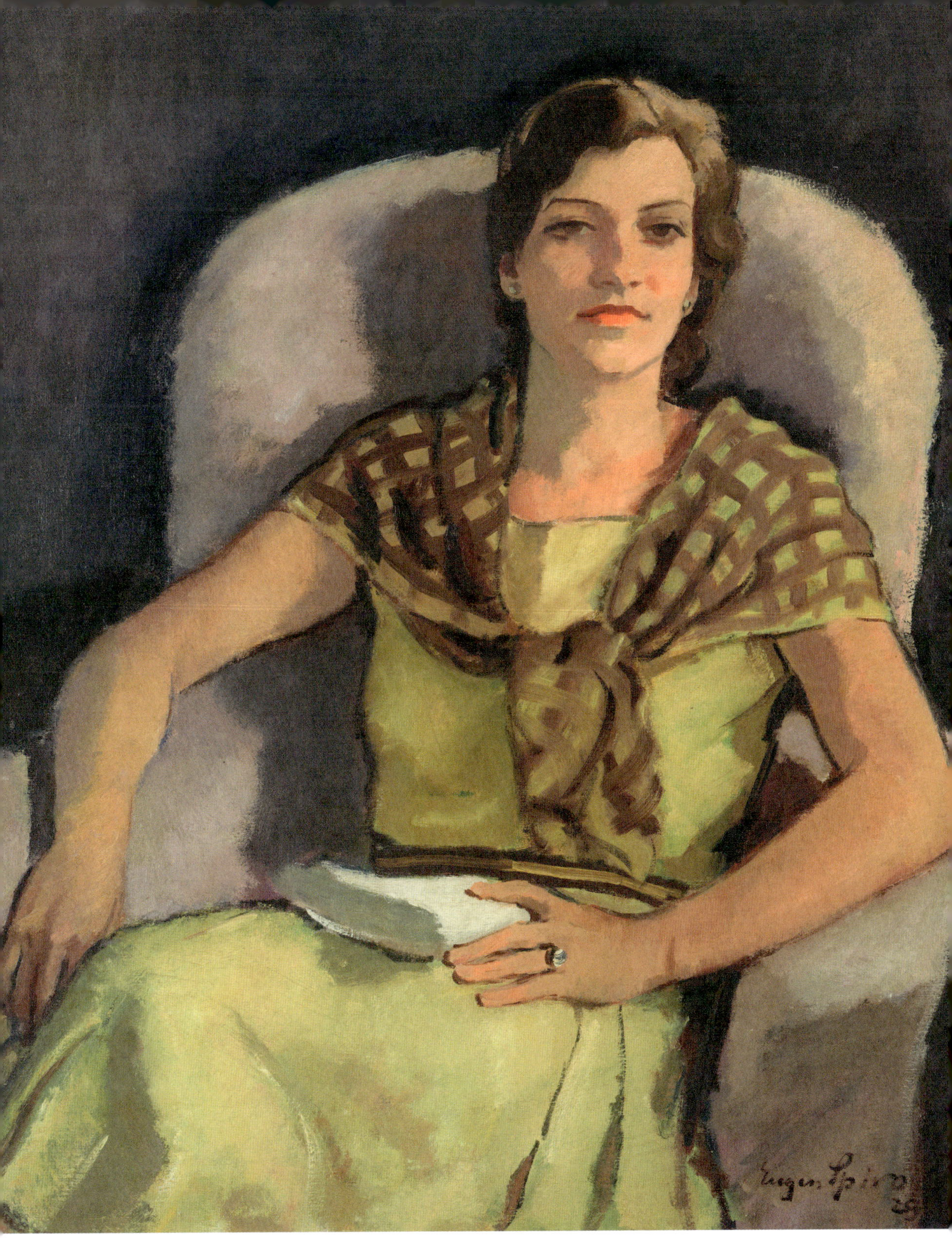

Elisabeth Spiro, 1929

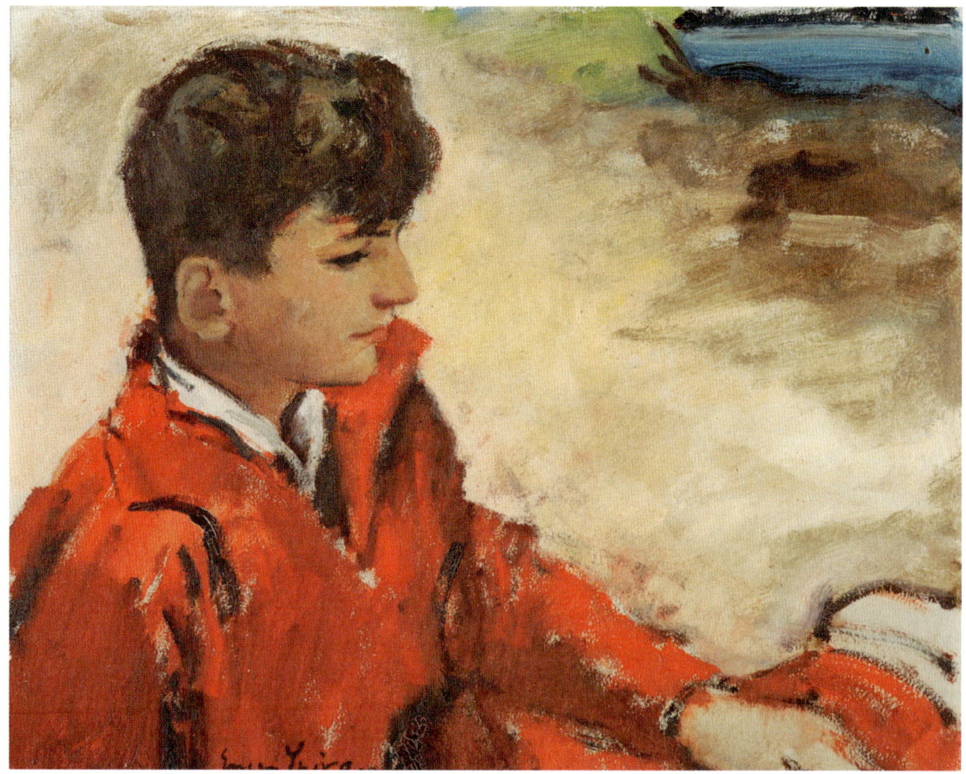

Knabenbildnis am Strand, Peter Spiro in Concarneau, 1929

menden Kaufmannstochter Lilli Jacoby, die seine dritte Frau wurde. Ehe die „Quadriga" Lissabon erreichte, musste sie quälende Momente des Wartens auf die Visa in Marseille verbringen. Erst im Mai 1941 konnten die zusätzlich benötigten, aber ständig überbuchten Schiffspassagen für die Überreise in die USA beschafft werden.

Nach mühsamen Anfängen in New York, wo seine Berliner und Pariser Reputation kaum etwas galt, gelang es Spiro, auf dem neuen Kontinent Fuß zu fassen. Zunächst als Gemälderestaurator und Kunsterzieher, schließlich auch als Maler.

In Deutschland war er nach dem Zweiten Weltkrieg und dem Ende des „tausendjährigen" Reiches vergessen. Einzelne Versuche in der Bundesrepublik und in Westberlin, so durch die Münchener Galerie Wolfgang Gurlitt 1957 bzw. das Berlin Museum 1969, ihn wieder ins Bewusstsein der Öffentlichkeit zu rücken, waren eher nur lokale Erfolge beschieden. Die Aussteller der Documenta in Kassel verzichteten gänzlich auf seine Teilnahme. War es im Westen die Dominanz der abstrakten Malerei, so waren es in der DDR die Forderungen nach einem sozialistischen Realismus und die daraus entspringende Formalismus-Debatte, die die Wiederentdeckung Spiros behinderten bzw. unmöglich machten. Weder in der zur 750-Jahrfeier der Stadt von den Staatlichen Museen Berlin (Ost) verantworteten Ausstellung „Kunst in Berlin 1648–1987" noch in deren Begleitband fand sein Name Erwähnung.

Gewiss, Spiro war kein Neuerer. Sein künstlerisches Ringen galt dem jeweiligen Bild, der Herausarbeitung des Charakters einer Person oder einer Landschaft, denn auch diese behandelte er wie ein Porträt. Moden, bekundete er mehrfach, hätten ihn nicht interessiert. Während jedoch die Literaturkritik nie den Rang eines Thomas Mann bestritt, der auch kein Neuerer war, sondern einer der letzten großen Repräsentanten der realistischen Erzähltradition Europas, glaubte die Kunstkritik häufig genug, Spiros Bedeutung in Frage stellen zu müssen.

Der Präsentation im Berlin Museum als durchaus ebenbürtig erwies sich 1978 die in Köln und München von der Galerie Wilko von Abercron veranstaltete Retrospektive. Außer einer ganzen Reihe von Gemälden, die in Berlin nicht zu sehen waren, gab es einen qualitätsvoll ausgestatteten Katalog, in dem sich auch aufschlussreiche schriftliche Quellen befanden wie der Brief des Bundespräsidenten Theodor Heuss oder der Artikel von Max Osborn in deutscher Originalfassung aus dem Katalog der New Yorker Galerie St. Etienne zur Spiro-Ausstellung 1943.

Mit Vera Liebrechts 1987 erschienener Arbeit „Eugen Spiro – Leben und Werk“ wurde zum ersten Mal eine Dissertation über den Maler geschrieben. Der Galerist Wilko von Abercron legte 1990 mit der Monografie „Eugen Spiro 1874–1972 – Spiegel seines Jahrhunderts“ nach, die gegenüber Liebrecht ein deutlich erweitertes, wenngleich heute auch schon überholtes Werkverzeichnis enthält. In Spiros Geburtsstadt veranstaltete das Muzeum Miejskie Wrocławia 2002 eine sorgfältig kuratierte Ausstellung (begleitet

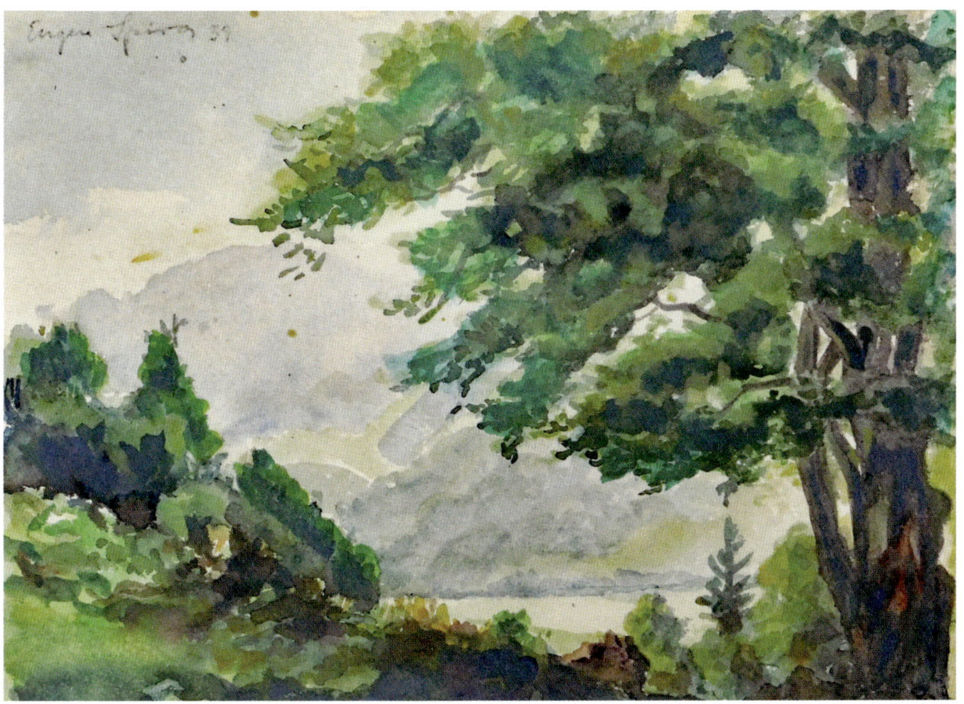

Sommerlandschaft, 1939

von einem zweisprachigen Katalog mit zahlreichen farbigen Abbildungen), die in den deutschen Medien jedoch kaum Beachtung fand. Unter dem Titel „Nur uns gibt es nicht wieder" veröffentlichte Peter Spiro 2010 Erinnerungen an „meinen Vater Eugen Spiro, meine Vettern Balthus und Pierre Klossowski, die Zwanziger Jahre und das Exil".

Diese Erinnerungen wie auch viele Gespräche mit Peter Spiro und seiner in London lebenden Tochter, der Malerin Elizabeth Spiro (geb. 1942), gaben den Anstoß für das Entstehen des vorliegenden Buches.

Recherchen im Archiv der Akademie der Künste Berlin und im Exil-Archiv der Deutschen Nationalbibliothek erbrachten neue Erkenntnisse. Das Exil-Archiv der Universität Albany stellte Unterlagen aus Spiros Jahren in New York zur Verfügung. Ebenso wurden jüngere Publikationen zu den Themenkreisen Café du Dôme, Berliner Secession und Freier Künstlerbund/Union des artistes libres hinzugezogen.

Wieder aufgefundene Bilder, Briefe und Dokumente, die hier erstmals abgedruckt werden, zeichnen die bislang nur unvollständig bekannte und oft fehlerhaft wiedergegebene Biografie dieses Malers und Seniors einer europäischen Künstlerfamilie nach, der die Spielarten der Moderne sehr wohl zur Kenntnis nahm und sich dennoch mit seinem Werk beharrlich der Einordnung in die Stilrichtungen des 20. Jahrhundert entzog.

1 Leben und Meinungen des Malers Hans Purrmann. Anhand seiner Erzählungen, Schriften und Briefe zusammengestellt von Barbara und Erhard Göpel, Wiesbaden 1961, S. 61

2 Zum Schicksal der von der deutschen Besatzung konfiszierten kulturellen Archivalien. Patricia Kennedy Grimsted: „Trophy" Archives in Moscow and the Art Scene in France and Germany under the National Socialist Regime 1933–1945, in Ines Rotermund Reynard, Echoes of Exile – Moscow Archives and the Arts in Paris 1933–1945, Berlin 2015, S. 45ff., speziell zu Spiro S. 63

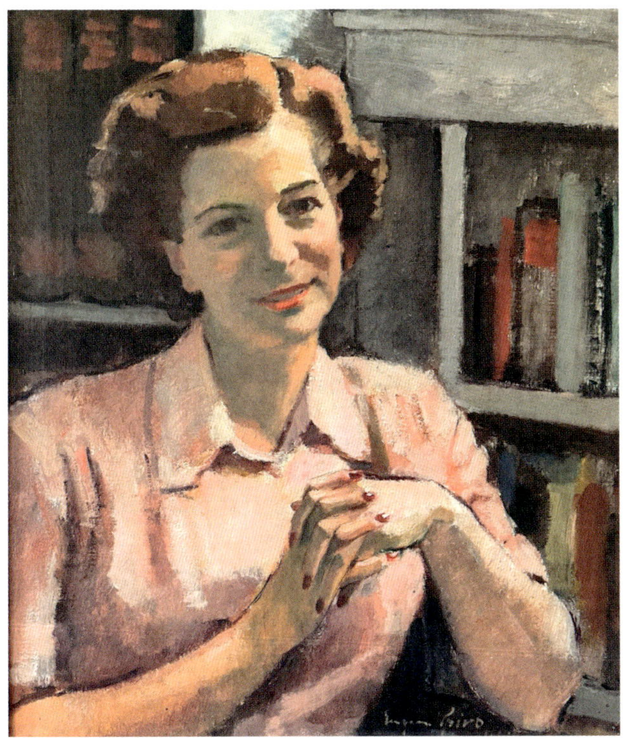

Lilli in rosa Bluse, 1946

Bauernhäuser unter Bäumen
an einem Sommertag, 1950

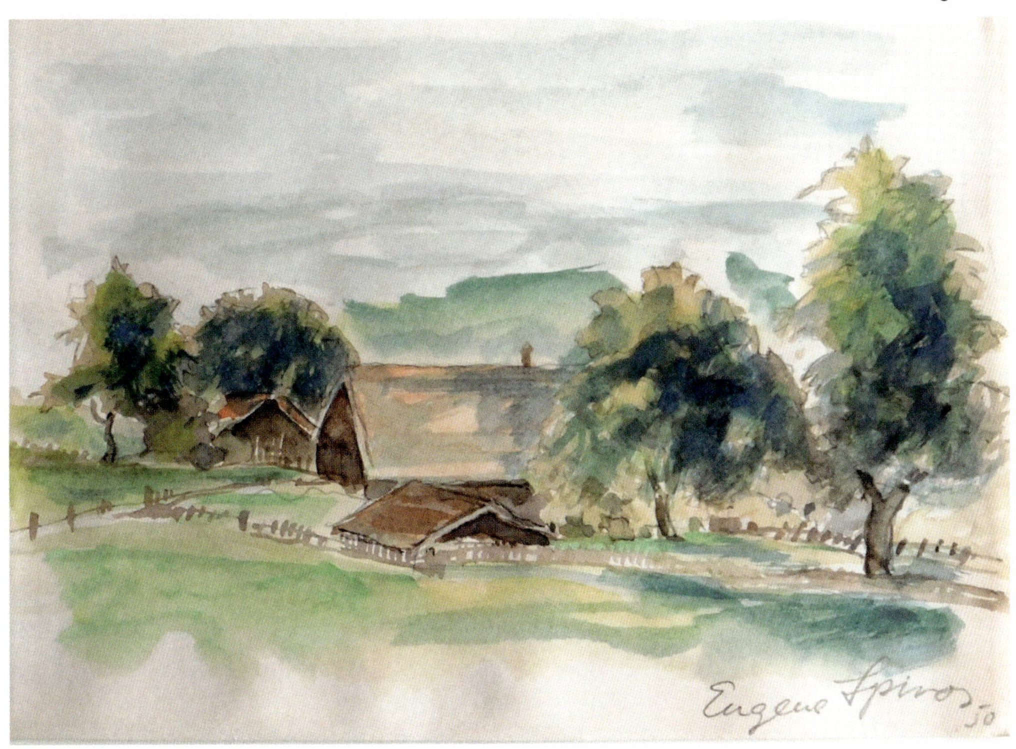

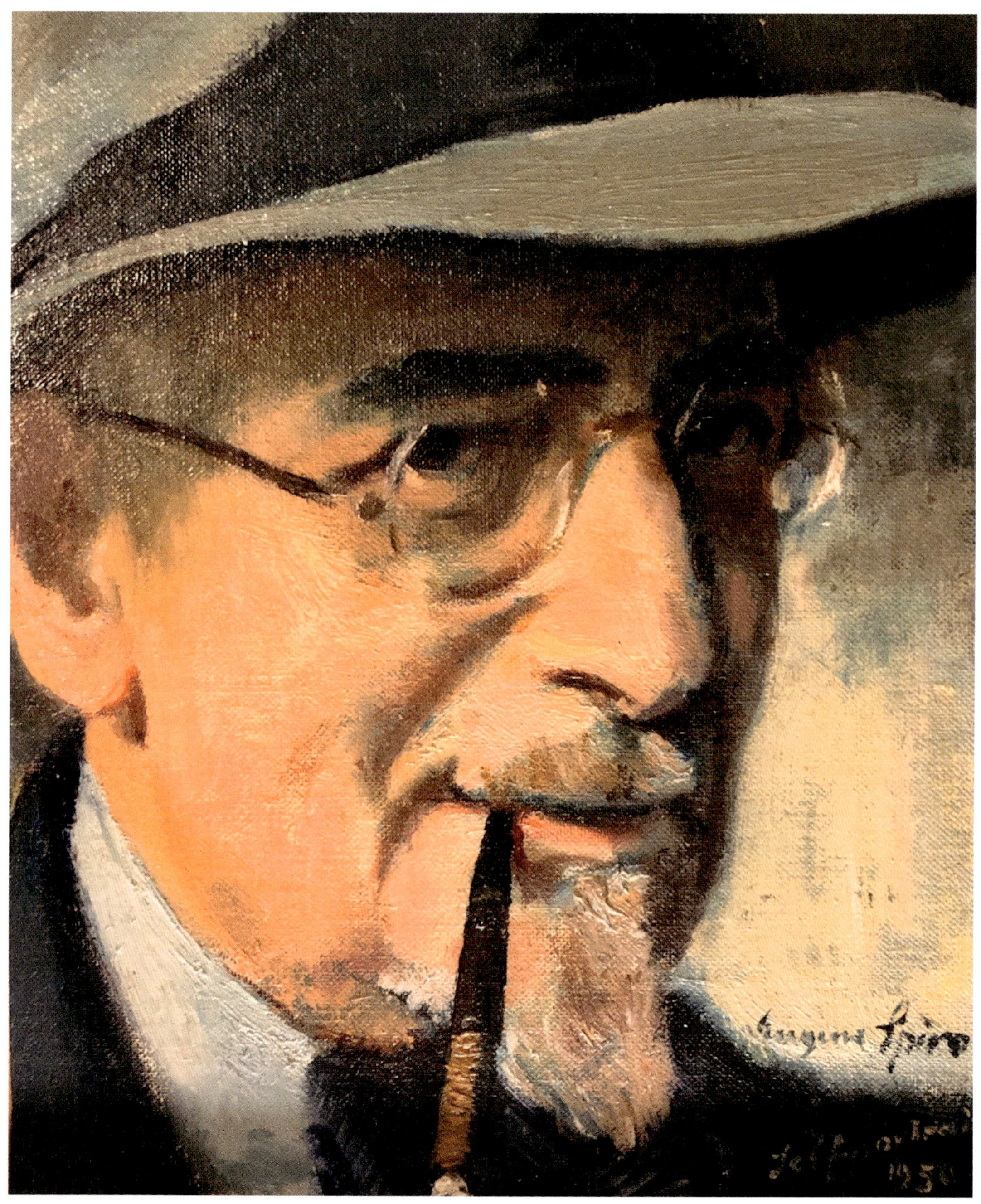

Selbstbildnis, 1950

Die Anfänge

Musik prägte die Familie. Der am 18. April 1874 in Breslau geborene Jakob Eugen Spiro aber wurde Maler. Eltern waren der Kantor der Storch-Synagoge Abraham Baer Spiro (1833–1903) und Fanny Spiro, geb. Form (1837–1901). Über seine Jugend in einer Künstlerfamilie gibt es aufschlussreiche Sätze von Eugen Spiro.

> „Mein Drang zur Kunst, ich war damals 16 Jahre alt, war ungeheuerlich; umso mehr, als mir der Weg zur Musik in meinem Elternhause versperrt wurde. Den ganzen Tag war nur von Musik und Gesang die Rede. Mein Vater komponierte selbst alle Gesänge für seine Synagoge. Ich erinnere mich, wie er eines Tages einen Psalm anlässlich der Silberhochzeit des kranken Kronprinzen Friedrich Wilhelm komponierte, ihm sein Werk in einem blauen Plüscheinband mit silbernem Aufdruck nach Berlin schickte, wie er dann Dank- und Anerkennungsschreiben vom Hofmarschall-Amt erhielt und das dann schön gerahmt im ‚Salon' aufgehängt wurde. Mein ältester Bruder war zum Studium nach Wien gegangen, um Opernsänger zu werden, mein zweiter Bruder hatte denselben Ehrgeiz und ging nach seinem Abitur ebenfalls dahin, um Schüler von Max Bruch zu werden, wurde aber von den Eltern gezwungen, gleichzeitig Jura zu studieren. Meine Schwestern lernten alle das Klavierspielen.
>
> Da war es doch natürlich, dass Musik mich stark interessierte, obwohl ich heimlich auch zeichnete. Ich tat es heimlich, denn ich fürchtete die Kritik meiner Geschwister, deren Erziehung oftmals mehr von der gegenseitigen Kritik beeinflusst war als durch die Ermahnungen der Eltern. Als ich schließlich auch Klavierspielen lernen wollte, sträubte sich meine Mutter mit all ihrer Energie dagegen. Sie wollte nicht, dass auch ihr vierter Sohn einer so brotlosen Kunst wie der Musik verfallen sollte. Sie wollte endlich einen praktischen Beruf in der Familie sehen. […] Ich aber wollte Maler werden. Das fand meine Mutter noch schlimmer, als wenn ich Musiker geworden wäre …"[1]

Nach Breslau waren die Eltern Eugens mit vier früher geborenen Kindern nicht lange vor seiner Geburt aus dem polnischen Częstochowa (Tschenstochau) übergesiedelt. Ursprünglich stammten Abraham Baer und Fanny Spiro aus dem weißrussischen Nowogrudek. Die Umzüge fanden im Rahmen der erfolgreichen beruflichen Entwicklung des Kantors statt. Vater Abraham war mit Musik weit über die synagogale hinaus vertraut und pflegte, gemeinsam mit dem Pastor einer nahegelegenen evangelischen Kirche zu musizieren. Mehrere Kinder wurden Berufsmusiker, aber auch die anderen genossen eine

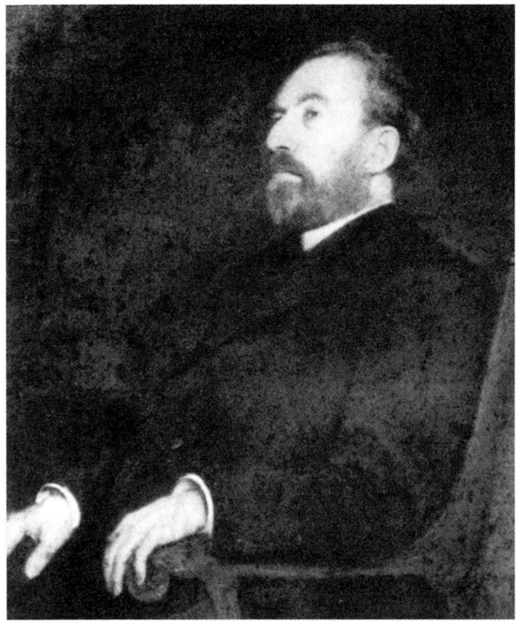
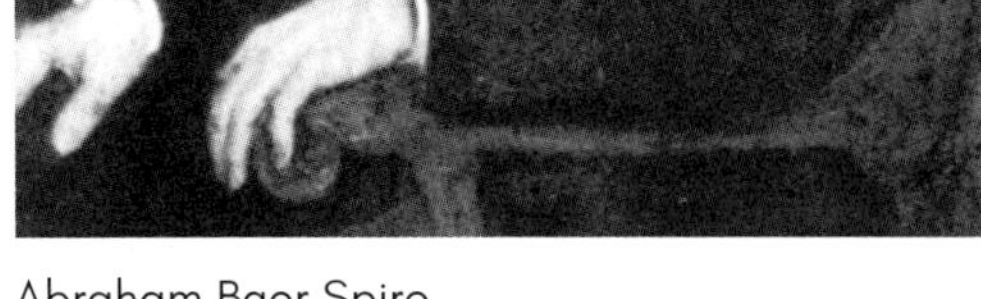

Abraham Baer Spiro

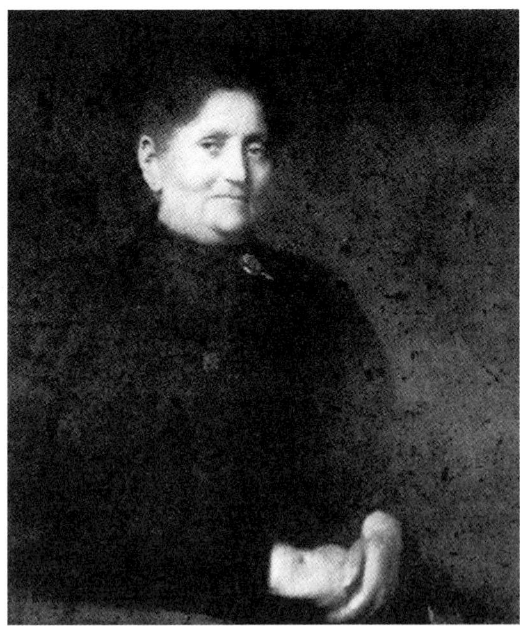

Fanny Spiro, geb. Form

umfassende musikalische Bildung. Eugens Musikneigung wird vor allem sein zeichnerisches Werk befruchten.

Ein Charakteristikum dieser Familie neben den in Musik und bildende Kunst sich verzweigenden künstlerischen Begabungen ist die Bewältigung sprachlicher Anforderungen. Das Jiddische ermöglichte neben dem Hebräischen für den Synagogengebrauch den beruflichen Wechsel von Vater Abraham nach Breslau. Die Entscheidung für Breslau bedeutete zugleich, gegenüber den Kindern stets auf korrektem Deutsch zu bestehen. Französisch und Englisch zu erlernen, fiel Eugen leicht, als sich die Notwendigkeit ergab. Vertrautheit mit der jüdischen Tradition wurde so gründlich vermittelt, dass Spiro bis ins hohe Alter auf ihre Texte Bezug nehmen konnte, auch wenn er sehr lange nicht mehr aktiv am Gemeindeleben teilnahm, nachdem er als junger Mann Breslau verlassen hatte.

Auf Eugen Spiro folgten vier weitere Geschwister, darunter die jüngste Schwester Elisabeth Dorothée, alias Baladine Klossowska (1881–1969). Sie wird eine hervorgehobene Rolle in Eugen Spiros weiterem Leben spielen, zunächst im Jahre 1901 als Modell für die „Tänzerin", Höhepunkt von Spiros frühem, dem Jugendstil verpflichteten Schaffen. 1904 wurde das Bild auf der Weltausstellung in St. Louis/USA gezeigt.

Das angesehene Gymnasium St. Elisabeth konnte Eugen nicht viel bieten, schon weil der Unterricht im Zeichnen auf den Samstag fiel. Daran konnte er wegen der Pflichten des Sabbat nicht teilnehmen. Den Lehrern gefiel nicht immer, dass er sie heimlich porträtierte. Er hatte den Spitznamen „Raffael". Er verdiente ein wenig Geld mit Nachhilfe-

Tänzerin Baladine, 1901 →

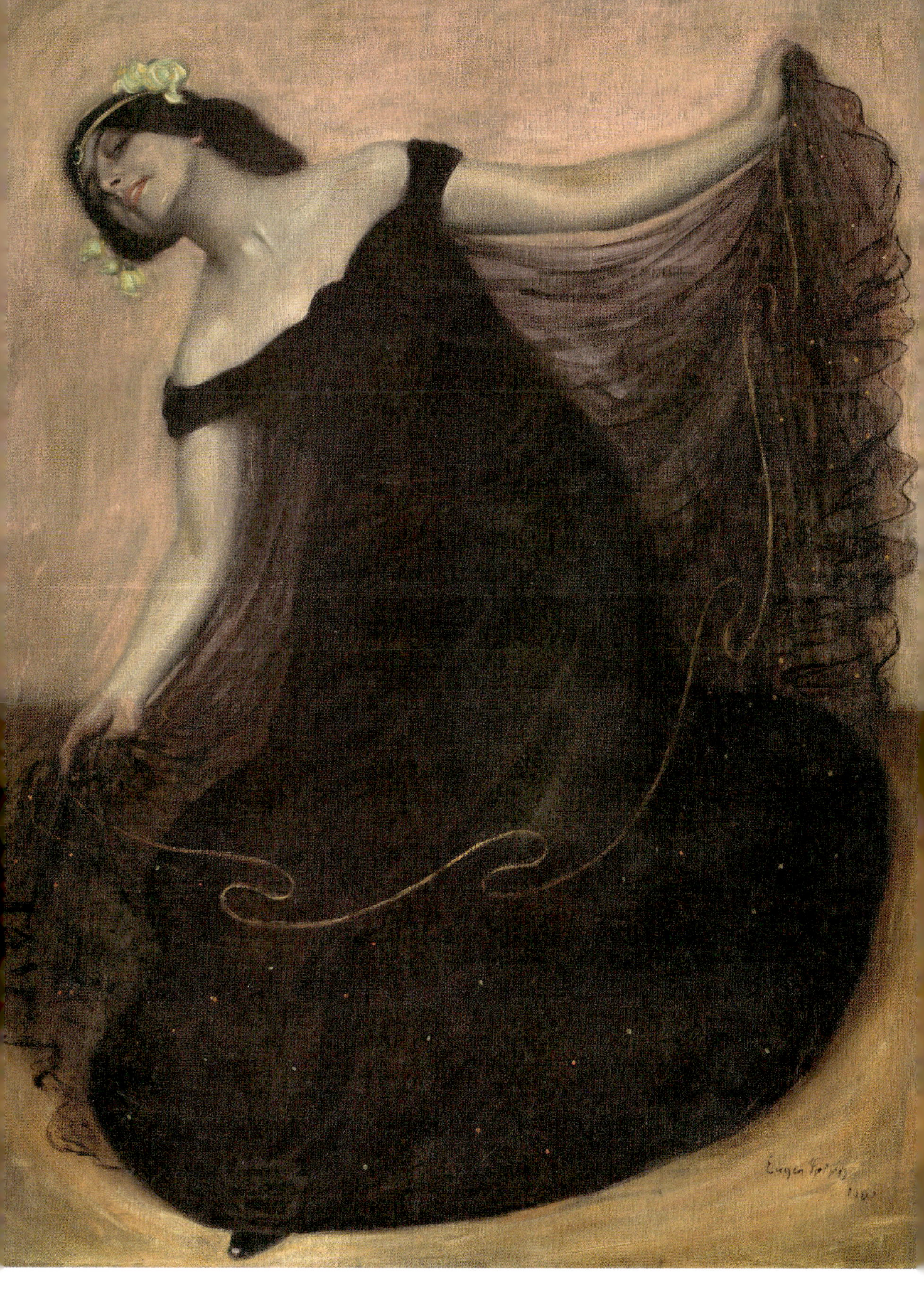

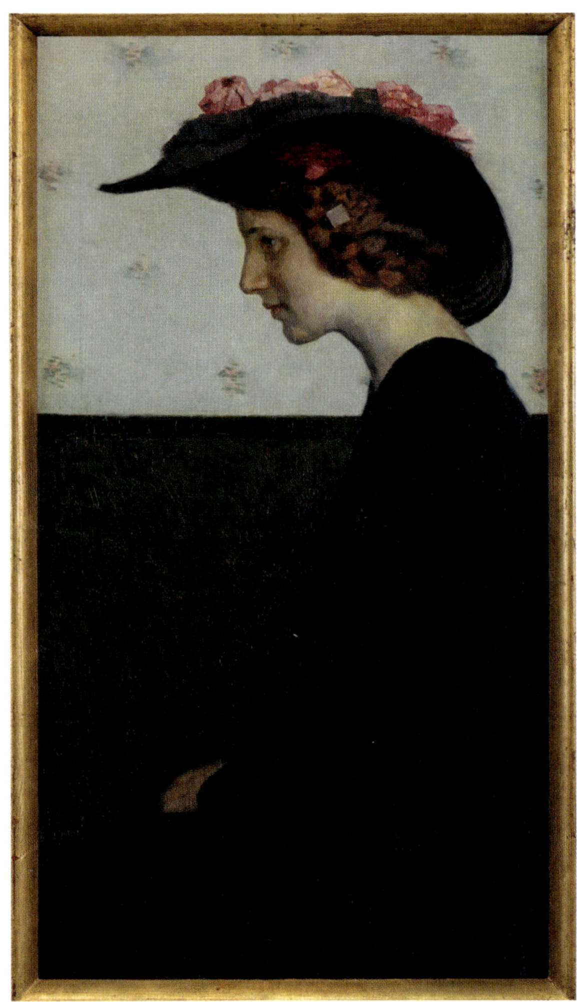

Die Schauspielerin Elsa Sarto, 1906

unterricht in Mathematik, um privat Zeichenunterricht nehmen zu können.

Eugen verließ das Gymnasium nach dem 10. Schuljahr mit dem sogenannten „Einjährigen“. Er wurde zum Lehrling in einer Firma für Damenkonfektion bestimmt mit dem weiteren Berufsziel eines Modezeichners. Das war nun überhaupt nicht das, was er sich als Betätigungsfeld für seine Begabung vorgestellt hatte. Schließlich stimmten die Eltern zu, dass er ein Studium an der Königlichen Kunst- und Gewerbeschule Breslau aufnahm.

Hier kam es mit einem der Lehrer zu einer Begegnung, die Eugen Spiro so prägte, dass ihre Beschreibung schon den Abschluss des eingangs zitierten frühen Erinnerungstextes bildet, aber auch den Neunzigjährigen noch bewegen wird. Dieser Lehrer war Albrecht Bräuer (1830–1897). „Der ‚alte Bräuer‘, so wurde er genannt, war die seltene Lehrkraft, die nicht nur das künstlerische Studium befruchtete, sondern auch auf das Geistige des Lernenden einwirkte und ihm neues Denken einflößte. Es fällt mir schwer, ihn zu beschreiben. Aber vielleicht geben einige seiner unvergessenen Aussprüche dem Leser die Vorstellung, wie er das künstlerische Sehen der Natur beeinflussen konnte: ‚Machen Sie nur drei Punkte, aber die müssen richtig sein. Sie müssen von Anfang so in allen Teilen Ihres Papiers oder Ihrer Leinwand arbeiten, dass Sie, falls Sie plötzlich tot umfallen, etwas Vollendetes hinterlassen.‘“[2] In der Rede aus Anlass seines 90. Geburtstages hat Eugen Spiro sich an eine Ermahnung Bräuers an seine Studenten erinnert: „Tanzen Sie nicht, bevor Sie gelernt haben zu gehen.“[3] Spiro wird seinerseits immer wieder Lehrtätigkeit ausüben, und es scheint, als habe dabei Bräuers Einfluss fortgewirkt.

Gerhart Hauptmann hatte zehn Jahre vor Eugen Spiro bei Bräuer studiert. Sein Drama „Michael Kramer“ aus dem Jahre 1900 hat einen Akademieprofessor zum Helden, der darunter leidet, dass er zwar als Lehrender verehrt wird, das angestrebte Meisterwerk aber nicht gelingen will. Michael Kramer ist Bräuer nachempfunden. Gerhart Hauptmann wird viele Jahre später für Spiro bedeutsam werden.

Nach eineinhalb Jahren hatte Spiro genug von der strengen und qualitätvollen, aber künstlerisch engen Führung durch Bräuer. Obwohl dieser ihm anbot, bei ihm Assistent zu werden, entschloss sich Spiro für den Wechsel nach München, dessen Akademie einen Namen hatte. Das begann aber für ihn wenig befriedigend in der Klasse von Wilhelm Lindenschmit (1829 –1895), von dem keine Anregungen für Spiro ausgingen. Unter den Studenten herrschte ein konkurrierendes Klima, das es dem neu Hinzukommenden nicht leicht machte. Offenbar hatte Spiro auch finanziell nicht genug vorgesorgt. Nach einer der zahlreichen Familienlegenden der Spiros fand die Mutter Eugen bei einem Besuch in erbarmungswürdigem Zustand vor und sagte ihm für sein künftiges Künstlerleben voraus: „Du wirst verdienen wie ein Vögelein, aber Hunger haben wie ein Öchslein." Seine spätere Neigung, sich zahlungskräftige Auftraggeber und Gönner zu suchen, um als Künstler gleichwohl ein Leben ohne Entbehrungen führen zu können, mag mit dieser Erfahrung von Not zusammenhängen.

Eine beglückende Wende trat ein, als Franz Stuck (1863–1928) in der Nachfolge Lindenschmits im Jahre 1895 an die Akademie berufen wurde. Das bedeutete nicht nur einen Generationswechsel, sondern auch eine Öffnung gegenüber der Münchner Secession, die unter Mitwirkung von Stuck im Jahre 1892 gegründet worden war. Damals noch nicht „Ritter von ...", hatte der junge Stuck aber künstlerisch schon einen Namen.

Stuck veranlasste seine Schüler nicht, ihm stilistisch nachzueifern. Auch als Stucks jugendstilgeprägte und symbolistische Malerei zeitweilig überholt erschien, war sein Ansehen als Lehrer ungetrübt. Die stilistische Spannweite unter seinen Schülern war sehr groß. So zählen dazu so weit auseinanderliegende Exponenten der Moderne wie Josef Albers, Giorgio de Chirico, Wassily Kandinsky und Paul Klee.[4]

Im Jahre 1897 kamen für Spiro mehrere bedeutsame Ereignisse zusammen. Als einer von Stucks ersten Meisterschülern kam er in den Genuss eines eigenen Ateliers. Kurz danach erhielt er zwei Stipendien, die ihm einen einjährigen Aufenthalt in Italien ermöglichten. Zu diesem brach er gegen Ende des Jahres auf. Hans Purrmann (1888–1966) und Rudolf Levy (1875–1944) wechselten in diesem Jahr von der Karlsruher Akademie zu Stuck nach München. Wenn Spiro sie schon vor seiner Italienzeit kennen gelernt hat, dann eher im Schwabinger Künstlercafé Stefanie als in der Akademie. Es kann aber auch erst nach seiner Rückkehr aus Italien gewesen sein. Zu einem erneuten Zu-

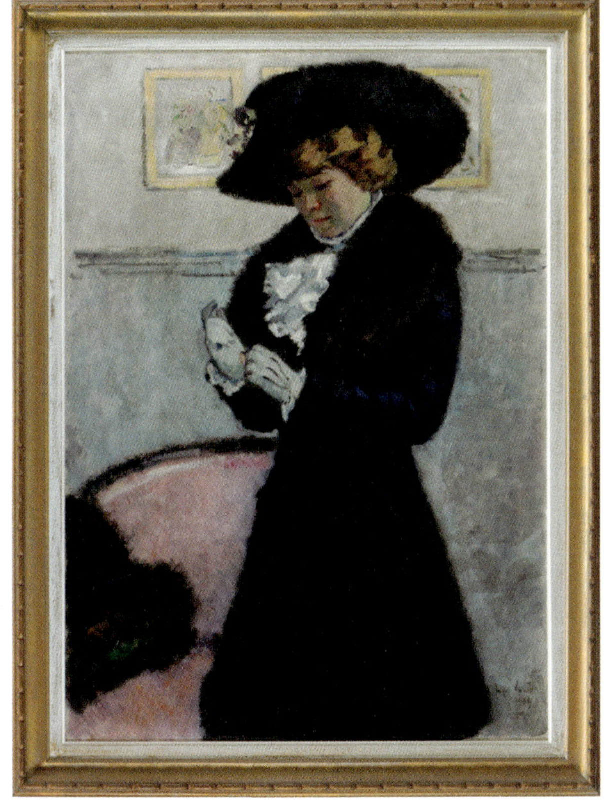

Vor dem Ausgang, 1909

sammentreffen und einer engeren Verbindung zu Levy und Purrmann kam es für Spiro, als sie ab 1906 zeitweilig alle Drei in Paris lebten. Zu Purrmann entstand eine über Jahrzehnte anhaltende Beziehung. Levy wurde Opfer der mörderischen NS-Verfolgung.

Meisterschüler von Stuck zu sein, eröffnete Spiro den Zugang zu den Secessionen und anderen Künstlergruppen, die Ausstellungs- und Verkaufsmöglichkeiten verhießen. Spiro wurde früh Mitglied sowohl in der Münchner als auch in der Berliner Secession. Spiros Verbindung zu Stuck war weniger persönlich geprägt als die zu seinem Breslauer Lehrer Bräuer, aber ebenfalls bedeutsam für seine weitere Entwicklung. Auch als er in den 1920er Jahren Mitglied des Vorstandes der Berliner Secession war, hatte Spiro bis zu dessen Lebensende 1928 Kontakt zu Stuck.[5]

Für die Erfassung der Breslauer Akademiezeit und die folgenden frühen Jahre des erwachsen gewordenen Eugen Spiro ist der Breslauer Ernst Scheyer eine wichtige Quelle. Scheyer (1900–1985), Kunsthistoriker und wie Spiro später Emigrant in den USA, hat in einer ganzen Reihe von Beiträgen die in der zweiten Hälfte des 19. Jahrhunderts Dynamik gewinnende Entwicklung Breslaus zu einer Metropole des Geistes und der Künste gewürdigt. Juden hatten daran bedeutenden Anteil. Scheyer hat Spiro 1977 einen eigenen Aufsatz gewidmet, in dem er Angaben aus dem Briefwechsel verwerten konnte, den er noch mit dem neunzigjährigen Spiro geführt hat.[6]

In dem von Scheyer beschriebenen Klima Breslaus hat Spiro früh Förderung erfahren. Um sein Münchner Studium zu finanzieren, hat er Porträts von Breslauern gemalt, die Anerkennung fanden. Aus Breslauer Quellen stammten die erwähnten Italien-Stipendien. Spiro kopierte dort vor allem die großen Meister. Ihm kam es nicht nur darauf an, ein dem Vorbild möglichst ähnliches Werk hervorzubringen, ihn faszinierten die Schritte, mit denen die Alten zu ihren Bildern gelangt waren. Die Kopien wurden zu beliebten Dekorationsstücken bei wohlhabenden Breslauern.

Die Fähigkeit, präzise zu kopieren, machte zeitweilig einen Teil von Spiros Einkommensmöglichkeiten aus. In der heutigen Welt werden wir mit fotografisch hergestellten farbigen Abbildungen überflutet. Es mutet geradezu rührend an, wie auch in teuren Kunstbüchern bis in die zweite Hälfte des 20. Jahrhunderts hinein nur wenige Farbabbildungen auf besondere Seiten hineingeklebt waren. Den Farbabbildungen, die es schon seit Beginn des 20. Jahrhunderts in anspruchsvolleren Zeitschriften gab, lagen meist nicht Fotografien im heutigen Sinne zugrunde, sondern Gemälde oder malerisch hergestellte Kopien, die dann von qualifizierten Druckern umgesetzt wurden. Für auf diese Weise hergestellte Abbildungen wurde Spiro sogar noch herangezogen, als die Farbfotografie schon Fortschritte gemacht hatte. Wenn die Vorlagen für Farbdrucke so perfekt gemacht waren, wie Spiro das konnte, hatten sie eine Aura von Nähe zum Original.[7]

Es wird davon zu berichten sein, wie Spiros Fähigkeit, perfekte Kopien herzustellen, dazu beigetragen hat, dass die Rettung vor der NS-Verfolgung gelang, sowohl die der kopierten Originale als auch die von Eugen Spiro und seiner Familie.

Eine ganze Reihe von Werken Spiros dürfte vor allem entstanden sein, um zu farbigen Titelblättern von Zeitschriften oder Abbildungen darin zu werden. Titelblätter

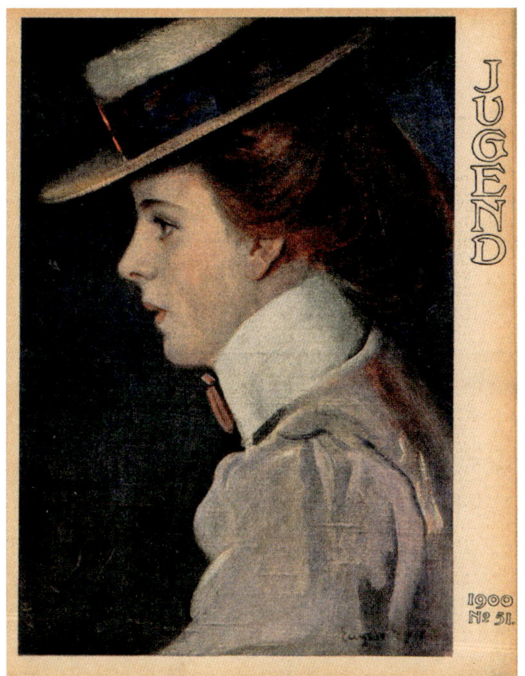

Frühling, 1900

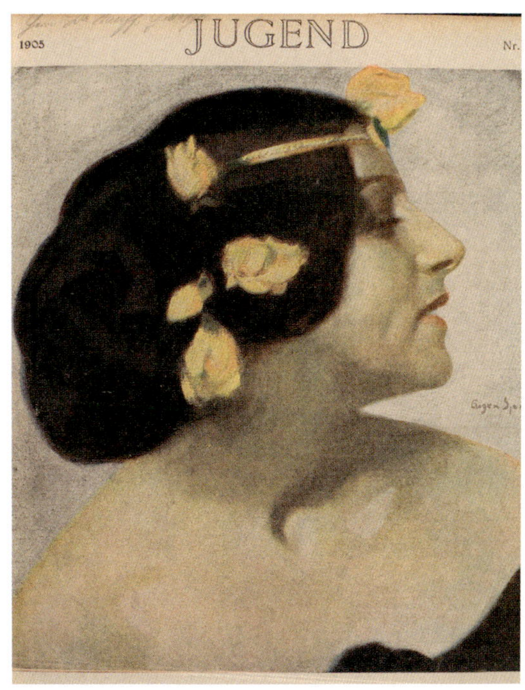

In Rosen, 1905

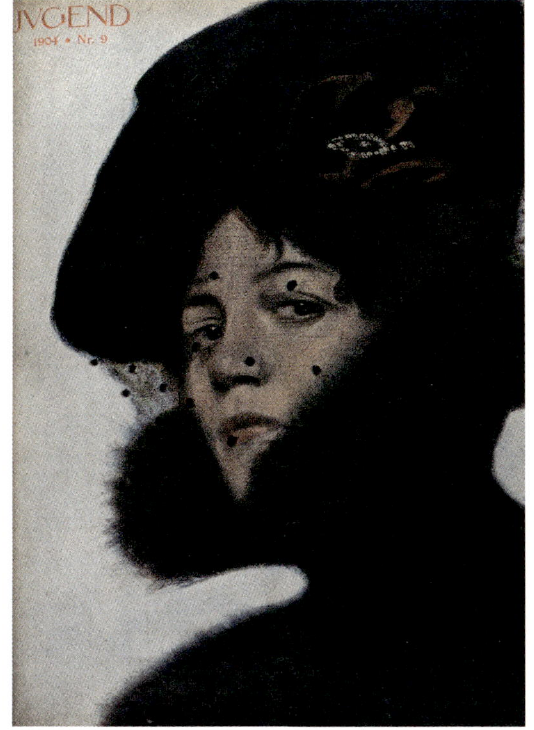

Im Witwenschleier, 1904

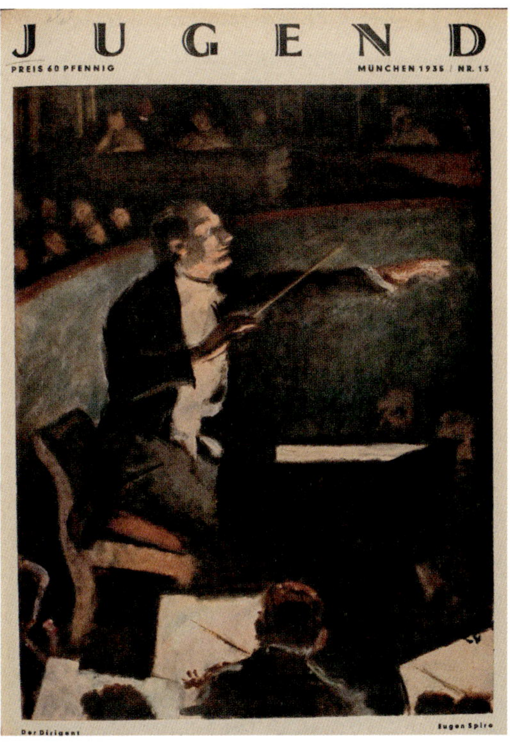

Erich Kleiber, 1935

der „Jugend“ machten Spiro überregional bekannt, Kopien sind bis heute im Handel. Auffällig ist, dass gerade von den wegen ihrer Abbildung in der „Jugend“ bekannten Bildern Spiros viele Originale verschollen sind. Wahrscheinlich gehörten die Bilder mit ihrer Honorierung dem Verlag und haben dort keine besondere Aufmerksamkeit genossen, nachdem sie ihren Zweck erfüllt hatten. Plausibel ist, dass Spiro, wenn er Abbildungen für die „Jugend“ erarbeitete, bewusst noch Jugendstilelemente verwendete, als er sich in seinem weiteren Werk vom Jugendstil gelöst hatte. Die elektronische Erschließung der gesamten „Jugend“ eröffnet in vielen Fällen erstmals Zugang zur Farbigkeit von verlorenen Originalen.[8] Sie erlaubt auch eine Richtigstellung gegenüber der Angabe, die sich seit der Dissertation von Vera Liebrecht durch weitere Publikationen gehalten hat, dass nämlich Spiros Arbeiten für die „Jugend“ 1921 geendet hätten.

Die Beziehung zur „Jugend“ gehört vielmehr zu den Kontinuitäten in Spiros Wirken. Sie währte von 1898 bis 1935. Dass das letzte Titelblatt Spiros 1935 erschien, deutet auf die Widersprüche hin, die die Anfangsjahre des NS-Regimes kulturpolitisch prägten. Spiro unterlag schon Mal- und Ausstellungsverbot, und die „Jugend“ war schon eine weitgehend regimetreue Zeitschrift. Der ohne Namensnennung dargestellte Dirigent ist Erich Kleiber, der wie Spiro im Jahre 1935 unter dem Druck der NS-Verfolgung aus Deutschland emigrierte.

Nach dem Ende der italienischen Zeit arbeitete Spiro als freier Künstler mit allen positiven und problematischen Aspekten. Nach zwei Jahren zwischen München und Breslau, kehrte er 1899 ganz nach Breslau zurück. Er hatte inzwischen das Selbstverständnis, dass Malen sein Beruf sei. Beruf hieß für ihn auch, dass dieser seinen Mann und später auch seine Familie ordentlich ernähren musste. Wünsche von zu Porträtierenden zu berücksichtigen, war damit unvermeidlich ebenso verbunden wie Erledigung von Aufträgen für Illustrationen in der „Jugend“ oder die Herstellung von Kopien. Ein vorbehaltloses Ausleben seines Talents erlaubten ihm die Landschaften, selten auch Stillleben, und unter den Porträts die von Familie und Freunden. In Selbstbildnissen setzt sich Spiro vom 27-jährigen Breslauer bis zum 93-jährigen New Yorker mit seiner eigenen Entwicklung auseinander, lebensgeschichtlich und stilistisch.

In die Breslauer Zeit nach Rückkehr aus Italien und München, also zwischen 1899 und 1904, fallen die nicht erkennbar datierten Porträts von Emil und Fanny Ephraim. Ihre Tochter war die deutsch-israelische Malerin Kaete Ephraim Marcus (Breslau 1892–Ramat Gan/Israel 1970). Sie berichtet, wie Spiro bei der Arbeit an den Porträts in ihrem Hause gewesen sei. Nachdem er ihre Skizzen gesehen habe, habe er ihre Eltern davon überzeugt, ihr Zeichenunterricht geben zu lassen. Ihre künstlerische Ausbildung führte sie von Spiro zu Hans Thoma, Lovis Corinth und Max Beckmann. Nach der erzwungenen Emigration konnte sie in Palästina/Israel an ihre erfolgreichen Anfänge in Deutschland anknüpfen.[9]

Eine herausragende Rolle bei der Förderung Spiros spielte Clara Sachs (1862–1921). Die durch Erbschaft wohlhabende Breslauer Malerin war 12 Jahre älter als Spiro, hatte aber gleichwohl zeitweilig Zeichenunterricht bei ihm. Sie lebte phasenweise in Paris und eröffnete Spiro die Blickrichtung dorthin. Sie unterhielt ein gastfreies Haus und gehörte zugleich zum Kreis um den Arzt und Kunstförderer Dr. Albert Neisser, dem sie auch Spiro zuführte. Daraus ergaben sich Anregungen für die künstlerische Entwicklung, aber auch Verkaufsmöglichkeiten.[10]

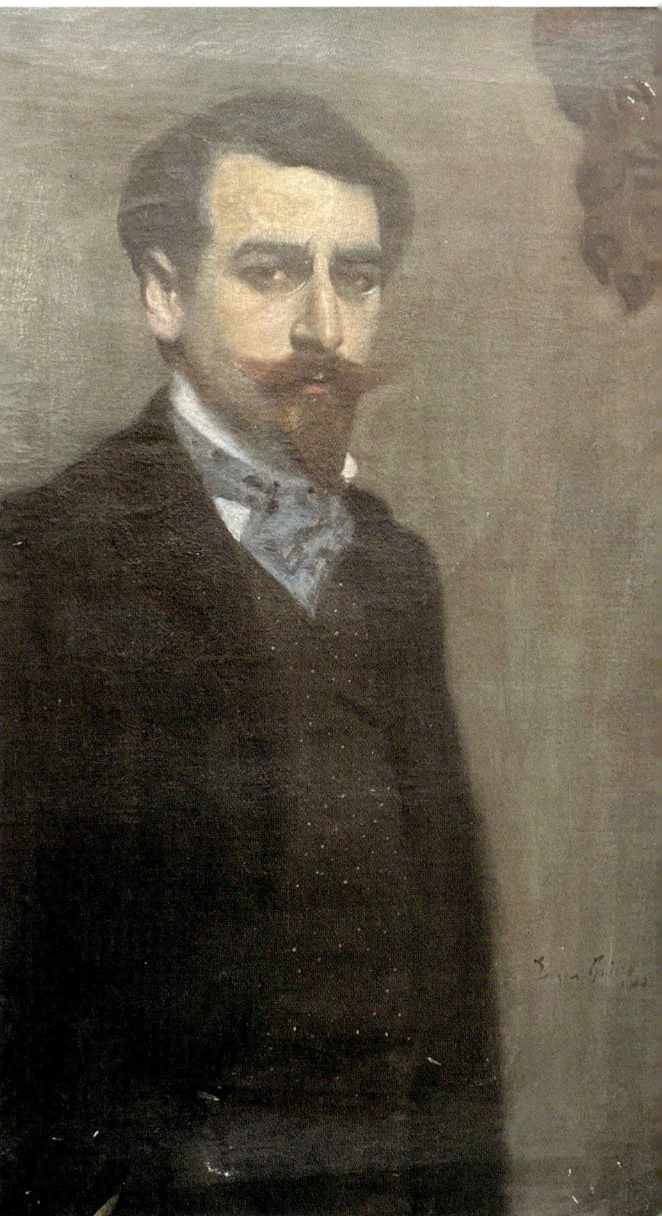

Selbstbildnis, 1901

Bei diesen Förderern kam Spiro in Kontakt mit weiteren Persönlichkeiten, die für sein künftiges Leben Bedeutung erlangen sollten. Als eine Art Mittler ist hier Richard Muther (1860–1909) zu erwähnen, der ab 1895 Professor für Kunstgeschichte an der Universität Breslau war, einer der ersten Professoren, die sich auch für Bewegungen der Moderne interessierten, sogar wenn sie französischen Ursprungs waren. Er war umstritten, weil er auch für Laien Bestimmtes schrieb. Von ihm hat Spiro im Jahre 1901 ein ausschließlich über die Abbildung in „Jugend" überliefertes Porträt geschaffen, das sich in Format und Lichtverhältnissen aus der Akademie-Tradition heraushebt. Bei ihm Nahestehenden, die nicht auf akademischen Porträts bestanden, erkennt man bei Spiro den Wunsch, jedem ein einzigartiges Bildnis zu widmen, das den Porträtierten in einer ihm eigenen Situation zeigt. Das Muther-Porträt wurde neben dem Bildnis der tanzenden Baladine für die Weltausstellung 1904 in St. Louis ausgewählt. Mit seiner Teilnahme setzte sich Spiro über die vorherrschende Meinung in den Secessionen hinweg, die sich wegen unzulänglicher Berücksichtigung verweigerten.

Hier spielt Muther vor allem als Herausgeber der Reihe „Die Kunst" eine Rolle, kleine Bände für 1,50 Mark. Dabei war der junge Kunsthistoriker Erich Klossowski (1875–1949) sein Assistent und zugleich Autor des Bändchens „Die Maler vom Montmartre". Mit Klossowski verbindet Spiro seit damals eine dauerhafte Freundschaft, die auch keinen Schaden nimmt, als dessen Ehe mit Spiros Schwester Elisabeth Dorothée („Baladine") scheitert. Klossowski verfügte über die Doppelbegabung, selber Maler

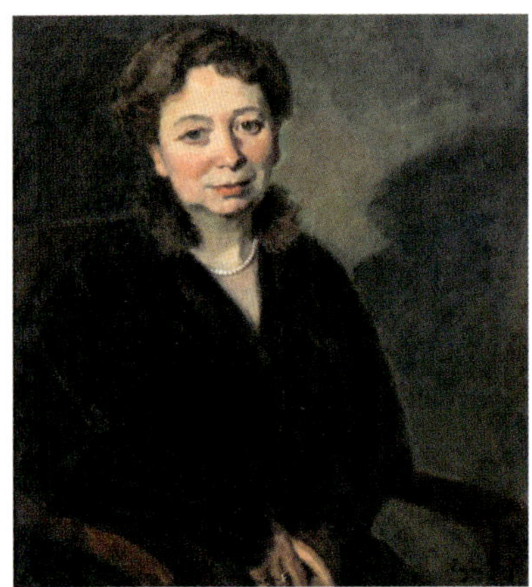

Fanny Ephraim, um 1900

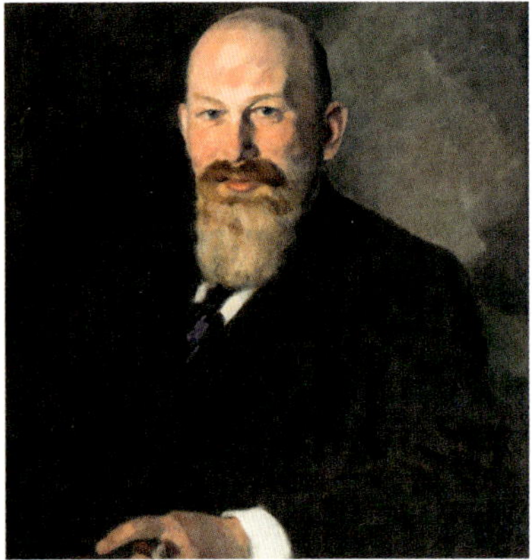

Emil Ephraim, um 1900

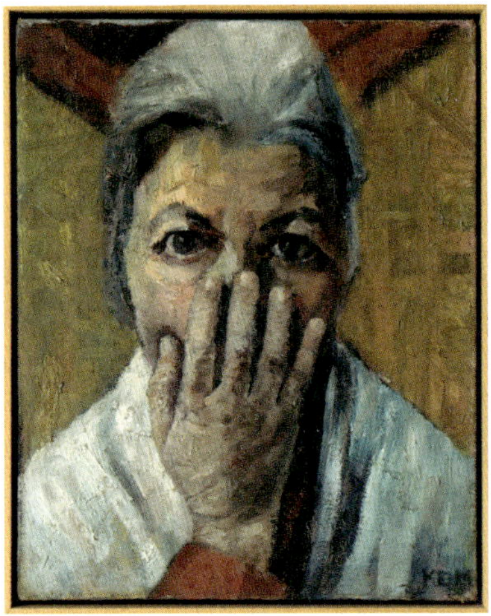

Selbstporträt Kaete Ephraim Marcus, 1933

sein und über andere schreiben zu können. Sein Buch über Honoré Daumier führte dazu, dass dieser über seine karikaturenhaften Zeichnungen hinaus auch als Maler Anerkennung fand.[11] Die Doppelbegabung war auch eine Last für den zögerlichen Klossowski.

Ebenfalls Autor in Muthers Buchreihe „Die Kunst" war Julius Meier-Graefe (1867–1935) („Edouard Manet und sein Kreis" und „Der moderne Impressionismus", beide von 1903). Der sehr Meinungsfreudige war nur sieben Jahre älter als Klossowski, wurde aber alsbald Orientierungsfigur für ihn. Zu dem 1912 bei Paul Cassirer erschienen Puppenspiel „Orlando und Angelica" von Meier-Graefe schuf Klossowski die Lithos, für dessen neu erbautes Haus in Berlin-Nikolassee Wandmalereien. Nachdem Meier-Graefe 1931 nach St. Cyr an der französischen Südküste übergesiedelt war, ermutigte er Klossowski, sich im benachbarten Sanary-sur-Mer niederzulassen. Die beiden wurden damit zum Auslöser des sich ab 1933 in Sanary entwickelnden Zentrums ins Exil getriebener deutschsprachiger Schriftsteller. Ohne Kunstgeschichte studiert zu haben, wurde der unermüdlich schreibende und als Herausgeber fungierende Meier-Graefe eine dominierende Figur des Kunstlebens. Vor allem hat er den Deutschen die französische Moderne erläutert. Der akademischen Kunstwissenschaft war er verdächtig. Die Fülle seiner Texte verfolgt kein einheitliches, widerspruchsfreies Konzept, aber ohne ihn wäre unsere Vorstellung von der Entwicklung der Malerei ärmer. Das reicht über die französische Moderne hinaus. Von El Greco über Caspar David Friedrich und Hans von Marées zu Willhelm Lehmbruck hat er Künstler neu ins Licht gerückt.

Meier-Graefe taucht an wichtigen Stellen in Spiros Leben auf. Die wesentliche verbindende Eigenschaft in einer Art Dreiecksbeziehung mit Klossowski war die Prägung durch Frankreich, wo alle drei jahrelang gewirkt haben. Meier-Graefe war einerseits angefeindet, andererseits zur Freundschaft begabt, was sich in Briefwechseln mit vielen niedergeschlagen hat, die zum Kunstleben etwas beizutragen hatten.[12] Im Jahre 1913 wird es zu Spiros Porträt von Meier-Graefe kommen, über das bis heute gestritten wird, im Jahre 1936 zu dem nicht minder aufregenden von Klossowski.

Das Jahr 1903 führte den 29-jährigen Eugen Spiro näher zu der Schauspielerin Tilla Durieux (1880–1971) und mit ihr zusammen zum ersten Mal in seinem Leben für einige Wochen nach Paris. Im Jahre 1904 machten Tilla und Eugen aus ihrer Liebesbeziehung eine Ehe. Wenn wir Tilla glauben dürfen, war für Letzteres ihr Wunsch ausschlaggebend, dem Regime ihrer Mutter zu entkommen.[13] Welche tieferen Empfindungen bei Eugen zugrunde lagen, müssen wir der dichten Serie von Tilla-Bildern aus den wenigen Jahren bis zu Scheidung im Jahre 1906 entnehmen. Der Scheidung lag Tillas Hinwendung zu dem legendären Kunsthändler Paul Cassirer (1871–1926) zugrunde. Spiro konnte bei seinem Einverständnis zur Scheidung noch nicht wissen, dass er mit Cassirer bis zu dessen Lebensende einen Gegner im Berliner Kunstbetrieb haben würde. Zu Tilla gab es später wieder freundschaftliche Beziehungen.[14]

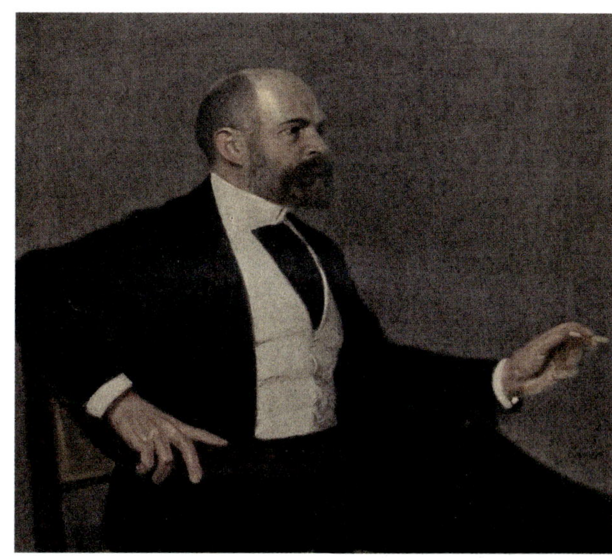

Richard Muther, 1901

Breslau ist für Spiro über die Familienkontakte hinaus bedeutsam geblieben, auch nachdem er sein Lebenszentrum zunächst nach Berlin und dann nach Paris verlagert hatte. Im Katalog der Ausstellung, die 2003 in Wrocław stattfand, hat ihn der Kurator Piotr Łukaszewicz als „Breslauer Maler" gewürdigt und anhand zeitgenössischer Zeitungsartikel über zahlreiche Ausstellungen von Spiro-Bildern bis 1932 berichtet. Dabei ergibt sich auch, dass Spiro schon nach der Rückkehr aus München in Breslau begonnen hat, lehrend tätig zu sein.[15] Richard Muther hebt in einer enthusiastischen Besprechung über eine umfangreiche Spiro-Ausstellung im Kunstsalon Lichtenberg 1907 hervor, wie Spiro „nicht stehen blieb, nicht ausruhte, sondern die Verpflichtung fühlte, sich mit dem Besten auseinanderzusetzen, was jetzt in Europa geschaffen wird."[16] Damit zeichnet er Spiro gegenüber den stets in Breslau gebliebenen Malern aus.

In einer frühen Kritik Spiros würdigt Georg Hermann (1871–1943) dessen Suche nach Schönheit als solche nach Frauenschönheit jenseits der Moden. Der damals sehr erfolgreiche Schriftsteller hebt hervor, wie sehr die Wechsel der Moden auf den Typus der in sie gekleideten Frauen zurückwirken. Er verheißt Spiro künftige Anerkennung und hebt als Besonderheit hervor, dass dieser trotz seiner jüdischen Herkunft die Italien-Stipendien erhalten hat.[17] Sohn Peter Spiro erinnert sich, dass seines Vaters Blick auf Frauen deshalb ein besonderer gewesen sei, weil er zuvörderst darauf gerichtet gewesen sei, ihre Eignung für interessante Porträts zu erfassen. Tilla war keine ebenmäßige Schönheit, aber gerade ihre Porträts verdienen mehr als nur eine Abbildung.

1 Spiro, Peter: Nur uns gibt es nicht wieder, Hürth bei Köln 2010, S. 104 (Peter Spiro war das einzige Kind von Eugen Spiro; aus dessen Buch werden Familiengeschichten übernommen, ohne dass das jeweils im Einzelnen angegeben wird. Peter Spiro und seine Tochter, die Malerin Elizabeth Spiro, haben darüber hinaus viele Stunden lang für Gespräche zur Verfügung gestanden.)

2 Ebd., S. 106,

3 Abercron, Wilko von: Eugen Spiro 1874 Breslau–1972 New York. Spiegel seines Jahrhunderts, Alsbach 1990, S. 82f.; Spiro, Peter, S. 109

4 Horst, Ludwig (Hrsg.): Franz von Stuck und seine Schüler, Katalog München 1989, S. 22f.

5 Akademie der Künste Berlin, Eugen-Spiro-Archiv, BArch N 2291 1/28 und 47

6 Scheyer, Ernst: Breslau, so wie es war, Düsseldorf 1969; Scheyer, Ernst: Eugen Spiro, Clara Sachs, Beiträge zur Schlesischen Kunstgeschichte, München 1977

7 Im Prospekt für den Druck „Antike Fresken" (1922) der Marées-Gesellschaft wird es heißen: „... gewählte Exempel der Fresken (werden) zum ersten Mal mit aller erreichbaren Genauigkeit wiedergegeben. Dies konnte nicht ausschließlich mit der Photographie geschehen. Wir brauchten einen Künstler, der eine interpretierende Darstellung der Materie dazu tat und die Porosität der Wandfläche wiederzugeben wußte. Diesen Künstler fanden wir in Eugen Spiro ... Zitiert in Krahmer, Catherine: Julius Meier-Graefe – Ein Leben für die Kunst, Göttingen 2021, S. 357

8 https://digi.ub.uni-heidelberg.de/diglit/jugend

9 Rothenberg, Beno (Hrsg.): Kaete Ephraim Marcus, Jerusalem 1961, darin ihr Erinnerungstext „Out of my Life" und eine Würdigung durch den ersten Direktor des Kunstmuseums Tel Aviv Karl Schwarz, der auch das Jüdische Museum in Berlin gegründet hatte; Taiber, Ada: Kaete Ephraim Marcus – a retrospective. Tel Aviv Museum of Art, Tel Aviv 1997

10 Der Arzt Dr. Albert Neisser und seine Ehefrau Toni waren bedeutende Sammler und Mäzene. Sie waren kinderlos. Nachdem Albert Neisser bald nach seiner Ehefrau 1916 starb, wurde aus ihrem Haus im Rahmen einer Stiftung ein Museum als Teil der städtischen Sammlungen. Da sie zwar getauft, aber jüdischer Herkunft waren, wurde die Stiftung 1936 aufgelöst. Vgl. Winzeler, Marius: Jüdische Sammler und Mäzene in Breslau – von der Donation zur „Verwertung" ihres Kunstbesitzes in: Koordinierungsstelle für Kulturgutverluste (Hrsg.) – Bearbeitet von Andrea Baresel-Brand und Peter Müller, Sammeln. Stiften. Fördern – Jüdische Mäzene in der deutschen Gesellschaft, Magdeburg 2008, S. 137

11 Klossowski, Erich: Honoré Daumier, München 1908

12 Meier-Graefe, Julius: Kunst ist nicht für die Kunstgeschichte da. Briefe und Dokumente, Göttingen 2001

13 Durieux, Tilla: Meine ersten neunzig Jahre, Berlin 1971, S. 67

14 Briefe von Tilla im Spiro-Archiv in Albany/New York; dort befinden sich die Archivalien, die sich seit Spiros Ankunft in New York im Jahre 1941 ergeben haben. Das Archiv hat sehr förderlich reagiert, als es um Übersendung von Kopien der Schriftstücke gebeten worden war, deren Vorhandensein aus dem Web-Auftritt zu ersehen ist: archives.albany.edu/description/catalog/ger086; mit google leicht zu finden mit „archives albany spiro"

15 Łukaszewicz, Piotr: Eugen Spiro – Ein Breslauer Maler, in: EUGEN SPIRO (Wrocław 1874–Nowy York 1972) I POTOMKOWIE/UND NACHKOMMEN, Katalog des MUZEUM MIEJSKIE WROCŁAWIA, Wrocław 2002, S. 16ff., insbes. S. 22

16 Muther, Richard: Die Ausstellung Spiro bei Lichtenberg, Breslauer Zeitung 1907, wieder abgedruckt im vorstehend genannten Breslauer Katalog, S. 38

17 Ost und West – Illustrierte Zeitschrift für modernes Judentum 1905, S. 231ff.

Frühe Jahre in Berlin 1904–1906

Mit der Übersiedlung von Breslau nach Berlin im Spätsommer 1904 verband sich für Eugen Spiro wohl nicht zuletzt die Hoffnung, den eigenen künstlerischen Wirkungskreis zu erweitern. Preußens ehemalige Haupt- und Residenzstadt war seit der Reichsgründung 1871 nicht nur zum politischen und wirtschaftlichen, sondern auch zum kulturellen Zentrum Deutschlands aufgerückt. Wer hier Beachtung fand, fand überall im Land Beachtung. Der Schriftsteller Leonhard Frank, der ebenfalls in München Malerei studiert hatte und einige Jahre später in die Spree-Metropole wechselte, schrieb rückblickend: „In Berlin wurde vorbildlich Theater gespielt. Symphoniekonzerte und Oper waren mit Recht berühmt. Es gab waghalsige Verleger, Kunsthändler und Theaterdirektoren. Selbst die Arbeiten der stürmischsten Neuerer erreichten die Öffentlichkeit. Der junge Schauspieler, die junge Schauspielerin, jeder und jede, die etwas konnten, bekamen die Chance, zu zeigen, was sie konnten, und in den lodernden Kampfzeitschriften der Jungen wurde nichts respektiert. Die Weltstadt Berlin war offen für neue, zukunftsträchtige Kunst und Literatur in der Welt. Berlin nahm auf und gab. Nerv und Geist der Stadt waren elektrisiert. Das Leben war elektrisiert."[1]

Allerdings zählte Spiro mit seinen dreißig Jahren nicht mehr zu den ganz Jungen, und er war auch kein völlig Unbekannter mehr. Er konnte auf Beteiligung an Ausstellungen der Münchner, Wiener und Berliner Secession wie auch des Deutschen Künstlerbundes verweisen. Und schon 1900 hatte kein Geringerer als der einflussreiche Wiener Kunstkritiker Ludwig Hevesi erklärt, dass man auf die weitere Entwicklung dieses jungen 26-jährigen Künstlers gespannt sein müsse.[2] Als Bestätigung dessen durften Spiros 1904 im Rahmen des deutschen Beitrags auf der Weltausstellung in St. Louis gezeigten Bildnisse „Richard Muther" und „Baladine als Tänzerin" gelten. Außerdem war er für die Wochenschrift „Jugend" tätig, die einer Epoche – dem Jugendstil – Namen und Sprachrohr gab.

Obwohl Spiro zuversichtlich sein konnte, rasch in Berlin Fuß zu fassen, stand die Karriereplanung bei seinem Umzug nicht an erster Stelle. Breslau mit den dort von ihm geknüpften Verbindungen hätte ihn vermutlich noch eine Weile gehalten. Der Hauptgrund, seine Heimatstadt zu verlassen, war denn auch privater Natur. Er hatte sich in die Schauspielerin Tilla Durieux verliebt. Beide waren sich während des gemeinsamen Paris-Aufenthalts näher gekommen. Inzwischen hatte die ehrgeizige 25-Jährige ihr erst kürzlich verlängertes Engagement an den Breslauer Bühnen gekündigt, um einem Ruf Max Reinhardts nach Berlin an das Kleine Theater zu folgen. Sich mit ihrer Mutter, die von Wien nachgekommen war, eine Wohnung in der Uhlandstraße teilend, litt sie zusehends unter deren Fuchtel. In ihrer Autobiografie heißt es: „Als jedoch Spiro Aufträge in Berlin bekommen hatte und meine Gage sich wieder erhöhen sollte, beredete er mich, ihn zu heiraten, damit ich ein für allemal aus der ‚Hölle' befreit würde. Mir schien es auch der einzige Ausweg zu sein, und so willigte ich ein. Wir bereiteten alles in größter Stille vor, und zur Überraschung meiner Mutter war ich eines Tages Frau Spiro. Einesteils befriedigte es meine Mutter, daß der illegale Zustand, den sie nicht ertrug, ein Ende hatte, andererseits war sie von ihrem antisemitischen Standpunkt aus empört über diese Ehe."[3]

Getraut wurden Ottilie Helene Angela Goddefroy, so ihr eigentlicher Name, und Jacob Eugen Spiro am 13. August 1904 auf dem Standesamt Charlottenburg I, das sich in der Rankestraße 10 befand. Als Trauzeuge von Spiros Seite, der zu dieser Zeit noch in seiner Geburtsstadt gemeldet war, nahm der mit ihm befreundete Breslauer Rechtsanwalt und Notar Franz Treuenfels teil. Tilla Durieux bot den Schauspielerkollegen Richard Vallentin als Zeugen auf.[4] Die Hochzeitsreise unternahmen die Jungvermählten nach Venedig, wo sie die Stadt bei „mörderischer Hitze" durchstreiften und alles „an Kunst und Romantik" aufsogen, bis das Geld aufgebraucht war.

Zurück in Berlin fanden sie eine Wohnung im Halenseer Abschnitt des Kurfürstendamms, der hier noch vorstädtische Züge trug, sich aber schon im Umbruch befand. Das Wohn- und Geschäftshaus Kurfürstendamm 125 war ein Neubau und die Miete offenbar deshalb niedrig, weil die Wohnungen noch trocken gewohnt werden mussten. Eigentümer war der bekannte Gastronom August Aschinger, der auf dem Nachbargrundstück gleichzeitig die „Terrassen am Halensee", ein Kaffeehaus, errichten ließ. Spiros wohnten im Parterre des „Gartenhauses".[5] Der Begriff ist ein Berliner Euphemismus, der das im Hinterhof stehende und in der Regel verschattete Quergebäude bezeichnet. Von Garten keine Spur. Dennoch, so Tilla Durieux, habe es Spiro verstanden, die Wohnung mit geringen Mitteln reizend einzurichten.

Während sie als Schauspielerin beharrlich ihren Weg fortsetzte, erste Erfolge feierte und nach der Übernahme des Deutschen Theaters durch Max Reinhardt auch die großen Bühnen der Hauptstadt eroberte, ließ sein Durchbruch als Maler auf sich warten. Zwar hatte er sich erneut 1904 an der Ausstellung der Berliner Secession beteiligt (wegen der Ausstellung des Deutschen Künstlerbundes fand 1905 keine eigene Schau statt), aber eine Aufnahme als ordentliches Mitglied der Secession stand nicht in Aussicht. Keineswegs vergessen gewesen sein dürfte dort seine Teilnahme an der Weltausstellung in St. Louis, die von den Secessionisten mehrheitlich boykottiert worden war, nachdem die traditionalistische Kunstgenossenschaft und Anton von Werner das Auswahlverfahren an sich gezogen hatten. Als Max Liebermann dennoch eines Tages überraschend in der Halenseer Wohnung der Spiros erschien, berichtet Tilla Durieux, habe der Besuch, wie sich herausstellte, nicht ihrem Mann, sondern ihr gegolten, um sie bzw. ihren Kopf für ein geplantes Dalila-Bild zu malen. Eine Episode, die – wahr oder nicht wahr – durchaus die damalige künstlerische Situation Spiros bezeichnet.

An Fleiß und Talent lag es nicht. Aus den frühen Berliner Jahren stammen Landschaften und vor allem Bildnisse, darunter gleich mehrere von seiner Frau. Der Kunstsalon Schulte zeigte 1905 das Porträt „Tilla Durieux als Salome". In der Titelrolle des

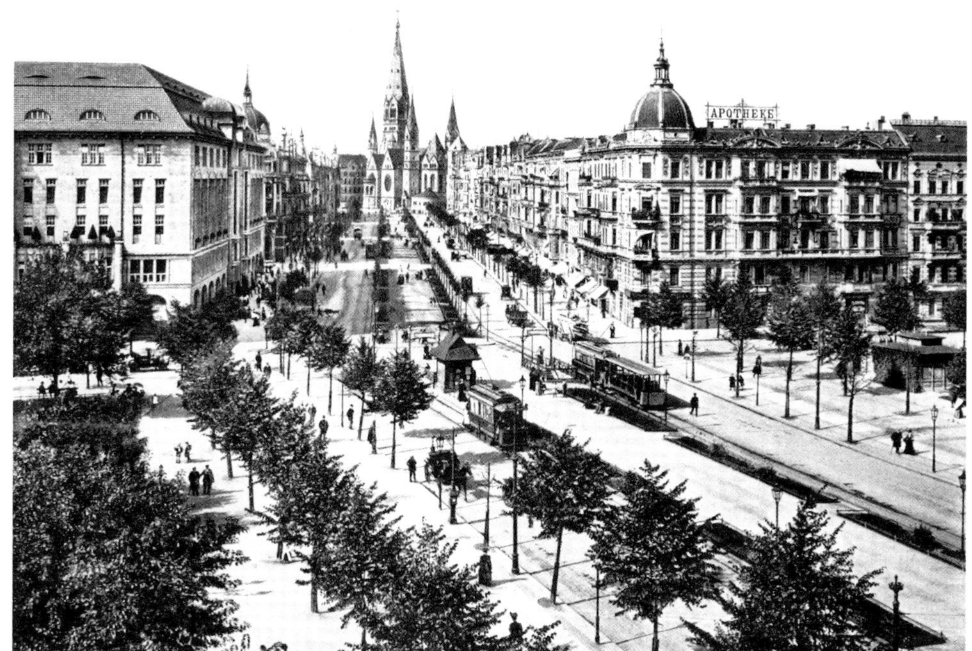

Tauentzienstraße, um 1905

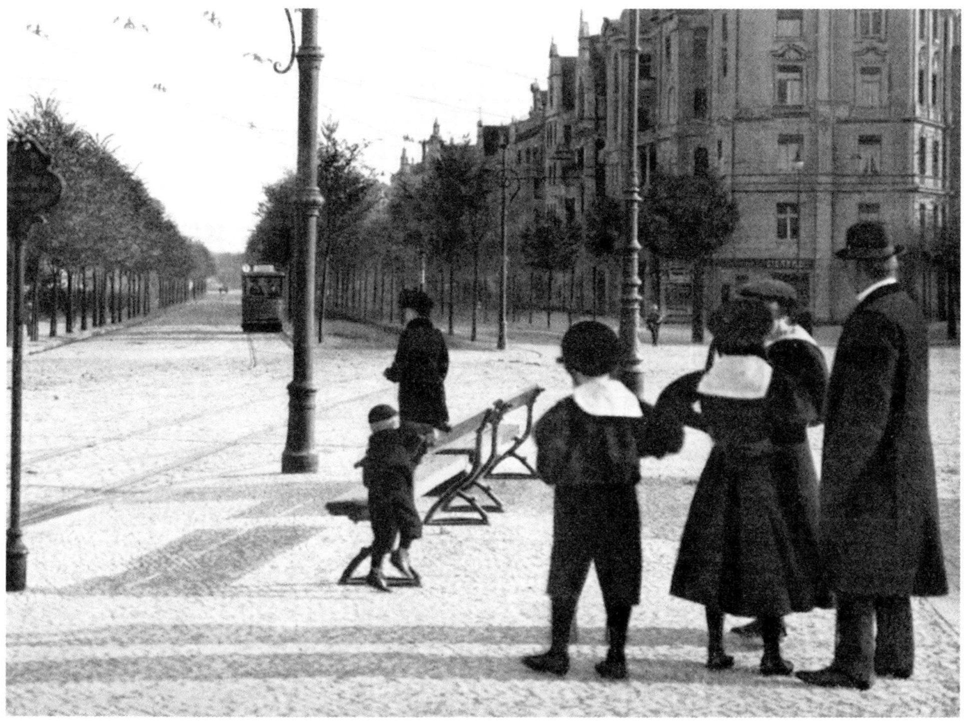

Halensee. Henriettenplatz/Kurfürstendamm, um 1905

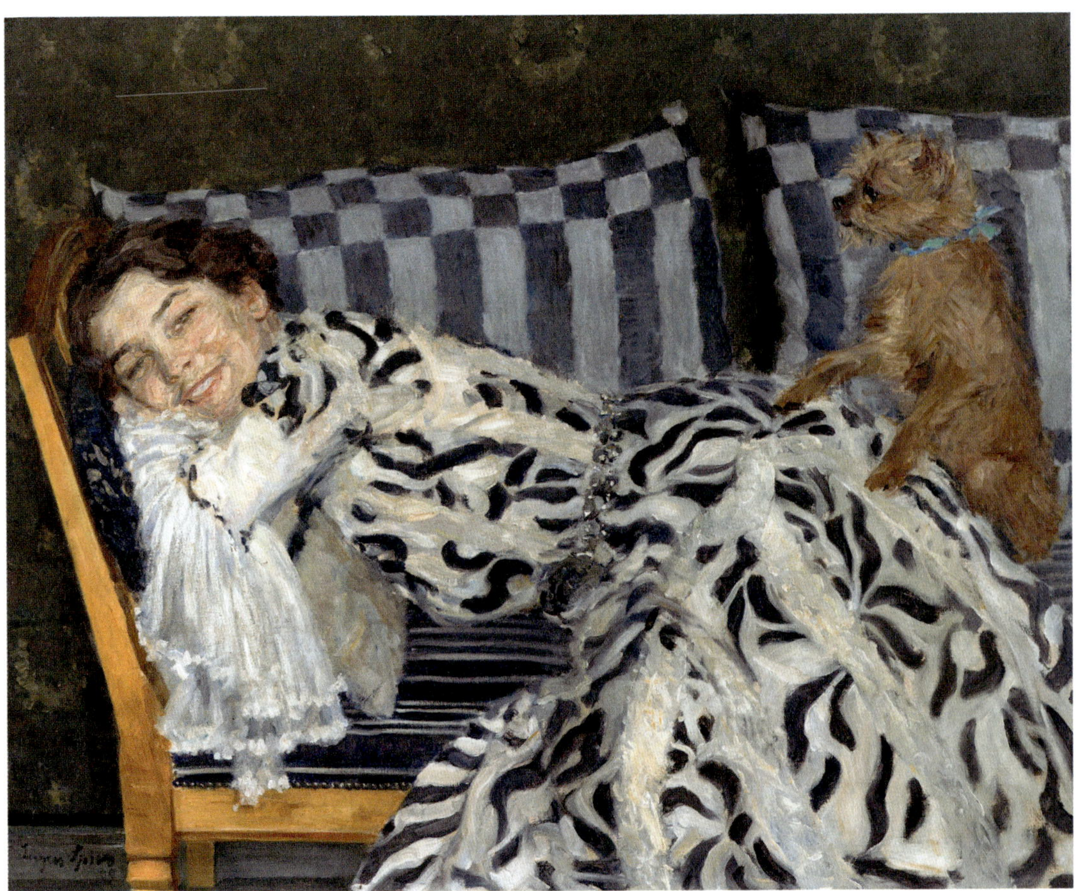

Dame mit Hund (Tilla Durieux), 1905

gleichnamigen Stücks von Oscar Wilde hatte sich die junge Darstellerin endgültig als Schauspielerin durchgesetzt. Gemessen daran fand das Gemälde nur ein mäßiges Echo. Nicht besser erging es einem weiteren Bildnis von ihm, „Dame mit Hund", ebenfalls ein Durieux-Bildnis, mit dem er im gleichen Jahr an der zweiten Ausstellung des Deutschen Künstlerbundes teilnahm. Der ihm gegenüber stets ungnädige Kritiker Hans Rosenhagen, ein Liebermann-Verehrer, verriss es in der Zeitschrift „Die Kunst für alle": „Eugen Spiro hat für die Darstellung seiner schönen jungen Frau, der begabten Schauspielerin Tilla Durieux, eine neue reizende Situation gefunden, auch das Oelige, das seine bisherigen Bilder besassen, abgelegt; aber es fehlt seinen Farben an Nerv und Ausdruckskraft. Das Ganze ist im Aeußerlichen und Flauen stecken geblieben."[6]

An Auftraggebern, die auch schon Spiros frühe Porträtkunst zu schätzen wussten und mit deren Hilfe der Lebensunterhalt bestritten werden konnte, hat es dennoch nicht gemangelt. Davon zeugen Gemälde wie „Damenbildnis" (1905), „Dame auf Sofa" oder „Bildnis Frau Redlich" (beide 1906)[7]. Allesamt Arbeiten, die bereits von souveräner Beherrschung des Handwerklichen zeugen. Das um 1906 gemalte „Bildnis Arthur und

Therese Schnabel" zeigt darüber hinaus, dass der Schüler Stucks die von seinem Lehrer übernommene „dekorative Geste" abzulegen begann.[8] Mehr noch: In ihrer Bildästhetik lässt diese Arbeit die Auseinandersetzung mit dem Medium Fotografie erkennen. Im „eingefrorenen" Moment erhellen sich wie beiläufig Wesenszüge der Dargestellten. Mit dem Gemälde beteiligte er sich im gleichen Jahr an der Internationalen Kunstausstellung der Münchener Secession.[9] Konventionell wirkt dagegen das um 1905 entstandene Porträt „Die Malerin Dora Hitz". Es verdeutlicht, dass Spiro künstlerisch sich seiner noch nicht wirklich sicher war, was er vielleicht selbst empfand.

Wichtige Türen blieben ihm jedenfalls verschlossen. Eine Einzelausstellung, die mit Nachdruck auf ihn aufmerksam gemacht hätte, kam weder bei Keller & Reiner noch bei Eduard Schulte zustande. Beide Kunsthandlungen hatte er vor Jahren von Breslau aus mit Bildern beschickt. Abgesehen von Aufregungen, die das Theater mit sich brachte, dürften Durieux und Spiro damit ein eher stilles und zurückgezogenes Leben geführt haben. Größere gesellschaftliche Verpflichtungen gab es kaum und der Freundeskreis blieb überschaubar.

Zu denen, die in ihrem Haus verkehrten, gehörten der Pianist und Komponist Artur Schnabel sowie dessen Frau, die Altistin Therese Behr. Schnabel, zu der Zeit nur Musikkennern ein Begriff, war vom späteren Weltruf noch weit entfernt. Die Liebe zur Musik und ein ähnlicher Kunstgeschmack waren wohl das verbindende Element zwischen ihnen. Der Kontakt bestand ein Leben lang. Noch im amerikanischen Exil porträtierte Spiro den Freund.

Ein freundschaftliches Verhältnis unterhielt Spiro auch zu dem Kunsthistoriker Julius Meier-Graefe. Tilla Durieux erinnert sich: „Meier-Graefes, die am Lützowplatz wohnten, luden uns zu einer kleinen Gesellschaft ein, die nach dem Abendessen stattfand. Ich hatte an dem Abend zu spielen. Spiro holte mich vom Theater ab, und wir stiegen etwas verspätet die Treppen hinauf, die zu der Wohnung unserer Gastgeber führte ... und als ich auf halber Höhe war, hörte ich, wie hinter mir das Haustor geöffnet wurde und das Geräusch von Schritten, die mich derart erschreckten, daß ich einen Schrei ausstieß und rief: ‚Wer kommt hinter uns?' Spiro sah sich rasch um, zog mich weiter die Treppe hinauf und flüsterte mir zu, daß es der Kunsthändler Paul Cassirer sei, der außerordentlich wichtig für seine Zukunft wäre und den Meier-Graefe wahrscheinlich freundschaftlicherweise heute eingeladen hätte, um es ihm, Spiro, zu ermöglichen, ihn kennenzulernen. Dabei bat er mich, möglichst liebenswürdig zu diesem Herrn zu sein."[10]

Für Spiros Zukunft sollte der Abend in der Tat entscheidend werden, doch anders als erhofft. Als Förderer gewann er den Kunstmagnaten nicht, stattdessen verliebte sich seine Frau Hals über Kopf in diesen. Sie habe sich zunächst gegen ihre Gefühle gewehrt, sich dann aber doch dazu bekannt und ihrem Mann das Geständnis gemacht. „Spiro brach nach dieser Erklärung fassungslos zusammen [...] Hier hatte ich einen treuen Menschen, den ich mit meinem Geständnis böse traf, was mich dagegen dort erwartete, war mir unbekannt. Und so versprach ich ihm nach einer langen Nacht, in der er mich beschwor, ihn nicht zu verlassen, zu bleiben, und nahm mir vor, P.C. nicht wiederzusehen."[11]

Die weitere Entwicklung stellte sich aus ihrer Sicht so dar: Nach einem nervlichen Zusammenbruch ihrerseits und der unglücklichen Idee Spiros, der auf den Rat der mütterlichen Freundin Clara Sachs gehört habe, sie zeitweilig in einer Nervenheilanstalt unterzubringen, sei die Trennung nicht mehr aufzuhalten gewesen. Die Scheidung erfolgte laut Eintrag in den Akten am 13. November 1906, die amtliche Beglaubigung am 29. des Monats.[12] In dem Prozedere sei er, als er ihre Entschlossenheit erkannt habe, anständig und korrekt vorgegangen, bescheinigte sie ihm immerhin.

Ungeachtet dessen dürfte Spiro das Gefühl gehabt haben, vor einem Scherbenhaufen zu stehen. Die Ehe mit der Frau, um die er inständig geworben und für die er sich in das Abenteuer Berlin gestürzt hatte, war genauso zerbrochen wie die Hoffnung, hier breite Anerkennung zu finden. Als Maler war er zweifellos von sich überzeugt, an Selbstüberschätzung litt er jedoch nicht. Davon, die Berliner Kunstszene im Sturm zu erobern, hatte er wohl nicht einmal geträumt. Seinem Charakter wie auch seiner Kunst lag Spektakuläres fern. Dass die Widerstände aber derart groß sein würden, war nicht abzusehen gewesen. Nachdrücklich muss sich für ihn die Frage gestellt haben, wie es weitergehen sollte. Er entschloss sich zu einem konsequenten Schritt und verlegte Ende 1906 seinen Lebens- und Arbeitsschwerpunkt nach Paris.

1 Frank, Leonhard: Links wo das Herz ist, Mit einem Nachwort von Armin Strohmeyer, Berlin 2003, S. 60f.

2 Vgl. Scheyer, Ernst: Eugen Spiro. Clara Sachs, München 1977, S. 16

3 Durieux, Tilla: Meine ersten neunzig Jahre, Frankfurt/M.–Berlin 1991, S. 67

4 Landesarchiv Berlin [LAB] P Rep. 551 Nr. 40, Nr. 395

5 Adreßbuch für Berlin und seine Vororte 1905. Unter Benutzung amtlicher Quellen. Berlin 1905, S. 2038

6 zitiert in: Ripperger, Hannah: Porträts von Tilla Durieux. Bildnerische Inszenierung eines Theaterstars, Göttingen 2016, S. 256

7 Abercron, Wilko von: Eugen Spiro 1874 Breslau–1972 New York. Spiegel seines Jahrhunderts, Alsbach 1990, S. 145f.

8 Grautoff, Otto: Eugen Spiro, Velhagen & Klasings Monatshefte, 36. Jahrgang 1921/22, 2. Bd., S. 294

9 Offizieller Katalog der Internationalen Kunst-Ausstellung des Vereins bildender Künstler Münchens (e.V) „Secession" 1906 im kgl. Kunstausstellungsgebäude am Königplatz. Erste Auflage ausgegeben am 2. Juni, München 1906, S. 30

10 Durieux, S. 73f.

11 Ebd., S. 84

12 LAB P Rep. 551, Nr. 164, Nr. 395

In Paris 1906 bis 1914

Die Biografie Eugen Spiros lässt sich für fast vierzig Jahre seines Lebens als eine Geschichte Berlin-Paris schreiben. Indem er nach der Italienzeit 1897/98 im Jahre 1906 die Stätte seines Wirkens nach Paris verlegt, vollzieht er in seiner Person eine Bewegung des Kunstgeschehens insgesamt. Seit der Renaissance zog es Künstler aus dem Norden nach Italien, seit der zweiten Hälfte des 19. Jahrhunderts nach Paris. Eine ungeheure Faszination ging von dieser Metropole aus, wo sich sammelte, wem nach Aufbruch zu Neuem zumute war: Barbizon, Impressionismus, Nabis, Fauves, um nur einige Stichworte zu nennen. Dort gab es keinen Kaiser mit seinem Hofmaler Anton von Werner, die alles zu verhindern trachteten, was dem Akademiegeschmack widersprach. Auch die Lebensumstände waren freiheitlicher und genussorientierter.

Schon vor dem Deutsch-Französischen Krieg 1870/71 führten Studienreisen deutsche Maler nach Paris, gab es Berührungen zwischen französischer und deutscher Malerei. Anselm Feuerbach hatte sogar von 1851 an mehrere Jahre lang ein Atelier in Paris. Die Barbizon-Maler mit ihrer neuartigen Hinwendung zu nicht idealisierender Natur-Malerei übten Einfluss auf Wilhelm Leibl und die ihm Nahestehenden aus. Adolph Menzels „Pariser Wochentag" von 1869 ist ein beeindruckendes Beispiel für eine frühe malerische Wahrnehmung modernen Großstadtlebens.

Der Krieg führte zu nachhaltigen Unterbrechungen in den Beziehungen der Kunstszenen diesseits und jenseits des Rheins. Dem nach einigen Jahren wiederauflebenden Interesse der deutschen Seite stand starke Skepsis der französischen gegenüber. Im Dezember 1873 richtete Max Liebermann ein Atelier im Stadtviertel Montmartre ein, erhielt wichtige Impulse für sein weiteres Werk, stieß aber dort überwiegend auf Vorbehalte. Ähnlich erging es Lovis Corinth und Max Slevogt.

Zum ersten Mal hat Spiro Paris bei einem mehrwöchigen Besuch im Jahre 1903 von Breslau aus erlebt. Da lagen seine überaus gründlichen Ausbildungsjahre hinter ihm und zumindest als Porträtmaler verfügte er schon über einige Anerkennung. Zum Parisaufenthalt eingeladen war er von seiner Breslauer Gönnerin, der wohlhabenden Malerin Clara Sachs. Sie hatte Paris als den für sie einzigartigen Ort der Inspiration entdeckt und kurz vor Spiros Besuch ein kleines Haus im Montmartre-Viertel gemietet. Erich Klossowski, Freund von Spiro aus Breslauer Zeiten und ebenfalls mit Clara Sachs bekannt, lebte seit 1900 in Paris und eröffnete ihm örtliche und persönliche Perspektiven.

Was sich um das „Café du Dôme" und die sich dort treffenden deutschsprachigen Maler rankt, bringt zum Ausdruck, wie atemberaubend Paris auf diese Maler wirkte.[1] 1903 ist das Jahr, in dem das Café anfing, Bedeutung zu erlangen. Nach wie vor herrschte in

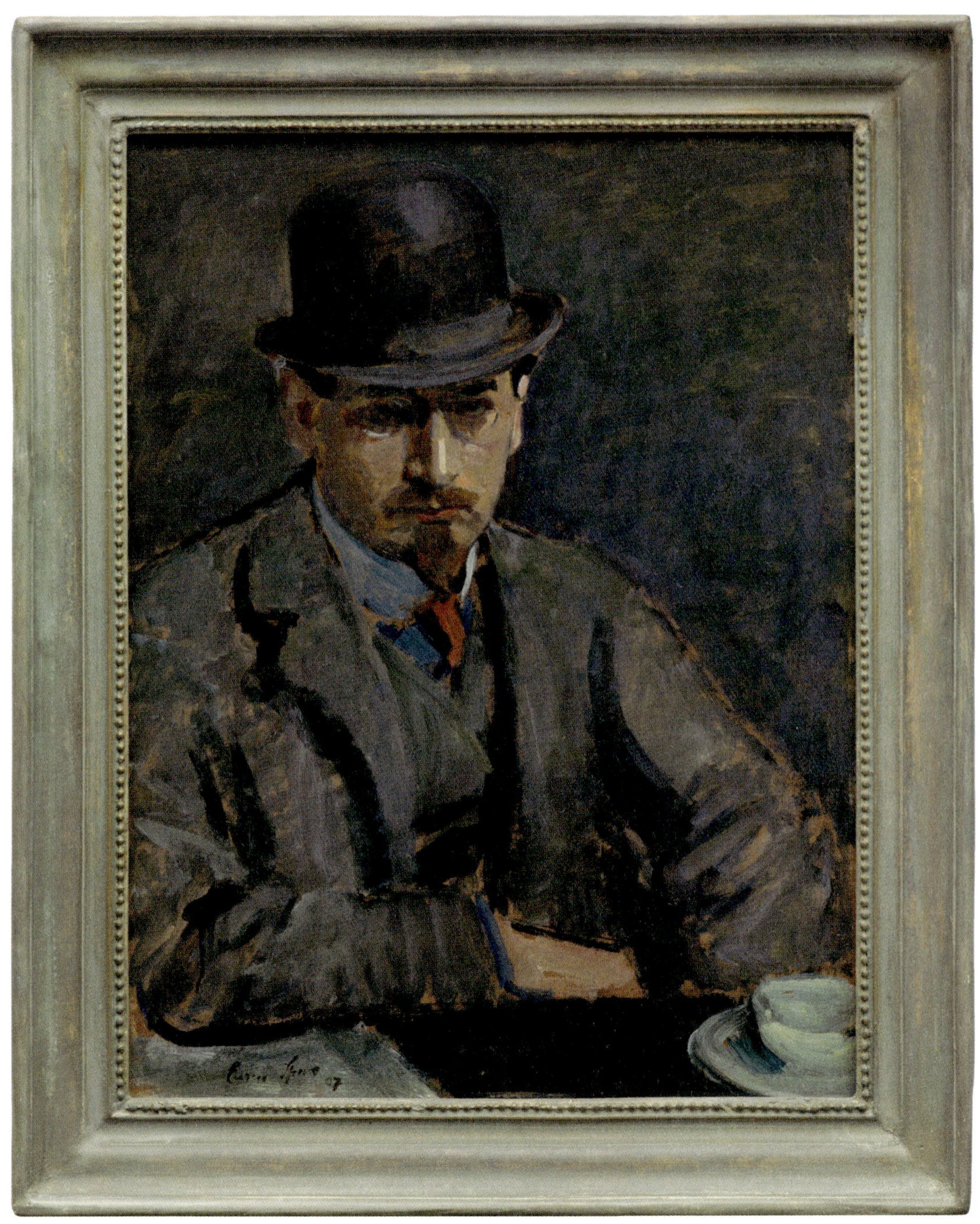

Selbstbildnis, 1907

der Pariser Kunstszene die Überzeugung vor, dass deutsche Maler hier entbehrlich seien. Sehr zögerlich entstanden Beziehungen zwischen einzelnen Malern beider Nationen, unvorstellbar anfänglich die spätere Freundschaft zwischen Henri Matisse und Hans Purrmann.

Die deutschsprachigen Künstler waren geselligkeitsbedürftig und akzeptierten den Treffpunkt, nachdem der charismatische Rudolf Levy das unauffällige Café du Dôme dazu erklärt hatte. Er war schon in München eine zentrale Figur im Malertreffpunkt Café Stefanie gewesen. Das Café du Dôme war auch ein Instrument der gegenseitigen Unterstützung und Förderung. Dazu trug bei, dass dort auch Kunstschriftsteller, Händler und Sammler verkehrten. Das heute ungleich elegantere Café-Restaurant liegt am Boulevard Montparnasse, Ecke rue Delambre, in dem Stadtviertel, das damals im Begriff war, dem Montmartre als Zentrum der Künste den Rang abzulaufen. Über Klossowski mag Spiro schon bei seinem ersten Paris-Besuch Kontakt zu Malern des Café du Dôme gehabt haben.

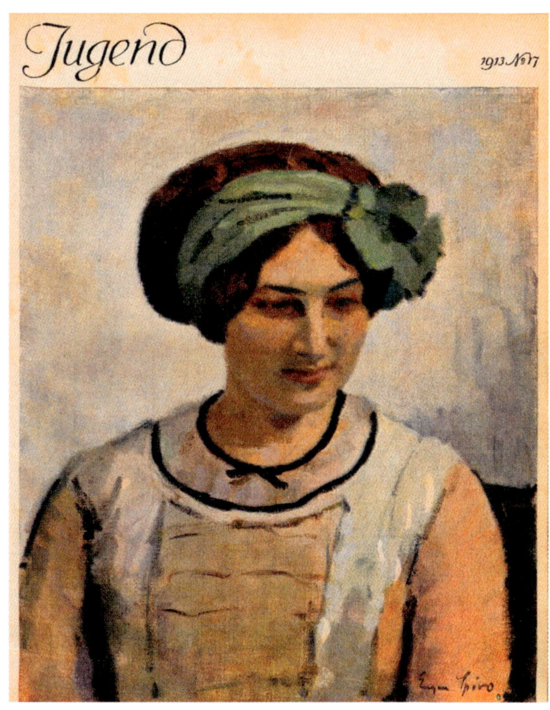

Baladine, 1909

Spiros Paris-Aufenthalt von 1903 ist in seiner Bedeutung für sein künftiges Leben und Wirken kaum zu überschätzen. Einen besonderen Reiz hatte der Aufenthalt, weil auch seine Geliebte, die später so berühmte Schauspielerin Tilla Durieux zu den von Clara Sachs Eingeladenen gehörte.

Dauerhaft wichtig wurde, dass Klossowski ihn auch wieder mit dem Kunstschriftsteller Julius Meier-Graefe in Verbindung brachte, der ihn an seiner Faszination durch Édouard Manet (1832–1883) teilhaben ließ.[2] Das fiel bei Spiro auf fruchtbaren Boden, er erkannte in Manet eine Art geistigen Vorfahren. Er kopierte Manets Olympia in der ihm eigenen, die Entstehung des Originals nachvollziehenden Weise. Dafür hatte er einen Auftrag aus Breslau, der zur Finanzierung des Paris-Aufenthalts beitrug.[3] Später folgten mindestens noch eine weitere Manet-Kopie und mehrere Bilder in einer Art Manet-Manier. Spiro knüpft bei der Darstellung von Menschen insofern an Manet an, als er bestrebt ist, diesen ein Geheimnis zu belassen. In beiden Darstellungen von Paaren oder Gruppen entsteht eine Spannung, die den Betrachter wie einen Romanleser nach dem Fortgang der Geschichte fragen lässt. In seinem Selbstporträt mit Melone von 1907 ähnelt Spiro durchaus einer Figur aus einem zeitgenössischen französischen Roman.

Das Scheitern von Spiros Ehe mit Tilla Durieux und sein Wechsel von Berlin nach Paris im Jahre 1906 fallen zeitlich annähernd zusammen. Vor allem die Erinnerung an 1903 empfangene Impulse veranlassten ihn, seinen Wohnsitz auf unbestimmte Zeit in

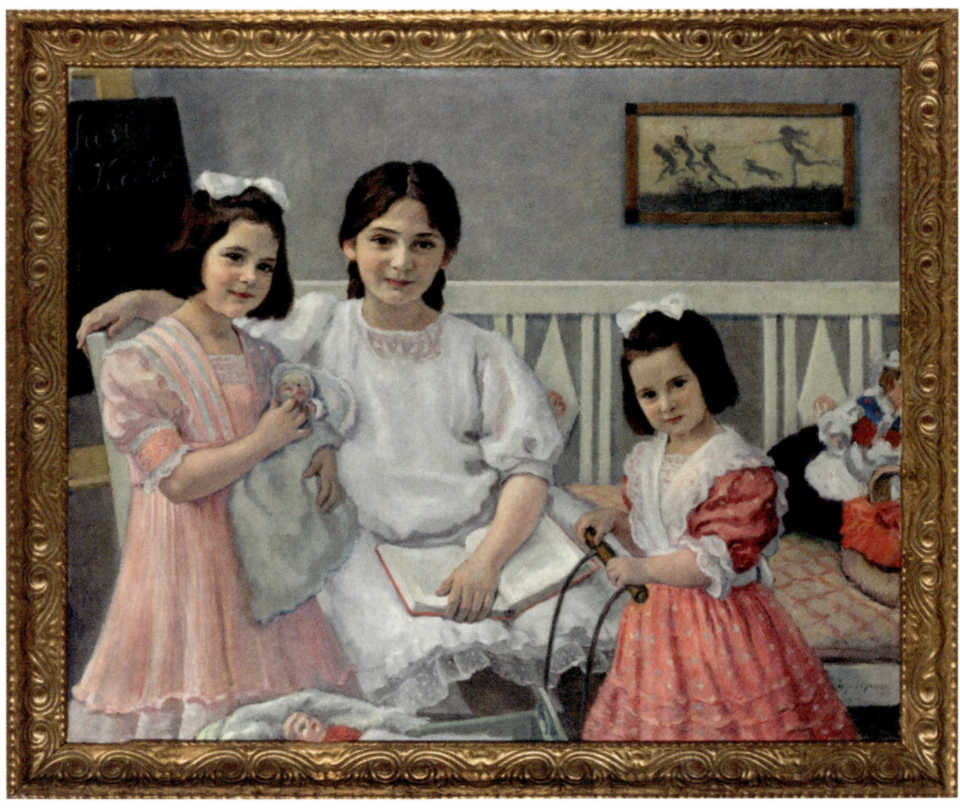

Susi, Kate und Lotte, 1910

die französische Hauptstadt zu verlegen. Von Zeit zu Zeit kehrte er nach Berlin zurück, um Aufträge zu erledigen, die zur Finanzierung seines Lebens in Paris beitrugen.

Spiro stand vor dem Ersten Weltkrieg unter den deutschen Malern alles andere als allein mit der Idee, nach Paris zu gehen. Neben Erich Klossowski, inzwischen mit Spiros jüngster Schwester Elisabeth Dorothée „Baladine" verheiratet, sowie Rudolf Levy und Hans Purrmann zog es eine ganze Reihe von Malern von München nach Paris. Darunter waren auch andere Stuck-Schüler wie Eugen von Kahler, Georg Kars, Hermann Lismann und Albert Weisgerber.

Im Jahre 1911 beteiligte sich Spiro an der Schrift „Im Kampf um die Kunst". Sie stellte die Antwort auf den „Protest deutscher Künstler" dar, eine Polemik, die der norddeutsche Maler Carl Vinnen (1863–1922) in Gang gesetzt hatte. Anlass war der „Bremer Künstlerstreit". Der Direktor der dortigen Kunsthalle, Gustav Pauli (1866–1938), hatte für 30.000 Mark das Gemälde „Mohnfeld" von Vincent van Gogh erworben. Dem war der Erwerb des Gemäldes „Dame im grünen Kleid" von Claude Monet vorausgegangen. Der Protest

Bretagne Landschaft, 1906 ↗
Landaufenthalt, 1906 →

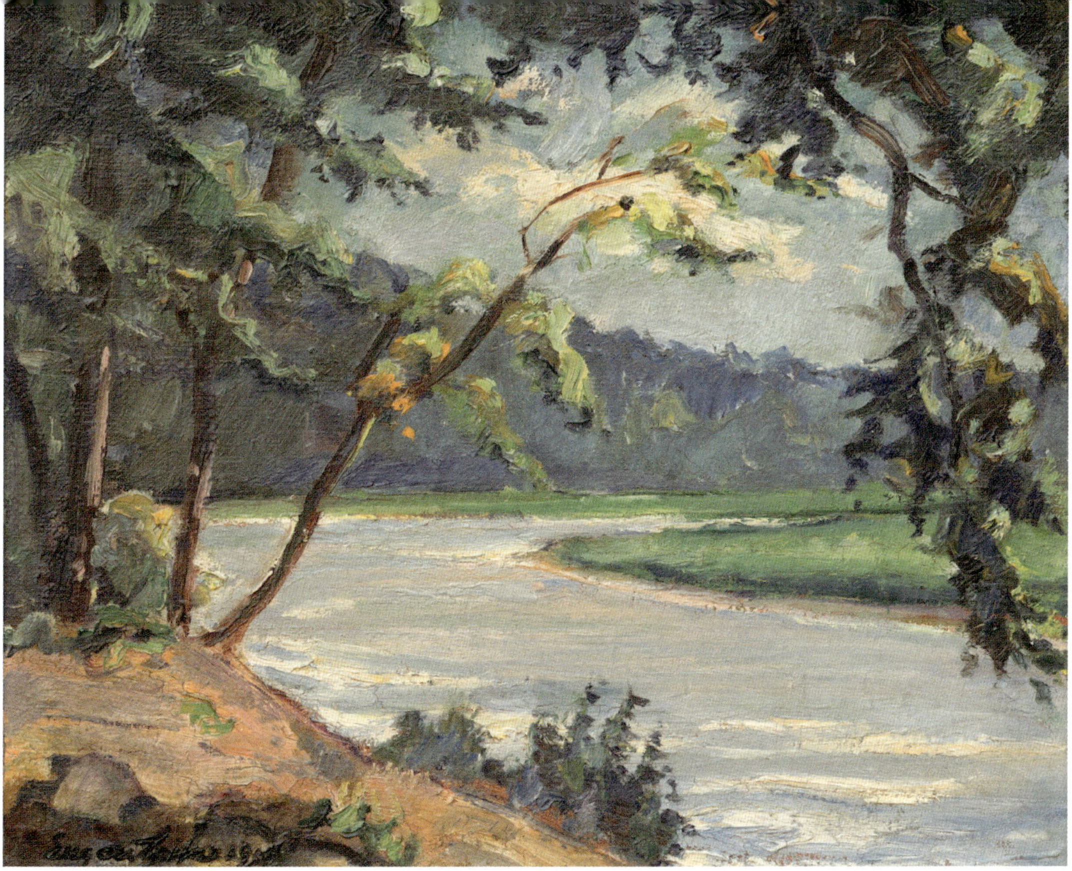

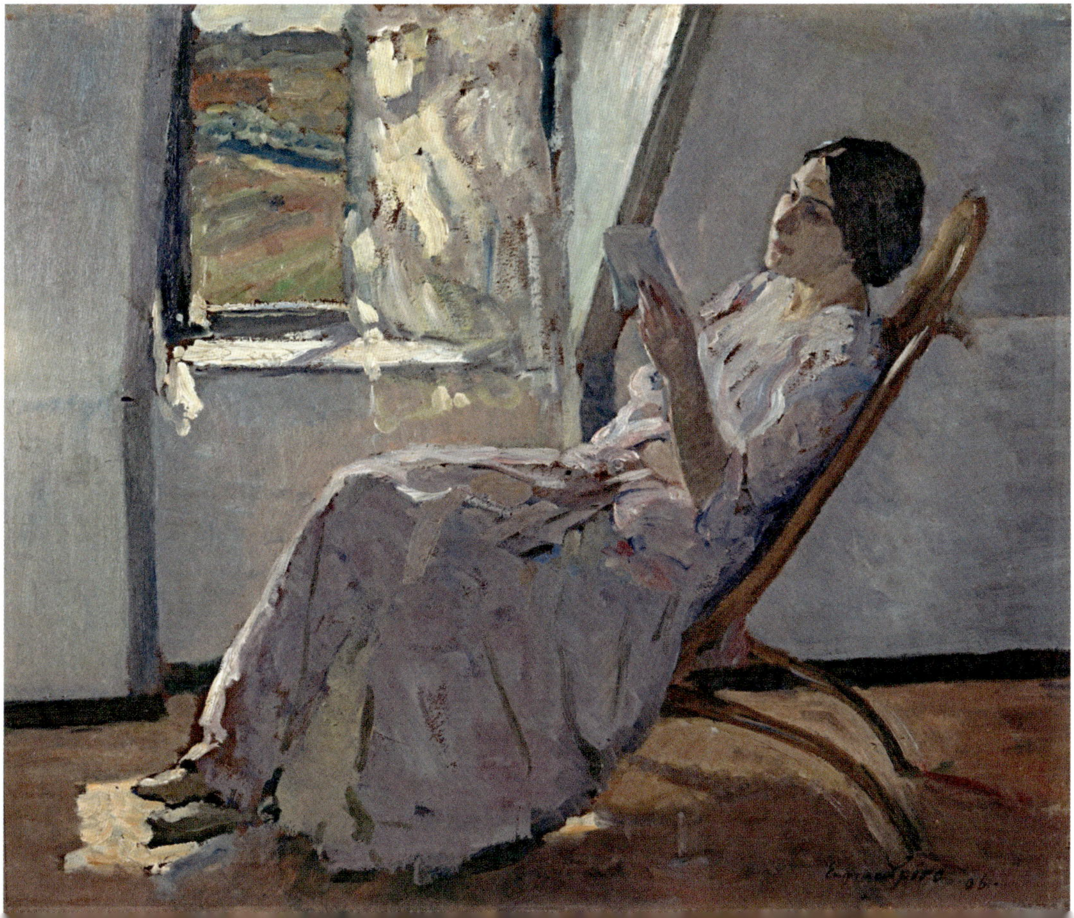

wandte sich gegen die Dominanz französischer Kunst auf dem Kunstmarkt und ihren Einfluss auf die deutsche Malerei. Beklagt wurde, dass deshalb weniger Mittel für den Erwerb von Bildern hiesiger Maler zur Verfügung stünden, die sich von französischen Einflüssen fernhielten. Dies führte zu dem seinerseits oft polemischen Gegenprotest, an dem sich prominente Galeristen, Künstler und andere beteiligten. Spiro wehrte sich dagegen, etwa „Cézanne und van Gogh in den Kreis der Abzusperrenden ein(zu)schließen. Das wäre ein Absperren gegen Wertvollstes, das uns nicht genug in Deutschland vor Augen gebracht werden kann". Der hohe Preis für das „Mohnfeld" kann Spiro nicht beeindrucken angesichts der Preise, die für „Teller und Töpfe und Schnupftabaksdosen gezahlt werden."[4]

Unvermeidlich verkehrten alle deutschsprachigen Maler zumindest gelegentlich im Café du Dôme. Von einer Künstlergruppe des Café du Dôme zu sprechen, ist nicht falsch, aber wahrscheinlich eine zu Missverständnissen Anlass gebende Vereinfachung. Im weitesten Sinne verbindet diese Maler, dass ihre Malweisen die traditionellen Sehgewohnheiten des deutschen Publikums behutsam erweiterten. Damit stehen sie heute im Schatten des Expressionismus, für den es geradezu kennzeichnend ist, mit diesen Sehgewohnheiten zu brechen; er macht das Zentrum der Moderne im Deutschland des ersten Drittels des 20. Jahrhunderts aus. Seine Protagonisten konnten mit den Parisgeprägten Malweisen so wenig anfangen, wie es in umgekehrter Richtung der Fall war.

In der heutigen Wahrnehmung gilt der engere Kreis um Henri Matisse (1869–1954) als die eigentliche Café-du-Dôme-Gruppe. Die Prägung durch Matisse macht deutlich, woran es den aus deutscher Akademie-Ausbildung stammenden Malern fehlte: Mut zur Farbe und zum Akzeptieren des Gemäldes als Fläche statt feierlicher Dunkelheit und verkrampfter Tiefe, Tiefe sowohl im Sinne scheinbarer Dreidimensionalität als auch überangestrengter Bedeutungsfülle. Das verkörperte sich von 1908 bis 1912 darin, dass eine Académie Matisse Anlaufpunkt für eine Reihe der „Dômiers" wurde, darunter Friedrich Ahlers-Hestermann, Rudolf Levy und Oscar Moll. Verbindungsglied war Hans Purrmann, der das Vertrauen von Matisse besaß und als eine Art Geschäftsführer fungierte.

Spiros Wohnung, 16 rue Boissonade, lag in der Nähe des Cafés. Zu Klossowski und Meier-Graefe sowie einigen weiteren der dort Verkehrenden hatte er engere Beziehungen, und dank seiner Neigung und Begabung zum freundschaftlichen Umgang mit vielen Menschen wird man ihn dort öfter gesehen haben. Spiro war in Frankreich besser integriert als die meisten Kollegen. Er war zwar nicht – wie gelegentlich vermutet – Mitgründer des Salon d'automne, aber frühes, dort regelmäßig ausstellendes Mitglied.

Fast kontinuierlich übte Spiro Lehrtätigkeit an der „Académie Moderne" aus. Lehrend tätig zu sein wird zu einem wiederkehrenden Element in seinem Wirken, sei es in Breslau, Paris, Berlin oder New York. Freude daran verbindet sich mit stetigeren Einnahmen, als der Verkauf von Bildern verheißt. Spiro hatte erlebt, wie die inspirierenden Lehrer Bräuer und Stuck es ihm ermöglicht hatten, sein Talent zu verwirklichen. Unter den Spiro-Papieren im Archiv der Berliner Akademie der Künste befindet sich sein Text

Theaterloge, 1907 →

Eugen Spiro
07

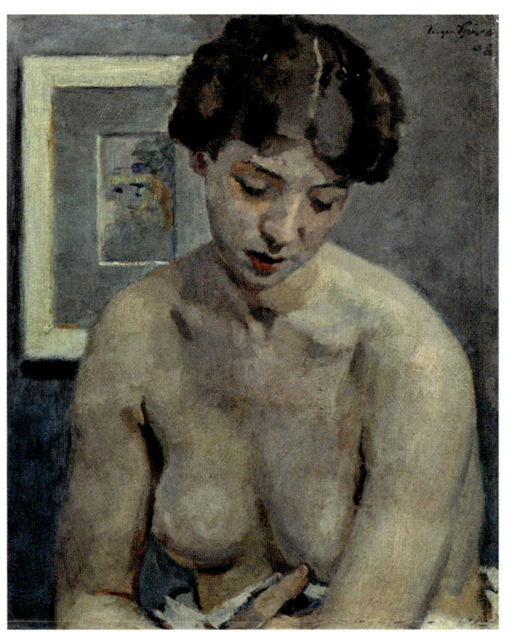

Halbakt, 1908

mit dem Titel „Der Zeichenlehrer und ein neuer Schüler". Über 15 einzelne Unterrichtseinheiten wird ein talentierter Schüler, dem aber jedes Basiswissen fehlt, an die Beherrschung der zeichnerischen und malerischen Techniken herangeführt. Neben den schon zitierten Leitsentenzen Bräuers fallen zwei Grundsätze besonders auf: „Ein guter Lehrer ist nicht ein Mann, der seinem Schüler die eigene Kunstauffassung aufdrängen will, sondern ein Mensch, der auf Grund seiner Intuition und Erfahrung klarer als der Schüler selbst erkennt, wo jener hinstrebt. Beim Portrait (nur) zwei bis drei Sitzungen, weil dieses mühevolle Suchen nach Ähnlichkeit alle Spontaneität, alles Geistige, alle Leichtigkeit tötet." Obwohl sich in den Unterlagen auch Teile des Textes auf Französisch und Englisch befinden, konnte nicht geklärt werden, ob der sorgfältig ausgearbeitete Text jemals publiziert worden ist.[5]

Spiros Pariser Lehrtätigkeit war so erfolgreich, dass sie neben angenehmen Einnahmen 1911 auch zur Ernennung zum „Officier de l'Académie des Beaux Arts" führte. Das damit verbundene Ordensbändchen im Knopfloch nutzte er bei passender Gelegenheit durchaus.

Spiros Verbindung zu Familie Klossowski schlug sich in dem Doppelporträt der Soldaten spielenden Kinder Pierre und Balthasar nieder. Um dieses Bild rankt sich die Legende, dass es nach 1914 eine zweite Version gegeben habe, auf der nicht die Tricolore Bleu, Blanc, Rouge, sondern das Schwarz, Weiß, Rot des Deutschen Reiches zu sehen gewesen sei.

Von der Bedeutung, die das Café du Dôme als Zentrum der Geselligkeit hatte, ist die zu unterscheiden, die es für Spiros künstlerisches Schaffen besaß. Als er nach Paris übersiedelte, war er mit 32 Jahren einer der Älteren und hatte schon einen Namen in Deutschland und Österreich. So empfänglich er für neue Ideen in Nuancen war, unterscheidet er sich deutlich von denjenigen, die ihre Identität als Künstler dort erst suchten. Auch seine Lebensumstände unterschieden sich. Er war kein Kind aus wohlhabendem Hause, dem eine Reifungsphase zugestanden wurde. Er lebte seit mehreren Jahren ausschließlich und nicht einmal schlecht von seinen Einnahmen als Maler. Auf die Idee, sich Anfängerübungen zu unterwerfen, wie sie Matisse von seinen Schülern verlangte, wäre er nicht gekommen.

Für eines bedurfte Spiro nicht des Einflusses des fünf Jahre älteren Matisse: Die Aufhellung der Paletten entsprach der auch von anderen deutschen Malern jenseits der Matisse-Umgebung wahrgenommenen Pariser Stimmung. Bei der Suche nach den auf

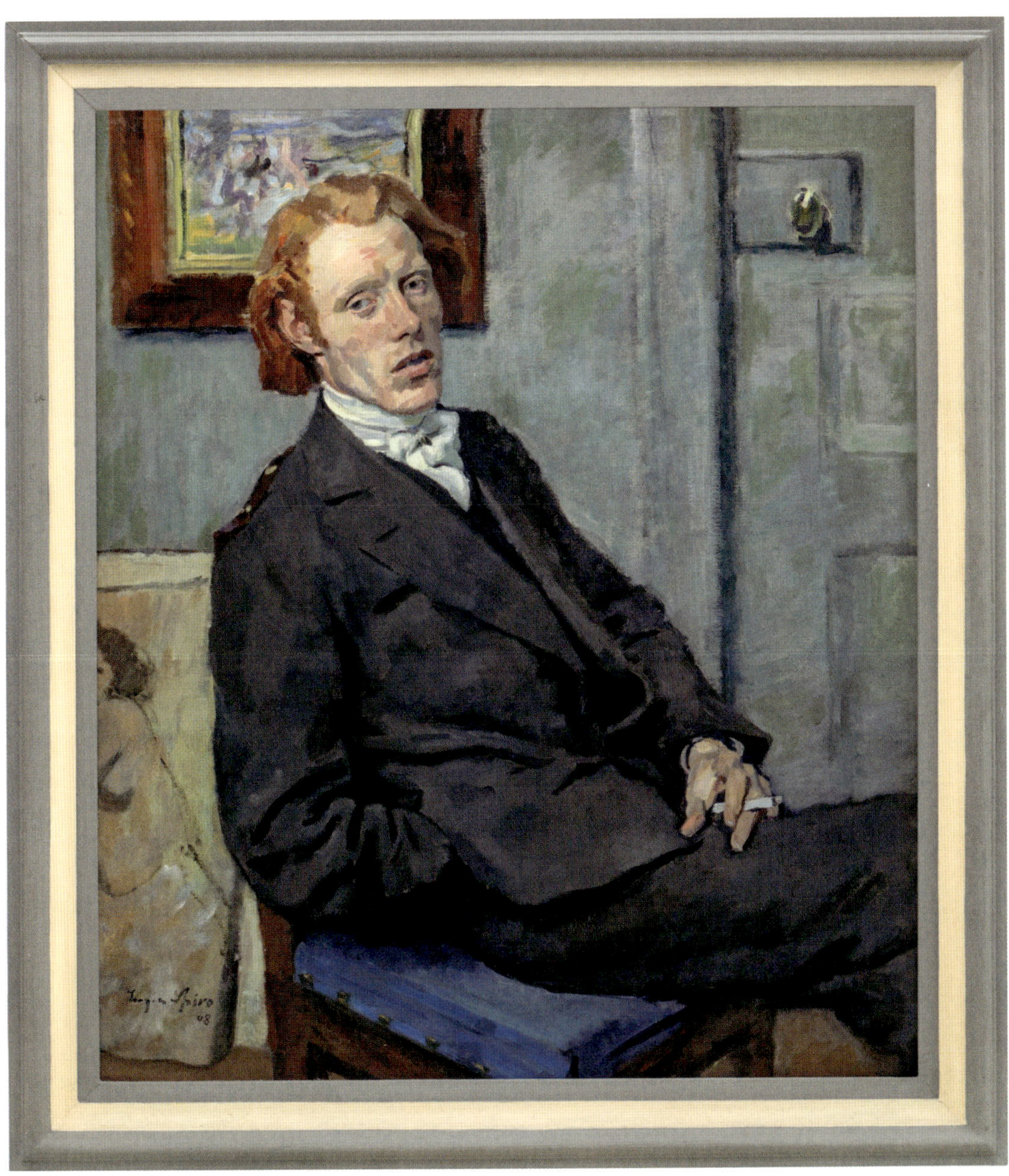

Maler Lodewijk Schelfhout, 1908

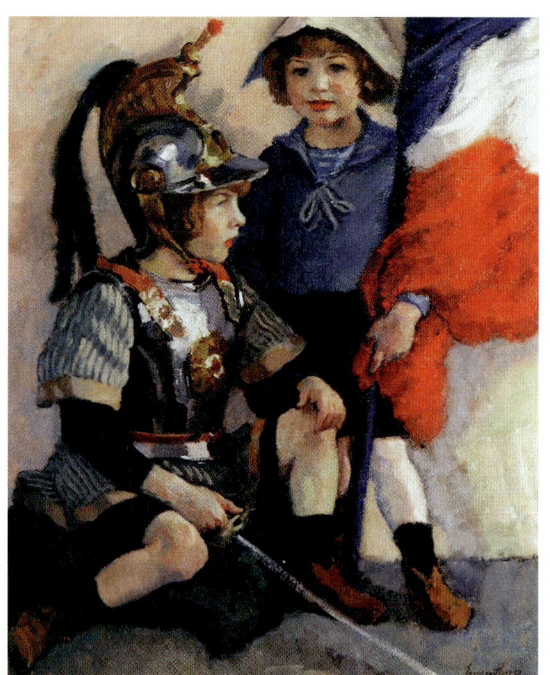
Kinder spielen Soldaten
(Pierre und Balthasar Klossowski), 1911

ihn in Paris einwirkenden Impulsen kommt man neben Édouard Manet auf den derselben Generation angehörigen Paul Cézanne (1839–1906).

Auf den Einfluss, den Cézanne auf ihn hatte, macht Spiro selber aufmerksam. An den eingangs zitierten prägnanten Satz seines Lehrers Bräuer knüpft Spiro eigene Überlegungen an: „Machen Sie nur drei Punkte, aber die müssen richtig sein. Sie müssen von Anfang so in allen Teilen Ihres Papiers oder Ihrer Leinwand arbeiten, dass Sie, falls Sie plötzlich tot umfallen, etwas Vollendetes hinterlassen.' (Wenn ich später einen scheinbar unvollendeten Cézanne sah, musste ich immer an den alten Bräuer denken, denn in diesem Cézanne waren die wichtigsten Punkte, Striche und Flecken da, die den ganzen Eindruck seiner Naturvision vermittelten)".[6]

Neben der strukturellen Prägung durch Cézanne ist das Porträt aufschlussreich, das Spiro im Jahre 1913 von Julius Meier-Graefe gemalt hat. Gut möglich, dass Spiro Cézanne durch Hinweise von Meier-Graefe für sich entdeckt hat.[7] Unverkennbar jedenfalls nimmt das Porträt Meier-Graefes bis in Details Bezug auf Cézannes Porträt des Journalisten und Kunstkritikers Gustave Geffroy von 1895, auffällig vor allem die Skulpturen weiblicher Torsi auf beiden Bildern, bei Meier-Graefe ein Lehmbruck.

Nicht ohne Pikanterie ist die Ablehnung des Meier-Graefe-Porträts für die Secessionsausstellung 1914, als Paul Cassirer gerade Präsident der Secession geworden war. Spiro war aktiv gegen Cassirers Wahl aufgetreten. Hat die lange zurückliegende Beziehung von Cassirers Ehefrau Tilla Durieux zu Spiro da noch eine Rolle gespielt oder war es das eher derbe Gesicht des Dargestellten, das man dem Einflussreichen nicht zumuten wollte? Die Ablehnung erfuhr ihrerseits Kritik: Der Kunstpublizist und Herausgeber der Zeitschrift „Moderne Kunst" Oskar Anwand würdigte das Porträt des arbeitenden Meier-Graefe sehr positiv und deutet den möglichen Zusammenhang mit Spiros Wahlverhalten an.[8] In der Tat sieht Meier-Graefe auf dem Porträt Corinths aus dem Jahre 1915 ganz anders aus, aber da war er nach dem Erlebnis von Krieg und Gefangenschaft in einer schweren Krise. Seine Biografin Catherine Krahmer bevorzugt ihn so und hält es für richtig, Spiros Porträt – den alten Konflikt wieder aufnehmend – beiläufig als schwach zu bezeichnen.[9] Abgesehen davon, dass Meier-Graefe das Porträt hätte ablehnen können, hat es seine Beziehung zu Spiro in keiner Weise getrübt. Ein Zeitzeugnis erster Güte ist die mit „Euer Ju" unterzeichnete Postkarte Meier-Graefes aus dem Jahre 1915, die sich im Spiro-Archiv der Berliner Akademie der Künste befindet. Sie ist an Eugen Spiro und

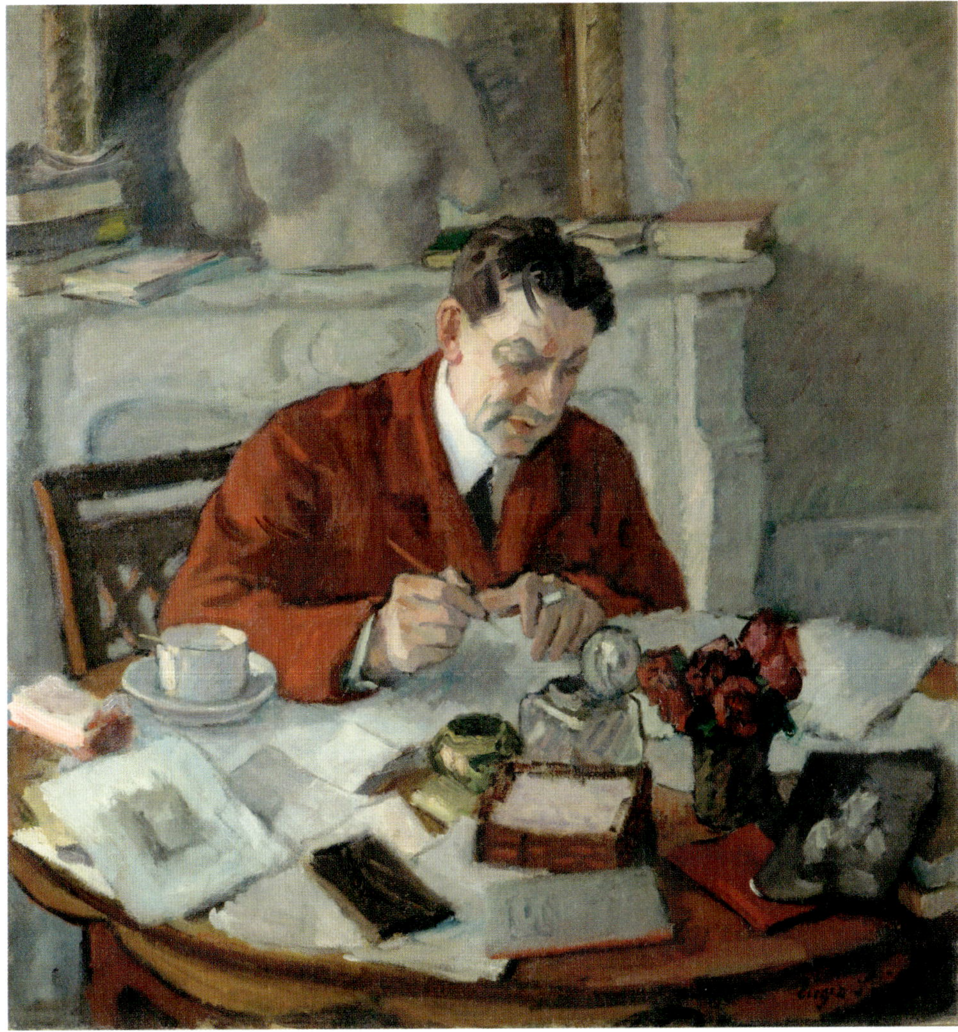

Julius Meier-Graefe, 1913

seine Schwester „Baladine“ gerichtet, die noch mit Klossowski verheiratet war, aber getrennt von ihm lebte: mit streng vorgegebenem Rahmen, auf Russisch und Französisch gekennzeichnet als für Kriegsgefangene bestimmt, mit Stempel „Zensur erledigt“ versehen, entgegen Meier-Graefes Gewohnheit in sehr deutlicher Handschrift und trotz ausschließlich positiver Mitteilungen mit einem geschwärzten Satz. Das Kriegsgeschehen und die Gefangenschaft haben Meier-Graefe sehr mitgenommen, aber jeglicher Hinweis darauf hätte die Karte vollständig der Zensur zum Opfer fallen lassen.[10]

Über das Café du Dôme hat als Beteiligter der Maler Friedrich Ahlers-Hestermann (1883–1973) geschrieben. Hier interessiert vor allem seine Rede zur Eröffnung der Berliner Spiro-Ausstellung von 1969, die neben der eigentlichen Laudatio diesen Beitrag zur Charakterisierung des Umgangs unter den „Dômiers“ enthält:

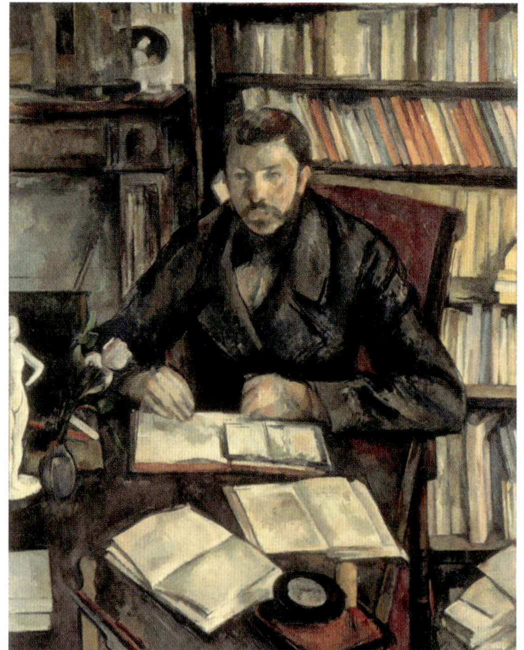

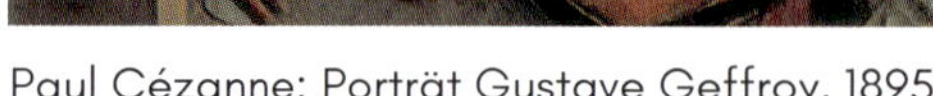

Paul Cézanne: Porträt Gustave Geffroy, 1895

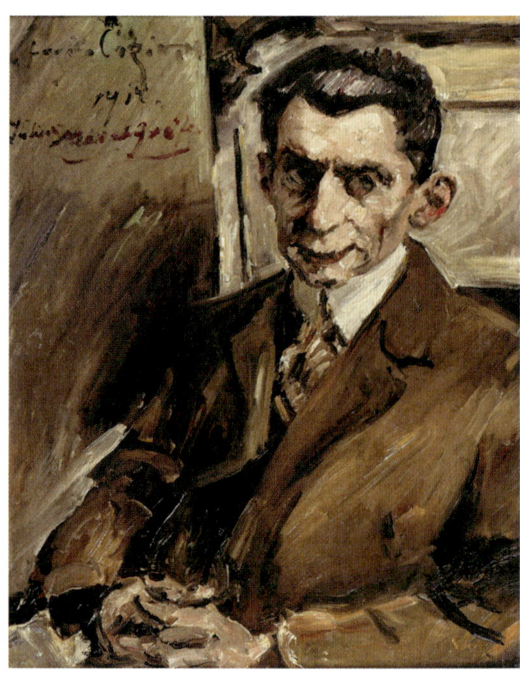

Lovis Corinth: Porträt Julius Meier-Graefe, 1915

„In Paris kannte sich Spiro schon seit langem aus. Vor dem Ersten Weltkrieg, ab 1906, hatte er hier im Quartier Montparnasse ein Atelier gehabt und in dem Café du Dôme verkehrt. Freilich nicht als regelmäßiger Stamm- und Dauergast, denn er war nichts weniger als ein Bohèmetyp. Groß gewachsen und stets sorgfältig gekleidet … Eines Nachmittags begegnete Rudolf Levy mir auf dem Boulevard Montparnasse, eilenden Schrittes mit einer Reisemütze und langem gelbem Regenmantel. Er müsse dringend noch am selben Abend nach Berlin fahren und mit seinem Vater zusammenkommen, um endlich eine Vereinbarung mit ihm über einen Monatswechsel zu treffen. Ob ich das nicht auch sehr vernünftig fände, was ich natürlich bejahte. Leider fehlten ihm noch 50 Francs am Reisegeld, und die hoffte er von Spiro zu erhalten. Ich möchte doch mitkommen, das mache sicher einen guten Eindruck. So stiegen wir zusammen zu Spiros Atelier hinauf.

Hier blieb Levy zunächst vor einer Staffelei stehen, betrachtete lange das Bild und stellte einige allgemeine Fragen. Allmählich ging er zu einer farbigen Analyse über, hob Geglücktes hervor, beanstandete Einzelheiten – kurz, er sprach mit der ernsten Sachlichkeit und der Einfühlung des begabten Auges –, das Angenehmste, was einem Künstler passieren kann! Dann setzte er dem schon ahnungsvoll lächelnden Spiro die Sache mit seiner Berlinreise auseinander, wie unbedingt vernünftig diese sei, gerade bezüglich seiner pekuniären Zukunft, und führte mich (‚Hestermann, ein solider und zuverlässiger Mann aus Hamburg') als Kronzeugen an – ich sei eben auch davon überzeugt … Spiro lachte nun laut heraus und sagte etwa, nicht weil er an die Wichtigkeit und Wirksamkeit seiner Berlinreise glaube, wolle er sich an deren Finanzierung beteiligen, sondern weil Levy der einzige Kollege sei, der ihm von Zeit zu Zeit etwas wirklich Substantielles über seine Malerei sage. Und er zog seine Brieftasche."[11]

Spiro hat in Paris hinreißende Porträts einer gewissen Madeleine gemalt; dazu amüsiert uns Peter Spiro mit der Anekdote, dass die miteinander befreundeten Spiro-Witwen Elisabeth und Lilli irritiert gewesen seien, als die Galerie von Abercron 1978 eines der Madeleine-Porträts und nicht eines der Ehefrauen auf den Umschlag des Katalogs setzte.

Es gibt keine Anhaltspunkte dafür, dass Spiro das Leben zwischen Paris und Berlin nicht noch viel länger beibehalten hätte, hätte der Kriegsausbruch im Jahre 1914 dem nicht ein abruptes Ende bereitet. Die Beziehungen der deutschsprachigen Maler zur Pariser Kunstwelt haben etwas von unerwiderter Liebe. Die Académie Matisse und Purrmanns Rolle in ihr sowie Spiros Lehrtätigkeit haben Ausnahmecharakter. Andererseits waren nicht alle Kommentare so bösartig wie der des Dichters Guillaume Apollinaire (1880–1918): „Die künstlerische Armut Deutschlands ist zur Zeit ebenso bemerkenswert wie seine Geduld beim Versuch, die Geheimnisse der jungen französischen Malerei zu enträtseln." Dieser Satz stand im „Paris-Journal" vom 2. Juli 1914, weniger als einen Monat vor Beginn des Ersten Weltkriegs, in den Apollinaire voller Begeisterung zog.[12] Dass Spiro das Ende seiner ersten Pariser Jahre als abrupt wahrnahm, weist darauf hin, wie sehr er sich in Paris heimisch fühlte, vielleicht auch auf eine gewisse Uninteressiertheit oder Naivität, was gesellschaftliche und politische Entwicklungen angeht.

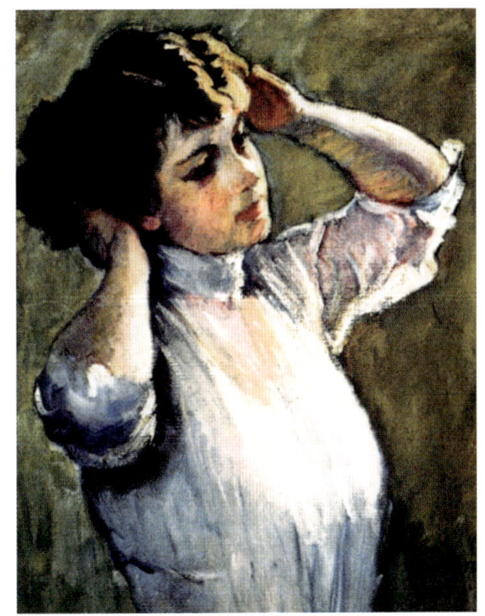

Madeleine 1911

So real das Café du Dôme war, ein kunsthistorischer Begriff ist es erst nachträglich geworden. Das bewirkte vor allem der Sammler und Kunsthändler Alfred Flechtheim (1878–1937), der früh nicht nur aktuelle französische Bilder, sondern auch solche von „Dômiers" erwarb. Er stellte sie im Sommer 1914 unter dem Titel „Der Dôme" in seiner Galerie in Düsseldorf aus.[13] Der Ausbruch des Krieges verhinderte das vorgesehene Wandern der Ausstellung in mehrere andere deutsche Städte. Im Jahre 1919 gab es in der Kestner-Gesellschaft in Hannover eine Ausstellung unter dem Titel „Französische Malerei bis 1914 und deutsche Künstler des Café du Dôme". In beiden Ausstellungen war Spiro nicht vertreten.

Vor allem, wenn einbezogen wird, wie es ab 1935 zu einem erneuten, fünf Jahre währenden Paris-Aufenthalt kommt, kann Spiro als der Pariserischste der deutschen Künstler bezeichnet werden. Zum Kreis des Café du Dôme gehört er nur in einem weiteren Sinne.

Als die politische Entwicklung ihn 1935 zwang, Deutschland zu verlassen, bot Paris die Möglichkeit einer Rückkehr in eine Art zweiter Heimat. So wenig, wie Spiro während der ersten Pariser Jahre die Bindungen nach Berlin hatte abreißen lassen, vernachlässigte er während der Berliner Jahre von 1914 bis 1935 die Bindungen nach Paris. Im Namen der Berliner Secession trug er 1926 dem französischen Maler Paul Signac (1863–1935) die Ehrenpräsidentschaft an; Signac antwortete: „Tout ce qui nous rapproche me semble de la bonne besogne – Comptez sur moi ..." (Alles was uns einander näher bringt, erscheint mir als lohnende Aufgabe – Zählen Sie auf mich)[14]. Im gleichen Jahr riskierte Spiro eine Auseinandersetzung mit dem preußischen Kultusministerium, als er in die Secessionsausstellung französische Künstler einladen wollte.[15]

1 Für die Zusammenhänge zwischen Spiro und dem Café du Dôme erschließt Annette Gautherie-Kampka neue Perspektiven: LES ALLEMANDS DU DÔME – La colonie allemande de Montparnasse dans les années 1903–1914, Bern, Berlin etc. 1995; Café du Dôme – Deutsche Maler in Paris, Bremen 1996; Eugen Spiro – Ein Maler abseits der Ismen, Weltkunst 2003, S. 722

2 Meier-Graefe, Julius: Manet und sein Kreis, Berlin 1902

3 AdK BArch N 2291 1/48, Postkarte von Muther an Spiro, auf der es unter anderem heißt: „Was macht Olympia?" Wegen Manet-Kopien siehe Abercron, Wilko von: Eugen Spiro 1874 Breslau–1972 New York. Spiegel seines Jahrhunderts, Alsbach 1990, S. 144 und 185

4 https://archiv.ub.uni-heidelberg.de/artdok/838/1/Ein_Protest_deutscher_Kuenstler_1911.pdf
https://digi.ub.uni-heidelberg.de/diglit/protest1911

5 AdK BArch N 2291 24 1–56

6 Spiro, Peter: Nur uns gibt es nicht wieder, Hürth bei Köln 2010, S. 106

7 Meier-Graefe, Julius: Paul Cézanne, München 1910

8 Anwand, Oskar: „Das zurückgewiesene Porträt" in der von ihm herausgegebenen Zeitschrift „Moderne Kunst" 1912/13, S. 691

9 Julius Meier-Graefe – Kunst ist nicht für die Kunstgeschichte da, Göttingen 2001, S. 456

10 AdK BArch N 2291 4/54

11 Ahlers-Hestermann, Friedrich: Rede zur Eröffnung der Spiro-Ausstellung, Neue Deutsche Hefte 124 (16. Jahrgang/Heft 4/1969), S. 228

12 Übersetzung aus dem Französischen, zitiert nach PARIS-BERLIN 1900–1933/Übereinstimmungen und Gegensätze Frankreich Deutschland, München 1979, S. 31

13 Im Vorwort zur Ausstellung schrieb der Galerist Alfred Flechtheim: „‚Das Café du Dôme' ist der Treffpunkt der Deutschen und deutschsprechenden Österreicher, Schweizer und Skandinavier. Ich habe diese Künstler gebeten, mir ihre Bilder für eine Ausstellung zu überlassen. Um dieser einen Namen zu geben, wurde sie nach dem Café der „Dôme" getauft. Es handelt sich also nicht um eine Gruppe, wie etwa der seligen Münchner Scholle oder der bayerisch-russischen blauen Reiter. Es handelt sich hier um eine Reihe sich zufällig treffender ausländischer Künstler, die in Paris leben und Paris lieben." Zitiert nach Gautherie-Kampka, Annette, Café du Dôme, Bremen 1996, S. 13

14 AdK BArch N 2291 1/90

15 Ebd., 1/109

Erster Weltkrieg und Rückkehr nach Berlin

Bei seinem Aufbruch nach Paris im Herbst 1906 hatte Eugen Spiro keineswegs alle Brücken hinter sich abgebrochen. Ohnehin erforderten Aufträge, mit denen er den dortigen Aufenthalt finanzierte, immer wieder seine Anwesenheit in Berlin. Auch nahm er mit Ausnahme von 1906 weiterhin an den Ausstellungen der Berliner Secession teil, deren ordentliches Mitglied er 1907 wurde.[1]

Drei Jahre später konnte die Künstlervereinigung auf ihr zehnjähriges Gründungsjubiläum blicken und schlitterte zugleich in eine schwere Krise. Es war nicht die erste Erschütterung. Schon 1902 hatte der konservative Flügel, unter ihnen Hugo Lederer, Max Schlichting und Julie Wolfthorn, die Vereinigung verlassen. Nach dem Tod von Walter Leistikow 1908, einem der Gründungsväter und führenden Köpfe, verschärften sich die Konflikte. „Sie lagen vor allem darin begründet, dass die Secession nicht mehr den stürmischen Aufbruch der Avantgarde unterstützte. Grundsätzlich ging es in den Auseinandersetzungen immer wieder um das Vorwärtsdrängen von Künstlern, die neue Positionen vertraten und den gleichen Zugang zu den Ausstellungen, den Gremien und bei Preisverleihungen beanspruchten. Fortwährend fühlten sich einzelne Künstler benachteiligt. Diese Differenzen waren nur zum Teil ein Kampf zwischen Jüngeren und Älteren, vor allem basierten sie auf einem unterschiedlichen künstlerischen Selbstverständnis, verschiedenen ästhetischen und stilistischen Präferenzen."[2]

Max Beckmann, im gleichen Jahr wie Spiro als Mitglied aufgenommen, fasste Ende 1908 ernsthaft eine Neugründung der Secession ins Auge. Beistand erhielt er von den Malerkollegen Waldemar Rösler und Wilhelm Schocken. So unterschiedlich die Gründe und Motivationen der Einzelnen für die teils offen, teils verdeckt geführten Angriffe auf den Vorstand auch sein mochten, im Brennpunkt der Kritik stand immer wieder Paul Cassirer. Umstritten war besonders seine Rolle als Sekretär bzw. Geschäftsführer der Secession einerseits und Kunsthändler andererseits. Während ihn das Amt in der Künstlervereinigung verpflichtete, sich unterschiedslos für sämtliche Mitglieder einzusetzen, konnte er als Galerist nach eigenem Ermessen handeln. Vor allem jene Künstler, zu denen er keine geschäftliche Beziehung unterhielt, fühlten sich durch ihn zurückgesetzt. Max Beckmann trug am 27. Dezember 1908 in sein Tagebuch: „Alle waren wir [Rösler, Schocken und er] einig in dem Gefühl des Widerwillens und der Unmöglichkeit für die Entwicklung unserer deutschen Kunst bei dieser gänzlichen Herrschaft des kaufmännischen Interesses von Cassirer, bei seiner Indolenz und Blasiertheit."[3] Obwohl sich Beckmanns Idee zerschlug, eine neue Secession ins Leben zu rufen, sollte dauerhaft keine Ruhe mehr eintreten. Der Interessenskonflikt, in dem etliche der Künstler Cassirer stehen sahen, blieb ein Dauerbrenner.

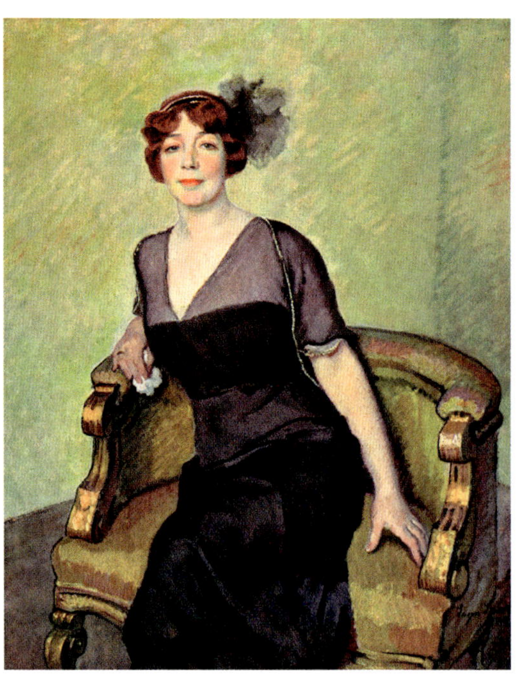
Bildnis, 1912

Nach dem vergleichsweise ruhigen Jahr 1909 und der wie geplant durchgeführten 18. Ausstellung der Secession vom 24. April bis 3. Oktober in den eigenen Räumen am Kurfürstendamm 208/209, kam es Anfang 1910 zum Eklat. In der Generalversammlung am 28. Januar wurde ein Teil des Vorstandes nicht wiedergewählt. Die restlichen Leitungsmitglieder – u.a. Max Liebermann, Lovis Corinth und Max Slevogt – legten daraufhin nicht nur die Ämter nieder, sondern erklärten auch ihren Austritt aus der Vereinigung. „Die Presse sprach bereits vom ‚Ende der Secession'. Curt Herrmann, Leo von König, Georg Kolbe und Max Beckmann, die nun den verbliebenen Vorstand bildeten, wandten sich umgehend an die Öffentlichkeit, um ihre Position deutlich zu machen. Curt Herrmann gehörte zwar zur älteren Generation und hatte schon in den Jahren um 1900 im Vorstand mitgewirkt. Doch unterstützte er offensichtlich die Bestrebungen Kolbes, Beckmanns und von Königs, die für die Secession nun die ‚Freiheit der Gesinnung' einforderten und eine ‚Tyrannei' der früheren Leitung anprangerten."[4] Im Ergebnis eines Schlichtungsgesprächs, zu dem sich beide Seiten durchgerungen hatten, wurde schließlich ein Ausgleich erzielt. Liebermann übernahm erneut den Vorsitz, Corinth und Slevogt kehrten in die Leitung zurück. Den Weg dafür freigemacht hatte Cassirer, der auf die Mitgliedschaft im Vorstand wie auch auf das Amt als Geschäftsführer vorläufig verzichtete.

Konnten die Risse damit zunächst gekittet werden, ließ neuerliches Ungemach nicht lange auf sich warten. Für die 20. Jahresausstellung der Secession lehnte die Jury im April 1910 eine ganze Reihe von Künstlern ab, die die neue Kunstrichtung des Expressionismus vertrat, darunter Georg Tappert, Emil Nolde und die Mitglieder der Brücke. Unter Führung Tapperts und Max Pechsteins gründeten die Zurückgewiesenen kurzerhand die Neue Secession und eröffneten am 15. Mai in der Buch- und Kunsthandlung von Maximilian Macht, Rankestraße 1, ihre eigene Schau. Weitere Querelen folgten im Sommer. Nachdem die Stadt Berlin 1909 erstmals Preise für Werke gestiftet hatte, die auf der Großen Kunstausstellung gezeigt wurden, sollte die Berliner Secession ebenfalls berücksichtigt werden. Der Vorstand wählte für die Ehrengaben zwei seiner eigenen Leitungsmitglieder aus: erst Corinth und Slevogt, dann Max Kruse und Theo von Brockhusen. Nach vehementem Einspruch Beckmanns und von Königs gingen die mit je 3.000 Mark dotierten Auszeichnungen an Brockhusen und Konrad von Kardorff.

Am 10. Dezember holte Emil Nolde zum Rundumschlag gegen Max Liebermann und indirekt auch gegen Paul Cassirer und dessen Cousin Bruno Cassirer, aus. In einem Schreiben an Karl Scheffler, seines Zeichens Chefredakteur der Zeitschrift „Kunst und Künstler", die im Verlag von Bruno Cassirer erschien, sprach er nicht nur Liebermanns gegenwärtigen, sondern auch einem Teil von dessen früheren Arbeiten jede Bedeutung ab und prophezeite, dass die Kritik bald zur gleichen Ansicht gelangen, das große Publikum folgen und so der qualitativ ungenügend fundamentierte Kunstbau Liebermanns verschwinden werde.[5] Am Schluss des Briefes, den er zugleich an Liebermann sandte, ließ Nolde durchblicken, dass er in der mangelnden künstlerischen Substanz, die er ihm unterstellte, den eigentlichen Grund für dessen beharrliches Engagement in der Secession sehe. Aussage wie auch Ton des Schreibens wurden im Vorstand als infam empfunden und mit der umgehenden Einberufung einer außerordentlichen Generalversammlung beantwortet. Der Bildhauer Louis Tuaillon brachte einen Antrag ein, der den Ausschluss Noldes forderte, „weil er über die Grenzen der erlaubten Kritik hinausgegangen sei, dem guten Ruf und den Interessen der Secession Schaden zugefügt und sich unehrenhaft und feige benommen habe".[6] Liebermann selbst erhob Einspruch gegen den Ausschluss. Die Mehrheit der fünfundvierzig anwesenden Mitglieder votierte bei zwei Gegenstimmen und drei Enthaltungen aber für den Antrag Tuaillons. Liebermann durfte das Ergebnis als überwältigenden Vertrauensbeweis für sich werten. Dennoch scheint die Verletzung tief gesessen zu haben und er der Grabenkämpfe müde gewesen sein. Knapp zwei Wochen später, auf der ordentlichen Generalversammlung am 27. Dezember, erklärte er seinen Rücktritt. Ein Teil des Vorstands trat ebenfalls zurück. Slevogt schlug eine Amtsnachfolge aus, statt seiner wurde Corinth zum Präsidenten und Liebermann zum Ehrenpräsidenten ernannt. Als neugewählte Vorstandsmitglieder kamen der Bildhauer Ernst Barlach sowie die Maler Konrad von Kardorff, Robert Breyer und Waldemar Rösler hinzu.

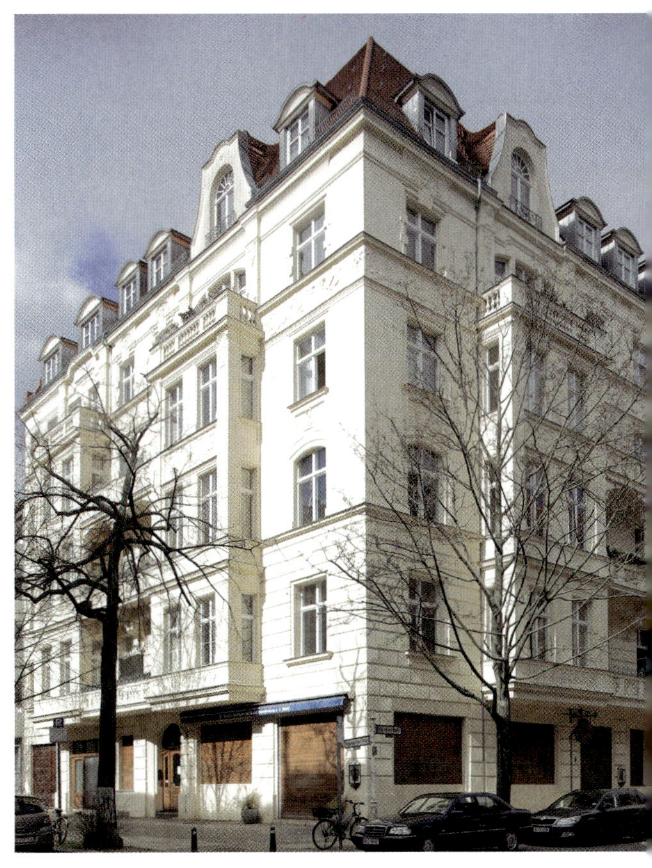

Regensburger Straße 10

Eugen Spiro wird die Vorgänge in der Secession aufmerksam, aber mit einiger Gelassenheit verfolgt haben. Sein Arbeits- und Lebensmittelpunkt war Paris, und bekanntlich birgt die Betrachtung aus der Ferne seltener die Gefahr, vor lauter Bäumen den Wald nicht zu sehen. Fraglich ist auch, ob er in der französischen Hauptstadt jederzeit über alle

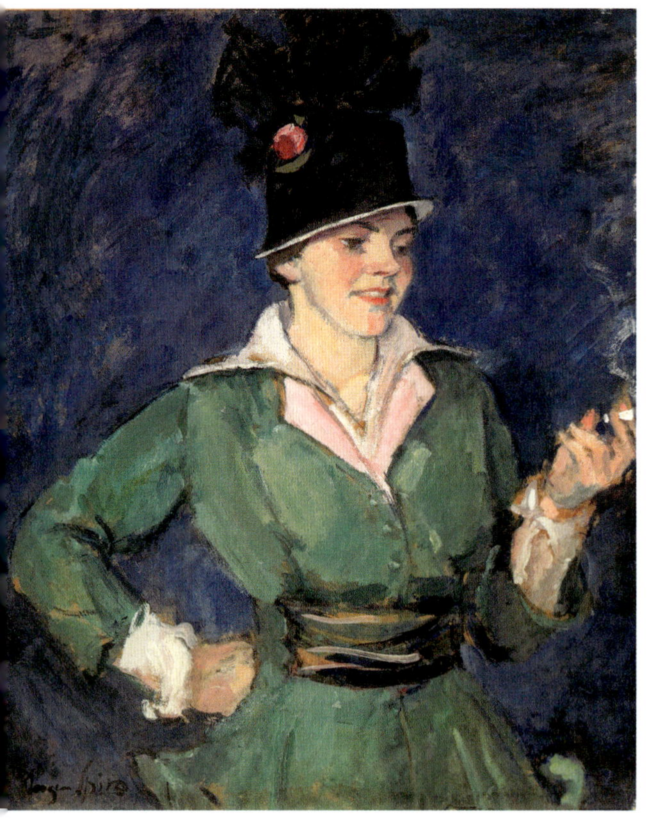

Die Schauspielerin Leopoldine Konstantin, 1916

Geschehnisse innerhalb der Berliner Secession informiert war. Begrüßt haben mochte er die Wahl Corinths, zu dem von seiner Seite ein besseres Verhältnis als zu Liebermann bestand.

Mit gemischten Gefühlen dürfte er jedoch die weitere Entwicklung beobachtet haben. Im Dezember 1911 erlitt Corinth einen Schlaganfall und schied bei den Vorbereitungen für die 24. Ausstellung der Secession aus. Der Vorstand betraute Liebermann und Paul Cassirer mit der Aufgabe. Ende 1912 fühlte sich Corinth gesundheitlich zwar wieder in der Lage, erneut für den Vorsitz zu kandidieren, eine Mehrheit der Mitglieder aber nominierte Cassirer, der dann auf der Generalversammlung auch gewählt wurde. Neu in den Vorstand rückten Georg Kolbe und erstmals eine Frau, Käthe Kollwitz. Die Jahresausstellung 1913 wurde bei Publikum und Presse ein großer Erfolg. Neben Bildern von Bonnard, Cézanne, van Gogh, Matisse, Renoir oder Toulouse-Lautrec war es Cassirer und Slevogt, als Leiter der Jury, gelungen, fast die gesamte erste Garnitur deutscher Gegenwartskunst aufzubieten von Liebermann und Trübner über Beckmann, Kokoschka und Rohlfs bis hin zu den vormaligen Brücke-Mitgliedern Heckel, Kirchner, Schmidt-Rottluff und Pechstein. Abgewiesen worden waren dagegen dreizehn langjährige Mitglieder der Secession, darunter der Grafiker Hermann Struck, die Malerinnen Charlotte Berend, Corinths Ehefrau, und Sabine Lepsius, die Maler Ernst Bischoff-Culm, Otto Modersohn, Ernst Oppler, Emil Pottner, Wolf Röhricht sowie Eugen Spiro.

Dass mit dem Porträt „Dr. Julius Meier-Graefe" ausgerechnet eines seiner bis dato besten Bildnisse ausjuriert wurde, ist auch aus heutiger Sicht schwer zu verstehen. Spiro zeigt den Kunsthistoriker und -schriftsteller in dessen privaten Umfeld. Nicht am Schreibtisch posierend, sondern konzentriert und leicht nach vorn gebeugt am Kaminzimmertisch sitzend, auf dem Papiere und Kunstdrucke ausgebreitet liegen. Der Porträtierte hält den Federhalter in der einen Hand, die glimmende Zigarette in der anderen. Sind es letzte Korrekturen an einem Manuskript? Ist es ein Brief, der noch dringend geschrieben werden muss? Die achtlos neben sich abgestellte Kaffeetasse mit den angetrockneten Trinkspuren unterstreicht die geistige Gespanntheit, die ihm die Tätigkeit abfordert. Spiro entschied sich für ein nahezu quadratisches Format in den Maßen 111×108 cm, das naturgemäß eher statisch wirkt, mittels Bildaufbau aber durchkreuzt wird.

Die wenigen Ausstattungsgegenstände des Raums, die zu sehen sind – der den Vordergrund beherrschende runde Tisch, dahinter der Stuhl, auf dem der Dargestellte sitzt, und zuletzt die Kaminverkleidung mit darauf postierter Frauenbüste – türmen sich schier auf, drängen sich, verdecken einander teils, teils werden sie vom Bildrand beschnitten. Etwas Ruheloses, Rastloses, das der Wesensart Meier-Graefes wohl auch entsprach, grundiert die nur auf den ersten Blick beschauliche Szene. Ein durchaus gelungenes Werk, das der 39-Jährige eingereicht hatte.

Die Auswahlkommission sah das, wie gesagt, anders. Spiro muss eine tiefe Enttäuschung empfunden haben, sodass er, der selten unbedacht handelte, sich der Rebellion anschloss und an der von den abgewiesenen Mitgliedern veranstalteten Schau „Die refüsierte Secession" beteiligte. Im Mai 1913 eröffnet, stand sie fraglos im Schatten der großen Ausstellung. Spiros Gemälde, heute im Besitz des Germanischen Nationalmuseums Nürnberg, erhielt ungeachtet dessen Aufmerksamkeit und Lob.

Auf der von den Refüsierten geforderten und am 6. Juni 1913 abgehaltenen Generalversammlung kam es schließlich zur Spaltung der Secession. Die Differenzen zwischen beiden Parteien erwiesen sich als unüberbrückbar, da die Zurückgewiesenen – mit Pottner, Bischoff-Culm und Oppler an der Spitze – auf ihrer Forderung nach einem vollständigen Rückzug Paul Cassirers aus dem Vorstand beharrten. Slevogt rief diese ihrerseits zum Austritt auf, wozu sie nicht bereit waren. Die Mehrheit verließ daraufhin gemeinsam mit Liebermann und Slevogt die Sitzung und gründete im Februar 1914 die Freie Secession. In der Rumpf-Vereinigung verblieben 15 Mitglieder, unter ihnen Eugen Spiro und als einziger Prominenter Corinth. Damit existierten drei Secessionen in Berlin. Dass die „alte" Berliner Secession, die ihren Namen behielt, aber ihr Ausstellungsgebäude verlor, die beiden anderen Vereinigungen um mehr als ein resp. zwei Jahrzehnte überdauern sollte, hätten in dieser Situation wohl nicht einmal die kühnsten Geister vorauszusagen gewagt. Die Neue Secession löste sich zu Beginn des Ersten Weltkrieges 1914 auf, die Freie Secession Anfang 1925.

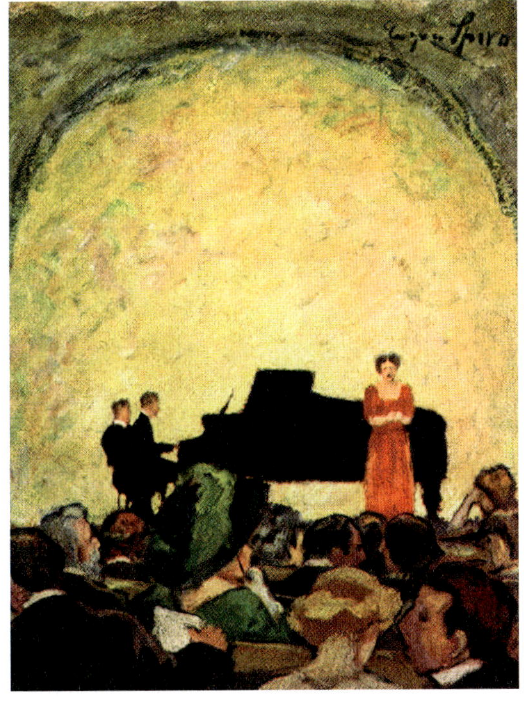

Im Konzert, 1917

Letztere wurde, da ihr der größere und vor allem namhaftere Teil der früheren Mitglieder angehörte, von den meisten Beobachtern der Szene als die wahre Erbin der Vereinigung betrachtet, auch wenn nicht alle so weit gingen wie Karl Scheffler, nach dessen vernichtendem Urteil „sich die groteske Lage [ergab], daß die Zurückbleibenden formalrechtlich die

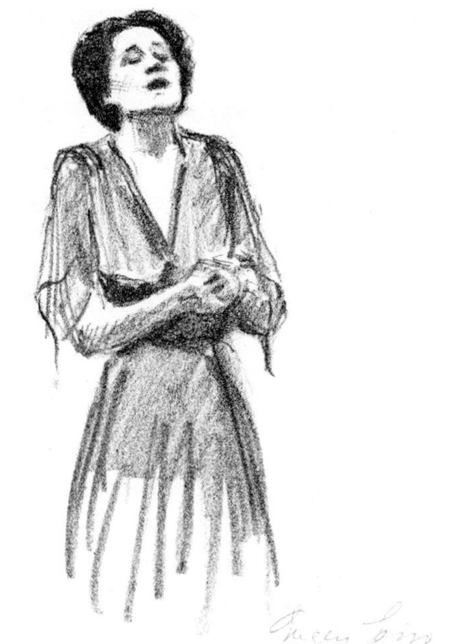

Die Sängerin Therese Schnabel, 1916

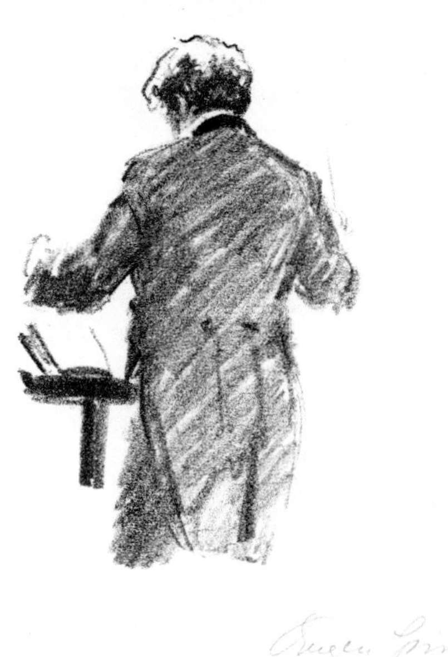

Busoni als Dirigent, 1917

Secession repräsentierten, daß sie, als die minder Begabten, deren Ideen jedoch nicht zu vertreten vermochten, daß die Ausscheidenden dagegen sich Mitglieder der Berliner Secession nicht länger nennen durften, wohl aber Träger ihres Geistes waren".[7] Der 15-köpfige Vorstand, zu dem Künstler wie Ernst Barlach, Max Beckmann, Wilhelm Lehmbruck, Max Slevogt oder Heinrich Zille zählten, las sich allein schon wie das Who's who zeitgenössischer deutscher Kunst. Max Liebermann übernahm die Ehrenpräsidentschaft. Im April 1914 eröffnete die Freie Secession ihre erste Ausstellung und vermochte mit Ausnahme von 1915, den Ausstellungsbetrieb selbst während der Kriegsjahre aufrechtzuerhalten.

Unter ungleich schwierigeren Bedingungen setzte die Secession ihren Weg fort. Abgesehen von der mangelnden Zugkraft durch die großen Namen, stand sie ohne Leitung und Ausstellungsgebäude da. Finanzielle Nöte traten hinzu: „Verschiedene Prozesse mussten geführt werden, da einige Mitglieder gegen Liebermann und Cassirer Beleidigungsklagen erhoben hatten. Außerdem sollten die in der Secession verbliebenen Künstler für die Schulden des Vereins haftbar gemacht werden, die bei der Ausstellungshaus am Kurfürstendamm GmbH aufgelaufen waren. Auswärtige Künstler, die mit den Vorkommnissen nicht vertraut waren, verließen die Vereinigung. So gaben bis Mitte Juni 1913 zum Beispiel Wilhelm Trübner aus Karlsruhe, Henry van de Velde aus Weimar und Paul Baum aus Sluis in Holland ihren Austritt bekannt. Corinth erklärte zudem, sich an einer provisorischen Leitung, wenn diese zustande käme, zwar beteiligen, jedoch nicht wieder den Vorsitz übernehmen zu wollen, da er diesen Schritt mit seiner früheren Stellung als Präsident für unvereinbar hielt."[8]

Ernst Bischoff-Culm und Emil Pottner agierten zunächst provisorisch als Vorstand. Zu dem anfangs kleinen Kreis von Unterstützern zählte neben Lovis Corinth und Hermann Struck auch Eugen Spiro. Obwohl er weiterhin zwischen Paris und Berlin pendelte, erarbeitete er schon Anfang 1914 Pläne für eine erste Ausstellung der Vereinigung, die sich mangels geeigneter Räume zerschlugen. Seine umgängliche Art, sein Verhandlungsgeschick und Organisationstalent sollten ihn aber bald immer unentbehrlicher für den Erneuerungsprozess in der Berliner Secession werden lassen.

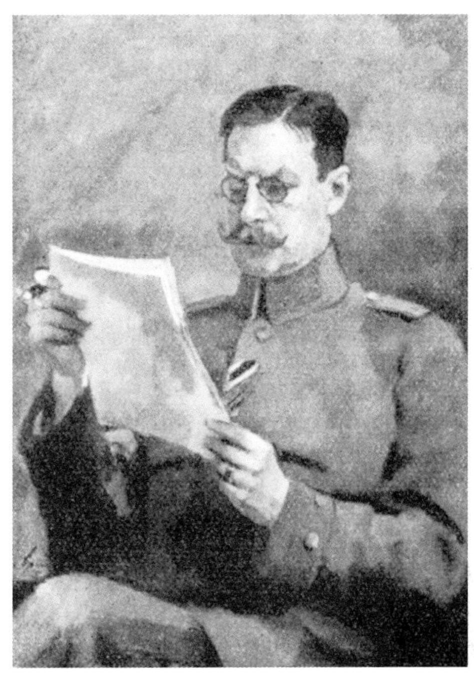
Major Joseph Joachim, 1915

Zu den unmittelbar vom provisorischen Vorstand in Angriff genommenen Maßnahmen gehörten wichtige Änderungen am Statut. So war fortan die umstrittene Mitgliedschaft von Nichtkünstlern ausgeschlossen. Ferner wurden ein Fond (in den jeder Künstler 200 Mark einzuzahlen hatte) und eine Genossenschaft für den Bau eines Ausstellungshauses gegründet. Daneben suchte der Vorstand die Basis des Vereins zu verbreitern und neue Mitglieder zu gewinnen. Anstrengungen, die nicht ohne Erfolg blieben. Das Nahziel, der rivalisierenden Freien Secession eine eigene Leistungsschau entgegenzusetzen, wurde 1914 aber verfehlt. Ein in Aussicht gestellter Mietvertrag über Räume an der Kant-/Ecke Fasanenstraße kam letztlich doch nicht zustande.

Mit Beginn des Ersten Weltkrieges 1914 musste Eugen Spiro als „feindlicher Ausländer“ Frankreich und das vom ihm geliebte Paris verlassen. Nach Berlin zurückgekehrt, bezog er eine Wohnung im 4. Stock des zu Wilmersdorf gehörenden Abschnitts der Regensburger Straße.[9] Das Haus Nr. 10 hat als eine seiner wenigen Wohn- und Arbeitsstätten in Berlin die Zeitläufte überdauert.

Verschwunden ist dagegen das Gebäude im Tiergarten in der Moltkestraße (heute Willy-Brandt-Straße), nahe dem Königsplatz (heute Platz der Republik), in dem die Kartographische Abteilung des Generalstabs der Armee untergebracht war. An die „Kart“ verpflichtet, wie sie bei den hier Tätigen kurz und bündig hieß, blieben dem mittlerweile 40-Jährigen Fronteinsätze erspart.

Ob Spiro sich von der anfänglichen Kriegsbegeisterung, die in Deutschland grassierte und viele seiner Künstlerkollegen erfasste, anstecken ließ, ist nicht bekannt. Seine Sympathien für Frankreich sprechen dagegen. Entschiedener Kriegsgegner war er wohl dennoch nicht. Das kameradschaftliche Verhältnis, das innerhalb der Kartographischen Abteilung geherrscht zu haben scheint, tat offenbar ein Übriges. Chef war Major resp. Oberstleutnant Hermann Joachim. Das Klima in der Abteilung, in der auch die Künstler Hans Meid und Joseph Oppenheimer Dienst leisteten, dürfte ein entspanntes und bei-

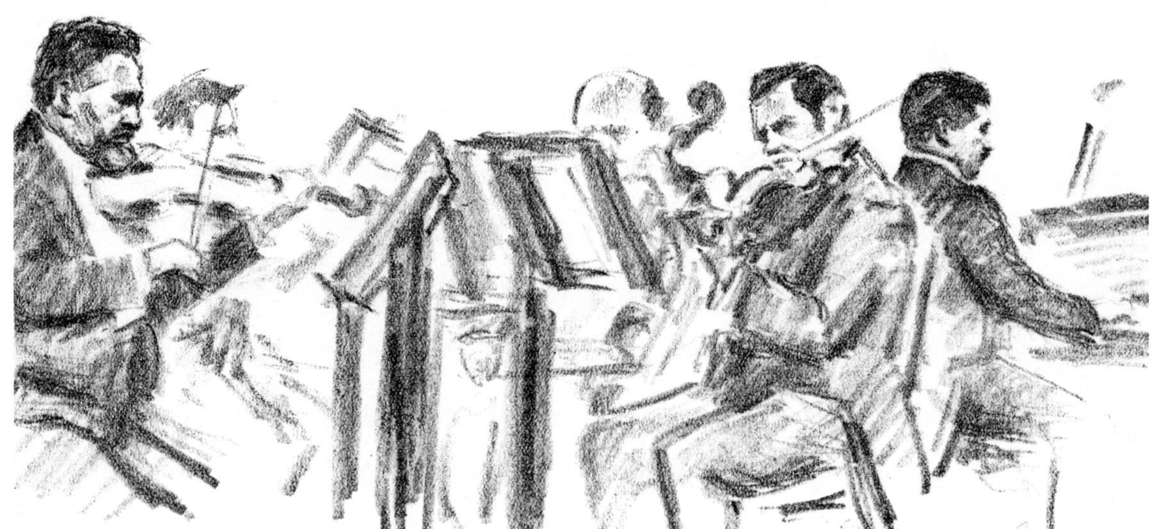

Rosé-Quartett mit Artur Schnabel am Klavier

nahe musisches gewesen zu sein. Von der Tätigkeit nicht über Gebühr beansprucht, blieb Spiro darüber hinaus Zeit, seiner Konzert- und Theaterleidenschaft nachzugehen und sich in der Berliner Secession zu engagieren.

Diese konnte durch maßgebliche Initiative Strucks 1915 ein Ausstellungshaus am Kurfürstendamm 232 beziehen und im Oktober mit ihrer ersten Ausstellung aufwarten. Corinth, längst umgestimmt, hatte den Vorsitz der Vereinigung übernommen. Obwohl die Schau keine besonders gute Presse erhielt, wurden Kunstwerke für beachtliche 40.755 Mark verkauft, die einen Überschuss von 5.400 Mark erbrachten.[10] Auf der Generalversammlung am 8. November wählten die Mitglieder neben Lovis Corinth, Philipp Franck, Leo von König und Emil Pottner auch Eugen Spiro in den Vorstand.

Ungeachtet des täglichen Dienstes in der Kartographischen Abteilung und den Aufgaben, die ihm das Ehrenamt in der Secession auferlegte, hatte er im November 1915 zusätzlich eine Lehrtätigkeit an den Studienateliers für Malerei und Plastik übernommen.[11]

Die private Kunstschule mit Sitz in der Kantstraße 159 war 1901 von dem Bildhauer Arthur Lewin-Funcke gegründet worden, der u.a. an der Königlichen Akademie der Künste bei Albert Wolff, dem Doyen der Rauch-Schule, und dessen Schüler Ernst Herter studiert hatte.[12] Populär machte ihn seine Skulptur „Sandalenbinderin“. Der Großindustrielle und Bankier Edward D. Adams, der die Interessen der Deutschen Bank in den USA vertrat, erwarb 1908 von ihm die große Marmorgruppe „Mutter und Kind“ und schenkte sie dem Metropolitan Museum in New York.[13] Lewin-Funcke, 1913 von der Königlich Preußischen Regierung zum Professor ernannt, verstand es, hervorragende Lehrkräfte an sein Institut zu holen, darunter eine Reihe von Mitgliedern der Berliner Secession. Anfang der 1920er zog er sich aus der Lehranstalt zurück, die bis zu ihrer

Schließung 1933 oder 1934 von dem Maler Robert Erdmann geleitet wurde. Zur Lehrerschaft zählten in den mehr als drei Jahrzehnten des Bestehens der Schule Hans Baluschek, Ernst Bischoff-Culm, Robert Breyer, Lovis Corinth, Ernst Fritsch, Willy Jaeckel, Konrad von Kardorff, Leo von König, August Kraus, Max Kruse, Ludwig Meidner, Emil Pottner oder Waldemar Rösler.[14] Schülerinnen und Schüler, die später namhaft wurden, waren Hedwig Bollhagen, Käthe Kollwitz, Ivo Hauptmann, Raoul Hausmann, August Macke, Felix Nussbaum, Hans Purrmann und Magnus Zeller.[15] Zu denen, die bei Spiro studierten und Bedeutung erlangten, sind die in Moskau als Tochter deutscher Eltern geborene und aufgewachsene Lilia Busse, die gebürtige Straßburgerin Marcelle Cahn, die aus Breslau stammende Kaete Ephraim Marcus oder der Glasmaler Egbert Lammers zu nennen.[16] In ihrer Kunst gingen alle vier höchst eigenständige Wege. Wie seinem Münchener Lehrer Franz von Stuck scheint es Spiro vor allem wichtig gewesen zu sein, die Schülerinnen und Schüler nicht in bestimmte Richtungen zu drängen, sondern zur selbständigen künstlerischen Suche zu befähigen.

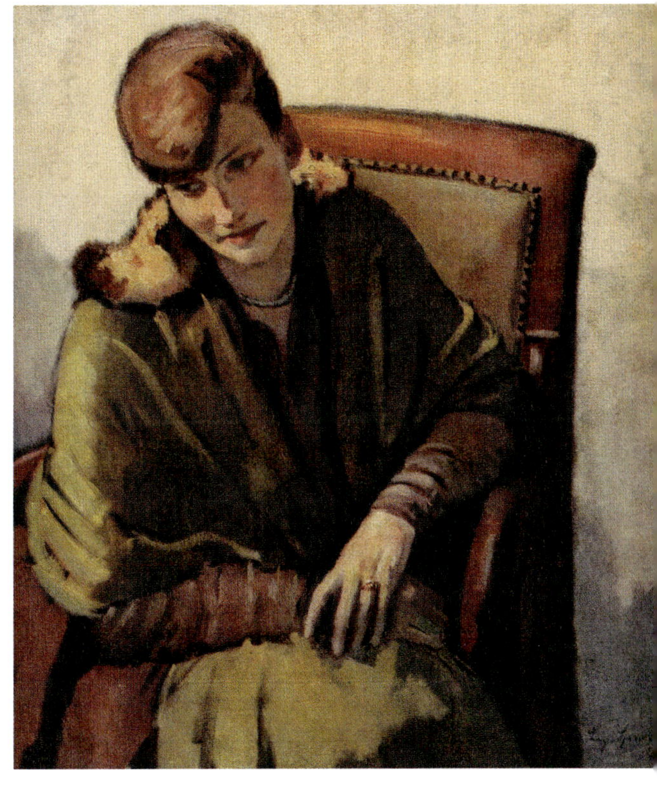
Elisabeth Spiro

Über all den Aufgaben an der privaten Kunstschule und in der Berliner Secession vernachlässigte er die eigene Produktion nicht. Allein 1915 sind acht Porträts – von der Ölstudie bis zum Gemälde – nachweisbar, darunter das Bildnis „Major Joachim".[17] Mit seinem Chef, der als Jude von Seiten nationalistischer und antisemitischer Kreise ständigen Angriffen ausgesetzt war, verband ihn ein freundschaftliches Verhältnis.

In seiner Monografie über Eugen Spiro berichtet Wilko von Abercron davon, dass innerhalb der Kartographischen Abteilung angeregt worden sei, über deren Tätigkeit und den „darin Tätigen zeichnerische Berichte zu erstellen. Diese meist – mit humoristischem Einschlag – wurden in kleiner Auflage vervielfältigt und intern verteilt. Der Erfolg war so groß, daß man 1916 beschloß, in umfangreicherer Form und ‚nicht für die Öffentlichkeit bestimmt' in Buchform als Privatdruck ein Werk herauszugeben, das den Titel ‚Die Kart' bekam."[18] Eine kritische Auseinandersetzung mit der Arbeit der Militärbehörde oder dem Krieg selbst war nicht beabsichtigt. Von Spiro stammen sechs teils ernsthafte, teils launige Kohlezeichnungen als Vorlagen für das lithografische Mappenwerk, die untertitelt sind mit „Oberstleutnant Hermann Joachim" und „Hauptmann [Max] Geister", bei dem es sich um den stellvertretenden Chef der Abteilung, im Zivilleben Gymnasialprofessor, handelte. Weitere Blätter von seiner Hand sind „Kartenausgabe mit Kanzleidienern", „Kartenpackraum mit Kanzleidiener Bong", „Das Orientzimmer" und „Selbstbildnis" sowie die Karikatur „Der Chef auf Urlaub" und die augenzwinkernde Büroszene mit dem Untertitel „Nur für den Dienstgebrauch".[19] Auch das Mappenwerk „Das Podium – Künstlergesten aus dem Concertsaal" datiert von 1916. Es handelt sich um Lithografien nach Skizzen, die der leidenschaftliche Konzertbesucher während der Vorstellungen von Musikerinnen und Musikern anzufertigen pflegte. Die künstlerische Qualität der Lithos zeigte sich nicht zuletzt darin, dass die Dargestellten die Blätter oft mit ihrer Gegensignatur versahen oder sich aufrichtig bedankten wie der Leiter des berühmten Rosè-Quartetts, Professor Arnold Rosé.[20]

Begonnen hatte das Jahr 1916 für Spiro jedoch mit einem Missgeschick. Er brach sich im Januar den Arm,[21] sodass die künstlerische Arbeit für Wochen eingeschränkt war, was sich mit lediglich fünf belegbaren Gemälden auch in der Jahresbilanz niederschlug.[22] Nicht genug drohte nunmehr der Verlust seines Eigentums in der Pariser Wohnung. Am 25. Februar sandte er deshalb ein Gesuch an das Außenministerium: „Als deutscher Flüchtling aus Paris hatte ich bereits zu Beginn des Krieges dem Auswärtigen Amte meinen in Paris im Stiche gelassenen Besitz mit möglichster Genauigkeit mitgeteilt. Damals hoffte ich noch, nachdem ich acht Jahre an derselben Stelle in Paris, 16 Rue de Boissonade, gelebt hatte, dass meine dortigen Werte nicht so leicht dem Untergange preisgegeben sein werden. Jedoch erhielt ich zufälligerweise nach einiger Zeit schlimme Kunde über das Schicksal des Besitzes meiner dort ebenfalls bis zum Kriegsausbruch ansässigen Anverwandten dahingehend, dass ihr ganzes Hab und Gut bereits durch eine Versteigerung verloren war. Ich verschaffte mir Nachricht über meine Wohnung und erfuhr, dass meine Sachen noch vorhanden waren. Um aber sicher zu gehen, zahlte ich nachträglich meine rückständige Miete, und zwar mit Genehmigung des Reichsamtes des Innern.

Am 15 Juli 1915 ca., bis zu welchem Termin ich meine Miete gezahlt hatte, erhielt ich über die Schweiz einen Warnungsruf der dortigen Hausmeisterin, dass es doch unnütz wäre, die Miete weiter zu zahlen, da meine Wohnung bereits sequästriert worden wäre.

Jetzt erhalte ich wiederum auf Umwegen die Nachricht, dass eine Versteigerung meines Besitzes bevorsteht, und dass vielleicht noch mit Hilfe der Amerikanischen Botschaft der Verlust meines Besitzes verhindert werden kann.

Da meine dortigen Werte einen grossen Teil meines Vermögens darstellen und deren Verluste für mich eine außerordentliche Schädigung, sowohl im materiellen, als auch im ideellen Sinne (es befinden sich für mich unschätzbare Bildwerke darunter) bedeuten würde, bitte ich inständigst das Auswärtige Amt auf die hiesige Amerikanische Botschaft dahin zu wirken, dass sie alles tut, um meinen Besitz in Paris mir zu erhalten."[23]

Der weitere Verlauf des Jahres 1916 sollte zwei weitreichende Veränderungen für ihn bereithalten. Er fand eine geräumigere Wohnung in der Küstriner Straße 5/6.[24] Dank der neuen Adresse, nahe dem S-Bahnhof Charlottenburg, verkürzte sich die Fahrzeit zu seiner Dienststelle erheblich. Das damals eben erst fertiggestellte Doppelhaus in der Küstriner Straße (heute Damaschkestraße), das nicht erhalten geblieben ist, wurde für mehr als ein Jahrzehnt Wohn- und Arbeitsdomizil. Sein bisheriges Leben umkrempeln sollte die Begegnung mit einer jungen, aber schon selbstbewussten Frau, die noch dazu eine lebendige Schönheit besaß. Die Rede ist von der 18-jährigen Elisabeth Saenger-Sethe. Beide seien, erzählt Sohn Peter Spiro, in der Pause einer Theatervorstellung vorgestellt worden. „Der 42-jährige Eugen [...] sagte: ‚Sie müssen mal mein Atelier besuchen.‘ Elisabeths Mutter Irma Sethe war entsetzt: ‚Tu n'y vas pas.‘ [Du gehst nicht.] Natürlich ging sie doch."[25]

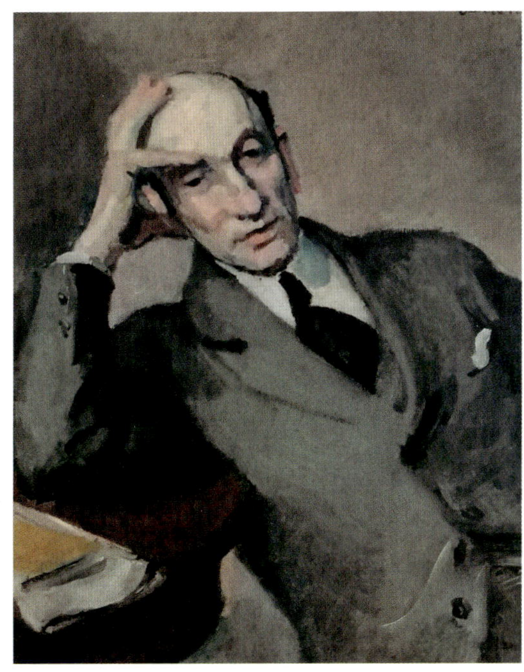

Samuel Saenger, 1917

Elisabeth Saenger-Sethe wurde am 1. Mai 1898 in dem heute zu Brüssel gehörenden Uccle geboren, dem Wohnsitz der Familie mütterlicherseits. Der Großvater, Textilfabrikant, und die Großmutter hatten rheinländische Wurzeln. Ein Zweig der Sethes war im frühen 19. Jahrhundert nach Holland und ins spätere Belgien ausgewandert. Zu den Vorfahren gehörte Christian Sethe, ein Jugendfreund Heinrich Heines, dem dieser die ins „Buch der Lieder" aufgenommenen „Fresko-Sonette" gewidmet hat. Elisabeth verbrachte ihre ersten Lebensjahre in der Obhut der Großeltern und besuchte zunächst die Deutsche Schule in Brüssel.

„Nach dem deutschen Einmarsch in Belgien 1914 lebten Saenger-Sethes mit Elisabeth ganz in Berlin, zuvor hatte die Familie zwischen Brüssel und Berlin gependelt. 1908 war die jüngere Schwester Lella hinzugekommen. In Berlin besuchte Elisabeth ein Mädchengymnasium in der Nähe der Kaiser-Wilhelm-Gedächtniskirche, das besonders von Mädchen aus ‚guter Familie' bevorzugt wurde [...]. Während Elisabeths zehn Jahre jüngere Schwester Lella von früh auf eine musikalische Laufbahn anstrebte, galt Elisabeths Interesse von Kindheit an der Malerei, jedoch nur als kritische Betrachterin, sie verachtete lebenslang jegliche Stümperei, ihrer Meinung nach durften nur Meister mit dem Pinsel umgehen."[26] Eugen Spiro sollte sie eine strenge (vielleicht zu strenge) Kritikerin werden.

Am 16. August 1917 heirateten er und Elisabeth Gerardine Hubertine Bertha Louise Saenger-Sethe auf dem Standesamt I in Charlottenburg.[27] Als Trauzeuge zugegen war der Kunsthistoriker und -schriftsteller Emil Schaeffer, den Spiro vermutlich aus Breslau kannte. Der Gleichaltrige hatte dort 1898 mit der Arbeit „Das Weib in der venezianischen Malerei" promoviert. Die Buchausgabe, die er dem auch von Spiro geschätzten Kunsthistoriker Richard Muther widmete, erschien ein Jahr später unter dem abgewandelten Titel „Die Frau in der venezianischen Malerei" und erlebte Auflagen bis in die Gegenwart. In der NS-Zeit als Jude verfemt und verfolgt, nahm Emil Schaeffer sich vor der Deportation nach Auschwitz das Leben.

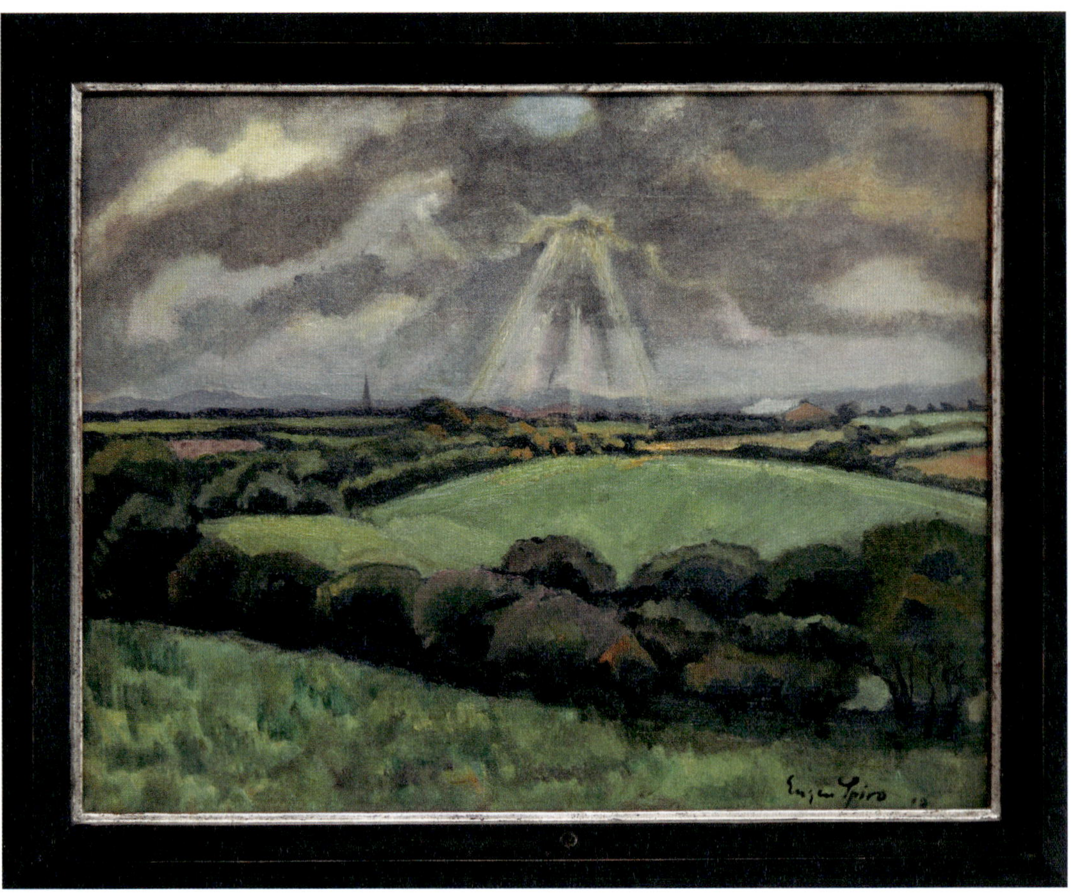

Landschaft, 1919

Zweiter Trauzeuge war der Vater der Braut. Samuel Saenger, Jahrgang 1864, stammte aus Saagar bei Riga, das damals zum Zarenreich gehörte, und kam während seiner Schulzeit in die deutsche Hauptstadt, wo er das Abitur ablegte. Nach dem Studium in Berlin, der Promotion in Halle/Sa. und den abschließenden Prüfungen zum Oberlehrer verbrachte er prägende Jahre in England, teils als Privatlehrer, teils an der Anglo-German School. Nach Berlin zurückgekehrt, trat er eine Stelle in einem Gymnasium an und rückte zum Professor auf. Seit 1898 schrieb er neben seiner Arbeit als Pädagoge historisch-politische Aufsätze für die von Theodor Barth herausgegebene linksliberale Zeitschrift „Die Nation", in denen er sich immer wieder auf die angelsächsische Geistestradition bezog. Anders als in England erschien ihm die politische Analysefähigkeit in Deutschland wenig entwickelt, was er der übermächtigen Figur Bismarcks und dessen Einfluss zuschrieb. Ab 1908 wurde er für die im S. Fischer Verlag erscheinende und von dem Musik- und Kunstkritiker Oscar Bie geleitete „Neue Rundschau" tätig. Samuel Fischer wie auch Bie erkannten die Notwendigkeit, die zuvor literarische Zeitschrift um die Ressorts Politik und Wissenschaft zu erweitern. Zugleich wollte sich der Verlag dem modernen Sachbuch amerikanischer Art öffnen. Aufgaben, die Saenger übertragen wurden. Seine monatlichen Artikel und Essays für „Die Neue Rundschau" verfasste er fortan unter dem Pseudonym „Junius", das er den im England der Aufklärung publizierten „Briefen des Junius", satirischen Schriften zu Politik und Gesellschaft, entlehnt hatte.

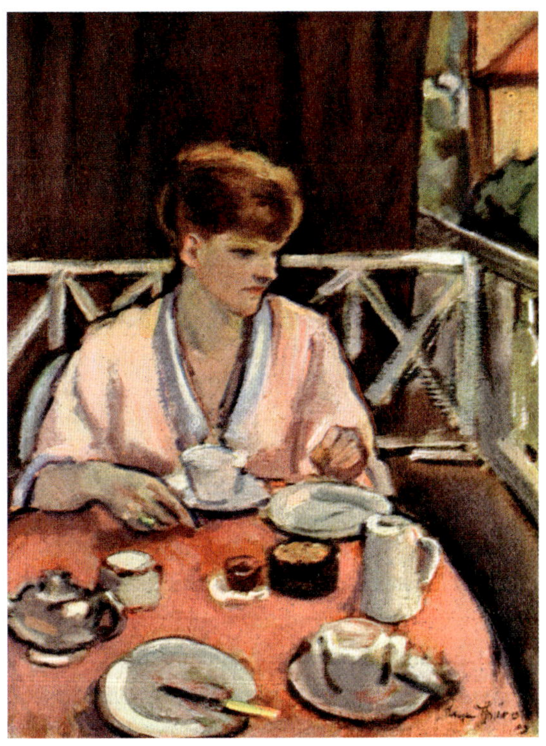
Auf der Veranda, Elisabeth Spiro, 1919

Anfang 1919 trat er in den diplomatischen Dienst, für den er schon vor 1914 Aufträge übernommen hatte. Durch seine Mitarbeit an der „Neuen Rundschau" war außerdem ein persönlicher Kontakt zu Tomás Masaryk, dem ersten Staatspräsidenten der Tschechoslowakei, entstanden. Nach dem Ersten Weltkrieg fertigte Spiro für das Auswärtige Amt eine Analyse der dortigen Situation an, in der er die Probleme untersuchte, die aus dem Zusammenleben der Volksgruppen vor allem für die deutsche zu erwarten waren. Seine Analyse überzeugte offenbar im Außenministerium, das ihn daraufhin zum Geschäftsträger für die aufzubauende deutsche Vertretung in Prag bestellte. Die sich zuspitzenden ethnischen Konflikte verhinderten, dass aus seiner Tätigkeit als Botschafter eine Erfolgsgeschichte wurde. Nach anderthalb Jahren räumte Samuel Saenger den Posten und kehrte zum S. Fischer Verlag zurück, blieb aber als vortragender Legationsrat bis 1926 weiterhin für das Auswärtige Amt tätig, darunter in der Ausbildung von Nachwuchsdiplomaten.

Spiro scheint zu seinem umfassend gebildeten und vielseitig interessierten Schwiegervater ein gutes Verhältnis gehabt zu haben, das wohl auch durch diese oder jene Meinungsverschiedenheit nicht getrübt werden konnte. Denn während er selbst sich allenfalls am Rande mit Politik beschäftigte, war Saenger – als wacher Zeitchronist und scharfer Analytiker der gesellschaftlichen Zustände – ein ausgesprochen politischer Kopf. Noch etwas enger und herzlicher dürfte sich von seiner Seite aber die Beziehung zu Irma Saenger-Sethe gestaltet haben. Zwei Jahre jünger als Spiro, gehörte sie nicht nur der gleichen Generation wie er an, sondern teilte auch seine Liebe zur Musik.

Irmgard Sethe kam 1876 als dritte und jüngste Tochter von Gérard und Louise Sethe geb. Seyberth in Uccle zur Welt. Zwei Jahre danach wurde dem Ehepaar noch ein Sohn geboren. Alice Adolphine Sethe, die älteste Tochter, heiratete später den französischen Bildhauer Paul Dubois, Maria Sethe den flämischen Jugendstilarchitekten und -künstler Henry van de Velde. Irmas musikalisches Talent wurde früh erkannt. Den ersten Unterricht erhielt sie von der Mutter und ab dem fünften Lebensjahr durch namhafte Musiker.

Nachkriegsjahre

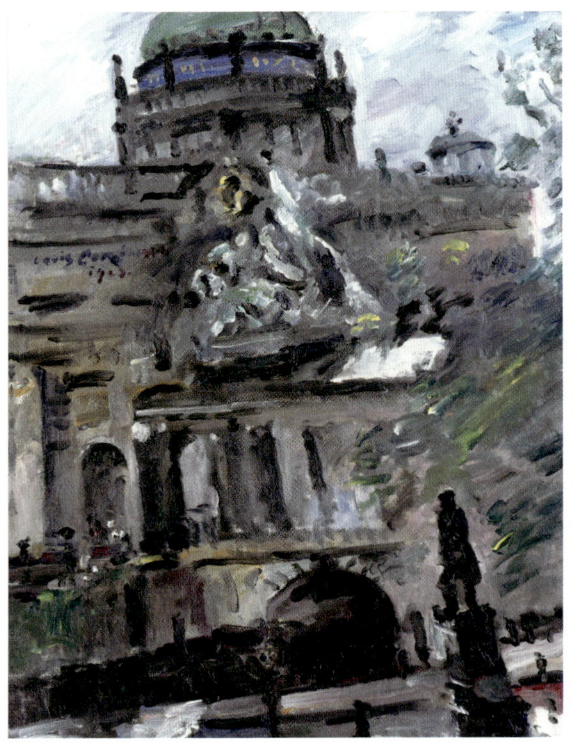

Lovis Corinth: Schlossfreiheit in Berlin gesehen von der Darmstädter Bank aus, 1923

Aufbruchsstimmung bei den einen, Resignation bei den anderen beherrschte nach Ende des Ersten Weltkriegs und der Abdankung Kaiser Wilhelms II. die Gefühle der Deutschen. Nicht anders in der Berliner Künstlerschaft. Mit dem 1918 in Anlehnung an die Arbeiter- und Soldatenräte ins Leben gerufenen Arbeitsrat für Kunst, dessen Vorsitz der Architekt Walter Gropius übernahm, und der fast zeitgleich gegründeten Novembergruppe traten Künstlervereinigungen eines neuen Typus hervor, die sich von staatlicher Bevormundung befreien wollten und die Vereinigung von Kunst und Volk anstrebten. Neue Kunstrichtungen – Dadaismus, Futurismus, Kubismus – entstanden, „die in der Berliner Ausstellungslandschaft andere Maßstäbe setzten und neben denen die Berliner Secession mit ihren vor allem impressionistisch geprägten Mitgliedern ihr Bestehen legitimieren musste".[1]

Ihr Präsident, Lovis Corinth, gehörte jedoch zu denen, die mit der Abdankung des Kaisers haderten. Noch sein 1923 entstandenes Gemälde „Schloßfreiheit in Berlin gesehen von der Darmstädter Bank aus", lässt erahnen, wie sehr ihm die Welt aus dem Gleichgewicht geraten war. Sturm fegt um das Schloss, das auf der Seite liegt und an einen Dampfer in Seenot denken lässt. Rettung ungewiss. Corinths europaweit geschätzter Name als Künstler blieb ein Trumpf der Berliner Secession, ihr zukunftsweisende inhaltliche und organisatorische Anstöße zu geben, konnte von ihm jedoch nur bedingt erwartet werden. Überdies stand es mit seiner Gesundheit nicht zum Besten.

Welche Haltung Eugen Spiro gegenüber den gesellschaftlichen Umwälzungen einnahm, ist nicht bekannt. Etwas Wehmut über das Ende einer Ära, die im Rückblick für viele die „gute alte Zeit" war, darf vorausgesetzt werden, lähmende Trauer nicht. Anders wäre sein wachsendes Engagement in der Secession nicht zu erklären. Corinth strebte zu deren Konsolidierung die Bindung an eine staatliche Institution an – die Nachfolgerin der Königlichen Akademie der Künste. Wenn möglichst viele der eigenen Mitglieder in der Preußischen Akademie der Künste, wie sie nun genannt wurde, Aufnahme fänden oder Ausstellungseinladungen erhielten, so seine Überlegung, würde dies nicht nur das Ansehen der Secession heben, sondern auch deren Fortbestand sichern. Abgesehen davon, dass er sich damit konträr zu den Bestrebungen der neuen Künstlervereinigungen stellte, abgesehen davon, dass sich die Akademie der Künste nicht vorschreiben lassen würde, wen sie aufzunehmen habe, ergab sich daraus das nächste Problem – das der Ausstellungsparallelität. Denn tatsächlich wurde nunmehr eine Reihe von Secessionsmitgliedern zu den Akademieausstellungen eingeladen.

Im November 1920 wies Spiro darauf hin, „dass die Situation der Berliner Secession gefährdet sei, wenn die Mitglieder zur Zeit der Secessionsaustellungen ihre Werke auch an anderen Orten zeigen würden. Seiner Meinung nach war die Lage zu diesem Zeitpunkt besonders bedrohlich, weil die Akademieausstellung fast sämtliche Mitglieder in Anspruch nahm und eine Präsentation der Secession damit in den Augen der Öffentlichkeit überflüssig werden könnte. Aus diesem Grund war auch die Eröffnung der Herbstausstellung auf den 30. Oktober vorverlegt worden und begann damit zwei Wochen vor der Akademieausstellung. Die Akademiemitglieder, die gleichzeitig der Secession angehörten – es handelte sich 1920 um Lovis Corinth, Philipp Franck und den Maler Willy Jaeckel –, wurden von Spiro gebeten, den Vorstand in Zukunft rechtzeitig über die Ausstellungspläne der Akademie zu informieren."[2]

Um die Jahreswende rumorte es unüberhörbar in der Secession. Wenig schmeichelhafte Kritiken der Herbstschau ebenso wie die Unzufriedenheit jüngerer und neue Strömungen vertretender Künstler mit der Ausstellungspolitik hatten zu Konflikten und drohender Abspaltung geführt. Der Vorstand sah zwar die Notwendigkeit, der jungen Generation eine Plattform zu bieten, war aber in Anbetracht der beengten Ausstellungsräume um eine Lösung verlegen. Wiederum griff Eugen Spiro ein. Auf der außerordentlichen Generalversammlung am 20. Januar 1921 regte er an, das Ausstellungssystem zu erneuern und den Bedürfnissen einzelner Künstlergruppen in der Berliner Secession dahingehend Rechnung zu tragen, sie in gesonderten Expositionen zu präsentieren. Corinth lehnte ab, weil er eine Zersplitterung befürchtete. Philipp Franck und Leo von König unterstützten jedoch den Vorstoß. Nach weiteren Beratungen im Vorstand, die sich bis in den Februar hinzogen, stimmte Corinth schließlich zu.[3] Obwohl Spiros Plan noch mehrere Änderungen erfuhr, zeigten die Vorgänge, dass seine Stimme mehr und mehr Gehör in der Berliner Secession fand.

So wichtig (und oft zeitraubend) diese ehrenamtliche Tätigkeit für ihn war und noch werden sollte, das eigene künstlerische Schaffen trat keinesfalls in den Hintergrund. Um 1920 legte er unter dem Titel „Im Konzert" eine Fortführung seiner Musiker-Lithografien vor. Der Band erschien in 450 nummerierten Exemplaren bei Julius Bard Berlin. Der kleine, renommierte Verlag mit Sitz in der Regensburger Straße 30 gab Einzelausgaben klassischer Literatur, Kunstbücher und Kataloge für Museen heraus. Zu den Autoren zählten neben Hermann Bahr oder Rainer Maria Rilke auch die Berliner Museumsdirektoren Wilhelm von Bode und Ludwig Justi.

Carl Flesch
Lilli Lehmann
Richard Strauss
Maria Ivogün

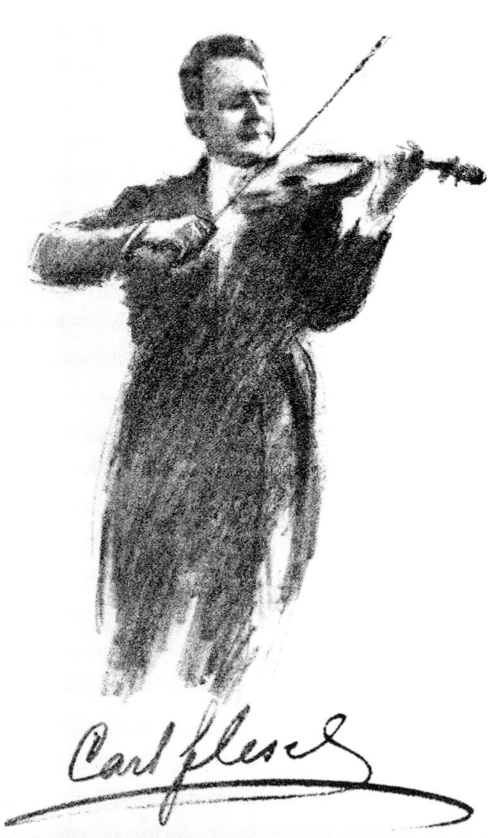

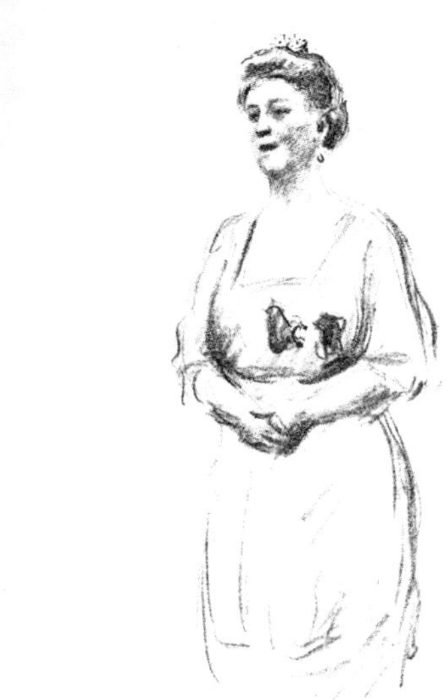

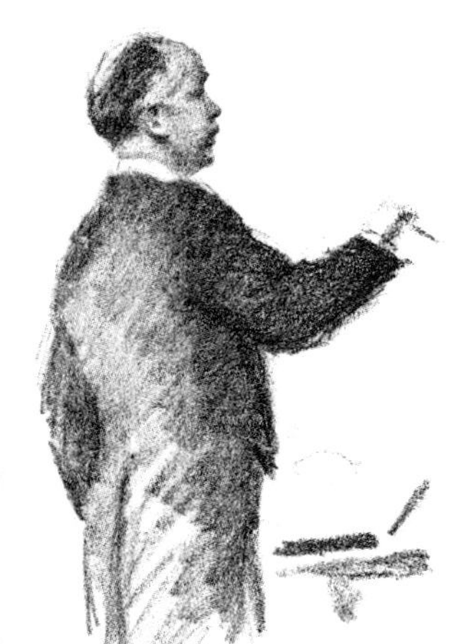

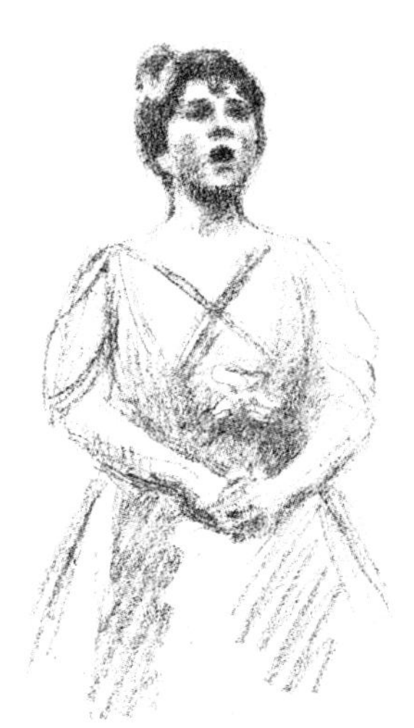

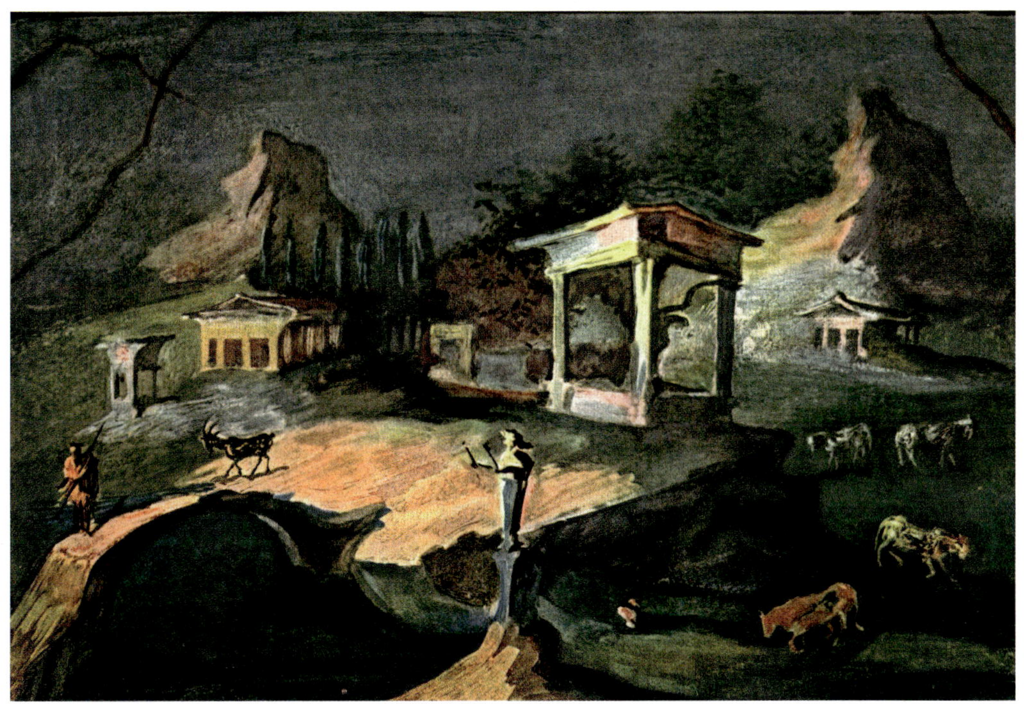

Landschaft aus Pompei

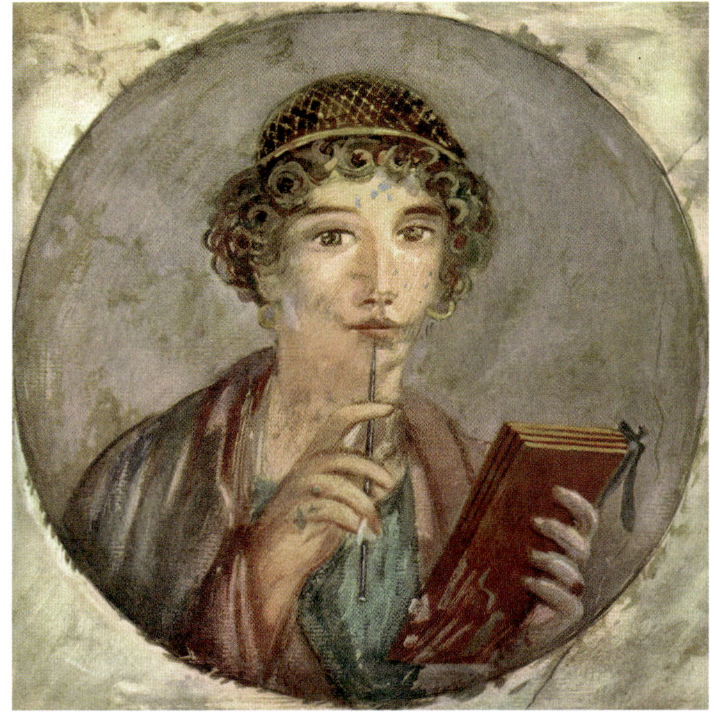

Mädchen mit Schreibzeug

Wie in seinem Mappenwerk „Das Podium" hat Spiro in den diesmal als Buch publizierten Blättern wiederum zeitgenössische Musikgrößen während ihres Vortrags festgehalten. Zeichnungen, die auch im Abstand eines Jahrhunderts nichts von ihrer Unmittelbarkeit und Frische eingebüßt haben. Zu den Porträtierten gehören Maria Ivogün, Lilli Lehmann oder Wanda Lewandowska sowie Adolf Busch und Carl Flesch, Ferruccio Busoni und Artur Schnabel, Arthur Nikisch und Richard Strauss, Bruno Walter und Felix Weingartner. In Blättern wie „Eifrige Zuhörerinnen" oder „Andrang zum Künstlerzimmer" findet sich Atmosphärisches in und rund um den Konzertsaal verdichtet. Der langjährige Chefredakteur der Monatsschrift „Die Neue Rundschau" Oscar Bie konnte (vermutlich durch Vermittlung Samuel Saengers) für den Begleittext gewonnen werden, in dem es über Spiros zeichnerische Momentaufnahmen heißt: „Augenblicke, herausgesucht aus der beweglichsten Tätigkeit aller Konzertkünstler, in denen das fließende Leben des Abends seinen impulsiven und über alles sichtbaren Ausdruck findet. Der Zeichner hängt an diesen Symbolen. Sein Auge trifft hier das Optische, das Menschliche, das Künstlerische, das Rhythmische und Funktionelle und Dynamische des Konzerts – alles trifft er hier in einem Zug."[4] Die Musiker-Lithografien sollte Spiro lebenslang – bis in seine New Yorker Zeit – fortführen.

Im Jahr 1921 reiste er im Auftrag der Marées-Gesellschaft nach Italien, um im Vatikan und im Museum von Neapel antike Fresken zu kopieren. Die Arbeiten erschienen im Herbst 1922 als achtunddreißigster Druck der Marées-Gesellschaft bei R. Piper & Co. in München. Den Anstoß für Reise und Publikation hatte Julius Meier-Graefe gegeben, der zugleich Herausgeber der Reihe war. Das Vorwort schrieb der namhafte Archäologe und Direktor der Antikenabteilung der Museen in Berlin Theodor Wiegand. Resümierend heißt es bei ihm: „Vergleicht man Eugen Spiros Aquarelle, die zu den zehn Tafeln dieses Heftes zur Vorlage gedient haben, mit den allzu glatten älteren Kopien antiker Wandgemälde aus der Zeit von Zahn und Ternite, so empfindet man wohltuend den außerordentlichen Vorteil, den die Schule der modernen Malerei dem Kopisten gewährt hat. Alle liebevolle Sorgfalt hilft nicht, wenn gleichzeitig jeder kräftige Strich des Originals ängstlich gemildert wird, und wenn man vor der ehrlichen Wiedergabe derber Pinselführung und starker Lichter zurückschreckt. Spiro hat die Wandgemälde mit lebendigstem Verständnis aller Stilstufen wiedergegeben und dadurch mitgearbeitet an dem Kampf gegen die aus überwundenen Zeiten stammende falsche Vorstellung vom ‚akademischen Charakter' der Antike."[5] Das Mappenwerk erlebte in kurzer Zeit zwei Auflagen und bewies nicht erst ab diesem Zeitpunkt Spiros Kongenialität als Kopist, machte ihn aber in dieser Eigenschaft einem größeren Kreis bekannt. Eine dritte Auflage in 10.000 Exemplaren erschien 1943, dann jedoch unter Weglassung eines jeden Hinweises auf den Namen des Künstlers.

Außer den Kopien der antiken Fresken sind 1920 bzw. 1921 von Spiro 23 Gemälde dokumentiert.[6] Dazu Aquarelle, Pastelle und Arbeiten in Temperatechnik. Handzeichnungen und Druckgrafik runden das Werk dieser beiden Jahre ab. Übergreifend dominieren Einzel- und Gruppenbildnisse, zunehmend gesellen sich Landschaften als Frucht der Reisen in den Süden hinzu. Augenfällig ist, dass unter den Bildnissen der beiden Jahrgänge nur wenige sind, die vermutlich im Auftrag gemalt und bezahlt wurden, so „Porträt eines Schauspielers“ (es handelt sich um Ernst Deutsch), „Dame in Pelzmantel“ „Porträt Frau Finetti“ und „Bildnis eines Jünglings“. Dagegen dürften die Gemälde „Zugabe bei Eugen d'Albert“ und „Hauskonzert“ wie auch die Landschaften von Comer See und Gardasee im Selbstauftrag entstanden sein, die Familienporträts sowieso. Ebenso wenig wird es für die Publikation der „Antiken Fresken“ im Piper Verlag ein üppiges Honorar gegeben haben.

Die Frage drängt sich auf, wie Spiro seinen und seiner Frau anspruchsvollen Lebensstil finanzierte mit angemessener Wohnung nebst Dienstpersonal, regelmäßigen Konzert- und Theaterbesuchen, wachsenden gesellschaftlichen Verpflichtungen und kostspieligen Reisen. Selbstverständlich verkaufte er neben Auftragsporträts auch Arbeiten auf Ausstellungen und durch private Kontakte. Bei einer Galerie unter Vertrag stand er allerdings nicht, Mäzene besaß er bis dahin kaum und von seinem Ruf als Porträtist der Berliner Gesellschaft war er noch entfernt.

Außerdem ist für 1920 bis 1924 mangels Quellen seine Lehrtätigkeit an den Studienateliers nicht belegt.[7] Obschon es unvorstellbar erscheint, dass er die Mitarbeit an der Kunstschule einstellte und auf eine sichere Einnahmequelle verzichtete, wird es – so oder so – immer wieder finanzielle Engpässe gegeben haben. Die schleichende Geldentwertung seit Anfang des Jahrzehnts, die 1923 in die Hyperinflation mündete, dürfte das Haushaltsbudget der Spiros zusätzlich belastet haben. Sohn Peter spricht davon, dass die Eltern in den ersten Jahren ihrer Ehe zusammen mit seinen Großeltern verreist seien.[8] Wechselseitige Sympathie und Wertschätzung, die es in der Tat gab, mochten nicht allein dafür ausschlaggebend gewesen sein. Angenommen werden kann, dass Saenger-Sethes bei den Reisen stillschweigend einen Großteil der Kosten trugen.

Ob die Geldkalamitäten ein Grund waren, warum es nach drei Jahren in der Ehe von Eugen und Elisabeth Spiro zu kriseln begann, lässt sich schwer einschätzen. „Eine liebenswerte Veranlagung, nicht rechnen zu können oder zu wollen“, attestiert Wilko von Abercron dem Künstler[9]. Gleiches durfte für dessen junge Frau gelten. Gut gehen konnte das auf Dauer nicht. Mehr noch scheint aber der Altersunterschied von vierundzwanzig Jahren Konfliktstoff geboten und namentlich bei ihr zu wachsender Unzufriedenheit geführt zu haben. Jedenfalls begann Elisabeth Spiro eine Affäre mit einem nur wenige Jahre Älteren als sie selbst. Die Rede ist von dem Schauspieler Conrad Veidt, der in der Rolle des schlafwandelnden Mörders Cesare in dem Streifen „Das Cabinet des Dr. Caligari“ gerade zu einem der Stars des deutschen Stummfilmkinos avanciert war. Das Ehepaar Spiro trennte sich mit allen Konsequenzen. Als Datum der Scheidung ist in den Unterlagen des Charlottenburger Standesamtes I der 26. Mai 1921 vermerkt.[10]

Dies alles geschah offenbar einvernehmlich und weitestgehend geräuschlos. Peter Spiro bekennt, dass er als Kind nichts von den Vorgängen mitbekommen und nicht einmal die Abwesenheit der Mutter bemerkt habe: „Durch die damals in besseren Kreisen übliche Dienstboten-Betreuung war mir ihr Fehlen gar nicht aufgefallen. Es wird wohl der Sommer 1921 gewesen sein, in den diese Trennungszeit fiel, denn ich erinnere mich, dass das Bild ‚Peter drei Jahre alt‘ am St. Wolfgangsee in Österreich gemalt wurde, und

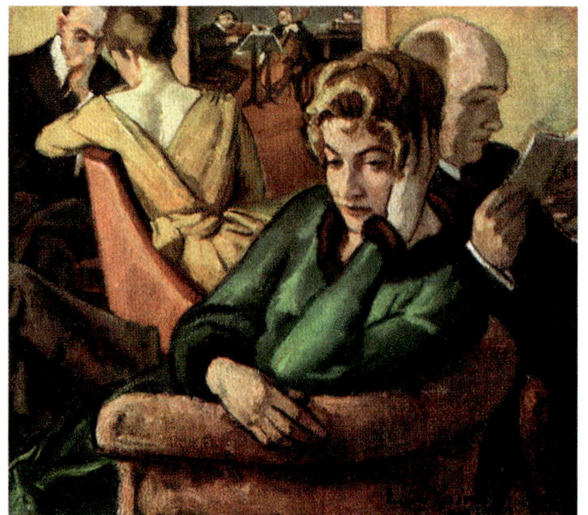

Hauskonzert, 1920

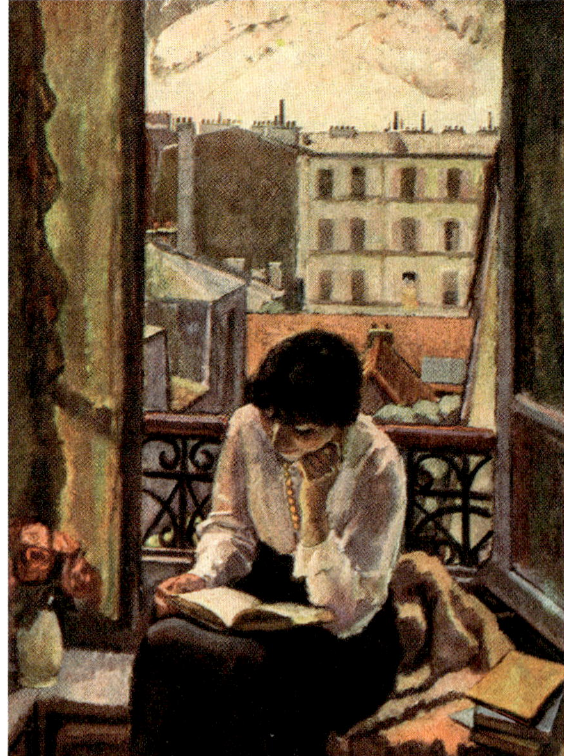

Lesende, 1921

dass mein Vater nur mit mir und der Haushälterin Helene dort weilte […] Dass meine Mutter anderswo als bei uns wohnte, fand ich in keiner Weise merkwürdig, ‚sie war verreist'. Ich vermisste meine Mutter nicht, meine Betreuung war Sache der Dienstboten, ‚Mutter' hatte eher etwas mit gelegentlicher Zärtlichkeit zu tun."[11]

Die Trennung des Ehepaares sollte freilich nicht endgültig sein. Wie und auf welchem Wege beide wieder zueinanderfanden, bleibt offen. Eine der Vorbedingungen seitens Elisabeth sei gewesen, dass ihr geschiedener Mann etwas gegen seinen Schmerbauch unternehmen möge. Laut Peter Spiro „folgte eine mehrere Wochen dauernde Abmagerungskur in Schierke im Harz, wo man für teures Geld unterernährt wurde. Den meisten Eindruck machte mir die Schilderung seines Abendbrots, das aus nur drei Erdbeeren bestanden habe. Seine Rückkehr wurde mit der Anschaffung eines großen Radios gefeiert. Mein Vater holte mich extra aus dem Bett, weil ‚Lohengrin' übertragen wurde. Begleitet von väterlichem Mitsingen – seine musikalische Begabung war fast so groß wie seine malerische – hörten wir andächtig zu."[12] Eugen und Elisabeth Spiro ließen sich 1922 erneut trauen. Gewählt wurde praktischerweise der Augusttag ihrer ersten Vermählung, um die Eheringe nicht neu gravieren lassen zu müssen.[13]

Die Turbulenzen im Privatleben – Trennung, Scheidung, Wiederverheiratung – blieben nicht ohne Einfluss auf Spiros künstlerische Produktivität, die sich für 1922

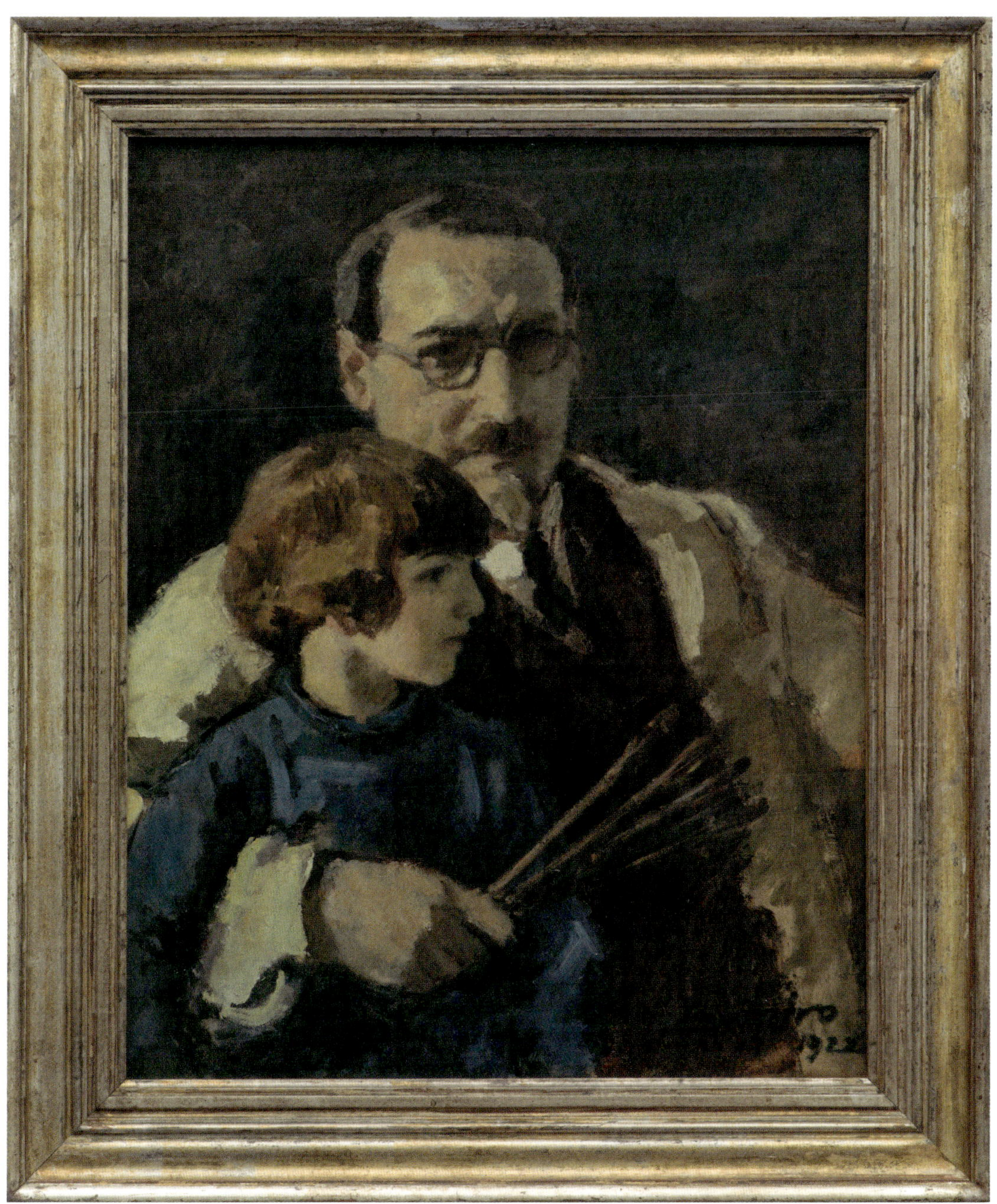

Selbstbildnis mit Sohn, 1922

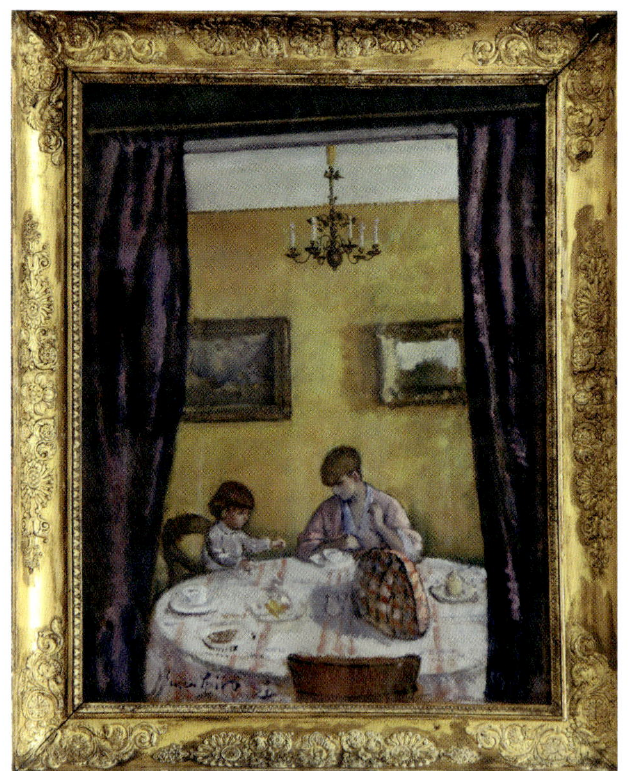

Am Frühstückstisch, 1921

eher bescheiden ausnimmt. Auch der von ihm angestoßene Erneuerungsprozess der Berliner Secession gestaltete sich unbefriedigend. Obwohl Corinth im Februar 1921 die Änderung des Ausstellungssystems gebilligt hatte, blieb es bei der hergebrachten Taktfolge der Frühjahrs- und Herbstausstellungen. Es bedurfte keiner Prophetie, um neuerliche Unruhe seitens der jüngeren Künstler, Abspaltungen gar vorherzusehen.

Auf Spiros Habenseite stand ein knappes Dutzend Gemälde und eine Ölstudie, darunter drei, vier Auftragsporträts wie „Portrait eines Mädchens", „Portrait Mister W.", „Damenbildnis (Frau Behrend)" oder „Kind mit Puppe". „Selbstbildnis mit Sohn" datiert gleichfalls von 1922. Auch die Künstlergattin wurde nun wieder gemalt: „3 Personen auf dem Dachgarten (El. Spiro mit Balthus und Pierre Klossowski)", dazu deren Schwester „Lella".[14] Darüber hinaus schlugen mindestens drei Landschaften zu Buche und zwei Gemälde, denen das Motiv Hiddensee gemeinsam ist. Spätestens seit 1922 weilte Spiro mit Familie regelmäßig in den Sommermonaten für einige Wochen auf der Ostseeinsel.

1 Matelowski, Anke: Die Berliner Secession 1899–1937. Chronik, Kontext, Schicksal, Wädenswil am Zürichsee 2017, S. 131
2 Ebd., S. 132
3 Ebd., S. 133
4 Im Konzert. Ein leitmotivischer Text von Oscar Bie. Mit vierundfünfzig Steinzeichnungen von Eugen Spiro, Berlin o.J., S. 47
5 Zitiert in: Abercron, Wilko von: Eugen Spiro 1874 Breslau–1972 New York. Spiegel seines Jahrhunderts, Alsbach 1990, S. 18
6 Ebd., S. 158ff.
7 Nach Angaben Karin Weyert
8 Spiro, Peter: Nur uns gibt es nicht wieder, Hürth bei Köln 2010, S. 23
9 Abercron, S. 33
10 Landesarchiv Berlin, Rep. 551, Nr. 466
11 Spiro, Peter, S. 23
12 Ebd., S. 24
13 Abercron, S. 41
14 Ebd., S. 160f.

Hiddensee

Die einst von Bauern und Fischern bewohnte Ostseeinsel Hiddensee führte lange ein verwunschenes Dasein im Schatten der größeren Schwester Rügen, der sie im Westen vorgelagert ist. Erst seit Ende des 19. Jahrhunderts entwickelten sich allmählich Fremdenverkehr und Bäderbetrieb. Nicht ohne Einfluss darauf blieben Künstler, die Hiddensee für sich entdeckten, ehe ihnen andere Feriengäste folgten. Schon im Sommer 1885 hatte der junge Gerhart Hauptmann der Insel, die ihn nicht mehr loslassen sollte, einen Besuch abgestattet.

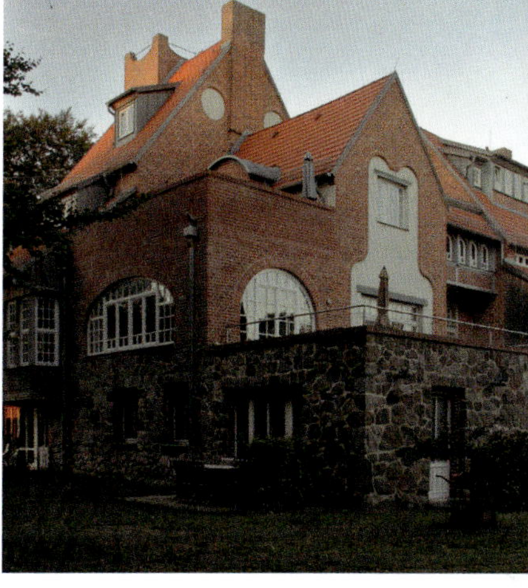

Lietzenburg, Hiddensee-Kloster

Der Maler Oskar Kruse, Mitglied der Berliner Secession und offenbar von Hauptmann, mit dem er befreundet war, auf Hiddensee aufmerksam gemacht, gehörte zu den Künstlern, die sich 1903/04 als erste ein eigenes Wohn- und Arbeitsdomizil – die „Lietzenburg" – auf der Insel errichten ließen. Der Name leitet sich von der Lietzenburger Straße in Charlottenburg/Wilmersdorf her, in der er wohnte. Mit dem Kauf des weitläufigen Grundstücks auf der westlich des Dorfes Kloster gelegenen Anhöhe und vor allem mit den aus dem Ruder gelaufenen Baukosten für die von Otto Spalding und Alfred Grenander entworfene Jugendstilvilla hatte er sich jedoch übernommen, sodass ihm nicht nur seine Schwester Anna Kruse sowie sein Bruder, der Bildhauer und Maler Max Kruse, finanziell zur Seite springen, sondern bald auch Zimmer vermietet werden mussten. In den Sommermonaten zwischen 1917 und 1920 logierte der mittlerweile mit dem Nobelpreis geehrte Gerhart Hauptmann mehrfach im Haus.[1]

Nach Oskar Kruses Tod 1919 führten Max Kruse und seine Frau, die Puppenmacherin Käthe Kruse, die Lietzenburg weiter und eröffneten nach Umbau- und Erweiterungsmaßnahmen zusätzlich eine Pension in der Villa. Zu den namhaften Gästen zählten in der Folgezeit Künstler und Intellektuelle wie der Architekt Max Taut, der Verlagsbuchhändler Max Gehlen, der Schauspieler Otto Gebühr, der Maler Leo von König, Thomas Mann mit den Seinen, der Dramatiker Ernst Toller oder der Philosoph Ludwig Marcuse. Am 28. September 1924 trugen sich Elisabeth und Eugen Spiro ins Gästebuch ein.[2] Hiddensee war seit längerem Urlaubsziel der Familie. Peter Spiro berichtet, dass vordem das bescheidenere Haus „Peggy" als Feriendomizil gedient habe.[3] Es gehörte dem Berliner Buchhändler und Verleger Walter Reiss, später dem Reichstagsabgeordneten und Redakteur des sozialdemokratischen Zentral-Organs „Vorwärts" Curt Geyer. Der

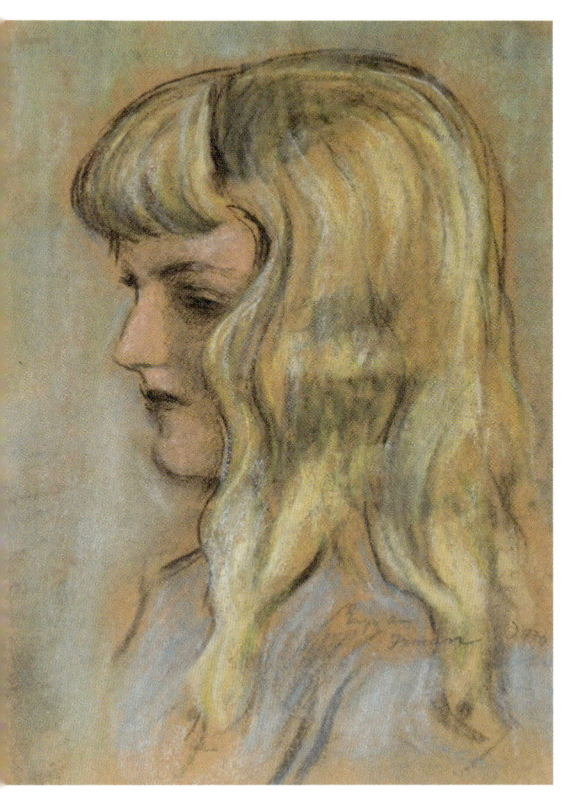

Lella, 1917

Wechsel in die bequemere Unterkunft verwies zugleich auf die gefestigte materielle Situation Spiros.

Seitens der Familie seiner Frau, namentlich seiner Schwiegermutter, bestand aber wohl längst der Wunsch, ein eigenes Baugrundstück auf der Insel zu erwerben. In Begleitung Spiros führte Irma Saenger-Sethe am 10. September 1924 ein entsprechendes Gespräch mit dem Stralsunder Kloster zum Heiligen Geist, das im Besitz Hiddensees war.[4] Vier Monate später konnte der Kaufvertrag für eine Parzelle oberhalb des Dorfes Klosters unterzeichnet werden. Der Architekt Otto Firle entwarf das Haus. Baubeginn war am 13. Juli 1925.[5] In der Zeitschrift „Bauwelt" beschrieb er später die durch die Insellage Hiddensees bedingten Probleme bei der Ausführung: „Alle Baustoffe mußten zu Schiff herangebracht werden und die reibungslose Durchführung des Baues erforderte eine sehr gute Anordnung der einzelnen Arbeiten, die manchmal allerdings durch Telegramme etwa des Inhalts gestört wurde: ‚Schoner Emma liegt mit dreißigtausend Steinen auf Grund.'"[6] Dennoch erfolgte die Fertigstellung des reetgedeckten und mit einer repräsentativen Wohnhalle ausgestatteten Hauses schon im Juni 1926.

In Peter Spiros Erinnerungen heißt es: „Das Haus war an das abfallende Gelände angeschmiegt, daher hatte es teils zwei, teils drei Stockwerke. Es gab ein Sethe-Zimmer, ein Firle-Zimmer und ein Spiro-Zimmer, des Weiteren Unterbringungsmöglichkeiten für Gäste und Dienstboten. Von der großen Terrasse, auf der man meist auch aß, konnte man auf Kloster hinunterblicken. Das Haus besaß ein modernes Badezimmer, angeblich das erste auf Hiddensee."[7] Das Eckzimmer der Spiros befand sich – mit Zugang zum Garten – im Erdgeschoss an der Südostseite des Hauses. Die Firles bewohnten das nach Norden gelegene Balkonzimmer im obersten Geschoss.

Der aus Bonn gebürtige Otto Firle, verheiratet mit Magdalena „Lella" Saenger-Sethe, der jüngeren Schwester von Spiros Frau, hatte an der Technischen Hochschule in München Architektur studiert. Nach dem Ersten Weltkrieg, in dem er Pilot im Geschwader von Ernst Udet gewesen war, ließ er sich in Berlin zunächst als Gebrauchs- und Werbegrafiker nieder. Von ihm stammt das bis heute von der Lufthansa verwendete Kranich-Logo. Ab den frühen 1920er Jahren trat er zunehmend in seinem eigentlichen Metier als Architekt hervor. Baute er anfangs Villen und Landhäuser, für die er zugleich Ausstattung und Möbel entwarf, entstanden unter seiner Federführung später Berliner Großbauten wie das Europahaus am Anhalter Bahnhof oder das Bürogebäude der Nordstern-Versicherung am Fehrbelliner Platz. Mit Spiro verband ihn offensichtlich ein herzliches Verhältnis.

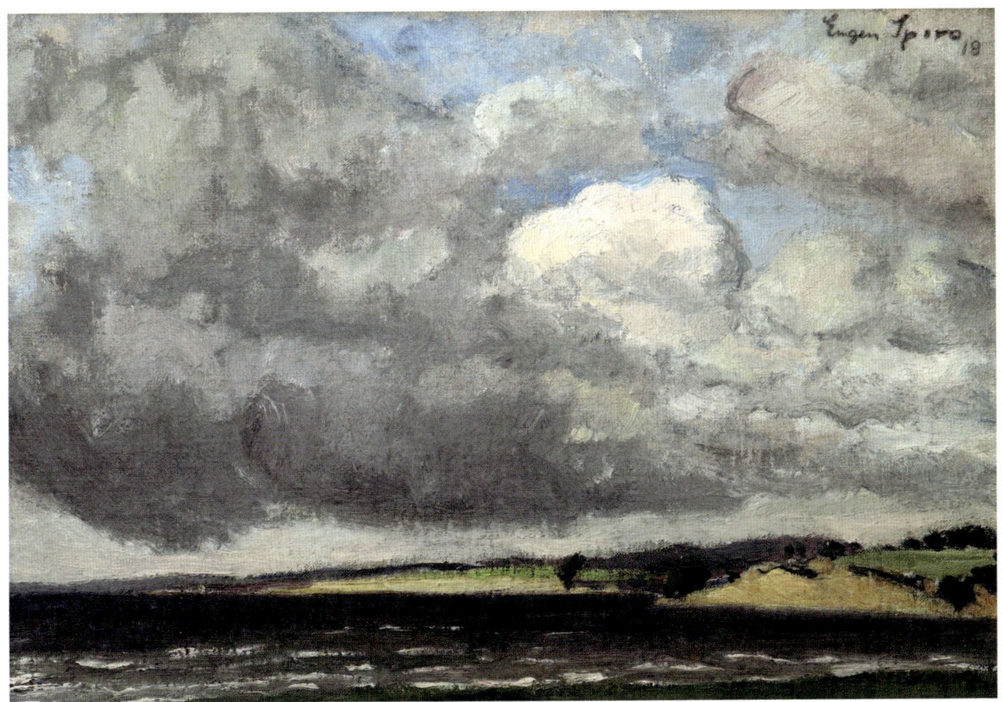

Wolken am Meer, 1919

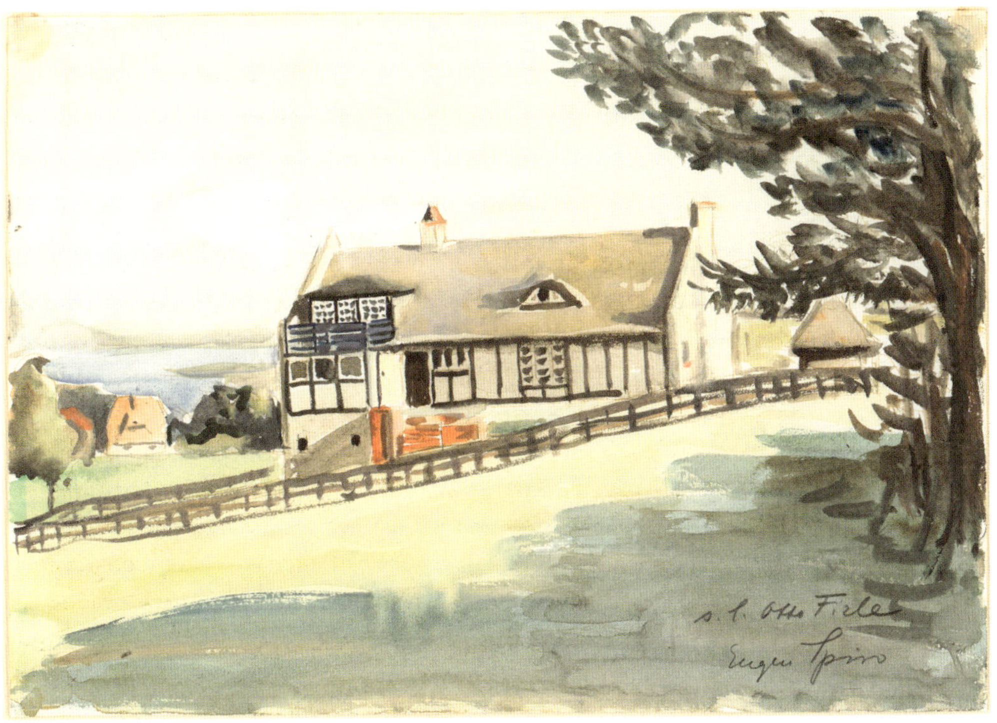

Landhaus über einem See (Sethe-Hof)

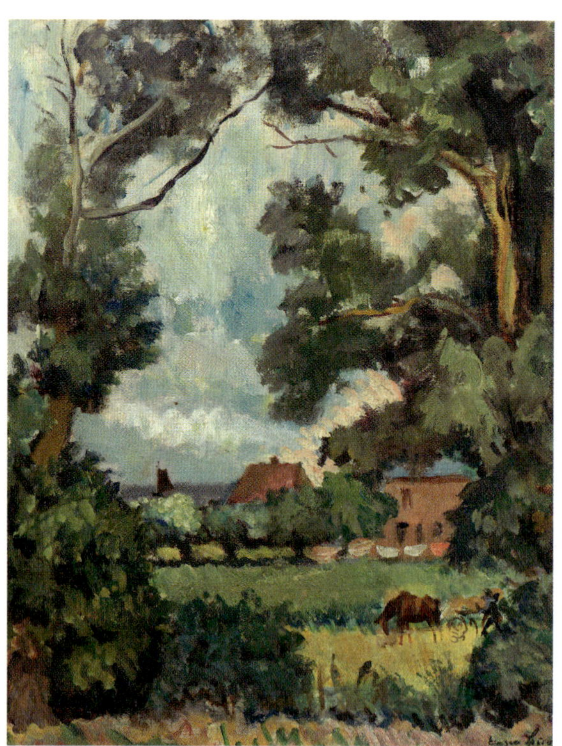

Sommerlandschaft auf Hiddensee, 1922

Dieser widmete „s.[einem] l.[ieben] Otto Firle" das um 1926 entstandene Aquarell „Landhaus über einem See (Sethe-Hof)".[8] Es zeigt den Sethe-Hof in der Ansicht von Norden inmitten der lichtdurchfluteten und noch weitgehend unverbauten Insel mit dem Bodden in der Ferne.

Peter Spiros Einlassung, dass seinem Vater die Hiddensee-Landschaft nicht besonders gelegen habe, „weshalb er dort zumeist nur Porträts malte"[9], überrascht in diesem Zusammenhang. Unter dem Vorbehalt, dass einige der hier geschaffenen Arbeiten wahrscheinlich verschollen sind und andere mutmaßlich noch der Entdeckung harren, gibt es von Eugen Spiro in der Tat nur wenige Werke, in denen die Ostseeinsel das Motiv bildet.

Erst jüngst ist eine bis dato unbekannte Arbeit von ihm auf dem Kunstmarkt angeboten worden: das 33,5×45,8 cm große Gemälde „Wolken am Meer". Es könnte sich um eine Ansicht von Hiddensee handeln, wie sie sich mit Blick vom Alten Bessin, dem Schwemmland der Insel, über den Bodden damals dargestellt haben mag. Die Palette – von Grün, Ocker und Blau bis hin zu den Abstufungen in Grau – ist, verglichen mit den Werken aus der ersten Berliner Zeit, deutlich aufgehellt und verrät den Einfluss der Pariser Jahre. Treu bleibt sich der Maler in dem zurückhaltenden Kolorit. Die leicht verwischte Zahl neben der Signatur in der rechten oberen Ecke des Bildes legt [19]19 als Entstehungsjahr nahe. Demnach könnte Spiro die Insel wesentlich früher besucht haben, als bislang angenommen wurde. Unabhängig davon, ob es sich um ein Hiddensee-Motiv handelt oder nicht, markiert „Wolken am Meer" mit den aus dem gleichen Jahr stammenden Gemälden „Landschaft" und „Am Bodensee"[10] den Wiederbeginn seiner Beschäftigung mit Landschaftsmalerei, der er sich zuletzt vor Ausbruch des Ersten Weltkriegs gewidmet hatte.

Künstlerisch mögen ihn in den folgenden Jahren die Landschaften Südeuropas und Nordafrikas, die er bereiste, stärker angeregt haben. Trotzdem blieb diese eher karge norddeutsche Gegend für ihn eine Herausforderung, der er sich stellte. Von 1922 sind die Gemälde „Hiddensee" (60×73 cm) und „Sommerlandandschaft auf Hiddensee (77,5×61,5 cm) dokumentiert. In Letzterem ist das dörfliche Umfeld von Kloster dargestellt. Von je einem Baum links und rechts flankiert, wird der Blick in die Tiefe auf Feld und Wiese, Bauer und Pferd geführt. Zu Blau, Grün, Gelb und Braun für den Himmel bzw. die Landschaft tritt im Hintergrund akzentuierend das Ziegelrot eines Stallgebäudes und eines Hausdaches hinzu. Eine heitere Farbigkeit, die wie ein Vorgriff auf seine späteren Landschaften wirkt.

Obwohl Spiro regelmäßig einige Sommerwochen auf Hiddensee verbrachte, lassen sich nach derzeitiger Erkenntnis für die zweite Hälfte der 1920er Jahre kaum noch Arbeiten nachweisen, die seine Auseinandersetzung mit diesem Motiv belegen. Während er Reisen nach Dalmatien, Italien, Südfrankreich, Spanien, Portugal oder Marokko vor allem zu Studienzwecken nutzte, scheint der Ostseeaufenthalt zuerst der Erholung und dem geselligen Verkehr im Familien- und Bekanntenkreis vorbehalten gewesen zu sein. Zu Letzterem zählte auch Gerhart Hauptmann. Den Kontakt zwischen den Männern hatte Spiros Schwiegermutter gebahnt, die mit Hauptmanns zweiter Frau, Margarete Marschalk, befreundet war. Eine der frühen Begegnungen mit dem Dichter auf Hiddensee sowie die Entstehung seiner beiden Zeichnungen „Gerhart Hauptmann beim Diktat" und „Gerhart Hauptmann bei der Arbeit" schilderte Spiro 1924 in Velhagen & Klasings Monatsheften: „Ich ging über die weite, hügelige Wiese, an des Bildhauers Max Kruse ‚Lietzenburg' vorbei, näherte mich dem ‚Haus am Meere' und sah den Dichter mit einem kleinen Kinde rührend spielen. Er blickte auf und begrüßte mich in seiner herzlichen Weise. Ich trug ihm meine Bitte vor: ich wollte ihn gerne zeichnen, aber ohne daß ich ihm seine kostbare Zeit raube; am liebsten, wenn ich Zeuge seiner Arbeit sein dürfte, die er um meinetwillen nicht unterbrechen solle. Der Meister war gern einverstanden und bat um meinen Besuch am nächsten Vormittag. Ich durfte noch eine Weile im Kreise seiner Familie und Freunde verweilen und empfahl mich dann. Am andern Morgen betrat ich sein schlichtes Arbeitszimmer. Der Dichter lag lang ausgestreckt auf einer Ottomane. Am frühen Morgen nämlich pflegt er sich in die Wellen zu stürzen, zu turnen, über die weite Wiese, Speer werfend, zu laufen; und dann gönnt er dem Körper, wie eben jetzt, die Ruhe, um nun den Geist arbeiten zu lassen. Es war für mich ein fast feierlicher Anblick, den Dichter mit in die Ferne gerichtetem Blick zu beobachten, diesen wunderschönen, edlen Kopf, welcher so unheimlich mit dem Goethes verwandt ist. So lag er ruhig da, man sah das Gehirn arbeiten, und langsam und wohlabgewogen tropften die Worte von seinen Lippen. In der Hand hielt er ein Büchlein, in das er ab und zu blickte und das wohl Notizen für seinen Roman enthielt. In der allgemeinen Stille ertönte aus der Ecke, wo seine kluge Sekretärin saß, das Kritzeln ihrer Feder. Ab und zu schlug Kinderlärm durch das weit geöffnete Fenster. Da schien er in seiner Konzentration unterbrochen, und die Sekretärin wiederholte mit fast demselben hellen Stimmklang des Meisters die eben geborenen Sätze. Ich aber zeichnete unentwegt, und so war mir die Arbeit ein doppelter Genuß. Als er nach etwa einer Stunde das Diktat unterbrach, war auch ich mit meiner Zeichnung fertig und der Meister betrachtete höchst interessiert meine Arbeit. Er war nicht wenig überrascht, sich in dieser liegenden Pose zu sehen und regte mich zu meiner Freude an, am Nachmittag wieder zu kommen, wann er, im Sessel sitzend, weiter diktieren würde. Inzwischen regnete es in Strömen, er duldete nicht, daß ich leicht gekleidet, wie ich war, so nach Hause wandere, und hüllte mich in seinen Mantel ein. Heimgekommen, hatte natürlich dieser Mantel mein Ansehen in meinem Familienkreise stark erhöht. – Am Nachmittag fand ich mich wieder bei Hauptmann ein und nahm zunächst an einer ausgezeichneten ‚Jause' im engsten Familienkreise teil. Dann ging es wieder an die Arbeit.

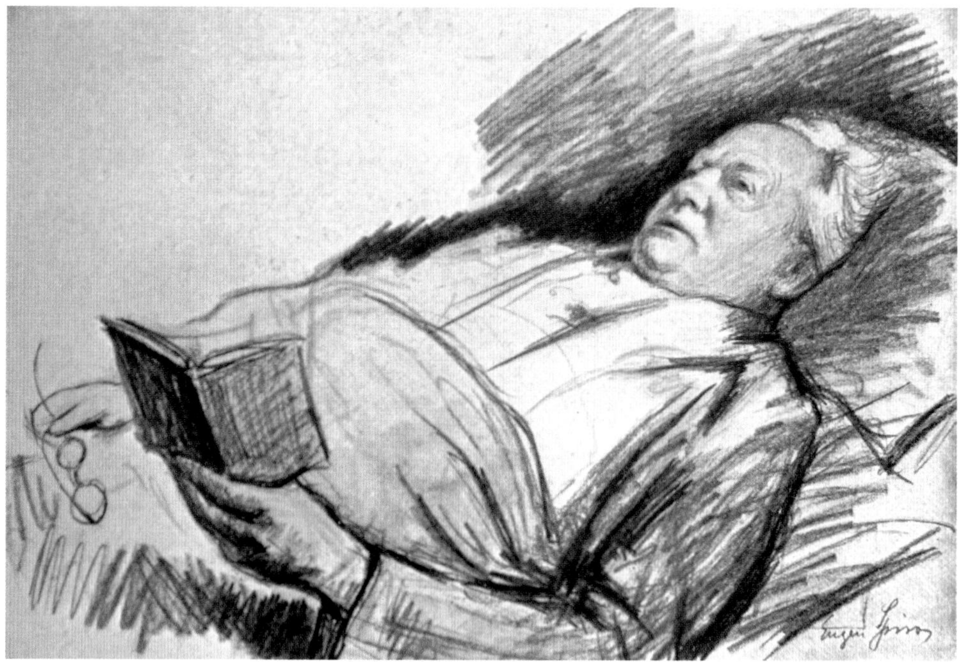

Gerhart Hauptmann beim Diktat

Der Meister setzte sich in einen bequemen Polstersessel, wieder das Büchlein und den Bleistift in der Hand. Je ruhiger er saß, umso bewegter waren die Gesichtsmuskeln, denen man die Vertiefung in sein Romanthema ansah. Wieder formten sich die Lippen zu Worten und Sätzen, von der Sekretärin aufgefangen, und ich bemühte mich, mit meinem Bleistift etwas von dem Arbeiten in diesem edlen Gesicht zu erhaschen. – Das Wetter war inzwischen wieder schön geworden und ein milder, rosiger Himmel überstrahlte die weite Wiese vor dem Hause. Der Meister begleitete mich ein Stückchen. Wie ein Jüngling, mit dem Speer in der Hand, den er immer weit vor sich her schleuderte, schritt der weißhaarige Dichter an meiner Seite, bis wir uns schließlich herzlichst verabschiedeten."[11]

Der Grund für Spiros Hiddenseer Enthaltsamkeit in Sachen Landschaftsmalerei dürfte aber nicht nur in der Inanspruchnahme durch den gesellschaftlichen Verkehr und Begegnungen wie dieser zu suchen gewesen sein, sondern in der wachsenden Schar von Künstlern, die sich sommers ebenfalls hier betätigte. So hatte die Berlinerin Henriette „Henni" Lehmann bereits 1919 den „Hiddensoer Künstlerinnenbund" gegründet, zu dem neben ihr weitere Malerinnen von Rang wie Clara Arnheim, Julie Wolfthorn, Dorothea Strohschein oder Berta Kahlke-Dörflein gehörten. Spiro dürfte nicht nur Kenntnis von den Künstlerinnen auf der Insel gehabt, sondern zumindest eine von ihnen, Julie Wolfthorn, auch persönlich gekannt haben. Wolfthorn war mit dem Kunsthistoriker und -kritiker Rudolf Klein-Diepold verheiratet, der Spiros Schaffen aufgeschlossen gegenüberstand und früh auf dessen Bedeutung als Landschaftsmaler hingewiesen hat. In einem 1922 publizierten Beitrag für die Monatshefte „Deutsche Kunst und Dekoration" hebt Klein-Diepold hervor: „Diese Landschaften kennzeichnet ein Zug, der im Künstler fast durchweg richtunggebend blieb, d.h. eine Objektivität der Farbe, die der Gegenstand bedingt, und die ihn vor Einseitigkeit und Manier schützt. So war er in der Lage, jede Landschaft ihrem eigenen klimatischen Charakter nach zu erfassen und auf diese Weise ihre geographische Besonderheit zu wahren, handle es sich um Bretagne, Picardie oder den Harz, entgegen so manchen, die in Potsdam die Atmosphäre der Seine oder Neapels entdecken."[12]

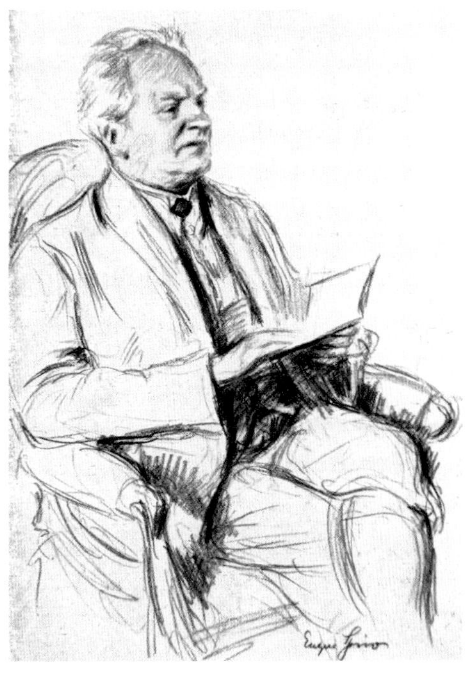

Gerhart Hauptmann bei der Arbeit

Unerwähnt blieben die Hiddensee-Gemälde. Neben zwei Porträts „Damenbildnis" und „In der Hängematte" ist der Artikel mit drei Landschaften vom Comer See bebildert. Maß Spiro seinen auf der Insel geschaffenen Bildern selbst nur wenig Gewicht bei? Oder wollte er als Vorstandsmitglied der Berliner Secession und mithin Prominenter jede Konkurrenz, jeden Anschein von Anmaßung vermeiden? Auch sein Nachbar Max Kruse, Gerhart Hauptmanns Sohn Ivo, Leo Klein-Diepold, Bruder des Kunsthistorikers, oder der gleichfalls im Sommer auf Hiddensee tätige Max Kaus waren vortreffliche Landschafter. Ebenso wie die Stralsunder Malerin Elisabeth Büchsel, die schon nach der Jahrhundertwende die Insel für sich entdeckt hatte. Begnügte sich Spiro deshalb damit, nur noch im privaten Raum zu Stift und Papier zu greifen bzw. die Staffelei aufzustellen? Seinem vornehmen und auf Ausgleich bedachten Charakter hätte das entsprochen.

Eine Annahme, die von dem Gemälde „Familiengruppe im Garten" (1930) gestützt wird. Szenerie ist der Garten des Sethe-Hofes. Die zum linken unteren Bildrand hin abschüssige Wiese deutet die Hanglage der Parzelle an. In leichter Aufsicht sind, auf Gartengestühl platziert, zwei Frauen, ein Mann und ein Kind zu sehen, die sich teils sonnen, teils ihren Gedanken nachhängen. Dargestellt finden sich Elisabeth Spiro, Irma Sethe und Samuel Saenger sowie deren Enkel Tomas Firle.[13] Über der Gruppe begrenzen Terrassenmauer und Zaun den Blick. Nur in der linken oberen Ecke ist ein Streifen des Grundstücksumfeldes zu sehen. Obschon das Bild mit 82×102 cm zu den für Spiros Verhältnisse größeren Formaten zählt, liegt die Betonung nicht auf Garten und Landschaft, sondern dem vertrauten Beisammensein der Personen.

Für das Jahr 1932 sind gleich zwei Bilder belegt. Das Gemälde „Hiddensee" (51×66 cm) hat Spiro entweder vom Grundstück des Sethe-Hofes aus oder unweit davon entfernt gemalt. Standort ist der Südosthang des Dornbuschs, von dem das Auge über Kloster zum Bodden und dem am Horizont sichtbaren Alten Bessin schweift. In expressiver Farbigkeit ist eine Morgenstimmung festgehalten. Wolken und Feld glühen rot und orange im Schein der aufgehenden Sonne. Unten am Hang, über den sich der Schatten breitet, hütet ein Schäfer, klein und verloren in der Landschaft, seine Herde.

Das zweite Gemälde trägt den Titel „Terrasse des Sethe-Hofes auf Hiddensee" (51,5×65 cm). Es inszeniert die ins Licht des Vormittags getauchte Insel – gerahmt von Terrassenbrüstung, Dachstütze und Markise – wie ein Guckkastenbild. In der Mitte geraten, von Bäumen überragt, einige Häuser Klosters in den Blick. Fern glitzert das Wasser des Boddens. Standort des Malers ist wiederum das Grundstück resp. die Terrasse.

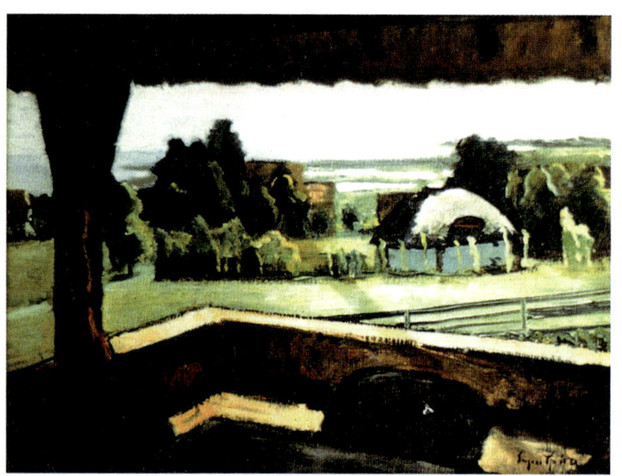

Terrasse auf Hiddensee, 1932

Bereits 1927 hatte Spiro im Rahmen einer Ausstellung der Deutschen Künstlergemeinschaft ein Gemälde „Terrasse in Hiddensee" gezeigt.[14] Ob es sich um das gleiche Motiv oder eine frühere Fassung handelte, bleibt offen, da jenes Bild verschollen ist.

In dem Gemälde von 1932 bedient er sich einer reduzierten Farbpalette, die mit Grün, Braun, Ocker und Blau – unter jeglicher Vermeidung von Rot – auskommt. Die Helligkeit der Landschaft bildet dabei einen auffälligen Gegensatz zu der von der Markise beschatteten Terrasse. Mehrfach hat Spiro betont, dass er in seinen Landschaftsbildern nichts arrangiere oder hinzuerfinde. Anlässlich der Ausstellung im Berlin Museum schrieb der 95-Jährige am 5. Oktober 1969 an dessen Direktorin Irmgard Wirth: „[...] Sie sagen auch in Ihrer Ansprache, daß ich vor allem Bildnismaler sei. Damit gebe ich Ihnen völlig recht, aber für mich war die Landschaft, die ich gemalt habe, auch ein Portrait. Es interessiert mich nicht, sie aus irgendeinem bildnismäßigen Grund zu verändern, während der wirkliche Landschaftsmaler durch seine subjektive Vorstellung vieles dem Geschmack zuliebe in seinem Bild verändern mag."[15]

Spiro war kein Maler, der seine Landschaften mit Symbolik auflud, geschweige denn ein politischer Kopf, der die Schrecknisse des „Tausendjährigen Reiches", das ein halbes Jahr später Wirklichkeit wurde, voraussah. Dennoch weist dieses Gemälde über ein Landschaftsporträt hinaus, indem es die Ahnung des Abschieds, des Abschiednehmens nahelegt. Als werde ein letztes Mal Landschaft und Garten, Haus und Hof umgriffen, ehe sich der Blick der leeren, aufgeräumten Terrasse vergewissert. Vor der Haustür mag schon das Gepäck zur Abreise bereitstehen.

Es war jedoch noch nicht der endgültige Abschied. Gelegentlich des 70. Geburtstages von Gerhart Hauptmann kehrte er im November 1932 noch einmal auf die Insel zurück: im Gepäck vermutlich eine fotografische Reproduktion seines erst kürzlich fertiggestellten Gemäldes „Bildnis Gerhart Hauptmann". Es gehört zu Spiros bekanntesten Arbeiten und gelangte sechs Jahre später ins Museé Jeu de Paume in Paris.

Irma Sethe konnte das Anwesen nach der Machtergreifung der Nazis nur noch wenige Jahre nutzen. Der staatlich verordnete Antisemitismus fand auch auf Hiddensee zunehmend Widerhall und machte die Situation für ihren Mann unhaltbar. Als Pfingsten

1935 der neugewählte Bürgermeister Plakate am Hafen und vor den Hotels anbringen ließ, die Juden zu unerwünschten Personen auf der Insel erklärten, war der vorläufige Tiefpunkt dieser Entwicklung erreicht.[16] Im Mai 1937 verkaufte Irma Sethe das Sommerdomizil „an den Berliner Rechtsanwalt Dr. Franz Crüger, und zwar zu einem Preis von 28.850 RM, obwohl Haus und Grundstück nach ihrer Aussage seinerzeit etwa 60.000 RM gekostet hatten."[16] In ihrem Antrag an das Entschädigungsamt Berlin schrieb sie 1954, Bezug nehmend auf die damalige Plakataktion und den Verkauf des Hausbesitzes, dass für ihren Mann der Aufenthalt auf Hiddensee nicht mehr zumutbar möglich gewesen sei.[17]

Aus dem Sethe-Hof wurde für mehr als sieben Jahrzehnte der Crüger-Hof. Erst unter den neuen Eigentümern Angelika und Dr. Claus Beneking, die das baulich vernachlässigte Haus zwischen 2010 und 2013 nicht nur aufwändig instandsetzen ließen, sondern sich auch mit dessen Geschichte auseinandersetzten und Kontakt zu den Nachfahren der Familie Spiro aufnahmen, erhielt es seinen ursprünglichen Namen zurück.

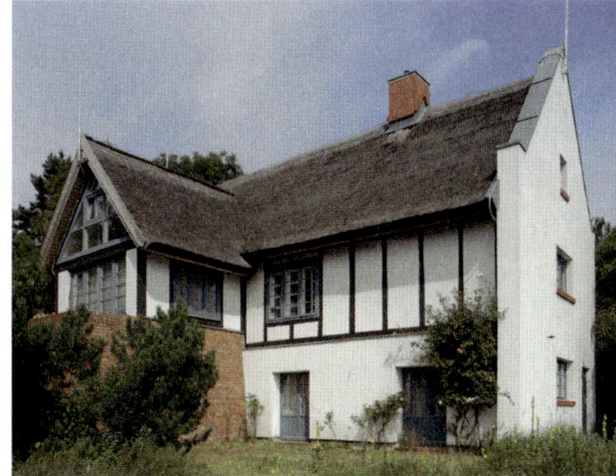

Sethe-Hof, Hiddensee-Kloster

1 Beneking Lietzenburg GbR (Hrsg.): Die Lietzenburg. Gästehaus mit Geschichte, Weimar o.J., S. 10f.
2 Ebd., S. 14f.
3 Spiro, Peter: Nur uns gibt es nicht wieder, Hürth bei Köln 2010, S. 51
4 Akten des Klosters zum Heiligen Geist in Stralsund betreffend den Verkauf von Bauparzellen im Gutsbezirk Kloster auf der Insel Hiddensee. Rep. 9, Nr. 947, Vol. 4, 1924
5 Faust, Manfred: Die Geschichte des Sethe-Hofes in Kloster – Beispiel eines „arisierten" Hauses auf der Insel Hiddensee. In: Zeitgeschichte regional. Mitteilungen aus Mecklenburg-Vorpommern, 18. Jahrgang, Heft 1, Juli 2014, S. 43
6 Bauwelt, Heft 52, Rostock 1933, S. 3
7 Spiro, Peter, S. 52
8 Faust, Manfred: Die Familien Reiss und Saenger-Sethe – Beispiele jüdischer Intellektueller auf der Insel Hiddensee. In: Chance & Schicksal – Reformbewegungen um 1900. Äquinoktion 2013, Kunstverein Hiddensee e.V. (Hrsg.), Berlin 2014, S. 51
9 Spiro. Peter, S. 53
10 Abercron, S. 156
11 Velhagen & Klasings Monatshefte, 39. Jahrgang, 1. Band, Berlin, Bielefeld, Leipzig, Wien 1924/1925, S. 346–348,
12 Klein-Diepold, Rudolf: Eugen Spiro, in: Deutsche Kunst und Dekoration: illustr. Monatshefte für moderne Malerei, Plastik, Architektur, Wohnungskunst u. künstlerisches Frauen-Arbeiten – 50.1922, https://digi:uni-heidelberg.de/digl/dkd1922/0081-0082
13 Vgl. Faust: Geschichte des Sethe-Hofes, S. 46
14 Akademie der Künste Berlin, BArch, N 2291 1/21, Notizbuch „Agenda Pour 1925"
15 Vgl. Faust: Geschichte des Sethe-Hofes, S. 48
16 Ebd., S. 48
17 Vgl. Faust: Familien Reiss und Saenger-Sethe, S. 54

An der Spitze der Berliner Secession

Aufgrund wachsender wirtschaftlicher Probleme geriet Deutschland Ende 1922 in Rückstand mit seinen im Versailler Friedensvertrag auferlegten Reparationsleistungen. Die französische Regierung nahm dies zum Vorwand, um im Januar 1923 mit eigenen und belgischen Truppen das Ruhrgebiet zu besetzen. Die Empörung darüber war in Deutschland groß. Reichskanzler Wilhelm Cuno rief die Bevölkerung an der Ruhr zum passiven Widerstand auf und stellte Gelder für Lohnfortzahlungen im Falle von Streiks gegen die Besatzer zur Verfügung. Die Berliner Secession, selbst in finanzieller Bedrängnis, solidarisierte sich. Im Januar stimmten die Mitglieder mehrheitlich dafür, Kunstwerke für eine Verkaufsausstellung zu spenden, deren Erlös den Menschen im Ruhrgebiet zugutekommen sollte.[1] Ob und welche Arbeit Eugen Spiro beisteuerte, ist nicht bekannt. In jedem Fall dürfte er als Vorstandsmitglied wesentlichen Anteil am Zustandekommen der Benefiz-Ausstellung gehabt haben.

Die Inflation nahm unterdessen immer mehr Fahrt auf und sollte im November „mit dem Stand 1 Dollar = 4,2 Billionen Mark ihren Höhepunkt" erreichen.[2] Arbeitslosigkeit und fortschreitende Verarmung großer Teile der Bevölkerung führten zu sozialen Spannungen und Unruhen. Im Berliner Scheunenviertel, dem Zentrum der aus Osteuropa eingewanderten Juden, kam es zu antisemitischen Ausschreitungen. Die rasante Geldentwertung mit all ihren gesellschaftlichen Folgen fand in Spiros Schaffen keinen direkten Niederschlag, manifestierte sich allerdings in einer erheblich gesteigerten künstlerischen Produktion. Für 1923 sind 20 Gemälde von ihm nachweisbar, so auch das 94×76 cm große Porträt des von ihm als Künstler und Kollegen verehrten Lovis Corinth. Spiro zeigt ihn zurückgelehnt auf einem schlichten hölzernen Stuhl sitzend, die Hände im Schoß verschränkt. Er, der in Selbstbildnissen oft seine Körperlichkeit und Sinnenfreude betonte, wirkt zerbrechlich und schaut in Richtung des Betrachters. Doch es ist kein leidenschaftlicher, entschlossener Blick mehr, sondern ein heiter gelassener, beinahe ziellos. Zwei Jahre vor Corinths Tod entstanden, findet sich der von Krankheit Gezeichnete mit Noblesse und großem Einfühlungsvermögen dargestellt.

Außer den wieder häufigeren Bildnissen von Frau und Familie zählen zwei vermutlich honorierte Arbeiten, „Bildnis Dr.h.c. Walter Müller" und „Kindergruppe", zur künstlerischen Ernte des Jahres.[3] Dr. Müller saß im Vorstand der „Ilse Bergbau AG", eines der wichtigsten Bergbauunternehmen in der Lausitz. Ob es sich dagegen bei dem Gruppenporträt um Kinder des Bankiers und Diplomaten a.D. Heinz von Böttinger oder um die von dessen Bruder, dem Bankier Waldemar von Böttinger, handelt, ließ sich nicht klären.

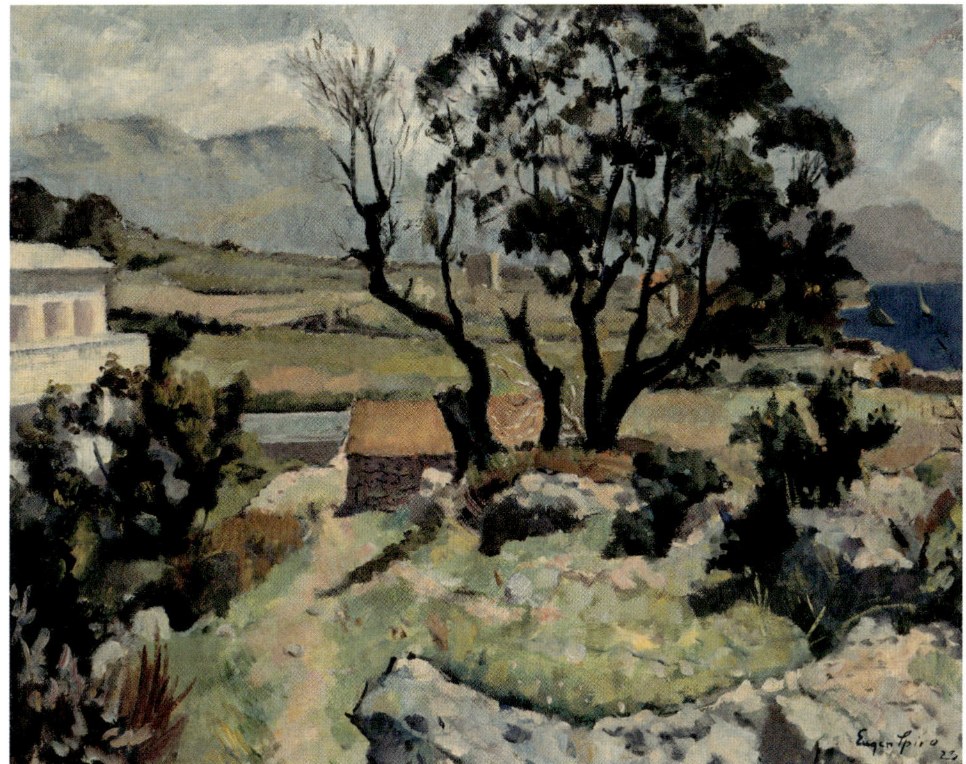

Landschaft bei Spalato, 1923

Hier wie da – mit Müller und von Böttingers – hatte Spiro erstmals Größen aus Industrie und Finanzwirtschaft als Auftraggeber gewonnen.

Letztgenannter Auftrag dürfte auf Vermittlung von Samuel Saenger zustande gekommen sein, der die Familie seines Schwiegersohnes weiterhin nach Kräften unterstützte, so auch mit Dollars, die er durch das Auswärtige Amt erhielt. Im Unterschied zu vielen anderen Künstlern befand sich Eugen Spiro in einer privilegierten Lage, die es ihm sogar in der Hochphase der Inflation erlaubte, nicht nur den gewohnten Lebensstil beizubehalten, sondern auch ausgedehnte Reisen zu unternehmen. Besonders anregend scheint für ihn der Aufenthalt an der dalmatinischen Küste gewesen zu sein, die er in einer Reihe von Bildern festhielt. Wilko von Abercron konnte in seiner Monografie über den Künstler noch acht erhaltene Gemälde nachweisen, die dem Thema zuzuordnen sind und von 1923 datieren, darunter „Dalmatien, Landschaft mit Häusern", „Landschaft bei Spalato" (heute Split), „Dalmatien, Landschaft mit Großem Baum", „Dalmatien, Landschaft mit Figur", „Dalmatien, Landschaft mit Treppenweg", „Restauratia in Jugoslavia" oder „Dalmatinische Küste".[4]

Mit den auf und nach der Reise entstandenen Arbeiten stellte sich Spiro erstmals ausschließlich als Landschaftsmaler der Öffentlichkeit vor. Die Bilder wurden 1924 u.a. in der Kleinen Galerie Berlin gezeigt. In einer Besprechung mehrerer hauptstädtischer

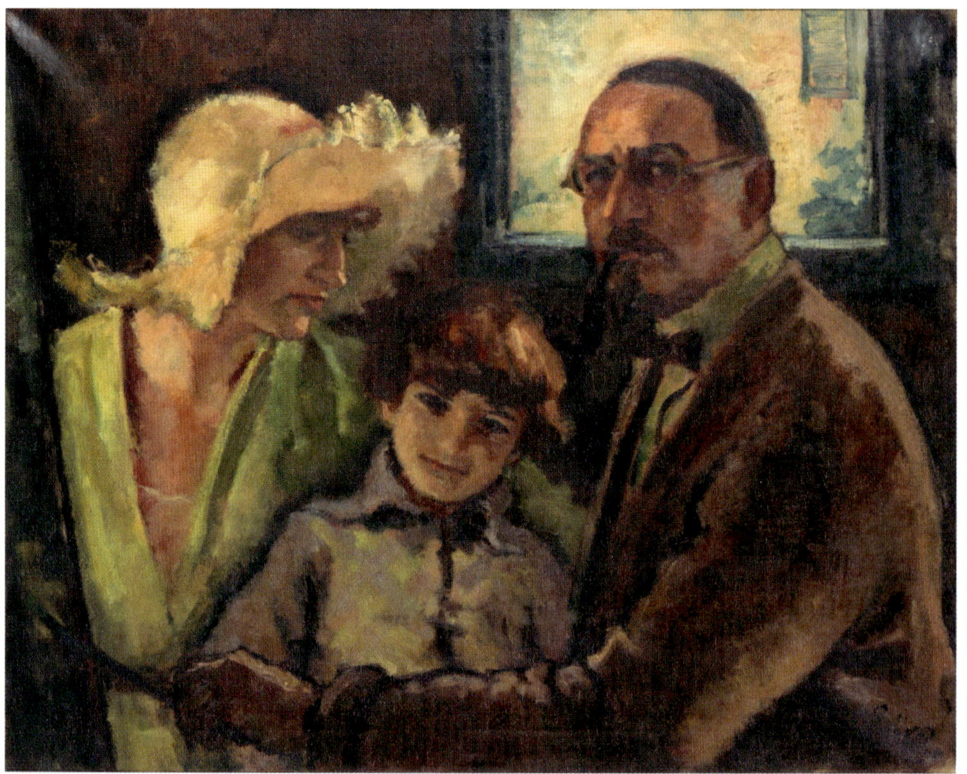

Selbstportrait mit Frau und Sohn, 1924

Ausstellungen nahm sich die Zeitschrift „Cicerone" auch dieser Schau an: „Eugen Spiros Landschaften in der Kleinen Galerie, Ausbeute einer dalmatischen Reise, machen vom Licht mehr her, als daß sie es in seiner den Raum füllenden, ihn gruppierenden Energie oder auch nur als leuchtenden Schimmer aufzeigten. So blieb hier Vieles kalkig und kalt, die Geländeform oft zerstreut. Spiros Malerei ist nicht ohne gute Tradition und stellenweise nicht reizlos. Aber Ragusa und Spalato vermochten nicht, sie über ihre passablen Gewohnheiten hinaus zu begeistern."[5]

Bei Kritikern hat Spiro selten Glück gehabt. Und die Verrisse folgten wie auch in diesem Fall dem immer gleichen Muster. Begabung und künstlerischer Rang des Malers wurden nicht bestritten, die jeweils gezeigten Arbeiten dagegen umso heftiger bekrittelt. Hier und da dürfte Antisemitismus eine Rolle gespielt haben, auch Parteilichkeit für die eine oder andere Kunstrichtung, insbesondere aber ein weitgehendes Unverständnis gegenüber einem, der sich als Künstler in keine Schublade stecken ließ. Dass es Spiro weniger um die „Schönheit" der Landschaft als um deren Eigenart ging, wurde von Willi Wolfradt, Verfasser des „Cicero"-Artikels, geflissentlich übersehen. So kann von „kalkig und kalt" in den Gemälden eben so wenig die Rede sein wie von der „oft zerstreuten" Geländeform. Gewiss, ein Herantasten des Porträtisten an die Landschaftsmalerei ist hier und da noch zu spüren und bisweilen erinnern Motivwahl, Bildaufbau oder Farbmodulation an das Vorbild Cézanne. Mag die einzelne Kritik auch kaum Wirkung entfaltet haben, in der Summe verstellten solche Urteile aber zweifellos den Blick auf Spiros Werk.

Der Kritiker Rudolf Klein-Diepold, der sich auf die Intentionen dieser Malerei einließ, kam denn auch zu einem ganz anderen Urteil: „Mit seinen an guten Vorbildern gewissenhaft geschulten und nunmehr ausgereiften Mitteln, die wir schon aus seinen letzten Bildnissen und den oberitalienischen Landschaften kennenlernten, war er hier bemüht, den herberen Charakter dieses südlichen Küstenstriches wiederzugeben, der in seiner zerklüfteten Felsenstruktur wesentlich von der italienischen Lieblichkeit absticht, und der mit dem in seiner spärlichen Vegetation stets wiederkehrenden Grau der Olive und Agave auch farbig auf eine gewisse Stumpfheit eingestellt ist."[6] Der das bisherige Schaffen des Künstlers würdigende Aufsatz mit beigefügten Abbildungen von Porträts, Landschaften und dem Stillleben „Geburtstagstisch" war in Westermanns Monatsheften möglicherweise schon für das Vorjahr vorgesehen gewesen, erschien aber erst im Februar 1925. Auf den zurückliegenden 50. Geburtstag Spiros im April 1924 abhebend, schloss Klein-Diepold mit der Bemerkung: „Diese Altersgrenze erinnert uns an den Ausspruch eines bekannten Malers, der meinte: ‚Mit fünfundzwanzig Jahren Talent haben, ist nicht schwer; man muß mit fünfzig noch Talent haben.' Spiro gehört zu den wenigen Mitgliedern der Berliner Secession, die um diese Zeit sich nicht längst in irgendeiner Manier verausgabt haben, sondern über das ihnen von der Natur verliehene Talent in voller Kraft verfügen".

In der Berliner Secession, das Stichwort aufgreifend, blieb das Ringen um Zusammenhalt eine stete Herausforderung. Im Herbst 1923 hatte es erneut Unruhe gegeben. Am 1. November sandte Spiro deshalb einen überarbeiteten Entwurf der Eröffnungsrede für die bevorstehende Jahresausstellung an Corinth und fügte, die nur zögerlich vorangebrachte Reform des Ausstellungssystems im Blick, hinzu: „Sehr verehrter lieber Meister. Beiliegend die Ansprache, wie ich sie mir unter Benutzung der Ihrigen denke. Ich möchte Ihnen nochmals betonen, dass in unserer heutigen Situation eine Ansprache mit der von mir betonten Tendenz einzig und allein am Platze ist. Wir haben nichts zu verlieren, sondern nur zu gewinnen. Die Presse wird auf uns schimpfen oder sie wird uns womöglich sogar totschweigen, je nachdem sie gelaunt ist. Was wir aber gewinnen können und gewinnen müssen, dass[!] ist das Publikum. Und auf das Publikum wird der Sinn einer solchen Ansprache nicht die Wirkung verfehlen. Ich möchte Sie auch bitten, mir den Einfluss, den ich mit dieser Aenderung auf Sie gewinnen möchte, nicht übel zu nehmen, denn ich bitte Sie zu bedenken, dass ich mit meinem Vorschlag einzig u. allein das Wohl der B[erliner] S[ecssion] im Auge habe u. ich hoffe zuversichtlich, dass Sie sich meiner Ansicht anschliessen werden u. in dem angegebenen Sinne Ihre Ansprache halten werden."[7]

Die Generalversammlung am 4. Dezember bestätigte die Befürchtungen Spiros im Hinblick auf eine drohende Abspaltung. Jüngere Mitglieder forderte in einem Schreiben die Öffnung der Secession für neue künstlerischen Strömungen sowie „unter Ausschluss der übrigen Mitglieder und beliebiger Zuwahl neuer Mitglieder" Ausstellungen in Eigenverantwortung durchführen zu können.[8] Erst eine Aussprache zwischen Vorstand und Aufbegehrenden führte zu einer beiderseits befriedigenden Übereinkunft. Diese wurde

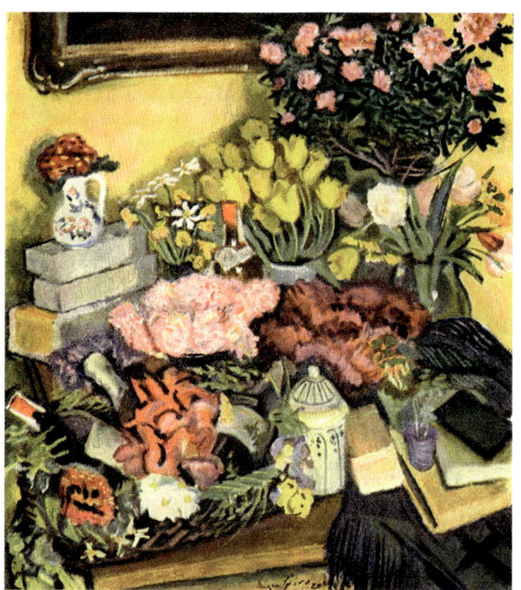

Geburtstagstisch, 1924

auf der Generalversammlung am 21. Dezember mit der Wahl dreier Vertretern der Gruppe – Ernst Fritsch, Willy Jaeckel und Jakob Steinhardt – in den Vorstand besiegelt. In der anschließenden Beratung gelang es außerdem, Einvernehmen über eine Liberalisierung der Aufnahmebedingungen in die Künstlervereinigung zu erzielen. Im Ergebnis behielt der bisherige Vorstand – Lovis Corinth, Leo von König, Ernst Oppler, Eugen Spiro und Ernst Wenck – die Leitung der Herbstausstellungen inne, während die neuen Vorstandsmitglieder die Frühjahrsausstellungen verantworten sollten.

Mit Einführung der Rentenmark am 15. November 1923 war es endlich gelungen, die Währung in Deutschland zu stabilisieren. Die Wirtschaft, während der Hyperinflation ins Stocken geraten, nahm Fahrt auf. Normalität kehrte allmählich zurück. In der Reichshauptstadt sandte das Hotel Adlon ein unübersehbares Zeichen, indem es zum Jahreswechsel 1923/24 erstmals seit 1913 wieder zu seinem legendären Silvesterball einlud und einen Nerv traf.[9] Nach Jahren der Entbehrungen sehnten sich die Menschen allenthalben nach Amüsement und Zerstreuung.

Die Berliner Secession bildete da keine Ausnahme. Hatte es neben den Ausstellungen auch schon in den Vorjahren Lesungen, Vortragsabende und Konzerte im Haus am Kurfürstendamm 282 gegeben, wurde das Programm nun um Bälle, Kostümfeste und andere Lustbarkeiten erweitert. Im November 1924 konstituierte sich eigens dafür ein „Vergnügungskomitee". Die „Goldenen Zwanziger" waren angebrochen.

Peter Spiro berichtet: „Im damaligen Berlin galt der ‚Presseball' als gesellschaftlicher Höhepunkt des Jahres. Für Eugen Spiro war es der jährliche Ball der Berliner Secession, den er organisierte, indem er die Kapelle engagierte, sich um die Tombola kümmerte und anderes mehr. Für diese Bälle wurden mitunter eigene Melodien komponiert, wozu mein Vater dann die Texte schrieb – so etwa: ‚Jeder Kunde tanzt 'ne Runde, Mund am Munde, bis er nicht mehr kann...' oder ‚Schatz gib Dein letztes Hemdchen her, ich hab kein Geld für Leinwand mehr!'"[10]

Er, der für diese Gelegenheiten sogar Kostüme und Dekorationen entwarf, scheint sich mit Lust und Leidenschaft der eher marginalen Aufgabe angenommen zu haben, sodass auch der Secessionsball binnen kurzem zu einem hauptstädtischen Ereignis wurde, über das die Gesellschaftsblätter gern und ausführlich berichteten. Nebenher nahm Spiros Bekanntheitsgrad zu, vor allem aber ließen ihn sein Organisationsgeschick, seine konziliante und kommunikative Art immer unentbehrlicher für die Berliner Secession werden.

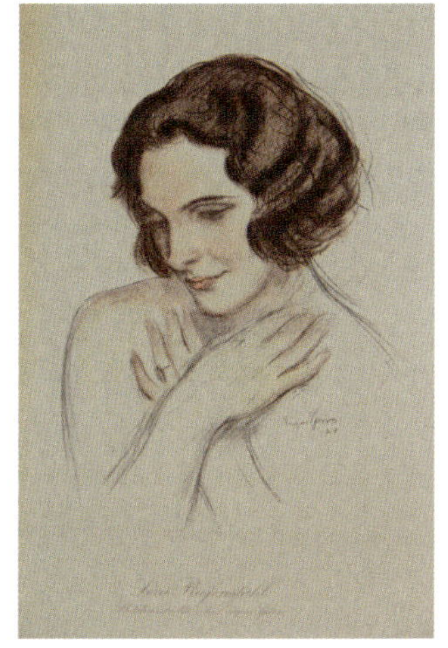

Leni Riefenstahl, 1924

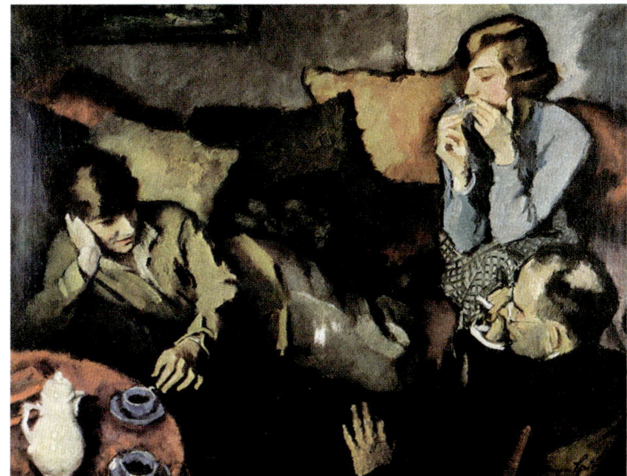

Teestunde, 1924

Dass es anlässlich seines 50. Geburtstag keine umfassende Werkschau gegeben hatte, scheint ihn nicht angefochten zu haben; er setzte unbeirrt seine künstlerische Arbeit fort. Die im Sommer 1924 unternommene Reise nach Nordafrika, Spanien und Portugal wurde überaus ertragreich. Neben neun belegbaren Gemälden, darunter „Marktplatz in Tanger", „Orientalische Straßenszene" und „Die Alhambra", brachte er zahlreiche Zeichnungen mit, von denen ihm einige als Vorlage für die Radierungen „Spanische Reise" dienten.[11] In der Kunstverlagsgesellschaft mbH Wohlgemuth & Lissner Berlin erschien die Mappe im gleichen Jahr. Aus dem Spätsommer datieren die beiden Zeichnungen von Hauptmann (siehe „Hiddensee") und „Leni Riefenstahl". Die gerade erst 22 Jahre alt gewordene Solotänzerin des Deutschen Theaters Berlin, deren steile Karriere als Filmregisseurin im Dritten Reich (wie dieses selbst) noch außerhalb jeder Vorstellung lag, scheint ihn beeindruckt, wenn nicht entzückt zu haben, sodass er kurzerhand zur Staffelei griff und der Zeichnung die „Portraits Leni Riefenstahl I–III" folgen ließ. Ferner sind die Ölskizze „Teestunde" und das Gemälde „Teestunde" zu nennen, das sich in Velhagen & Klasings Monatsheften im Jahrgang 1924/25 abgebildet findet.[12] Die Gemälde „Selbstbildnis mit Familie" und „Erich Kleiber dirigiert die Berliner Philharmoniker" rundeten die künstlerische Jahresbilanz ab.[13] Letzteres reiht sich ein in die Arbeiten, mit denen er in allen Lebensphasen Zeugnis von seiner Passion für die Musik ablegte und ablegen sollte. Wie groß die Bandbreite seines Interesses war, zeigen die „Momentaufnahmen", die er inzwischen vom Konzertsaal auf Oper, Operette und Schauspiel ausgeweitet hatte. Erste dieser Porträt-Skizzen – „Gerda Müller als ‚Medea'(Staatstheater)", „Max Adalbert im Lustspiel ‚Klubleute' (Deutsches Theater)", „Mady Christians im Lustspiel ‚Die Frau ohne Kuß' (Schillertheater)", „Mimi Vesely als Helena in O. Nedbals ‚Polenblut' (Staatstheater)" und „Richard Tauber in der Ralph Benatzkyschen Operette ‚Das Märchen von Florenz' (Deutsches Opernhaus)" – erschienen ebenfalls im genannten Jahrgang der Monatshefte von Velhagen & KLasing. Die teils farbigen Zeichnungen illustrierten

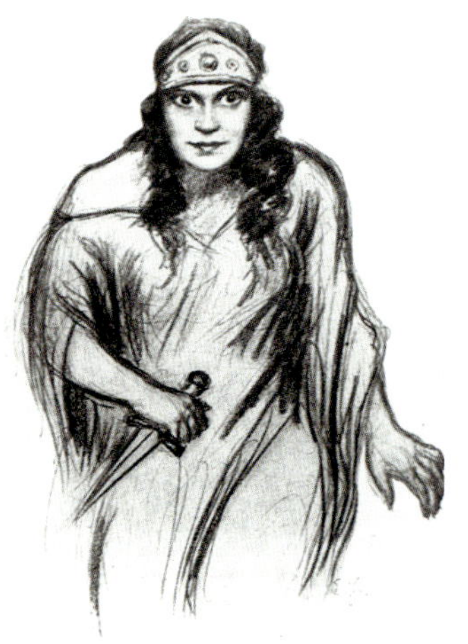

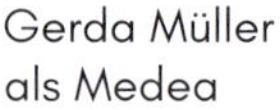

Gerda Müller als Medea

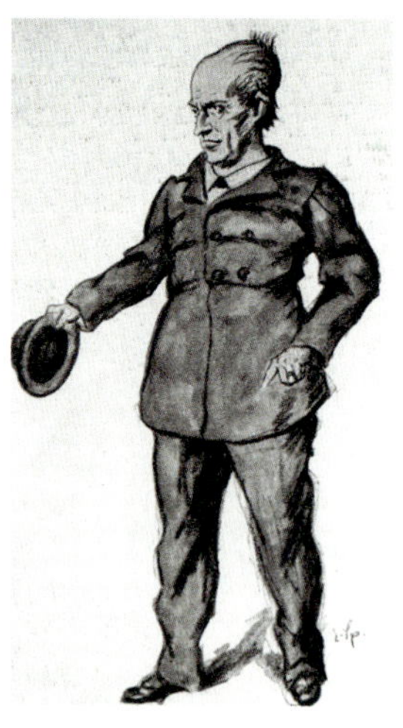

Max Adalbert im Lustspiel „Klubleute“

die Besprechung „Berliner Bühnensommer“ [1924] von Herausgeber Paul Oskar Höcker[14] und waren wohl in dessen Auftrag entstanden. Sie bildeten den Auftakt einer Zusammenarbeit zwischen der Zeitschrift und Spiro, in der er beim Abdruck der Hiddensee-Hauptmann-Reminiszenz als „unser Mitarbeiter“ bezeichnet wurde. Höcker, der auch als Literat hervortrat, zählte 1933 zu den achtundachtzig Schriftstellern, die das „Gelöbnis treuester Gefolgschaft“ unterschrieben und ihren Kotau vor Hitler und den Nationalsozialisten machten.

In der Berliner Secession verstärkten sich 1925 die Bemühungen um Aufnahme von internationalen Beziehungen, war doch das deutsche Kunstschaffen seit dem Ersten Weltkrieg weitgehend isoliert worden. Als Vorreiterin ist Charlotte Berend, Corinths Frau, zu nennen, die im Frühjahr 1924 den Kontakt zu Schweizer Künstlern gebahnt hatte, von denen einige daraufhin an der Herbstausstellung in Berlin teilnahmen. Im Oktober beteiligte sich neben dem Weimarer Bauhaus und verschiedenen Künstlervereinigungen wie der Novembergruppe, dem Jungen Rheinland oder den Dresdener Veristen auch die Berliner Secession an der Ersten Allgemeinen Deutschen Kunstausstellung in Moskau, in der sich die deutsche Gegenwartskunst erstmals seit Kriegsanfang wieder im Ausland darstellte. Im Februar 1925 erhielt die Secession seitens der Societé des Artistes Indépendants die Einladung, sich an der Herbstausstellung in Paris zu beteiligen. Eugen Spiro reiste im April in die französische Hauptstadt, um mit Paul Signac, dem Präsidenten der Indépendants, die Gespräche zu führen. Dass sich das Vorhaben zerschlug, lag nicht am guten Willen beider Partner, sondern an der verbreiteten antifranzösischen Stimmung in Deutschland. Zudem sah sich die Berliner Akademie der Künste mit Max Liebermann an der Spitze um ihre Rolle als Erstansprechpartnerin in derartigen Angelegenheiten gebracht. Von anderer Seite schien ebenfalls Widerstand zu drohen. So wollte Spiro, unter Verweis auf Signac als Quelle, von Intrigen des Kunsthändlers Flechtheim gegen die Seces-

Mady Christians im Lustspiel „Frau ohne Kuß“

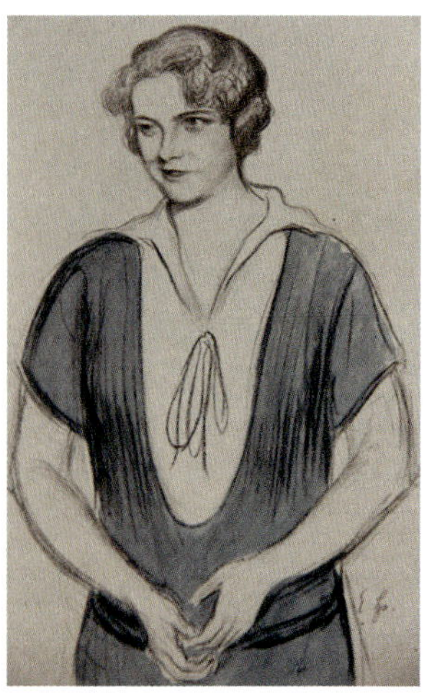

Mimi Vesely als Helena in O. Nedbals „Polenblut“

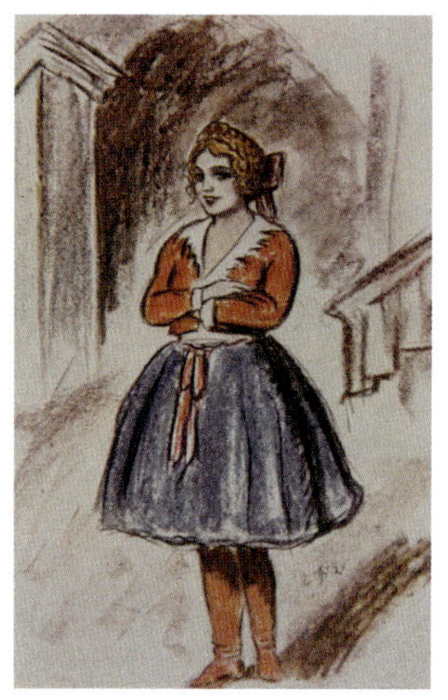

sion erfahren haben. Alfred Flechtheim, auch als Publizist und Verleger tätig, gehörte zu den einflussreichen Protagonisten der Kunst- und Kulturszene in der Weimarer Republik. Im Vorstand der Secession schrillten die Alarmglocken, sodass im Mai beschlossen wurde, das Projekt erst 1926 wieder aufzunehmen und zunächst die französischen Künstler für das Frühjahr einzuladen, ehe im Herbst der Gegeneinladung nachgekommen werden sollte. Ein Vorgehen, das gleichfalls fallen gelassen wurde, nachdem sich Oberregierungsrat Wilhelm Waetzoldt vom Kultusministerium persönlich an Spiro gewandt und empfohlen hatte: „Bei der augenblicklichen politischen Lage […] die Ausstellungspläne der Sezession nicht in unmittelbaren Zusammenhang mit einer Einladung französischer Künstler nach Berlin zu bringen."[15]

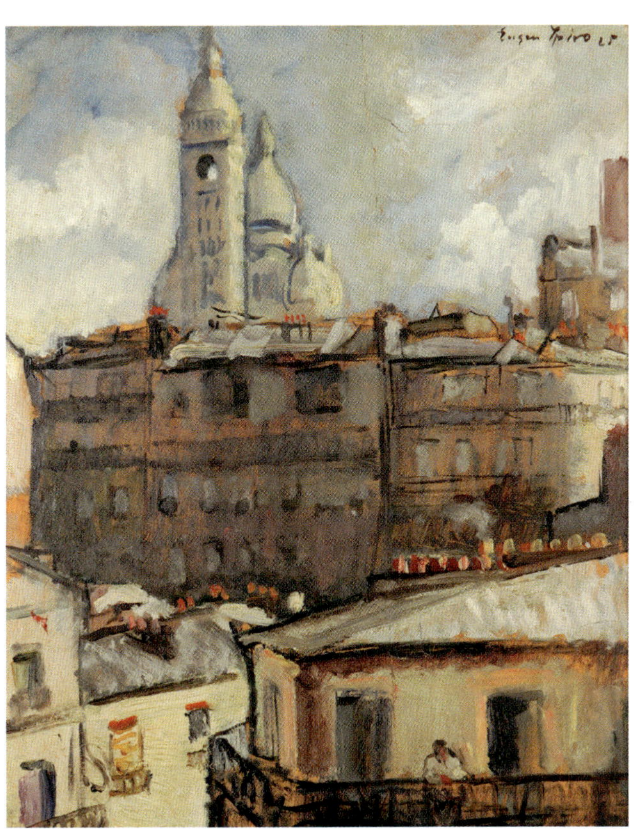

Montmartre, 1925

Der Sommer blieb – wie schon Tradition bei den Spiros – dem Reisen vorbehalten. Ziele waren diesmal Norditalien und die französische Atlantikküste. Am Lago Maggiore, wo das Ehepaar mit ihrem Sohn auf der Isola dei Pescatori weilte, erreichte sie die um zwei Tage verspätete Nachricht von Lovis Corinths Tod. Am 20. Juli schrieb Spiro an die Berliner Secession: „Gestern Spätnachmittag erhielt ich durch Leo v. König die entsetzliche Nachricht des Unglücks, das uns alle betroffen. Meine Erschütterung ist umso größer, als ich besonders darunter leide, gegenwärtig Ihnen nicht zur Trauerfeierlichkeit zur Seite stehen zu können. Auf Schiff und Fernbahnen angewiesen würde ich kaum vor Dienstag im Laufe des Tages eintreffen, eine strapatiöse Reise, die ich, da ich gegenwärtig sehr erkältet bin, kaum ertragen könnte. Aber dessen ungeachtet, könnte ich Ihnen leider keine Hilfe mehr sein. Denn Sie müssen ja inzwischen selbst alles getan haben, um unserm Meister in großartiger Weise die letzte Ehre zu erweisen. – Ich kann das alles noch nicht fassen, habe ich doch immer zuversichtlich geglaubt, er wird unser neues Haus erleben und wir werden dort des Meisters 70. Geburtstag feiern können. Liebe Collegen, es wird Ihnen sicherlich ebenso klar sein wie mir, daß dieser grausame Tod der schwerste Schlag für die Sezession bedeutet, der sie treffen konnte. Und trotzdem müssen wir zusammenhalten; und wenn wir etwas ruhiger geworden sind, werden wir den Weg finden die Sezession zu erhalten und zu weiterer Bedeutung zu führen zur Ehre unseres Meisters Corinth."[16]

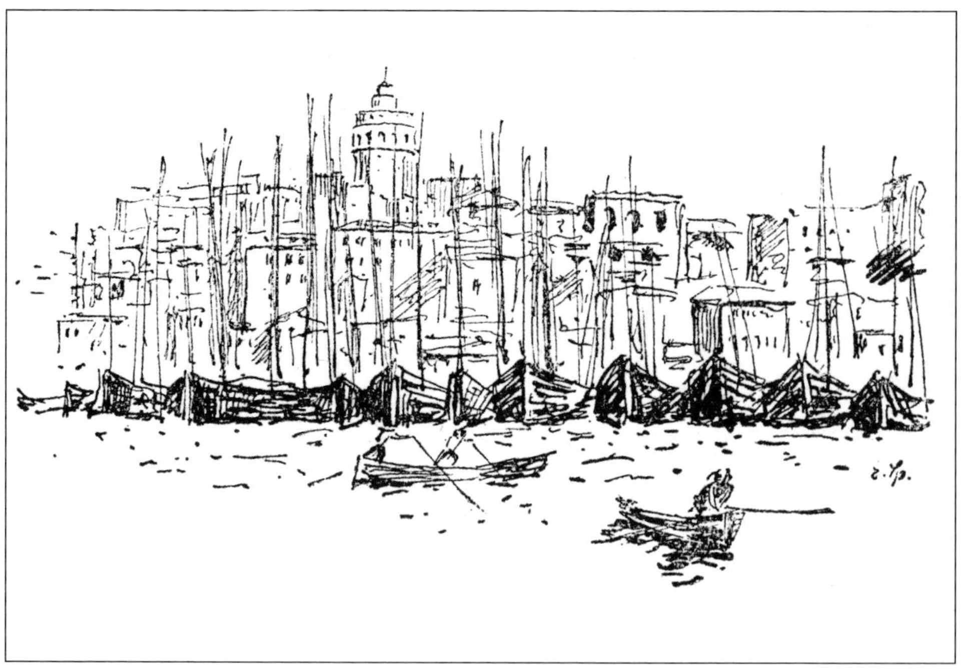

Konstantinopel (Frauen aus der Stadt der Minarette)

Auffällig ist, dass Spiro neben der Bekundung seiner Trauer und seines Bedauerns, der Secession momentan nicht zur Verfügung zu stehen, sichtlich darum bemüht war, Zuversicht zu verbreiten. Den Mitgliedern sollte wohl nicht allein die Sorge um den Fortbestand der Künstlervereinigung genommen, sondern – in seiner Person – auch der neue Hoffnungsträger empfohlen werden. Mit Rücksicht auf die herausragende Bedeutung Corinths entschied die Secession jedoch, dem Antrag Charlotte Berends folgend, das Präsidentenamt nicht mehr zu besetzen. Anstelle dessen wurde eine Doppelspitze berufen, zu der Spiro in der Tat gehörte, mit Charlotte Berend aber erstmals auch eine Frau. Eine strikte Aufgabentrennung gab es nicht, doch während er „vor allem die organisatorischen und konzeptionell-künstlerischen Aufgaben wahrnahm, die [...] auf seinen guten und zahlreichen gesellschaftlichen Kontakten beruhten, kümmerte sich Charlotte Berend bevorzugt um Fragen der Geldbeschaffung für das Projekt eines neuen Ausstellungshauses, die Beziehungen zu in- und ausländischen Partnern sowie den gesamten Bereich der gesellschaftlichen Aktivitäten".[17]

Die Nachricht vom Tod Corinths scheint Spiro in den Sommerferien wie der sprichwörtliche Blitz aus heiterem Himmel getroffen und tief erschüttert zu haben. Ans Arbeiten dürfte er zeitweilig kaum gedacht haben. Verglichen mit dem Vorjahr nahm sich die künstlerische Ausbeute der Sommerreise denn auch eher mager aus, keine Zeichnungen, nur drei Landschaften in Öl: „Italienische Landschaft", „Am Lago Maggiore" und „Atlantikküste" sowie vier Ansichten von Bauten bzw. Straßen: „Kirche mit Bogengängen", „Isola dei Pescatori", „Cassis" und „Montmartre, Sacré Coeur". Das Jahrespensum war mit

17 Gemälden aber beachtlich, darunter die Familienbildnisse „Mutter und Sohn“ und „Peter Spiro, malend“. Auftragsarbeiten dürften „Herrenportrait“, „Damenbildnis“, „Mädchenbildnis“ und das „Portrait Arthur Netter“ (ein Eisen-Industrieller) gewesen sein.[18] Auch Zeichnungen waren vertreten mit „Frauenkopf im Profil nach links“, „Herrenprofil nach rechts“, „Minister Becker“ (es handelte sich um den Preußischen Kultusminister Carl Heinrich Becker), und den Illustrationen zu „Frauen aus der Stadt der Minarette“.[19] Das erotische Buch kam 1926 im Wegweiser Verlag Berlin und der ihm angeschlossenen Buchgemeinschaft „Volksverband der Bücherfreunde“ heraus. Es stellte Spiro erstmals einem breiten Lesepublikum als Illustrator vor.

Nicht unerwähnt bleiben dürfen dessen Ausflüge in eine ihm bis dahin unbekannte Branche. Dem mondänen Leben zahlungskräftiger Gesellschaftsschichten in den 1920er Jahren Rechnung tragend, wandten sich Unternehmen nicht mehr nur an Gebrauchsgrafiker, sondern vermehrt an namhafte Künstler, um Bilder für die Werbung bei ihnen zu bestellen. Lukrative Aufträge, die begehrt waren. Für die Sekt-Marke „Henkell Trocken“ entwarf Spiro 1925 sein erstes Plakat. Aufträge von Siemens & Halske für den „Protos-Staubsauger“ und der Berliner Zigarettenfabrik Manoli folgten. Obwohl die Arbeiten eine Randnotiz in seinem Werk darstellen, zeigen sie doch, wie viel Aufmerksamkeit seine Person inzwischen erfuhr, sodass auch Wirtschaftsetagen sich für ihn interessierten.

1 Vgl. Matelowski, Anke: Die Berliner Secession 1899–1937. Chronik, Kontext, Schicksal, Wädenswil am Zürichsee 2017, S. 145
2 Geschichte in Daten Berlin. Ingo Materna/Wolfgang Ribbe in Verbindung mit Rosemarie Baudisch/Bärbel Holtz/Gaby Huch/Heinz Seyer, Berlin 1997, S. 177
3 Abercron, Wilko von: Eugen Spiro 1874 Breslau–1972 New York. Spiegel seines Jahrhunderts, Alsbach 1990, S. 161ff.
4 Ebd., S. 161f.
5 Der Cicerone: Halbmonatsschrift für Künstler, Kunstschaffende und Sammler. Herausgegeben von Prof. Dr. Georg Biermann, XVI. Jahrgang 1924, S. 49
6 Klein-Diepold, Rudolf: Eugen Spiro. In: Westermann Monatshefte, Bd. 137, II; Heft 822, S. 575
7 Zitiert in: Matelowski, S. 136f.
8 Ebd., S. 137
9 Vgl. Geschichte Berlins. Zweiter Band. Von der Märzrevolution bis zur Gegenwart. Mit Beiträgen von Günter Richter, Michael Erbe, Henning Köhler, Christian Engeli und Wolfgang Ribbe. Herausgegeben von Wolfgang Ribbe, 2. durchgesehene Auflage, München 1988, S. 844
10 Spiro, Peter: Nur uns gibt es nicht wieder, Hürth bei Köln 2010, S. 30
11 Abercron, S. 163f., 251f. und 265ff.
12 Velhagen und Klasings Monatshefte, 1. Band, zwischen S. 48 und 49
13 Abercron, S. 164
14 Velhagen und Klasings Monatshefte, 1. Bd., S. 217–224
15 Akademie der Künste Berlin, BArch N 2291/1 Bl. 109, Schreiben vom 16. Juni 1925 an „Herrn Eugen Spiro z.Z. Schierke, Harz. Sanatorium“
16 Matelowski, S. 149f.
17 Ebd., S. 178
18 Abercron, S. 165f.
19 Ebd., S. 267

Malerfreundschaften

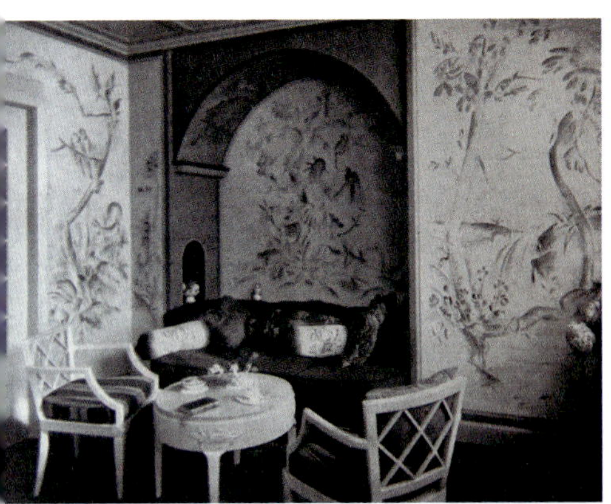
Wandmalereien von Josef Bató

Trotz umfänglicher gesellschaftlicher Kontakte und mannigfacher Bekanntschaften mit Musikern und Literaten unterhielt Eugen Spiro nur wenige freundschaftliche Beziehungen zu Kollegen aus der eigenen Zunft. Zu ihnen gehörte der Maler Josef Bató, der einer der beiden Trauzeugen bei seiner Wiederverheiratung 1922 mit Elisabeth Saenger-Sethe war.[1]

Josef Bató (1888–1966), gebürtiger Ungar jüdischer Herkunft, hatte die Kunstgewerbeschule in seiner Heimatstadt Budapest und die Malerschule im siebenbürgischen Nagybánya (heute Baia Mare) besucht, ehe er Unterricht an der Ecole des Arts et Métiers in Paris bei Georges Desvallièrs und Henri Matisse nahm. Nach Budapest zurückgekehrt, studierte er an der Akademie der Schönen Künste und kam nach dem Studienabschluss 1912 in die deutsche Hauptstadt. Schon im Folgejahr beteiligte er sich mit dem Gemälde „Heiliger" an der 26. Ausstellung der Berliner Secession.[2] Jener Schau, bei der Spiros Porträt von Julius Meier-Graefe abgewiesen worden war. Im Ersten Weltkrieg auf Seiten Österreich-Ungarns kämpfend, wurde Bató an der russischen Front verwundet. Im Hospital habe er, so Peter Spiro, ein Verhältnis mit einer schon verheirateten Krankenschwester begonnen, die er später heiratete und deren Kinder, Magda und Janko, er adoptierte.[3] Nach seiner Genesung ins Kriegspressequartier versetzt, dokumentierte er zeichnerisch die Kriegsgeschehnisse. Zeugnis davon legt seine 1916 in Wien erschienene Mappe mit 23 Originalradierungen „Im Krieg gegen Rußland 1914/15" ab. Wohl ebenfalls im Auftrag der Propagandaabteilung entstand 1917 sein Ölporträt des hochrangigen Offiziers Heinrich Pongracz de Szent-Miklos et Ovar, das heute im Besitz des Heeresgeschichtlichen Museums Wien ist. Unter dem Eindruck der verheerenden und sinnlosen Schlachten setzte er sich allerdings zunehmend kritisch mit dem Krieg auseinander und veröffentlichte Zeichnungen in Paul Cassirers Antikriegszeitschrift „Der Bildermann". Nach Ende des Krieges kam er wieder nach Berlin und mietete eine Atelierwohnung am Kurfürstendamm 76 in Halensee.[4] Das Haus, durch einen Nachfolgebau ersetzt, befand sich nahe dem Lehniner Platz, keine zweihundert Meter vom Domizil der Spiros in der Küstriner Straße entfernt. In den Folgejahren avancierte er zu einem der vielbeschäftigten Künstler, der als Landschaftsmaler, Porträtist und Zeichner sowie als Werbegrafiker und Bühnenbildner hervortrat. Außerdem schuf er Wandbilder für Villen und öffentliche Gebäude wie das Rathaus Steglitz oder das KaDeWe. Mitte der 1920er

Jahre wurde er Lehrer an den Studienateliers für Malerei und Plastik und Mitglied der Berliner Secession, die ihn 1926 in ihre Jury berief.[5]

Ható, von Postimpressionismus und Expressionismus beeinflusst, fand in seiner Malerei zu einem neuen Klassizismus, der sich den zeitgenössischen Strömungen weitgehend entzog. Ähnlich Spiro, der später in seiner „Selbstbetrachtung" bekannte, dass ihn die als Gegenwartskunst proklamierten diversen „Ismen" und Trends unberührt gelassen hätten.[6] Damit nahmen beide auf ihre Weise eine Außenseiterrolle ein, die ihre Freundschaft zusätzlich bestärkt haben dürfte. In der NS-Zeit rückten sie noch enger zusammen. Durch das Berufsverbot aller Einnahmequellen außerhalb des jüdischen Gemeinwesens beraubt, halfen sich beide, so gut sie konnten. Spiro war es gelungen, einen kleinen Kreis von privaten, zumeist jüdischen Malschülerinnen und -schülern aufzubauen. Konnte er selbst den Unterricht nicht abhalten, vertrat ihn Bató. In Spiros Nachlass hat sich ein Brief des Freundes vom 6. Oktober 1934 erhalten:

> „Mein theurer Eugen,
> Elisabeth hat mir heute 100.- Mark gepumpt, auf diese Weise kann ich mir eine 25 Pf. Marke leisten und Dir schreiben! Zunächst: ich freue mich unendlich, dass [sich] für Dich offenbar (toi, toi, toi) eine Glückssträhne herausgebildet hat und hoffe, dass sie nicht so bald abreißt. Mir geht es, Gott sei Dank, auch ganz ausgezeichnet, in Dänemark hatte ich eine herrliche Zeit, habe viel und anständig gearbeitet, und Elisabeth hat für meine Aquarelle den Durchschnittspreis von M. 250.- festgelegt. Leider hat sie es versäumt, die Adressen der Abnehmer mir mitzuteilen. Daher die Riesenpleite, daher der Pump; aber 20 Aquarelle á 250.- = M. 5.000. – Das stimmt doch??
>
> Nun Deine Schule. Bis jetzt hat Herr Notmann einen hübschen Stilleben gemalt (wieder Deine Palette), – Herr Mohr zeichnete es 1 Tag. Fräulein Mendelssohn zeichnete (schlecht) einen Gips. Einen Vormittag malte ich mit N.u.M. in Wannsee Landschaft. Herr N. ganz gut, Frl. Mendelssohn ganz schlecht, worauf sie [sich] heute auch krank gemeldet hat. An ihrer Stelle erschien heute, – zum erstenmal, Frau Frankenstein, sie machte eine amüsante Skizze von Herrn N. Mittwoch malen wir Akt, mit einer neuen Schülerin, Fr. Magrit Hanauer, die sich heute gemeldet hat. Gezahlt hat bis jetzt Herr N. RM 25.- welchen Betrag ich mit Deiner nachträglichen Einwilligung promptissimo verjüxt habe – danke!!!
>
> Ansonsten bin ich hauptsächlich damit beschäftigt, dass ich mit den Juden mich wahnsinnig ärgere. Nach Erscheinen des ruhmreichen „Künstlerhilfe"-Kalenders, will jetzt das Gemeindeblatt ein Bild von mir bringen, – wieder ohne Honorar. Gestern erschien bei mir Frau Lisbeth Cassirer und teilte mir [mit] Freuden mit, dass für den Atelierbesuch am 14. Oktober bei mir sich bereits 20 Personen gemeldet haben und dass Osborn den Eintrittspreis von 50.- Pf. auf 30 Pf. herabgesenkt hat (aber mich hat niemand gefragt!). Mit anderen Worten für sage und schreibe 6.- Mark soll ich mein Atelier auf den Kopf stellen und die miesen Leute zu mir hereinlassen!!! Ich habe daraufhin auf diese ‚Honorierung' oder ‚Hilfe' großmütig verzichtet in der Hoffnung,

dass wir nach Deiner Rückkehr dieser ganzen lächerlichen Gesellschaft endlich mal *unseren* Standpunkt ein für allemal klar machen.

Ja, mein Theurer, so sieht hier das Leben aus, während Du unter Palmen wandelst und nach meiner Auffassung *das* bescheidene Leben lebst, welches Dir rechtswegen zukommt. – Sari geht es nicht besonders gut, sie muss heute wieder einmal zu ihrem Ohrenarzt, wobei die Situation selbst mit gesunden Ohren nicht so leicht zu tragen ist. Magda schreibt uns auch meistens unglückliche und sehnsuchtsvolle Briefe. Darum, oh Eugen, geniesse Deine Jugend und das schöne Leben, ausserdem sei sehr herzlich umarmt von Deinem dankbaren

Jóska"[7]

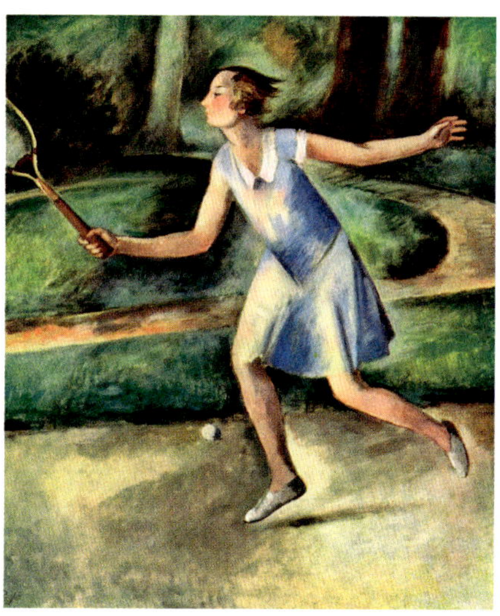

Josef Bató, Tennisspielerin

Der muntere Tonfall des Briefes kann nicht verbergen, in welcher existentiellen Notlage sich Bató und die meisten jüdischen Künstler befanden. Mit der ungarischen Schriftstellerin Sári Ferenczi war er in zweiter Ehe verheiratet. Beide trennten sich 1936. Er emigrierte nach England, sie kehrte nach Budapest zurück. Mangels Aufträgen als Maler arbeitete Bató in London als Bühnenbildner und schließlich als Szenenbildner für den Film (u.a. „Der dritte Mann"). Erst im Alter wandte er sich wieder der Malerei zu.

Zu Spiros Freunden aus dem Kollegenkreis zählte ferner Franz Heckendorf (1888–1962), der seit 1915 der Berliner Secession als ordentliches Mitglied angehörte und 1916 für zwei Jahre in den Vorstand gewählt worden war. Auf ihn dürfte 1923 die Anregung für die Reise nach Dalmatien zurückgegangen sein, die Spiro, Bató und er in Begleitung der Ehefrauen unternahmen.

In Berlin-Schöneberg als Sohn eines Architekten geboren, verlor Franz Heckendorf – noch keine sechs Jahre alt – den Vater. Seine Mutter, die nach dem Tod ihres Mannes nicht wieder heiratete, eröffnete ein Fleischwarengeschäft, das sie aber bald aufgab. In den Adressbüchern wird ab 1897 nur noch ihr Familienstand als Witwe ohne Angabe einer beruflichen Tätigkeit vermerkt.[8] Ihre wirtschaftliche Situation als Alleinerziehende von drei Kindern (Franz war das zweitälteste) dürfte, trotz Untervermietung der Wohnung, bescheiden gewesen sein. Wohl auch deshalb trat Heckendorf, der sich früh zur Kunst berufen fühlte, erst einmal eine Lehre als Dekorationsmaler an und bereitete sich nebenher auf ein Studium vor. In seiner Selbstbiografie von 1919 heißt es: „Mit achtzehn Jahren bezog ich die Berliner Kunstakademie. Wenn ich auch zugeben will, daß ich mich während der vier Semester, die ich dort studierte, in der Beherrschung des Handwerks vervollkommnet habe, so konnten mir doch meine Lehrer durchaus nicht mehr als das technische Rüstzeug vermitteln. Mit gutem Gewissen kann ich sagen, daß ich während meiner ganzen Studienzeit von ihnen niemals eine bemerkenswerte Anregung empfunden habe, die meine Phantasie entzündete oder meine Schaffensfreude steigerte."[9] Dennoch stellte er schon 1909 – mit 21 Jahren als jüngster Maler – erstmals in der Berliner Secession aus, belegte danach aber noch Kurse in der Malschule von Lovis Corinth. Prägend sollte allerdings die Begegnung mit den Landschaften des Balkans und des Orients werden, wo er im Ersten Weltkrieg als Flieger stationiert war. Ein Wunderland, wie er bekannte, „von dessen unerhörter Lichtfülle und märchenhaftem Farbenreichtum meine Phantasie schon längst geträumt hatte."[10] Der Durchbruch gelang ihm 1917 mit einer Personalausstellung im Graphischen Kabinett der Charlottenburger Kunsthandlung J. B. Neumann, in der er hauptsächlich Pastelle, Zeichnungen und Lithografien mit Porträts und Landschaften zeigte, die während und nach seiner Stationierung auf dem Balkan und am Bosporus entstanden waren. Die Kestner Gesellschaft Hannover schloss sich 1918 mit einer Werkschau an, die den Schwerpunkt auf die Malerei des 30-Jährigen legte. Und im Jahr darauf erschien als Band 6 in der von dem Kunsthistoriker Georg Biermann editierten Reihe „Junge Kunst" eine ihm gewidmete Publikation. Reichsfinanzminister Matthias Erzberger und Außenminister Walter Rathenau gehörten zu den Prominenten, die Bilder von ihm erwarben. Alsbald zu einem der erfolgreichsten Maler der jüngeren Generation avanciert, heiratete Heckendorf 1921 die Arzttochter Eva Schillbach. Kennen gelernt hatten sie sich während des Krieges in einem Berliner Lazarett, wo sie als Hilfsschwester eingesetzt war und er wegen Malaria und nervlicher Probleme infolge eines überstandenen Flugzeugabsturzes behandelt wurde.[11] Die Wilmersdorfer Neckarstraße 2 (heute Eberbacher Straße), in der er seit 1918, mit Unterbrechung, eine Wohnung gemietet hatte, wurde das gemeinsame Domizil.[12] Hier kam beider einziges Kind, Sohn Günther, zur Welt.

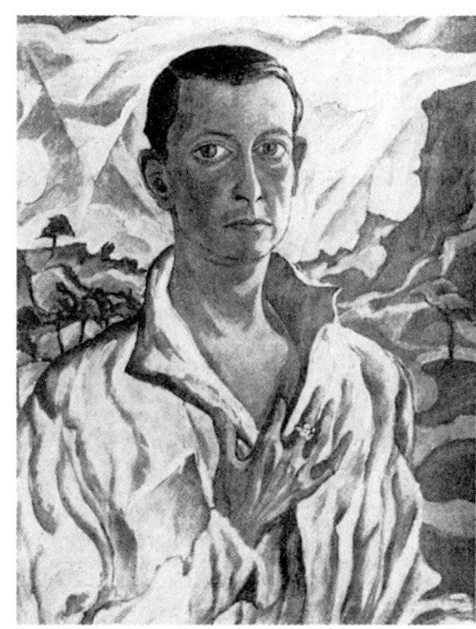

Franz Heckendorf, Selbstbildnis

In der Spätphase der Weimarer Republik begann Heckendorfs Stern zu sinken. Zwar feierte er 1929 nochmals Erfolge mit Arbeiten, die in der Frühjahrsausstellung der Deutschen Kunstgemeinschaft sowie in deren Sonderausstellung zum Tod von Außenminister Gustav Stresemann gezeigt wurden, zwar erwarb das Reichsinnenministerium das Gemälde „Verfassungsfeier vor dem Reichstag", doch angesichts neuer Richtungen in der Malerei war sein expressiver Realismus kaum noch gefragt. Die Verkaufszahlen seiner Bilder gingen zurück. Seine Freigiebigkeit, seine selbstlose Hilfsbereitschaft gegenüber in Not geratenen Kollegen und Freunden, vor allem aber sein extravaganter Lebensstil und seine Leidenschaft für schnelle Autos brachten ihn mehr und mehr in finanzielle Bedrängnis. Schulden häuften sich an, Alkoholprobleme traten hinzu, bereits 1928 war seine Ehe zerbrochen. Den vorläufigen Tiefpunkt seines bewegten Lebens markierte ein Prozess um einen Kunstdiebstahl. Aus dem Garten der Villa des Bankiers und Kunstsammlers Otto Jeidel war eine Kolbe-Skulptur entwendet worden. Wie die Polizei bald herausfand, hatte Heckendorf seinen jüngeren Bruder dazu angestiftet. Spiro, mit Jeidel befreundet, der auch Arbeiten von ihm besaß, wurde dadurch in eine höchst unangenehme Lage gebracht. Er legte Heckendorf einerseits den Austritt aus der Secession nahe, um Schaden von der

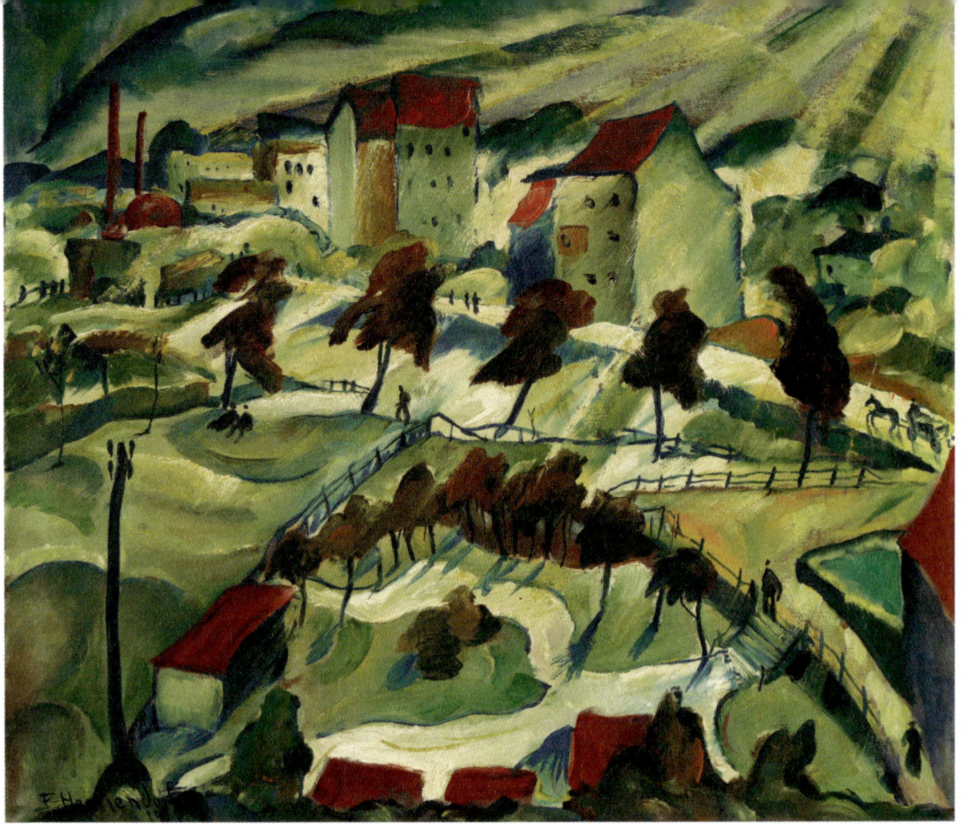

Franz Heckendorf, Vorstadt, 1923

Künstlervereinigung abzuhalten, trat aber andererseits als Fürsprecher für ihn vor Gericht auf, sodass dieser mit einer Bewährungsstrafe davonkam.

In den ersten Jahren der NS-Herrschaft geduldet, wurden Heckendorfs Arbeiten später als „entartet" gebrandmarkt und aus öffentlichen Sammlungen entfernt. Wegen „politischer Unzuverlässigkeit" erfolgte 1940 überdies sein Ausschluss aus der Reichskammer der Bildenden Künste, womit ihm jede berufliche Tätigkeit als Künstler untersagt war. Seinen Lebensunterhalt bestritt er mit einem Antiquitätengeschäft, in dem er heimlich auch eigene Bilder verkaufte. Nachdem er erstmals für einen langjährigen jüdischen Freund seiner Familie und dessen Frau Pässe gefälscht und zur Flucht aus Deutschland verholfen hatte, stellte er derartige Falsifikate, teils gegen Honorar, für ein Dutzend weiterer Berliner Juden her. Die Gestapo kam ihm 1943 auf die Spur. Von einem Sondergericht zu zehn Jahren Zuchthaus verurteilt, begann für ihn ein Leidensweg durch mehrere Strafanstalten, bis er zuletzt ins Konzentrationslager Mauthausen überstellt wurde.[13]

Nach der Befreiung des Konzentrationslagers durch die US-Armee ging Heckendorf zunächst nach Wien, dann nach Linz, wo seine Lebensgefährtin Hilda Kosmack mittlerweile lebte. Danach schlug er seine Zelte in München auf und unternahm von hier aus auch wieder Reisen durch Europa, die er in Bildern verarbeitete. An frühere Erfolge anzuknüpfen, gelang ihm jedoch nicht mehr.

Anders als die deutlich jüngeren Freunde Bató und Heckendorf gehörte Leo von König (1871–1944) der Generation Spiros an. Seit 1901 ordentliches Mitglied der Berliner Secession, wurde er 1910 in deren Vorstand gewählt.[14] Nach dem Auseinanderbrechen der Künstlervereinigung verblieb er in der „Rumpf-Secession“ und unterstützte hier immer wieder Spiros Reformbestrebungen.

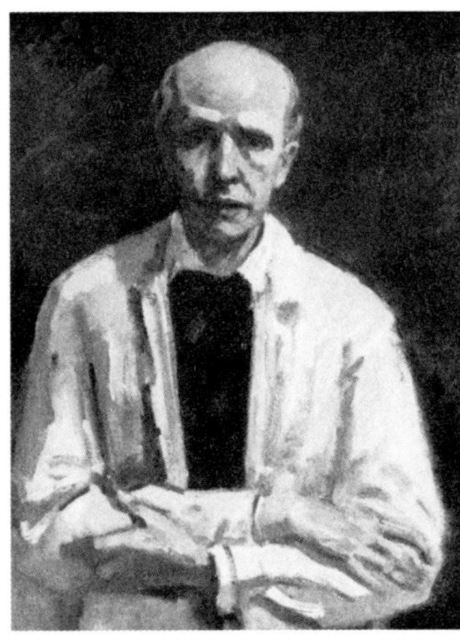

Leo von König, Selbstbildnis, 1940

Leo von König stammte aus Braunschweig. Der Vater, ein späterer General, und die Mutter standen den künstlerischen Ambitionen ihres Sohnes aufgeschlossen gegenüber. Der Maler Franz Lippisch, bei dem er sich auf ein Studium an der Berliner Akademie der Künste vorbereitete, erinnert sich: „Eines Morgens, es war, glaube ich, im Herbst 1887, erhielt ich den Besuch eines höheren Offiziers mit seinem ungefähr 17jährigen Sohn. Der Vater wollte von mir erfahren, ob es opportun sei, erst das Abiturium zu machen, ehe sein Sohn Maler werden solle.

Das erschien mir, da er bereits bis zur Prima gekommen, für seine Künstlerlaufbahn nicht notwendig; ja wichtiger, erst mal feststellen zu können, ob der junge Mann überhaupt genügend Talent habe für den Beruf eines Künstlers. Beide schienen durch diese meine Antwort sichtlich erleichtert und nun wünschte Herr von König, der Vater, daß ich das feststellen und sein Sohn sogleich in meine Schule eintreten sollte. Auch der Sohn war glaube ich froh, endlich von der Penne erlöst zu sein.

Daß dieser talentiert war, sah ich bereits aus seinen mitgebrachten Arbeiten und es wurde ihm auch während der ersten Wochen in meinem Atelier leicht, das zu bestätigen. Da damals in meiner Zeichenschule mehrere recht talentvolle Leute sich befanden, so kam Leo von König in ein Milieu, das einen Anfänger zum besten Wetteifer anregen mußte.“[15]

Nach den Berliner Akademiejahren setzte er 1894 sein Studium an der Académie Julian in Paris fort. Das private Kunstinstitut, das auch Frauen offen stand, war 1868 von dem Maler Rodolphe Julian gegründet worden und besaß internationale Ausstrahlung. Die Reihe deutscher Künstlerinnen und Künstler, die hier nacheinander studierten, reicht von Lovis Corinth, Max Slevogt und Sabine Lepsius über Ernst Barlach, Georg Kolbe und Emil Nolde bis hin zu Käthe Kollwitz und Ludwig Meidner. Ab 1900 lebte und wirkte von König in Berlin, wo er mit seinen vom französischen Impressionismus inspirierten sowie an Rembrandt und El Greco geschulten Bildnissen zusehends Erfolg hatte. Daneben arbeitete er an der Unterrichtsanstalt des Kunstgewerbemuseums. In der Kantstraße 9 eröffnete er 1913 eine eigene Malschule,[16] die ein Jahrzehnt bestand. Gemeinsam mit den Ehefrauen planten er, Spiro und Rudolf Grossmann im April 1924 eine Kreuzfahrt, die von Bremen über die spanischen Hafenstädte La Coruna und Vilagarcía, über Lissabon und Madeira bis nach Rio de Janeiro, Montevideo und Buenos Aires führen sollte. Weiterhin vorgesehen waren die Maler Ernst Oppler und Robert Friedrich Karl Scholtz.[17] Vermutlich zerschlug sich das Vorhaben, denn einen künstlerischen Niederschlag fand es in Spiros Werk nicht. Im Wintersemester 1924/25 lehrte von König an den Studienateliers für Malerei und Plastik. Kursteilnehmer zahlten monatlich 50.- Mark.[18] Ohne Nebentätigkeit ging es wohl kaum, zumal bei Porträtisten, denen die sich rasant entwickelnde Fotografie allmählich das Wasser abgrub. Nach der Reichspräsidentenwahl 1925 erhielt er den Zuschlag, den neuen Reichspräsidenten Paul von Hindenburg zu malen. Das zwei Jahre später fertiggestellte Bildnis blieb sein einziger offizieller Auftrag. Nicht zuletzt deshalb unternahm er immer wieder Ausflüge in die Landschaftsmalerei. Von 1927 datieren die Gemälde „Weg zum Kirchhof in Rapallo" und „Haus am Monte Allegro".[19]

Wie andere nichtjüdische Künstler, die sich trotz Machtergreifung der Nationalsozialisten noch eine Zukunft in Deutschland erhofften, trat er der gleichgeschalteten Berliner Secession bei und wurde 1934 deren 1. Vorsitzender.[20] Dass er durchaus Gönner unter den Mächtigen hatte, belegt sein 1935 entstandenes Bildnis „Reichsminister Dr. Josef Goebbels" wie auch das Doppelporträt von dessen Töchtern Helga und Hilde.[21] Hitler dagegen lehnte von Königs Bilder ab und ließ sie 1937 aus der Großen Deutschen Kunstausstellung in München entfernen. Ein Arbeitsverbot erfolgte nicht, doch war seine Kunst seitdem zu einem Nischendasein verurteilt. Dass er in diesen Jahren einige seiner bedeutendsten Porträts schuf – von Gerhart Hauptmann (1937) über Ernst Barlach (1938) bis zu Käthe Kollwitz (1941) – entbehrt nicht der Tragik. Der Schriftsteller Jochen Klepper notierte 1940 im Tagebuch: „Der heute gefeiertste Künstler ist der Bildhauer Arno Breker [...] Ein Leo von König aber steht heute völlig abseits und im Hintergrund".[22] Immerhin durfte 1941 eine Festschrift zum siebzigsten Geburtstag des Jubilars erscheinen mit Beiträgen von Freunden und Weggefährten wie dem Architekten Otto Firle, den Künstlern Konrad von Kardorff, Georg Kolbe oder Georg Marcks, den Schriftstellern Jochen Klepper, Reinhold Schneider oder Rudolf Alexander Schröder. Der Kunsthistoriker Fritz Nemitz schrieb über den Jubilar: „König hat nie eine ‚Richtung' mitgemacht und ist nie einer Doktrin gefolgt. Er hat, als geborener Maler, immer vom Objekt das Gesetz empfangen. Sachlichkeit und Ehrfurcht führen seine Hand. Er hat von den Meistern gelernt, und seine Kunst ist auf einem breiten Komplex aufgebaut, der die Generationen verbindet. Wahr und maßvoll zu sein, gebot ihm seine Natur. Ausdauer, Diszipliniertheit, zarte Unerbittlichkeit, das meiste aus sich herausholen, immer höher kommen – diese Eigenschaften zeichnen ihn aus."[23] Nachdem zwei Jahre später seine letzte Berliner Wohnung samt Atelier in der Fraunhofer Straße 25–27 bei einem Bombenangriff zerstört wurde, übersiedelte er nach Tutzing in Oberbayern. Noch kurz vor seinem Tod brachte der Kanter-Verlag in Königsberg 1944 einen Band mit sechzig Bildern von ihm heraus. Leo von König war in erster Ehe mit der aus Marseille stammenden Malerin Mathilde Tardif verheiratet, deren Tochter Yvonne er adoptierte. Nach der Scheidung 1920 heiratete er Anna von Hansemann, mit der er zwei Töchter hatte. Die Ältere, Mechthild von König, heiratete den Chemiker Robert Purrmann, Sohn des Malers Hans Purrmann.

Mit diesem verband Spiro eine langjährige Freundschaft. Beide hatten in München bei Franz von Stuck studiert, waren einander in Paris im Kreis der Künstler des Café du Dôme begegnet und trafen sich im Ersten Weltkrieg in Berlin wieder.

Leo von König, Käthe Kollwitz →

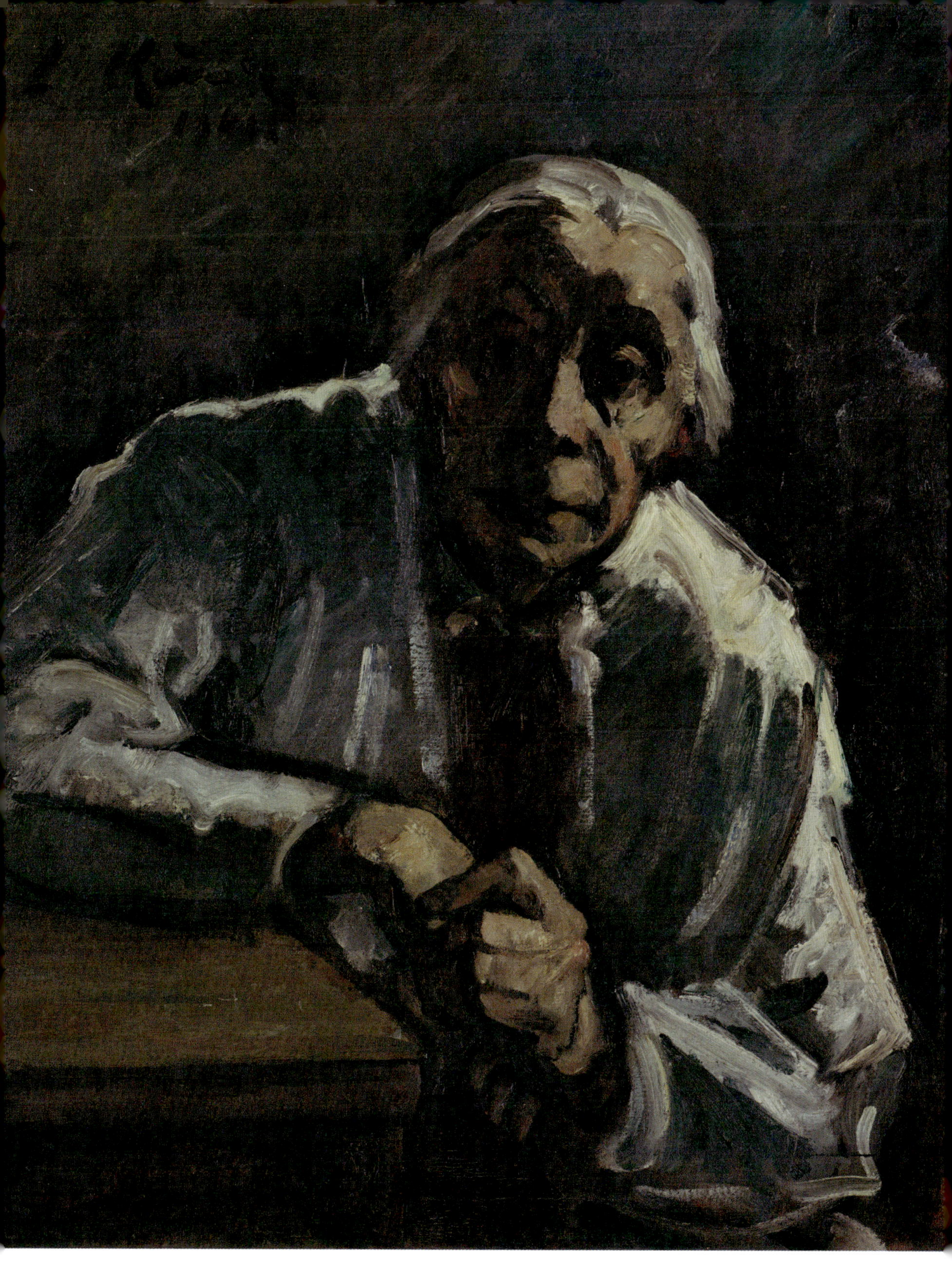

In Speyer geboren und aufgewachsen, besuchte Hans Marsilius Purrmann (1880–1966) nach eigenen Angaben „nur bis zum dreizehnten Lebensjahre die Schule, um dann die Lehrzeit in der Werkstatt meines Vaters, in welcher dieser mit vielem handwerklichem Können das Maler- und Tünchergewerbe ausübte, anzutreten."[24] Mit fünfzehn Jahren kam er an die Kunstgewerbeschule in Karlsruhe und begann 1897 während des Wintersemesters (als die Arbeit im väterlichen Betrieb ruhte) an der Akademie der bildenden Künste in München zu studieren, wo er in die Zeichenklasse von Gabriel von Hackl und ab Herbst 1898 in die Malklasse Franz von Stucks eintrat. Da sein jüngerer Bruder gleichzeitig auf die Übernahme des väterlichen Geschäftes vorbereitet wurde und ihm den Rücken freihielt, konnte sich Purrmann in den folgenden Jahren mehr und mehr auf sein Studium und die künstlerische Tätigkeit konzentrieren.[25] Mit drei Bildern „Schiffbauhütte", „Herr, Zeitung lesend" und „Metzgerei" beteiligte er sich 1903 erstmals an einer Ausstellung der Münchener Secession[26] sowie 1906 mit „Weiblicher Akt", „Strasse mit Fahnen" und „Allee" an einer Ausstellung der Berliner Secession.[27] Noch während des Studiums zog es ihn im Winter 1904/05 nach Berlin, wo er bei dem mit ihm befreundeten Maler Gino von Finetti in Schöneberg unterkam, ehe er ein preiswertes „Wohnatelier" im Hansaviertel, Cuxhavener Straße 6, fand.[28] „Es lag", wie er schreibt, „zuoberst in einem schauderhaft hohen Hinterhaus, dessen Rückseite mit dem Atelierfenster gegen die Geleise der Stadtbahn lag, die Tag und Nacht alle drei Minuten in sausendem Getöse vorbeifuhr. Nebenher besuchte ich die Museen, zeichnete Abendakte bei Lewin-Funcke."[29] Obwohl ihn die Stadt mit ihrer Kunstszene begeisterte und trotz erster Erfolge übersiedelte er im November 1905 von München nicht nach Berlin, wo Paul Cassirer inzwischen sein Kunsthändler geworden war, sondern in die französische Hauptstadt. Angelockt von einer Ausstellung Édouard Manets im Herbstsalon, sollte Paris für fast ein Jahrzehnt seine künstlerische Wirkungsstätte werden. Hier lernte er Henri Matisse kennen, dessen Freundschaft er gewann und dem er wesentliche Anstöße für die eigene künstlerische Entwicklung verdankte. Umgekehrt ging auf ihn maßgeblich die Gründung der Académie Matisse zurück, in der er 1908 bis 1911 als Obmann für die Modelle und die Ordnung im Atelier zuständig war. Einen Lehrauftrag übernahm er dagegen nicht, trotz Angeboten zeitlebens nicht. Mit Energie widmete er sich jedoch der Aufgabe, Matisse in Deutschland bekannt zu machen. Beider Freundschaft überdauerte die Weltkriege. Die Pariser Zeit gab nicht zuletzt dem Privatleben Purrmanns eine Wendung, verliebte er sich doch hier in die aus Stuttgart gebürtige Malerin Mathilde Vollmoeller. Die Tochter eines wohlhabenden Textilfabrikanten, die ihr Atelier im gleichen Haus hatte wie er, studierte an der Académie Matisse. Im Januar 1912 heirateten beide. Ende des Jahres wurde Tochter Christina geboren, 1914 Sohn Robert. Vom Beginn des Ersten Weltkrieges in Beilstein bei Heilbronn, Sitz der Schwiegereltern, überrascht, verlor Purrmann in Paris sowohl Wohnung und Atelier als auch seine Kunstsammlung und einen Teil der eigenen Bilder. Von Beilstein zog er Anfang 1916 mit der Familie nach Berlin-Schmargendorf, damals ein Vorort, wo er sich in der Franzensbader Straße 3 niederließ und im September Tochter Regina zur Welt kam. Als eines der wenigen Häuser unter seinen Berliner Adressen hat es die Zeitläufte überdauert. Nach kurzzeitig genutzten Arbeitsräumen in der Marienbader Straße mietete er im gleichen Jahr ein Atelier in der Hundekehlestraße 29, das von seiner Wohnung bequem fußläufig zu erreichen war.[30] Aufgrund einer angeborenen Störung der Muskelfunktion, die lebenslang seine körperliche Beweglichkeit einschränkte, blieb er vom Militärdienst verschont.

Wann der neuerliche Kontakt zwischen ihm und Spiro entstand, ist nicht bekannt. Dass die 1918 nachgeholte Hochzeitsreise der Spiros an den Bodensee führte, könnte aber durchaus auf eine Empfehlung Purrmanns zurückgegangen sein, der die Bodensee-Gegend zu dieser Zeit offenbar schon kannte und ein Jahr später ein altes Fischerhaus in Langenargen erwarb.[31] Es wurde nach dem Umbau sein Wohn- und Arbeitsdomizil, das er in den Sommermonaten zu nutzen pflegte.

Verbürgt ist der Besuch Spiros mit Frau und Sohn im Sommer 1931. Peter Spiro berichtet: „Ein großes Vergnügen in diesen Ferien waren die Besuche im Hause des Malers Hans Purrmann [...] Frau Purrmann, geb. Vollmoeller, ursprünglich auch Malerin, war sehr gastfreundlich. Die Maler Purrmann und Spiro verstanden sich gut. Mit Sohn Robert, etwas älter als ich und damals auch Salem-Schüler, verband mich später eine engere Freundschaft, ich mochte ihn umso mehr, als er meine Kindheitsfreundin Mechthild von König geheiratet hatte. Ein wesentlicher Grund für wiederholte Besuche in Langenargen war die älteste hübsche Purrmann-Tochter Christine, von der mein Vater ein besonders schönes Porträt schuf".[32] Spiros Gemälde „Der Purrmannsche Garten in Langenargen" (Öl/Malpappe) entstand ebenfalls während des Aufenthaltes. Neben den Erfahrungen der Pariser Jahre, durch die sie künstlerisch geprägt worden waren, teilten beide die Vorliebe für die Freilichtmalerei und „eine tiefe Verbundenheit mit den Mittelmeerlandschaften".[33] Auch über maltechnische und handwerkliche Fragen werden sie sich ausgetauscht haben. Wie bei den anderen Malerfreundschaften Spiros stand aber wohl die Begegnung, der zwischenmenschliche Kontakt an erster Stelle. Mathilde Vollmoeller übrigens hatte zwar einige Jahre nach der Eheschließung die Malerei als Beruf aufgegeben, nicht jedoch das Malen selbst. Lange Zeit galt ein Großteil ihrer Arbeiten als verschollen. Erst im Nachlass der Tochter Regina wurden 1999 rund 350 Gemälde, Aquarelle und Zeichnungen wiederentdeckt.[34] Seither hat ihr eigenständiges Werk vielfach Beachtung und Würdigung erfahren.

Unter den Malerfreunden Spiros war Purrmann der, den er am längsten kannte. Dennoch scheint jahrelang nur eine lockere Verbindung bestanden zu haben. In seinen Erinnerungen an die Berliner Zeit erwähnt Peter Spiro weder etwas von einem Austausch beider Künstler noch von gemeinsamen Geselligkeiten der Familien. Die Mitgliedschaft in zwei widerstreitenden Künstlervereinigungen – Purrmann war nach der Spaltung der Berliner Secession 1914 der Freien Secession beigetreten –, mochte ebenso eine Rolle gespielt haben wie dessen Zugehörigkeit zum Umfeld Max Liebermanns und Paul Cassirers, der 1918 die erste Einzelausstellung des 38-Jährigen veranstaltete. Drei Jahre später veröffentlichte Karl Scheffler den Aufsatz „Hans Purrmann und der moderne Kolorismus", in dem er dem Maler bescheinigte, „etwas wie das Haupt einer unsichtbaren

Schule“ zu sein, „etwas wie ein Führer derer, die nach Liebermann, Trübner, Corinth und Slevogt gekommen sind.“[35] Das war, als eine breitere Anerkennung Spiros noch ausstand, der Ritterschlag. Scheffler, Redakteur der von ihm verantworteten und im Verlag Bruno Cassirer angesiedelten Monatsschrift „Kunst und Künstler“, zog ihn außerdem als Beiträger für sein Blatt hinzu, wo er sich auch als Essayist einen Namen machte. Ab 1923, vorangegangen war eine Schaffenskrise, verlegte Purrmann seinen Hauptwohnsitz nach Rom. Die Familie folgte ein Jahr später. Eine engere Verbindung zwischen Spiro und ihm dürfte sich deshalb erst nach der Rückkehr 1927 und dem vollzogenen Wiedereintritt in die Berliner Secession entwickelt haben.[36] Im folgenden Jahr richtete er sich ein neues Atelier am Lützowufer 13 ein, in dem auch die Galerie Alfred Flechtheim untergebracht war.[37] Den Blick aus dem Atelierfenster hielt er in zwei Gemälden mit dem Titel „Lützowufer“ fest, die zu seinen raren Berliner Stadtlandschaften gehören.

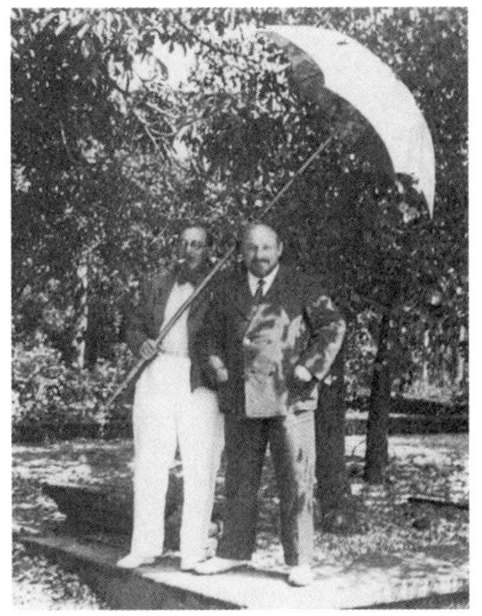

Lotte Eckener: Hans Purrmann und Eugen Spiro im Langenargener Garten, 1931

Sein letztes Berliner Atelier bezog Purmann 1933 in der Genthiner Straße 13, in das er aus Kostengründen wechselte.[38] Das Haus hat die Zeitläufte überdauert. Von der NS-Kulturpolitik alsbald ausgegrenzt, verkaufte er kaum noch Arbeiten. In dieser Situation trat er 1935 die bis dahin unbesetzte ehrenamtliche Leitung der Villa Romana in Florenz an. Es war die Gelegenheit, sich aus der Berliner Schusslinie zu nehmen. Ab 1937 wurden auch seine Werke als „entartet“ aus Museen und öffentlichen Sammlungen entfernt. Den Posten in Florenz behielt er ungeachtet dessen inne. Im Juli 1943 starb seine Frau, die er in Langenargen beisetzen ließ, wo auch er seine letzte Ruhe finden sollte. Unter dem Eindruck der Besetzung Italiens durch deutsche Truppen und des Vorrückens der Alliierten gelang ihm mit Hilfe von Freunden im Oktober die Flucht von Florenz in die Schweiz. In Montagnola, wo er sich niederließ, schloss er Freundschaft mit dem späteren Nobelpreisträger für Literatur Hermann Hesse. Nach dem Zweiten Weltkrieg gab es Versuche, ihn zur Rückkehr nach Deutschland zu bewegen. Obwohl ihm in seiner Geburtsstadt Speyer 1951 die Ehrenbürgerschaft verliehen und sein Schaffen in der Bundesrepublik mit einer Reihe von Ausstellungen gewürdigt wurde, kam Purrmann aber nur noch als Besucher in das Land zurück, das er einst verlassen hatte.

1 Landesamt für Bürger- und Ordnungsangelegenheiten, Register-Nr.: 170730, M 57 (Beglaubigte Abschrift aus dem Heiratsregister des Standesamts I Berlin-Charlottenburg, 21. April 1941)
2 Katalog der XXVI. Ausstellung der Berliner Secession, Berlin 1913, S. 37
3 Spiro, Peter: Nur uns gibt es nicht wieder, Hürth bei Köln 2010, S. 38
4 Berliner Adreßbuch 1919. Erster Band. Unter Benutzung amtlicher Quellen, Berlin: Scherl, S. 107
5 Katalog der Herbstausstellung 1926 (51. Ausstellung der Berliner Secession), Berlin 1926, S. 5 (Jury der Herbstausstellung)
6 Vgl. Abercron, Wilko von: Eugen Spiro 1874 Breslau – 1972 New York. Spiegel seines Jahrhunderts, Alsbach 1990 S. 80 (Spiro, Eugen: Selbstbetrachtung)

7 Akademie der Künste Berlin [AdK], BArch N 2291/2, Bl. 32
8 Adreßbuch für Berlin und seine Vororte 1897, S. 447
9 Heckendorf, Franz: Mein Leben, in: Franz Heckendorf von Joachim Kirchner. Mit einer Selbstbiographie des Künstlers, einem farbigen Titelbild und 52 Abbildungen, Junge Kunst, Band 6, Leipzig 1919, S. 15
10 Ebd., S. 16
11 Vgl. Meyer, Winfried: Franz Heckendorf. Mitglied der Berliner Secession, Maler der Republik, Lebenskünstler und Lebensretter. Ausstellungskatalog der Galerie Mutter Fourage, Berlin 2015, S. 20
12 Berliner Adreßbuch 1919. Erster Band, S. 513 und 1922. Zweiter Band, S. 1115
13 Vgl. Meyer, S. 49f.
14 Vgl. Matelowski, Anke: Die Berliner Secession 1899–1937. Chronik, Kontext, Schicksal, Wädenswil am Zürichsee 2017, S. 570 und S. 70
15 Lippisch, Franz: Der junge Leo von König. In: Leo von König. Festschrift zum siebzigsten Geburtstag, Berlin 1941, S. 8
16 Katalog der XXVI. Ausstellung der Berliner Secession, Berlin 1913, Anzeigenteil
17 AdK, BArch N 2291 3/76
18 Nach Angaben Weyert, 20.03.2022
19 Siehe: Leo von König. Sechzig Bilder. Ausgewählt und eingeleitet von Anton Dörfler, Königsberg 1944, Bildtafeln 18 und 19
20 Vgl. Matelowski, S. 179
21 Leo von König. Sechzig Bilder, Bildtafel 31 und 30
22 Klepper, Jochen: Unter dem Schatten deiner Flügel. Aus den Tagebüchern 1932 bis 1942. Herausgegeben von Hildegard Klepper, Berlin 1967, S. 523
23 Nemitz, Fritz. In: Leo von König. Festschrift zum siebzigsten Geburtstag, Berlin 1941, S. 31
24 Purrmann, Hans: Lebenslauf. Zitiert in: Leben und Meinungen des Malers Hans Purrmann. An Hand seiner Erzählungen, Schriften und Briefe zusammengestellt von Barbara und Erhard Göpel, Wiesbaden 1961, S. 9
25 Kennedy, Julie: Slevogt war mir Lehrer, obwohl ich bei Stuck Unterricht nahm." Hans Purrmann an der Münchner Kunstakademie und seine Studienreisen 1897–1905 und Kern, Lisa: „Strahlungen eines anregenden Geisteslebens". Hans Purrmann in Berlin im Winter 1904/05. In: Neue Wege zu Hans Purrmann. Herausgegeben von Felix Billeter und Christoph Wagner, Berlin 2016, S. 35
26 Offizieller Katalog der Frühjahr-Ausstellung des Vereins bildender Künstler Münchens „Secession" 1903 im kgl. Kunstausstellungsgebäude am Königplatz. I. Auflage, München 1903, S. 20
27 Katalog der elften Ausstellung der Berliner Secession, Berlin 1906, S. 27
28 Kennedy, S. 51 und 66f.
29 Purrmann, Hans: Münchner Studienjahre 1900–1905. In: Göpel, S. 37
30 Berliner Adreßbuch 1917, S. 2274
31 Stark, Barbara: Auf der Suche nach dem südlichen Licht. Hans Purrmanns Jahre am Bodensee. In: Neue Wege zu Hans Purrmann, S. 175
32 Spiro, Peter, S. 48f.
33 Kennedy, Julie: Die Domiers am Bodensee. Künstlerfreunde aus Pariser Tagen zu Gast bei Hans Purrmann – „eine gute Schule". In: Im Dialog mit Hans Purrmann. Kunst der Moderne in Langenargen, herausgegeben von Ralf Michael Fischer, Ausstellungskatalog Museum Langenargen, 11. Juli bis 1. November 2020, 5. Juni bis 31. Oktober 2021, S. 82
34 Leitmeyer, Maria/Leisen, Adolf: Hans und Mathilde Purrmann – Wege eines Künstlerehepaares. In: Neue Wege zu Hans Purrman, S. 128
35 Scheffler, Karl: Hans Purrmann und der moderne Kolorismus. In: Kunst und Künstler. Illustrierte Monatsschrift für Kunst und Kunstgewerbe, Jahrgang XIX, Berlin 1921, S. 12
36 Matelowski, S. 574
37 Berliner Adreßbuch 1929, S. 636
38 Berliner Adreßbuch 1934, S. 1957 (hier fälschlich Purrmann, F.)

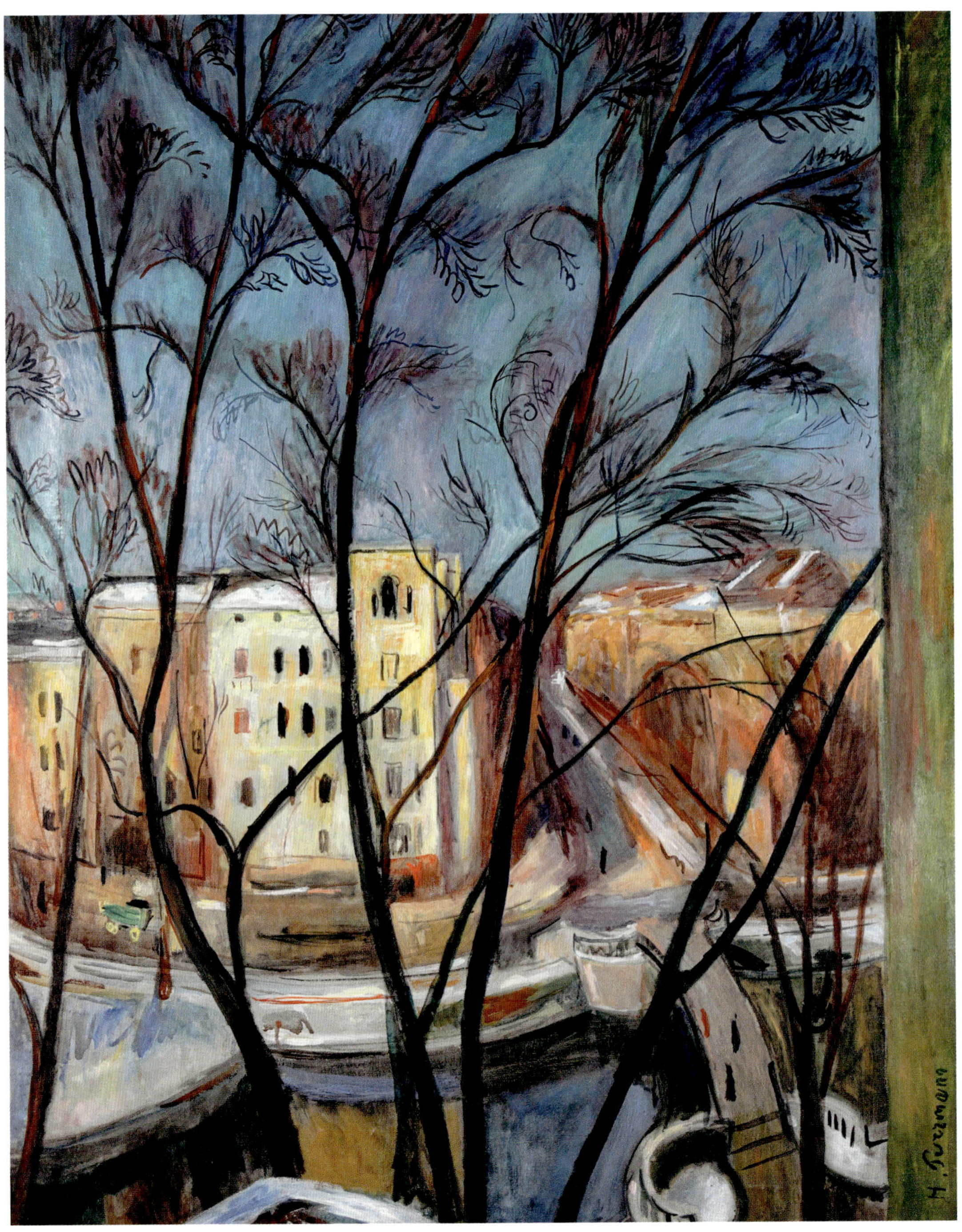
Hans Purrmann, Lützowufer, um 1929

Auf dem Höhepunkt des Schaffens

Der künstlerische Durchbruch Eugen Spiros verknüpft sich nicht mit einem bestimmten Datum oder einer einzigen Ausstellung. Die Anerkennung für ihn und sein Werk wuchs schrittweise, unmerklich beinahe und war nach Mitte der 1920er Jahre manifest. Häufig erschien nun in der Presse sein Name mit dem Zusatz „Professor". Ein Titel, der ihm nicht verliehen worden war. Mochte dies auch zu den Kuriosa gehören, ließen die Ausstellungsaktivitäten keinen Zweifel daran, welcher Nachfrage sich sein Schaffen erfreute. Überliefert ist ein von Spiro zum Notizbuch umgewidmeter Kalender, in dem er von 1926 bis 1933 akribisch seine Ausstellungsbeteiligungen (in der Regel außerhalb der Berliner Secession) vermerkte.[1] So wurden Bilder von ihm in Wien, Paris, Tokio, Buenos Aires und selbstredend in den großen deutschen Kunstmetropolen gezeigt. Unter den Veranstaltern befanden sich das Museum der Bildenden Künste Breslau, die Deutsche Kunstgemeinschaft, der Deutsche Künstlerbund, die Kunstvereine Frankfurt a.M. und Hannover, der Badische Kunstverein, die Münchner und Wiener Secession sowie der Verein Berliner Künstler.

Erst einmal aber brachte das Jahr 1926 für Spiro eine immense Arbeitsbelastung durch die Leitung der Secession mit sich. Zu den gleich mehrfachen Herausforderungen zählte die Suche nach einem neuen Ausstellungsgebäude, da mit der gestiegenen Mitgliederzahl die Räume am Kurfürstendamm 232 aus allen Nähten platzten. Für die stets von Geldsorgen geplagte Künstlervereinigung waren die Mittel zur Finanzierung zu beschaffen. Spiro oblag es, Kontakte zu Persönlichkeiten aus Wirtschaft und Finanzwelt zu knüpfen, die als Unterstützer in Frage kamen. Die Ausstellungen der Secession mussten organisiert, Kontroversen geschlichtet werden. Außerdem hatte ihn die Charlottenburger Bezirksversammlung als Bürger-Deputierten für Kunst- und Bildungssachen gewählt.[2]

Daneben betätigte er sich wiederholt journalistisch. Erhalten geblieben ist das Typoskript eines Artikels mit dem Titel „Wie ich mein erstes Bild verkaufte":

> „Bildermalen ist lange nicht so schwer, wie den Liebhaber für sein Werk zu finden. Beweis: Die Ateliers sind voll von unverkauften Arbeiten. Darum empfindet man freudige Genugtuung sein Leben lang bei jedem Verkauf eines Bildes, vorausgesetzt, dass man nicht inzwischen vom Grössenwahnsinn erfasst wurde, was gerade unter Künstlern vorkommen soll.
>
> In den ersten Studienjahren wird jeder Kunstjünger einen persönlichen Freundeskreis haben, der zu seiner Förderung durch Erwerbung irgendeiner Arbeit beitragen möchte. Aber derartige Verkäufe beglücken niemals restlos. Der Traum ist:

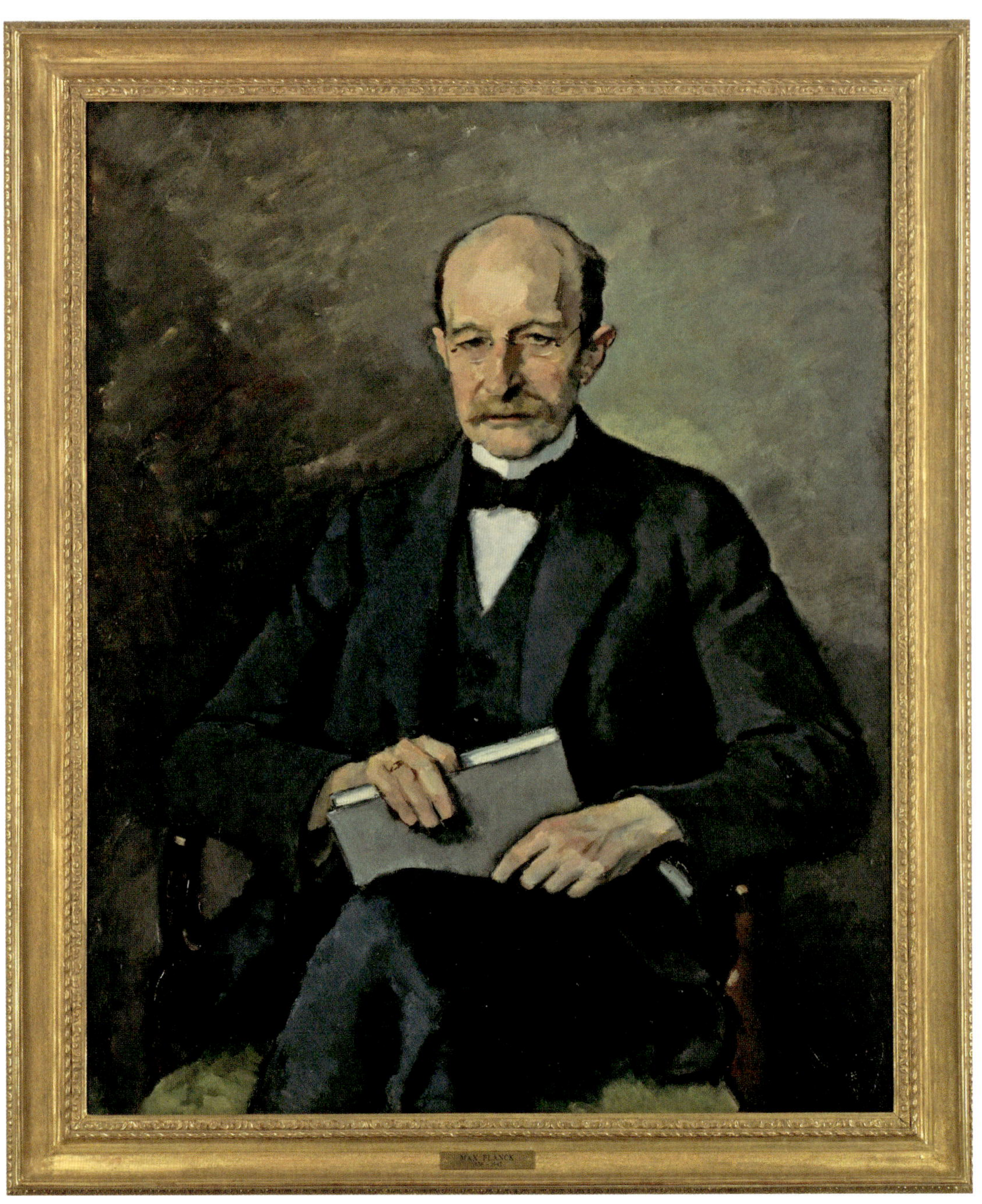

Bildnis Max Planck, 1928

Irgendwo ausstellen, von irgendeinem persönlich Unbekannten aus Begeisterung für sein Werk angekauft werden. Dieses Glück erfuhr ich als junger Akademiker vor etwa 30 Jahren. Ich studierte damals in München und brannte darauf, mich in meiner Vaterstadt Breslau bei ‚Lichtenberg' zu zeigen. Unter dieser ersten bescheidenen Kollektion hing ein Frauenkopf, ein blondes Modell mit Gretchenfrisur - - - der Kopf ist mir merkwürdig stark in der Erinnerung geblieben - - -. Dieses Modell war, als ich es malte, eine angehende Mutter, und gerade der Ausdruck der tragenden Frau interessierte mich, war für mich der Hauptgrund, diesen Menschen festzuhalten. Das Gefühlsmässige im Bilde schien mir auch gelungen zu sein, soweit mein bescheidenes Können damals ausreichte.

Ich werde nun nie meinen Freudentaumel vergessen, als ich die Nachricht bekam, dass dieser Kopf an einen Herrn X, d.h. einen mir total Unbekannten, für ganze 100 Mark verkauft wurde. 90.- Mark Reingewinn!! Ein ganzer Monat Leben und Studium! Ankauf von Leinwand, Farben, Pinsel u.s.w.! - - - Seligkeit!!"[3]

Auf die Veröffentlichung meldete sich ein Leser und bekannte, dass er dieser „total Unbekannte" sei und das Bild („es war und ist eine Zierde meiner Wohnung") noch jetzt besitze. Als Andenken an Spiros erstes verkauftes Bild fügte der mittlerweile zum Justizrat Avancierte die Originalrechnung bei.[4] Spiro berührte das wohl derart, dass er den Brief aufbewahrte.

Bei der Aufgabenfülle, die er in und außerhalb der Secession bewältigte, scheint die künstlerische Tätigkeit phasenweise in den Hintergrund getreten zu sein. Mit neun nachweisbaren Gemälden – sechs Porträts und drei Landschaften – sowie einigen wenigen Zeichnungen fiel die Bilanz des Jahres 1926 nicht gerade üppig aus.[5] Immerhin befanden sich darunter gewichtige Arbeiten wie das Bildnis des Chemienobelpreisträgers Fritz Haber und das Gemälde „Schlafende", für das er zwei Jahre später den erstmals vergebenen Wertheim-Preis erhielt.[6]

Als Glücksfall sollte sich die Bekanntschaft mit dem Industriellen Hermann Carl Starck erweisen, die vermutlich ebenfalls auf 1926 zurückging und sich zur engen Freundschaft entwickelte. Der gebürtige Magdeburger, Jahrgang 1891, wurde Spiros wichtigster Sammler und Mäzen. Starck hatte 1920 in der Bellevuestraße 13 eine Handelsfirma für Erze, Metalle und Chemikalien eröffnet[7], die rasch gewachsen und von ihm in eine Aktiengesellschaft überführt worden war. Im Besitz mehrerer Immobilien gründete er 1925 zudem die H.C. Starck Grundstücksverwaltungsgesellschaft m.b.H.[8] „Er war", so beschreibt ihn Peter Spiro, „eine ungewöhnliche und faszinierende Persönlichkeit, ein erfolgreicher Geschäftsmann, der brennend an allem Neuen und Originellen des deutschen und internationalen Geistes- und Kulturleben interessiert war und keine Gelegenheit versäumte, sich als Mäzen zu betätigen. Weit darüber hinaus ging seine Freundschaft zu Eugen Spiro, der ihn und seine Angehörigen wiederholt porträtierte – eine tiefe persönliche Bindung, die öfters mit nächtlichem ‚Skatkloppen' und Krebsessen besiegelt wurde."[9] In zweiter Ehe war der Unternehmer mit einer aus Ungarn stammenden Jüdin

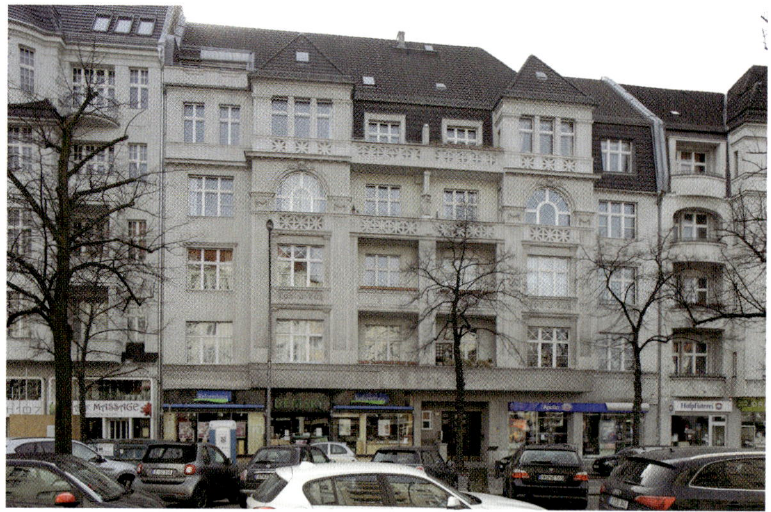

Reichsstraße 106

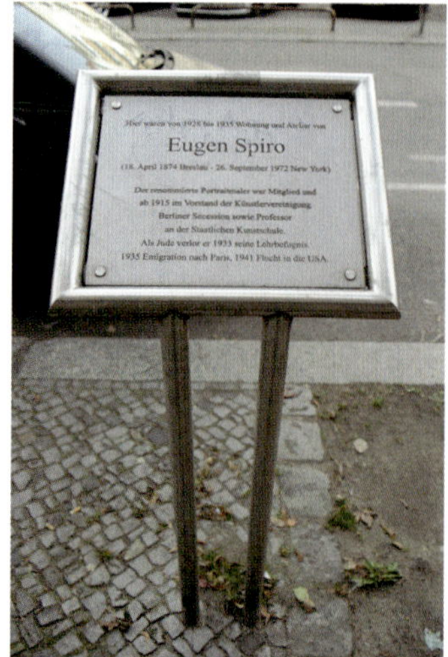

Gedenktafel vorm Haus

verheiratet. Nach Aussage Peter Spiros pflegte seine Mutter mit Klari Starck, geb. Sarkady, allmorgendlich eine Stunde zu telefonieren.[10] Zu den ersten Bildern Spiros, die vom regen Kontakt zwischen den Familien zeugen, zählen die 1927 entstandenen Gemälde „Auf der Terrasse in Potsdam" (Zweitdomizil der Starcks) und „Damenbildnis" (Frau Starck).

Im Mai 1927 konnte der Privatgelehrte Dr. Franz Walter Hartmann, von Hause aus Jurist, als Geschäftsführer der Berliner Secession gewonnen werden.[11] Er trug wesentlich zur Entlastung des Vorstandes bei. Spiros künstlerische Produktion zog mit 15 nachweisbaren Gemälden wieder an.[12]

Neben Bildnissen der Familie entstanden Porträts von Persönlichkeiten des öffentlichen Lebens, so der Film- und Theaterschauspielerin Dagny Servaes, der Frau des Charlottenburger Bürgermeisters Karl Augustin, des zeitweilig in Berlin lebenden russischen Eisenbahnpioniers Juri Lomonossow oder des Dramaturgen, Übersetzers und Schriftstellers Joseph Chapiro.

Zwei bedeutende öffentliche Aufträge rundeten die Jahresbilanz ab. Vom Kultusministerium erhielt er den Zuschlag, den langjährigen Präsidenten der Kaiser-Wilhelm-Gesellschaft (heute Max-Planck-Gesellschaft) Adolf von Harnack zu porträtieren. Und die Berliner Universität bestellte ein Bildnis von dem Physiker und Nobelpreisträger Max Planck bei ihm. Beide Wissenschaftsgrößen bedankten sich persönlich bei Spiro, nachdem er ihnen SW-Reproduktionen der Gemälde zugesandt hatte. Max Planck schrieb: „Bei meiner Rückkehr von der Ferienreise finde ich Ihre liebenswürdige Zusendung der photographischen Aufnahme meines von Ihnen geschaffenen Porträts. Nehmen Sie meinen herzlichen Dank für diese Aufmerksamkeit. Das Bild erinnert mich und meine Frau in angenehmster Weise an das Original, wenn auch ein wesentliches Stück, die Farbe, daran fehlt. Zugleich wird es mir die behaglichen Stunden ins Gedächtnis rufen, die ich bei Ihnen in Ihrem Atelier verbracht habe."[13] Das Gemälde, das sowohl der Zerstörung durch die Nazis entging als auch den Zweiten Weltkrieg überstand, befindet sich heute in der Villa Haber des Fritz-Haber-Instituts in Dahlem, das zur Max-Planck-Gesellschaft gehört.

Die Berliner Secession wartete 1927 mit einem ehrgeizigen Ausstellungsprogramm auf. Vom 16. März bis 24. April fand in Zusammenarbeit mit dem Museum für Leibesübungen e.V. die Schau zum Thema Sport statt.[13] Spiro hatte die Idee dafür eingebracht und hielt die Eröffnungsrede. Von ihm wurden die Arbeiten „Sportstilleben" und „Portrait Dr. Mallwitz" gezeigt. Arthur Mallwitz, einst erfolgreicher Leichtathlet und Mannschaftsarzt der deutschen Olympiaauswahl, war Direktor des Museums für Leibesübungen und vertrat die Belange des Sports zugleich als Ministerialbeamter in der Politik. Er gilt als Begründer der Sportmedizin.

Wegen des Auszugs aus ihrem Stammhaus am Kurfürstendamm und des noch nicht fertiggestellten neuen Domizils im Tiergartenviertel präsentierte sich die Secession nach der Sport-Ausstellung im laufenden Jahr mit keiner eigenen Schau mehr in der Hauptstadt, war aber auf der Großen Berliner Kunstausstellung vertreten, die das Kartell der vereinigten Verbände bildender Künstler Berlins e.V. verantwortete, zu deren Präsident Spiro gewählt wurde. Außerdem fanden Ausstellungen in Aachen, Stuttgart (gemeinsam mit der dortigen Secession), Düsseldorf, Darmstadt, Stettin und Cottbus statt. Den Höhepunkt bildete zweifellos die Exposition im Rahmen des XX. Pariser Herbstsalons.[14] Das Verdienst, diese gegen alle Widerstände organisiert und durchgesetzt zu haben, gebührte zu einem wesentlichen Teil Spiro, der seine Führungsrolle in der Secession endgültig befestigte, wie sich bald zeigte. Ende des Jahres berief ihn das Kultusministerium überdies in die Ankaufkommission der Nationalgalerie.[15]

Nach wenig schmeichelhaften Kritiken vorangegangener Ausstellungen, insbesondere der Sport-Ausstellung, beschloss der Vorstand, die Auswahlmodalitäten zu ändern. Statt auf die Ablieferung der Arbeiten durch die Künstler zu warten, sollte die Jury in die Ateliers gehen, um schon dort eine Auslese vorzunehmen. „Wegen der zielgerichteten, von ausschließlich künstlerischem Standpunkt getroffenen Auswahl der Exponate sowie der besonders kritischen Jury musste eine Anzahl eigener Mitglieder zurückgewiesen werden. Dies führte innerhalb der Vereinigung nicht nur zu erheblichem Missmut und Diskussionen, sondern auch zum Sturz des gesamten Vorstandes bis auf Spiro in der Wahl Anfang März 1928."[16] Ungeachtet dessen geriet die am 25. Februar eröffnete und noch vom alten Vorstand organisierte Frühjahrsausstellung im neuen, aufwendig umgestalteten Haus in der Tiergartenstraße 21a zum bislang größten Erfolg der Secession. Beinahe die gesamte Elite deutscher Malerei und Bildhauerei war vertreten, die ihre Teilnahme bis dato auf Ausstellungen der Akademie beschränkt hatte. Einige gehörten der Secession als neu- bzw. wieder aufgenommene Mitglieder an, so Max Beckmann, George Grosz, Karl Hofer, Ernst Ludwig Kirchner, Georg Kolbe, Max Pechstein oder Karl Schmidt-Rottluff. Spiros gute Kontakte zu unterschiedlichen Berliner Künstlerkreisen und sein diplomatisches Geschick dürften das ihrige zur Einbindung der Genannten in die Vereinigung beigetragen haben.

Nicht nur die Berliner Secession übersiedelte 1928 in ein neues Quartier, auch die Spiros zogen um. Von der Küstriner Straße ins vornehme Westend, Reichsstraße 106.[17] Peter Spiro erinnert sich: „Es war wieder eine Wohnung mit Balkon im 4. Stock und einem Atelier mit Dachgarten im 5. Stock, ein sehr repräsentatives Domizil. Uns ging es zu jener Zeit nicht schlecht [...] Man glaubte, es würde immer so weitergehen."[18]

Über die dereinst in der Spiro'schen Wohnung befindlichen Werte legte H.C. Starck 1954 eine eidesstattliche Erklärung ab: „Die Einrichtung war geschmackvoll und gediegen. Unter dem Mobiliar befand sich auch eine Reihe von wertvollen antiken Stücken. Unter den zahlreichen Originalgemälden befanden sich französische Impressionisten, sowie ältere wertvolle Gemälde, darunter ein Delacroix, ferner eine ganze Reihe zeitgenössischer deutscher Künstler. Herr Spiro war jahrelang Präsident der Berliner Sezession und hatte auf diese Weise eine stattliche Sammlung derartiger Gemälde zusammengetragen, u.a. im Wege des Tausches mit eigenen Gemälden.

Herr Spiro besass ferner eine umfangreiche, wertvolle Bibliothek von mehr als 1000 Bänden, die u.a. aus illustrierten französischen Büchern des 19. Jahrhunderts, die er während seines Pariser Aufenthalts gesammelt hatte, bestand; ferner aus Kunstliteratur, zeitgenössischen Büchern mit Originalgraphik, sowie graphischen Mappenwerken."[19]

Das zu Charlottenburg gehörende Westend, dessen Anfänge auf eine ab der zweiten Hälfte des 19. Jahrhunderts angelegte Villenkolonie zurückgingen, war, bedingt durch seine Randlage, zunächst ein eher beschaulicher Ort. Mit der verkehrstechnischen Erschließung, insbesondere dem Bau der U-Bahn noch vor dem Ersten Weltkrieg, setzte die urbane Entwicklung des Gebietes ein, die mehr und mehr Prominenz anzog. Wer sich hier, wie Spiro, eine stattliche Monatsmiete von 400.- Mark leisten konnte,[20] war „angekommen" und zeigte es. Eine zwingende Notwendigkeit für den Umzug, etwa wegen Kündigung durch den Hauseigentümer, hatte nicht bestanden. Höchst willkommen aber dürfte dem passionierten Musik- und Theaterliebhaber die Nähe zu Städtischer Oper Berlin (heute Deutsche Oper) und Schillertheater gewesen sein, die sich von der neuen Wohnung per U-Bahn binnen kurzem erreichen ließen. Und in der Masurenallee, quasi um die Ecke, entstand wenig später das Haus des Rundfunks.

Zu dem neuen Medium unterhielt Spiro ebenfalls Kontakte. Bereits im Juni 1928 war sein Radio-Vortrag mit dem Titel „Rings um das Kunstausstellungswesen" gesendet worden. Darin machte er eine Verminderung des Interesses an der Kunst aus, weil sie nicht mehr zur Lebensnotwendigkeit gerechnet werde wie ehedem. „Die Ausstellungen waren sehnsüchtig erwartete Ereignisse und das Publikum genoss das Dargebotene und hatte wieder einmal etwas, wovon es sprechen konnte. Die Kritik lobte und tadelte, wie es ihre Pflicht ist und recht viele Kunstwerke wanderten in den Besitz der Kunstfreunde. Damals *gab* es nämlich noch solche Verehrer der Kunst, denen es ein Bedürfnis war, Kunst zu erwerben, um sie zu besitzen und sich an ihr dauernd zu erfreuen. Damals hatte der Bürger, er musste nicht einmal reich sein, eine Summe in seinem Etat eingestellt, die er nur zur Erwerbung von Kunstwerken bereit hielt. Es gehörte noch ausserdem zur Familientradition, sich malen oder bildhauern zu lassen. Eltern liessen ihre Kinder

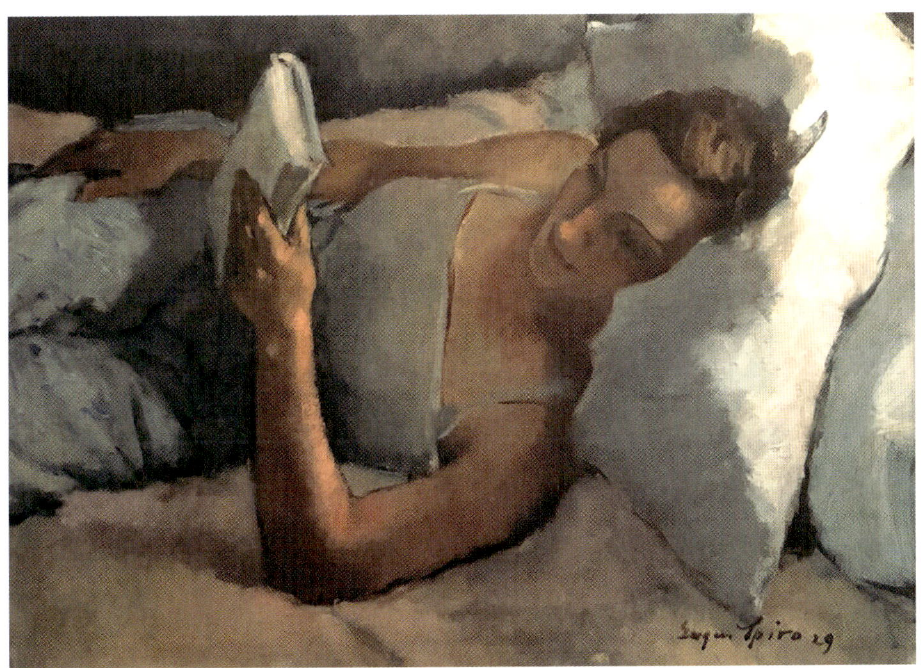

Elisabeth, lesend im Bett, 1929

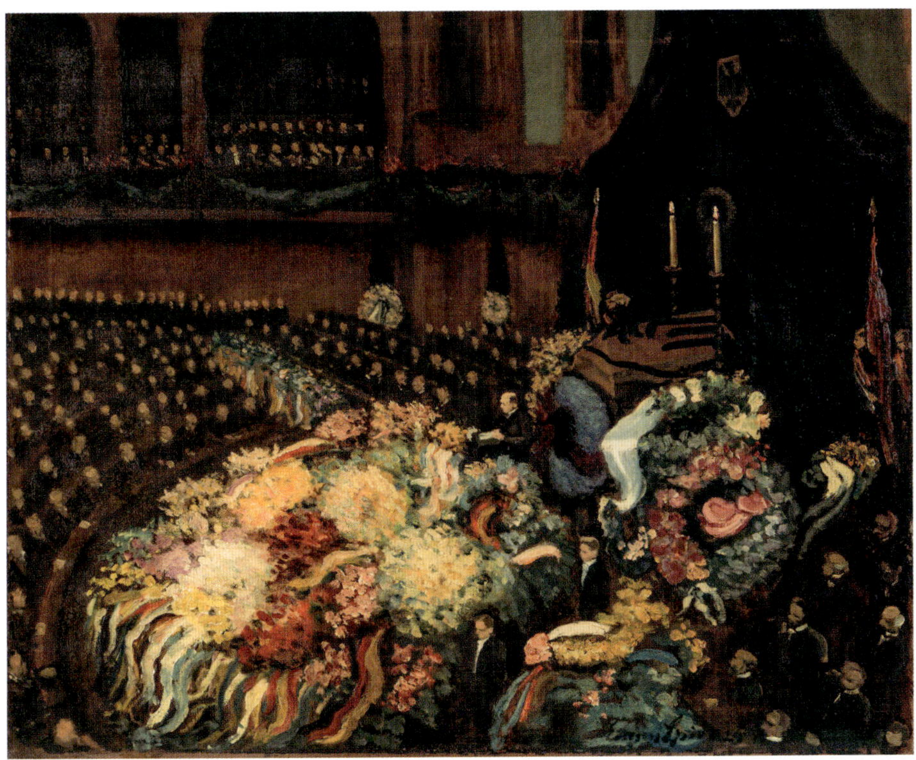

Trauerfeier Stresemann, 1929

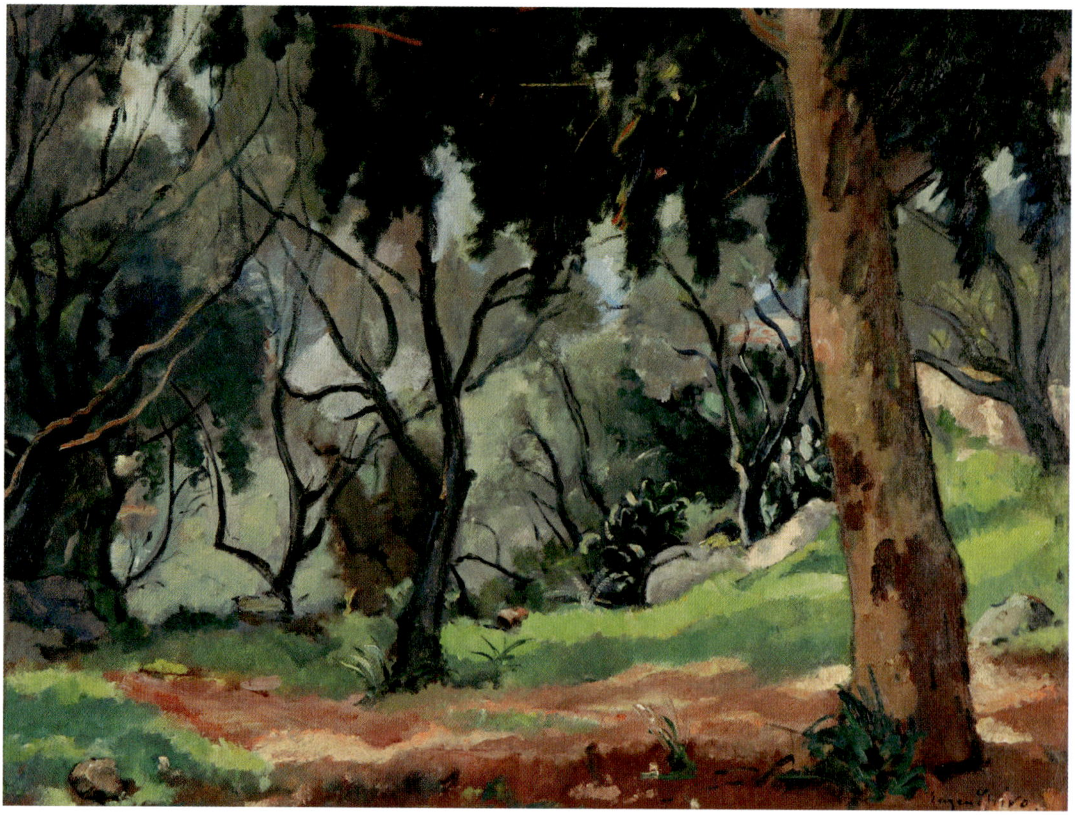

Olivenhain auf Korsika, 1928

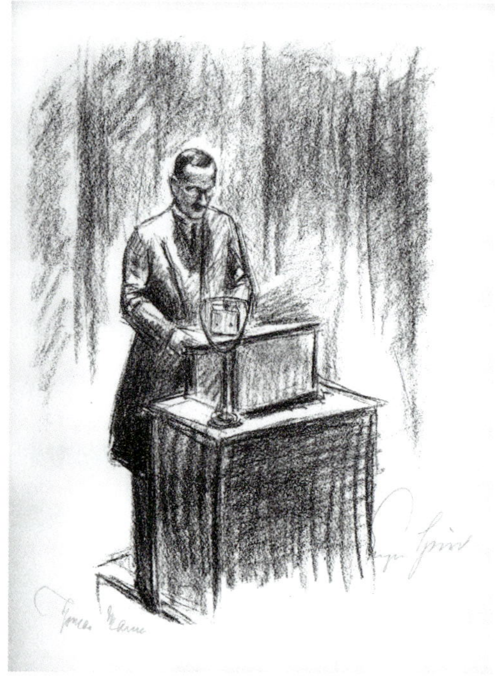

Thomas Mann am Rednerpult

malen oder die bemittelten Kinder ihre betagten Eltern, um so ihren Nachkommen den bildlichen Stammbaum zu sichern. Die Künstler, die man brauchte, suchte man sich, je nach dem Beifall, den ihre Werke fanden, auf den Ausstellungen aus, die damals stark besucht wurden."[21]

Wenn Spiro hier auch ein idealisiertes Bild vergangener Zeiten entwarf und die scharfe Konkurrenz durch die Fotografie, die vor allem Porträtmalern zusetzte, ausblendete, stand doch fest, dass sich Werteverständnis und Konsumverhalten verändert hatten. Anstelle des Kunstwerks als bürgerliches Statussymbol waren Mode, Autos und Reisen getreten. Der überwiegende Teil der Künstlerschaft lebte dagegen am Rande der Existenz.

„Wer hilft nun heute dem lebenden Künstler. Er *kann* ja nicht anders als durch Ausstellungen Interesse für sein Werk suchen. Wie schon gesagt, haben sich in Berlin mehr als ein Dutzend Künstlerverbände gebildet, die am liebsten getrennt marschieren möchten, denn jede hat von sich die grösste Meinung und glaubt die grössten Eroberungen zu machen. Aber zum Ausstellen gehören anständige Räume und eigene Mittel. Beides hat bisher nur die Secession zustande gebracht, die auch in Berlin die grösste Bedeutung hat. Im übrigen aber sind die einzelnen Verbände materiell garnicht imstande, einzeln zu marschieren, denn der Staat bemüht sich parteilos zu sein und kann evtl. nur der *gesamten* Künstlerschaft helfen. Das tut er, indem er der Künstlerschaft, die sich notgedrungen zu einem *Kartell* zusammengeschlossen hat, das Landesausstellungsgebäude gibt und dazu noch einige tausend Mark, um diesen fürchterlichen Stall, heute in einer schwer zu erreichenden Gegend Berlins gelegen, einigermassen appetitlich herrichten zu lassen."[22]

Um die Situation des Berliner Ausstellungswesens und mithin die soziale Lage der Künstler zu verbessern, sah Spiro Staat und Stadt in der Pflicht. Beide „müssten dann gemeinsam wirken, um etwa alle drei Jahre eine Kunstausstellung zu veranstalten [...] Für diese Ausstellung müsste endlich mit Mitteln des Staates und der Stadt das neue Gebäude entstehen, das in Berlin an prominenter Stelle, möglichst im Tiergarten liegen sollte."[23]

An die Akademie der Künste gewandt, mahnte Spiro in diesem Zusammenhang, dass sie endlich aufhören müsse, „Anfänger und noch tastende, neue Künstlererscheinungen zur Belebung ihrer eigenen müden Kräfte zu zeigen. In ihrer heutigen Verfassung möchte sie weiter nichts, als die künstlerischen Aufgaben gewissen Verbänden wegzunehmen, um sie zu zerstören. Die Aufgabe der Akademie *war* einmal, *nur* die Kunst der anerkannten Meister zu zeigen und dazu die Kunst des Auslandes in sehr gesiebter Zusammenstellung. Diese Aufgabe muss wieder hergestellt werden! Auch kann es nicht der Sinn der Nationalgalerie sein, staatliche Erwerbungen immer wieder abzuhängen, um die staatlichen Räume als Propagandaaustellung für die neuesten Richtungen zu benutzen."[24]

Angesichts dieser Probleme, die seiner Meinung nach der Lösung harrten, gab Spiro einen eher ernüchternden Ausblick: „Wie lange es nun dauern wird, bis in Berlin eine bessere Gestaltung des Ausstellungswesens Platz greift, ist im Augenblick nicht zu übersehen. Vielleicht beginnt eine neue Ordnung, wenn das längst geplante neue Ausstellungsgebäude in Berlin erstanden sein wird. Sicher aber ist: so wie die Ausstellungen sich gegenwärtig häufen und planlos miteinander konkurrieren, geht es nicht weiter."[25]

Während Spiro und seine Frau im Vorjahr offenbar keine längere Sommerreise unternommen hatten, wurde diese 1928 mit dem Ziel Korsika nachgeholt. Den Aufenthalt auf der Mittelmeerinsel scheint er genutzt zu haben, um intensiv zu malen. Zehn Arbeiten – von kleineren Formaten (Öl/Malpappe) bis hin zum 76×94 cm großen Format „Olivenhain auf Korsika" (Öl/Leinwand, 76×94 cm) – sind nachgewiesen. Mit Ausnahme des Interieurs „Auf Korsika" (drei Frauenfiguren, eine vor der Staffelei stehend und malend, die beiden anderen im Bett) sowie der Straßenszene „Kinder auf Korsika" handelt es sich um Landschaften und Stadtansichten. Ebenfalls sehen lassen konnte sich die Jahresbilanz mit insgesamt 16 Gemälden.[26] Neben der Stadtansicht „Aus Bamberg" zählen dazu „Selbstportrait mit Pinsel und Palette", „Bildnis Herr Tornow" (Tischlermeister Ernst Tornow aus der Halenseer Roscherstraße hatte mehrfach für Spiro gearbeitet) sowie „Damenbildnis" und „Das Hausmädchen". In Paris kopierte er im Auftrag des Berliner Bankiers Dr. Otto Jeidels, der bereits eine Kopie des Gemäldes „Olympia" von ihm besaß und seit längerem zu seinen Förderern gehörte, ein weiteres Werk von Édouard Manet – „Das Frühstück im Grünen". Jeidels bedankte sich am 8. August 1928 brieflich dafür.[27]

Anlässlich der Hundert-Jahr-Feier des Verlages Philipp Reclam am 1. Oktober, zu dem Thomas Mann die Festrede hielt, erhielt Spiro den Auftrag, Festakt und anwesende Persönlichkeiten in Zeichnungen festzuhalten. Die Rede erschien, ausgestattet mit den Lithografien, als Sonderdruck des Verlages in einer einmaligen Auflage. Beide, Thomas Mann und Eugen Spiro, signierten die ersten 1000 Exemplare.

Obschon Spiro nun allein an der Spitze der Secession stand und mittlerweile mehrere Ehrenämter bekleidete, wurden die beiden folgenden Jahre mit etwa 50 belegbaren Gemälden überaus fruchtbar für ihn.[28] Zu den 1929/30 entstandenen Arbeiten zählen Selbstbildnisse, Porträts von Frau und Sohn, das Gemälde „Trauerfeier für Reichsaußenminister Gustav Stresemann" sowie Porträts von Persönlichkeiten des öffentlichen Lebens, darunter von dem Luftschiffbauer und -pionier Dr. Hugo Eckener, dem 1924 der Nonstopflug über den Atlantik gelungen war, dem Preußischen Kultusminister Carl Heinrich Becker, dem Schriftsteller Ernst Toller und der Mathematikerkoryphäe Prof. Dr. David Hilbert. Im Auftrag Otto Warburgs, Direktor des Kaiser-Wilhelm-Instituts für Zellphysiologie, schuf Spiro darüber hinaus Porträts nach Fotografien von Louis Pasteur, Robert Koch und Paul Ehrlich.[29]

Von der im Sommer 1929 angetretenen Reise in die Bretagne brachte Spiro neun Landschaftsbilder mit sowohl in kleinerem Format (Öl/Malpappe) als auch in größerem Format (Öl/Leinwand.). In das gleiche Jahr fiel außerdem eine auf H. C. Starcks Einladung und in dessen Begleitung erfolgte Reise nach New York. Die erstmalige Bekanntschaft mit der amerikanischen Metropole, die ihn augenscheinlich stark beeindruckte, hielt er ebenfalls in Gemälden fest, so in „Blick über New York", „Der Broadway in New York" oder „Zeppelin über New York". Den Sommer 1930 verbrachten Spiros in Südfrankreich, wovon die Ölgemälde „Straße in Martigues" und „Rosa Haus mit Brunnen" zeugen.[30] Daran schloss sich der bereits erwähnte Aufenthalt auf Hiddensee an.

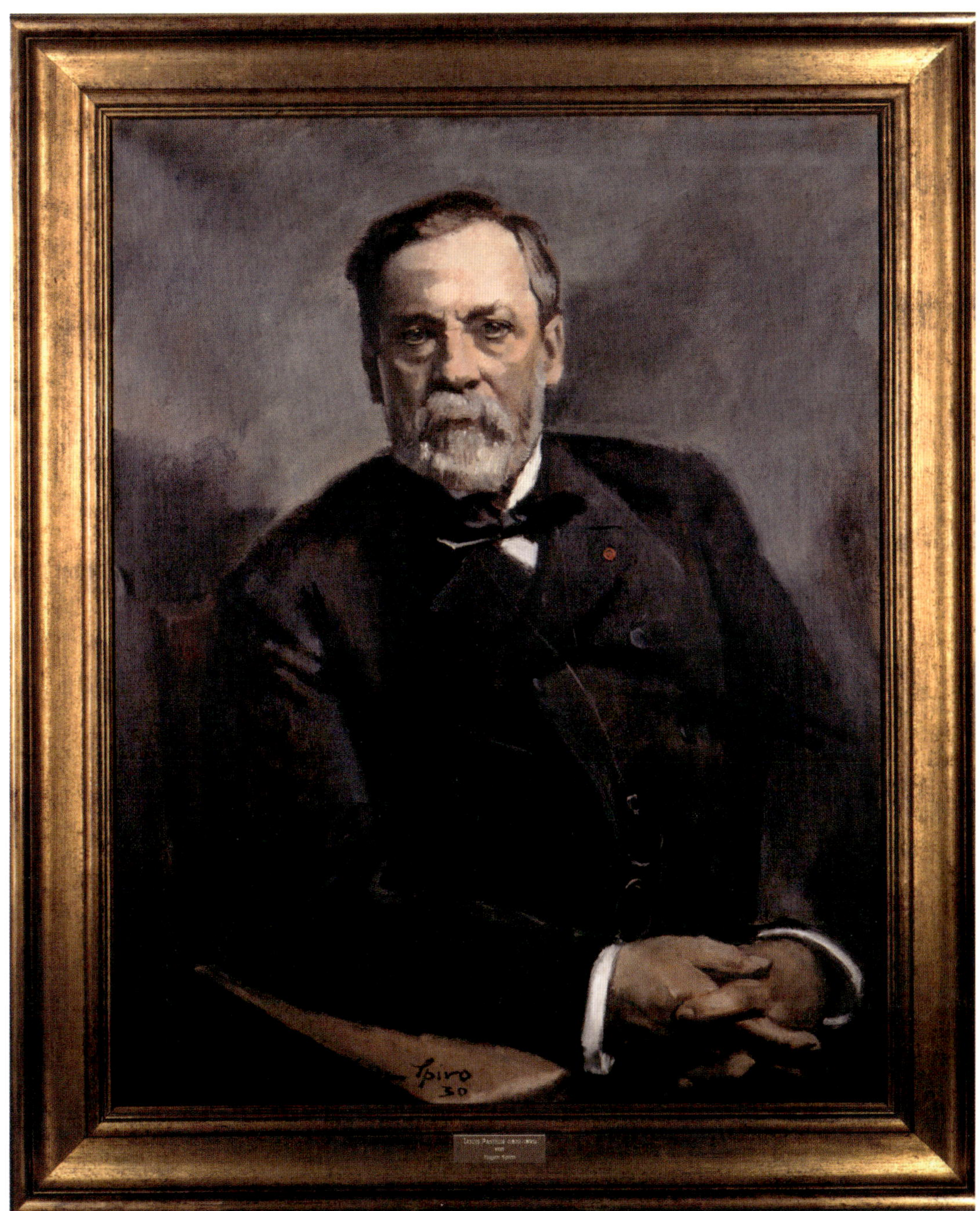

Louis Pasteur, 1930

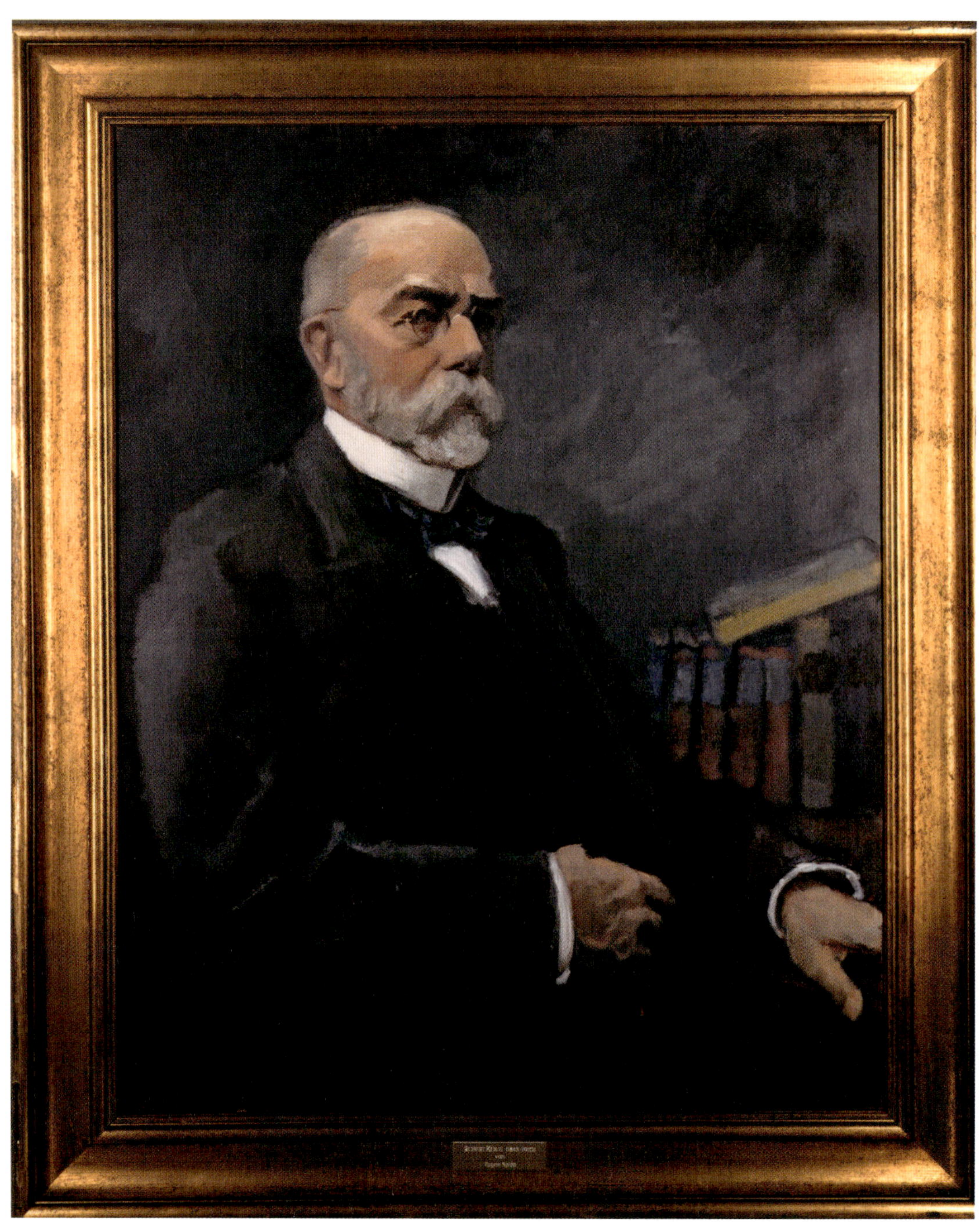

Robert Koch, 1930

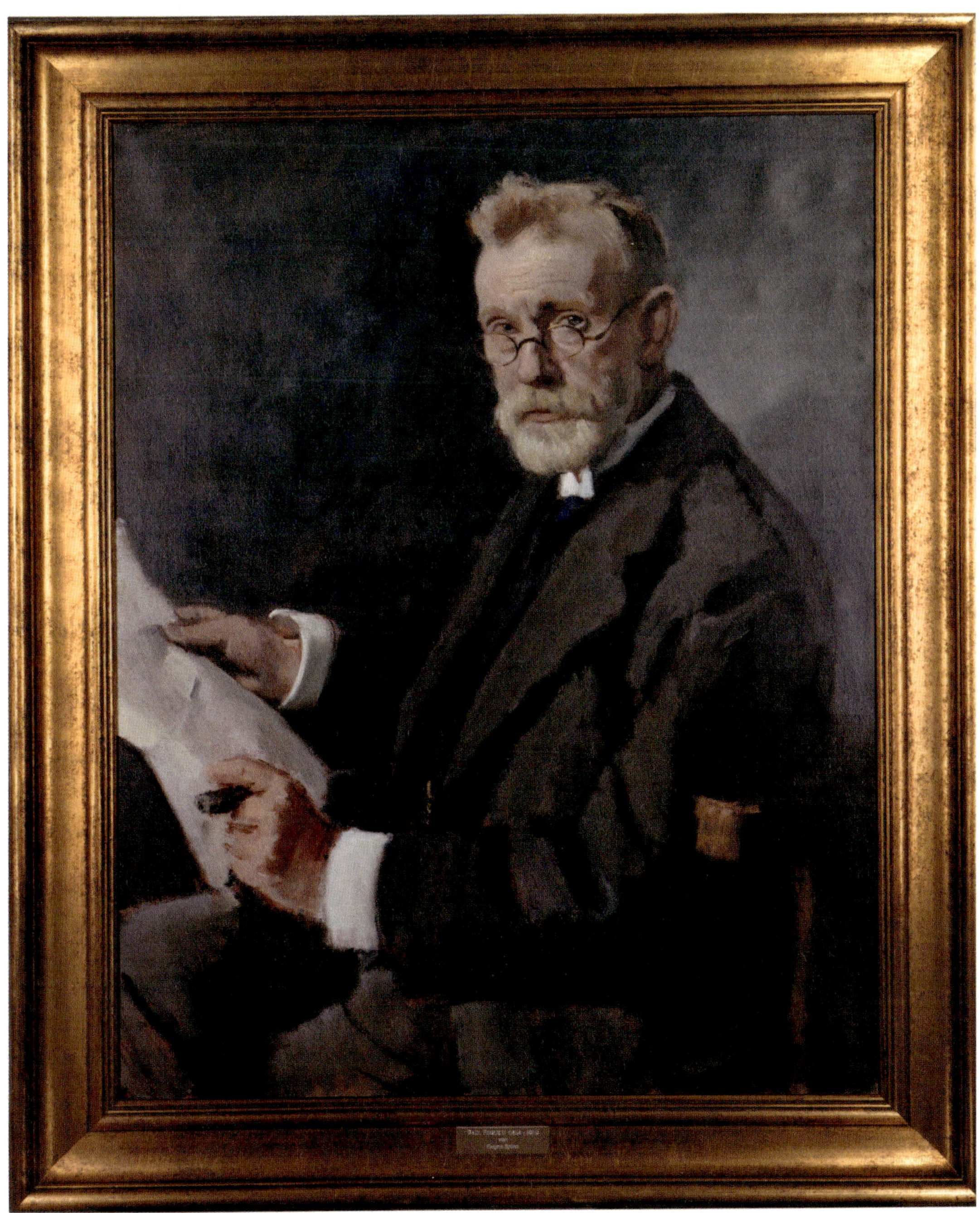

Paul Ehrlich, 1930

Die Arbeit in der Secession verlief in dieser Zeit vergleichsweise geräuschlos. Nicht zuletzt deshalb weil ein ewiges Streitobjekt aus dem Wege geräumt worden war, tolerierte die Vereinigung doch mittlerweile, dass auch diejenigen ihrer Mitglieder, die nicht der Akademie angehörten, an deren Ausstellungen teilnahmen. Ungeachtet dessen bestand die Rivalität zwischen beiden Institutionen fort, und Spiros Verhältnis zur Akademie blieb gespannt. Insgesamt zeigte sich hier jedoch das gewachsene Selbstbewusstsein der Secession, in die mehr und mehr Künstler eintraten. Allein 1930 wurden 19 Mitglieder auf- bzw. wiederaufgenommen, darunter Wassily Kandinsky, Gerhard Marcks und mit der Bildhauerin Emy Roeder nach längerer Zeit wieder eine Frau.[31]

Die 1929 durch den Zusammenbruch des New Yorker Aktienmarktes offenbar gewordene Krise der Weltwirtschaft hatte sich immer weiter verschärft und strebte 1931 ihrem Höhepunkt zu. In Berlin blieb kaum ein Wirtschaftszweig davon verschont. Sogar ein Industriegigant wie die Borsig AG stand vor der Zahlungsunfähigkeit. Genauso verheerend waren die Auswirkungen auf Bildungs- und Kultureinrichtungen, die reihenweise schließen mussten. Auch die Secession geriet in bedrohliche Schieflage. Aufgrund beträchtlicher Mietschulden strengten die Eigentümer des Ausstellungshauses Tiergartenstraße 21a einen Prozess an, in dessen Folge der Mietvertrag zum 1. Juni 1931 gekündigt wurde. Die „Secessionshaus"-Genossenschaft war zudem gezwungen, Konkurs anzumelden.[32]

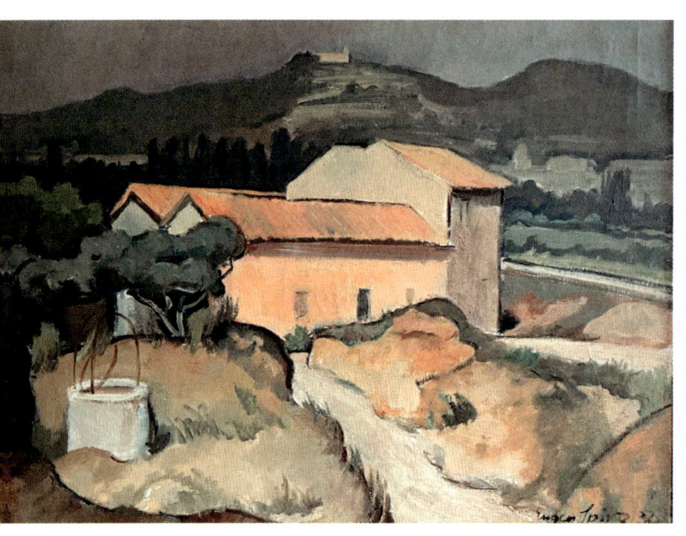
Rosa Haus mit Brunnen, 1930

Als Retter in der Not erwies sich Spiros Freund und Mäzen H.C. Starck. Zu dessen Immobilien gehörte eine weithin bekannte Adresse Berlins, das Romanische Haus in der Budapester Straße 10, in welchem er der Secession Ausstellungsräume über dem Romanischen Café zur Verfügung stellte und ihr für ein Jahr die Miete erließ. Damit war die Weiterarbeit gesichert.

„Der Auszug aus dem Haus in der Tiergartenstraße markierte abermals eine Zäsur in der Geschichte der Secession. Wieder einmal nutzte die Vereinigung die äußeren Veränderungen, die durch den unfreiwilligen Auszug aus dem eigenen Ausstellungsquartier entstanden waren, für einen Neuanfang im Inneren. Die respektablen, aber kleineren Etagenräume im Romanischen Haus erforderten Konzentration; die Kritiken der vergangenen Jahre hatten immer wieder gemahnt, dass die Secession neuen, jungen Talenten aus dem gesamten Deutschen Reich ein Podium bieten müsse. So wurde von Charlotte Berend, Wolf Röhricht und Eugen Spiro im Juli 1931 der Beschluss gefasst, während des Sommers Künstler in ganz Deutschland zu besuchen und sie um Beschickung der Ausstellung zu bitten."[33]

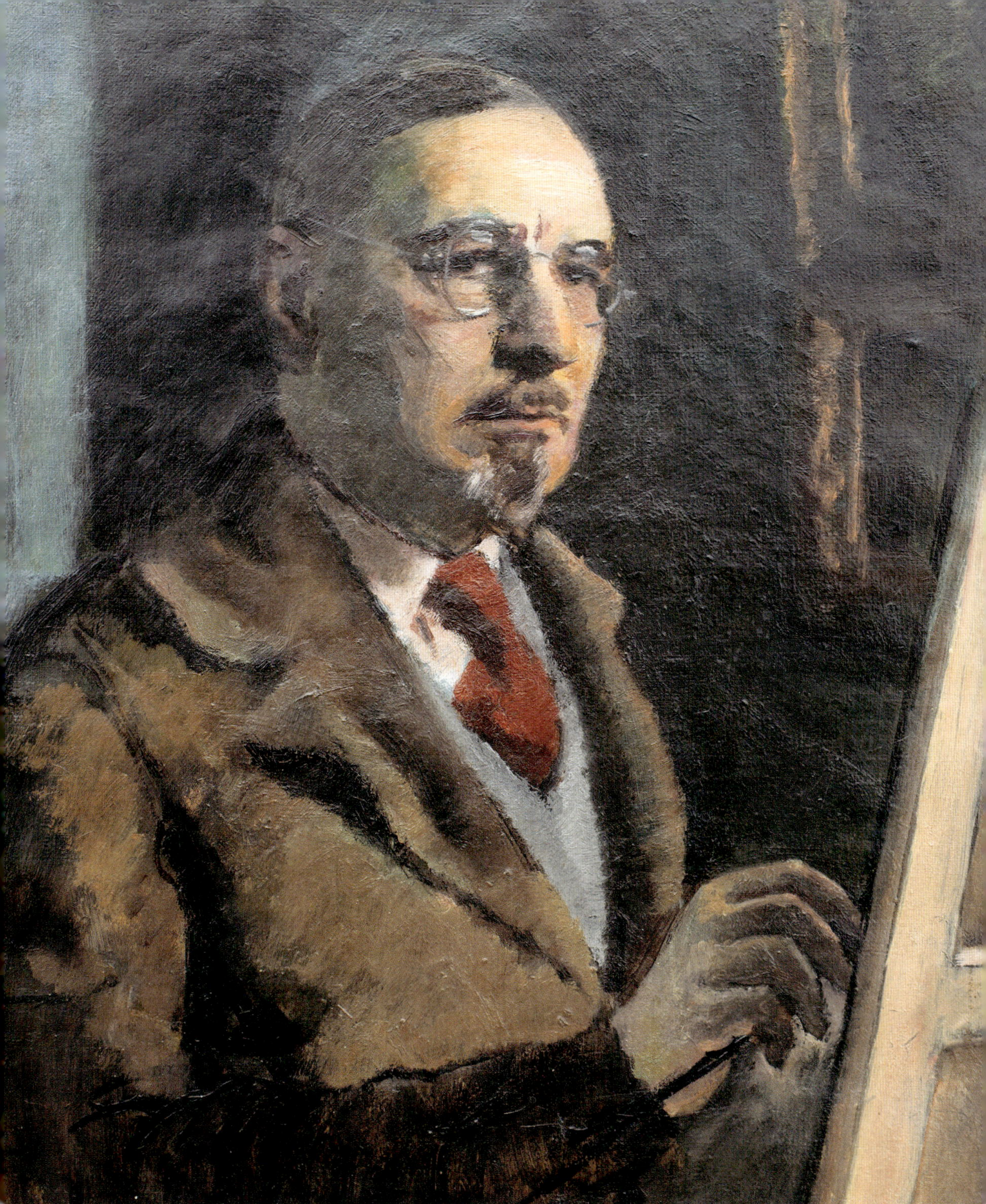

Selbstbildnis, 1930

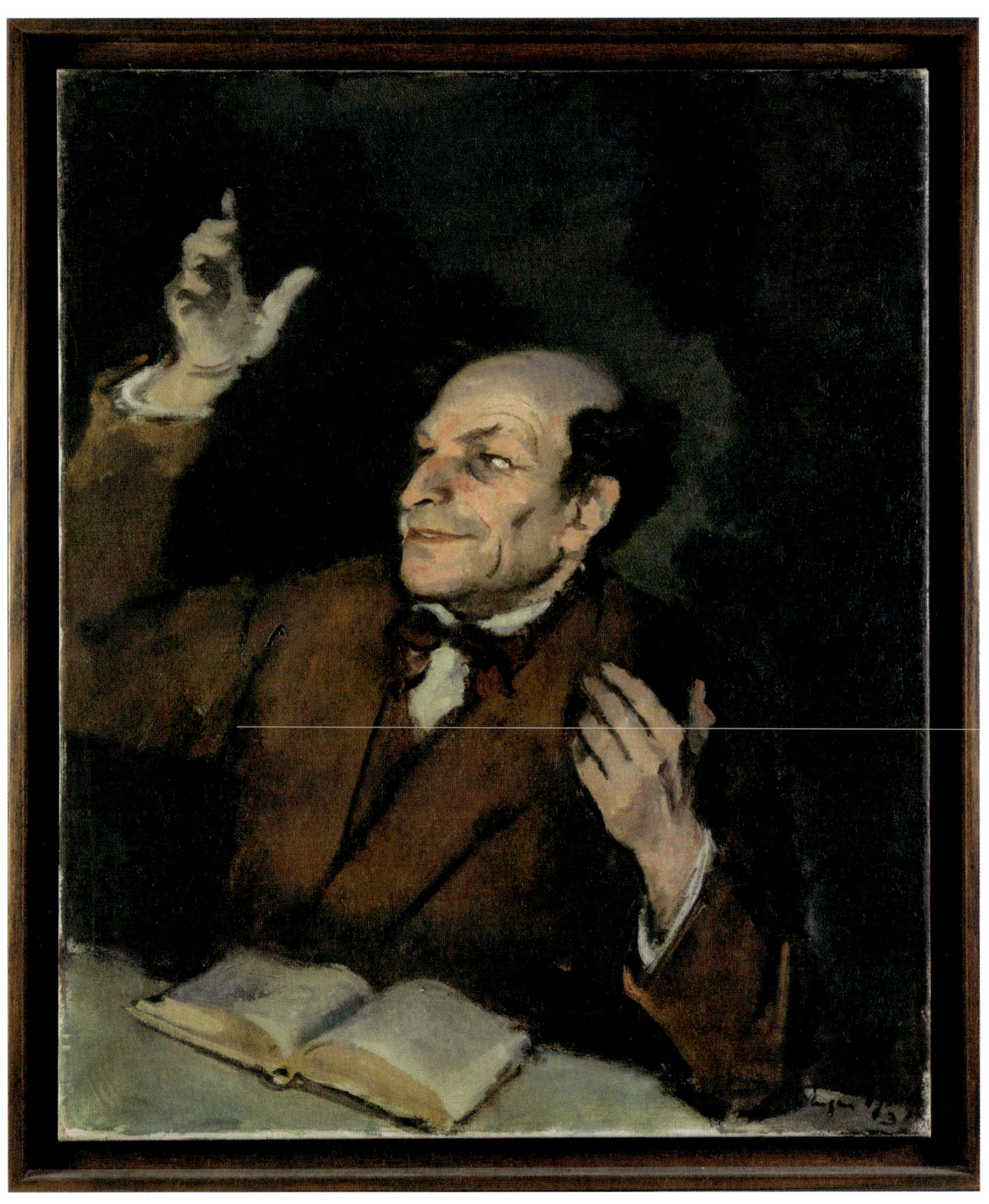

Ludwig Hardt liest Heine, 1931

Hauptsächlich aus diesem Grund entfiel wohl Spiros obligate Sommerreise ins südliche Europa. Während seines Besuches in Langenargen bei Hans Purrmann, der nicht an der Vorbereitung zur Herbstausstellung beteiligt war, aber gute Kontakte zu Künstlern der Bodenseeregion unterhielt, dürfte das Thema Talentsuche denn auch erörtert worden sein. Die am 31. Oktober eröffnete 66. Ausstellung der Secession erhielt schließlich von der Kritik mehrheitlich Zustimmung. Max Osborn und Paul Westheim hoben in Besprechungen außerdem Spiros Verdienst am Zustandekommen der Schau und ihrem neuen Erscheinungsbild hervor.

Die Inanspruchnahme durch die Secession forderte allerdings ihren Tribut. Mit nur 11 Gemälden[34] blieb Spiro hinter seiner künstlerischen Produktivität der beiden Vorjahre deutlich zurück. Neben den Bodenseelandschaften handelte es sich ausschließlich um Porträts, wovon „Biri, das Schulmädchen“ (Tochter der Starcks), „Damenbildnis (Frau K.)“, das Porträt des Internisten Prof. Carl Lewin und „Portrait des Schauspielers Albert Bassermann“ vermutlich im Auftrag gemalt wurden. Zur Jahresbilanz zählten ferner die Bildnisse „Mein Sohn Peter mit Palette“, „Sportlerin“, „Dr. Stiedry in der Oper“ und „Ludwig Hardt liest Heine“. Den Ausnahmerezitator hielt Spiro in der geistigen und gestischen Bewegtheit fest, wie ihn Elias Canetti später in seiner Lebensgeschichte „Die Fackel im Ohr“ schilderte: „Er hatte einen schmalen, dunklen, südländisch wirkenden Kopf, der sich im Nu zu verwandeln vermochte, so rasch, aber auch so sehr, dass man ihn dann nicht mehr erkannt hätte. Es schien, als sei er von Blitzen geschüttelt, die er aber *sprach,* Figuren und Gedichte, die er auswendig zur Verfügung hatte, die ihm so zu gehörten, als seien sie ihm angeboren. Er konnte keinen Augenblick ruhig sein, es sei denn, er wurde zu einer behäbigen, langsamen Figur“.[35]

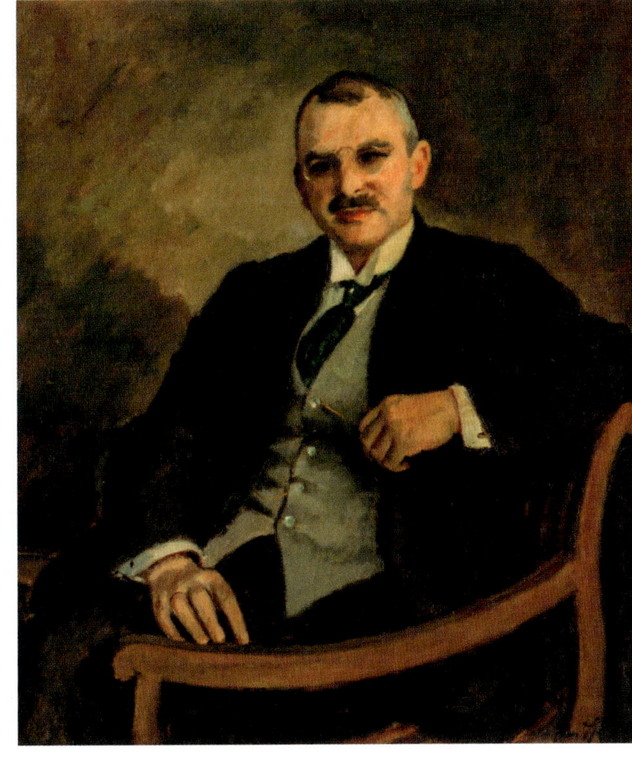

Portrait Prof. Carl Lewin

Anlässlich des 50. Geburtstages von Max Pechstein veranstaltete die Secession zum Jahreswechsel 1931/32 zusätzlich eine Ausstellung mit dessen Werken, die ebenfalls Lob in der Presse erhielt, aber ein allgemeines Dilemma offenbarte, wurde doch kaum etwas verkauft.

Ungeachtet dieses finanziellen Misserfolges plante die Secession auch für den Herbst 1932 zwei Präsentationen. Zuerst sollte eine Schau unter dem Titel „Führende deutsche Maler und Bildhauer“ und anschließend die obligatorische Herbstausstellung stattfinden.[36] Nachdem ab dem Frühsommer die Vorbereitungen dafür getroffen und

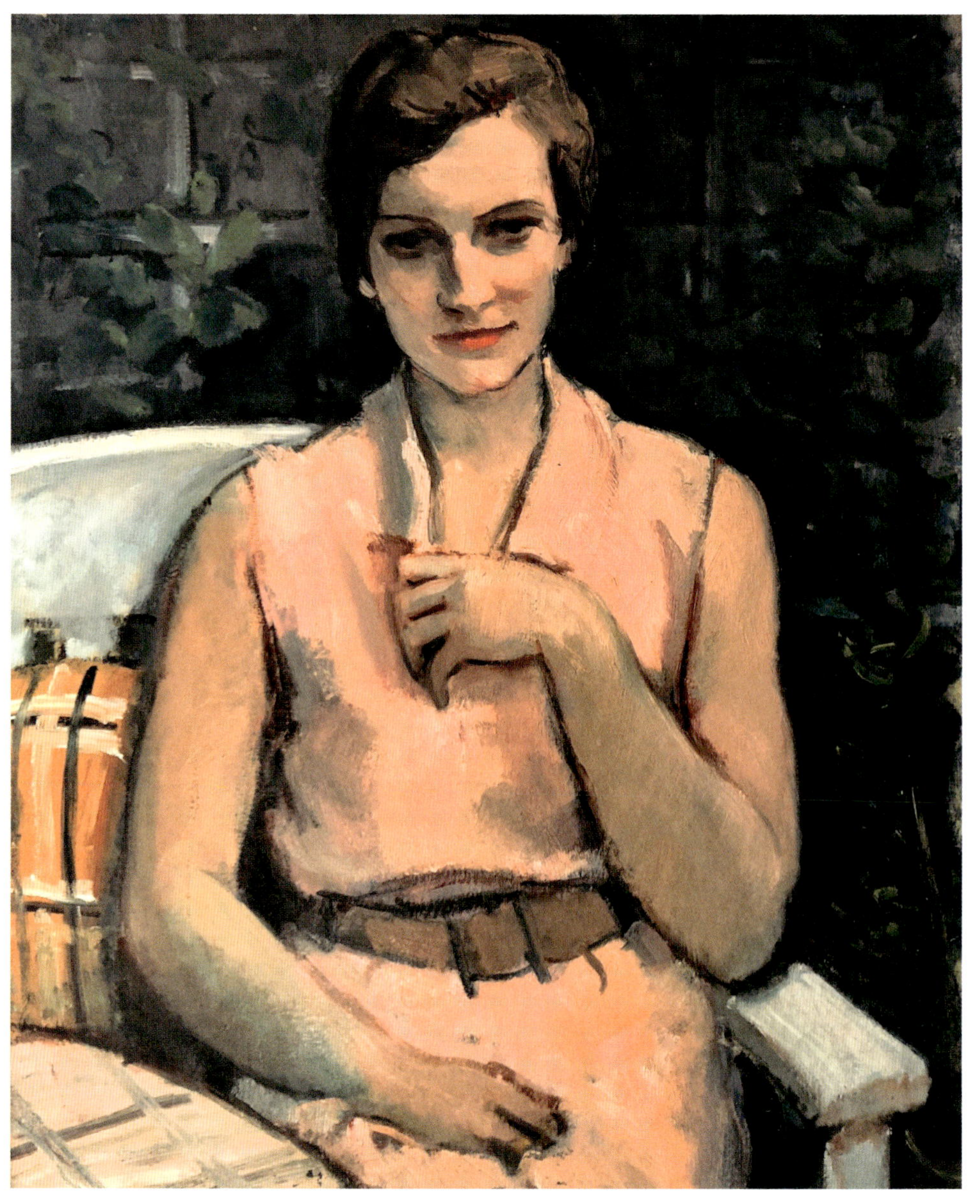

Portrait auf der Terrasse, 1930

namhafte Künstler angeschrieben worden waren, regte sich gegen ersteres Vorhaben Widerspruch von Teilen der Mitglieder und einiger Vorständler. Menschlich enttäuscht wurde Spiro von seinem Freund und bis dato verlässlichen Mitstreiter Leo von König, der sich ohne Rücksprache mit ihm den Opponierenden angeschlossen hatte. Das Projekt, die bedeutendsten deutschen Künstler der Gegenwart in einer Secessionsausstellung zu versammeln, musste verschoben und schließlich ganz auf aufgegeben werden. Hans Purrmann trat daraufhin aus dem Vorstand aus.

Wie schon im vergangenen Jahr verzichtete Spiro im Sommer auf eine Reise ans Mittelmeer und verbrachte stattdessen einige Wochen mit der Familie im Kreise der Schwiegereltern auf Hiddensee. Außer der „Terrasse auf Hiddensee" (siehe S. 86) entstanden offenbar keine weiteren Landschaften. Mit einem Dutzend nachweisbaren Gemälden blieb seine künstlerische Produktion aber auch 1932 überschaubar.[37] Außer „Selbstbildnis" und „Lella am Klavier" handelte es sich offenbar um Auftragsporträts, so von dem mit ihm befreundeten Industriellen Dr. Paul Grünfeld, dessen Gattin Margarethe Grünfeld, „Kinderbildnis Gerhard Starck", „Dimitri von Poliakoff", „Elegante Dame mit Hut und Schleier", „Junge Dame mit Bubikopf" oder „Frau Christ mit Hut".

Das auf Hiddensee entstandene und rechtzeitig fertig gewordene „Bildnis Gerhart Hauptmann" wurde in der am 1. Oktober eröffneten Herbstausstellung gezeigt. Trotz der vorangegangenen Querelen innerhalb der Vereinigung und der Beschränkung auf Werke ihrer Mitglieder erfuhr die 71. Ausstellung der Secession eine positive Resonanz, was sich nicht zuletzt in den Verkaufszahlen niederschlug. Nach wie vor ließen sich aber Stimmen vernehmen, die die Künstlervereinigung längst für überholt hielten und ihr die Daseinsberechtigung absprachen. Und in der Tat stand diese mittlerweile an einem Scheideweg, war doch hier erstmals auch das Porträt eines SA-Mannes zu sehen.

Spiros eigene Arbeit lief derweil wie gewohnt weiter. Ab Herbst gesellte sich ein neuer Schüler aus begütertem Hause zu seinem privaten Mal- und Zeichenunterricht.[38] Das zusätzliche Honorar dürfte wie immer hochwillkommen gewesen sein. Dass es sich bei dem 16-Jährigen, der bis Frühjahr 1933 bei ihm studierte, um seinen nachmals berühmtesten Schüler handeln würde, war zu diesem Zeitpunkt kaum absehbar. Die Rede ist von Peter Weiss, der sich als Schriftsteller Weltruf erwarb, aber auch als Maler große Anerkennung fand.

Wichtiger als sein Schüler mochte für Spiro die durch den Verein Berliner Künstler ausgerichtete Schau vom 4. November bis 4. Dezember in Wien gewesen sein, an der er als Gast teilnahm. Diese Ausstellung „der bedeutendsten Repräsentanten der Berliner Kunst" möge dazu dienen, wie es im Vorwort des Katalogs heißt, „die freundschaftlichen Beziehungen der beiden Brudervölker [zu] vertiefen".[39] Er selbst war mit den Gemälden „Kirche in Calvi", „Quai in Ajarrio", „Bei der Toilette", „Im Café", „Landschaft am Bodensee" und „Landschaft in Südfrankreich" vertreten.[40] Max Liebermann und er gehörten zu denen, die mit der Ehrenmedaille der Kunstgemeinschaft Wien ausgezeichnet wurden.[41] Anders in Deutschland, wo nur wenige Monate später Würdigungen jüdischer Künstler undenkbar werden sollten.

1 Akademie der Künste Berlin [AdK], BArch N 2291 1/8–34, Notizbuch „Agenda Pour 1925"
2 Ebd., BArch N 2291 1/108
3 Ebd., BArch N 2291 1/88
4 Ebd., BArch N 2291/32, Brief von Justizrat Dr. Arthur Flatau, 5. April 1926
5 Abercron, Wilko von: Eugen Spiro 1874 Breslau–1972 New York. Spiegel seines Jahrhunderts, Alsbach 1990, S. 166f. und S. 267f.
6 Matelowski, Anke: Die Berliner Secession 1899–1937. Chronik, Kontext, Schicksal, Wädenswil am Zürichsee 2017, S. 202
7 Berliner Adreßbuch 1921, II. Teil, S. 2967
8 Berliner Adreßbuch 1926, II. Teil, S. 3245
9 Spiro, Peter: Nur uns gibt es nicht wieder, Hürth bei Köln 2010, S. 41
10 Ebd., S.
11 Vgl. Matelowski. S. 183 und 210
12 Abercron, 167ff.
13 AdK, BArch N 2291 1/47, Brief Max Plancks vom 4.10.1927
14 Matelowski, S. 239ff.
15 Ebd., S. 354
16 Ebd., S. 599f.
17 Ebd., S. 245ff.
18 Berliner Adreßbuch 1929, IV. Teil, S. 1295
19 Spiro, Peter, S. 45
20 Landesamt für Bürger- und Ordnungsangelegenheiten, Register-Nr. 170730 E 2, S. 2, Eidesstattliche Erklärung Hermann C. Starcks vor dem unterzeichneten Notar Georg Thierkopf in Berlin W 15, Brandenburgische Strasse 38, 19. Februar 1954
21 Ebd., E 4, S. 1, Eidesstattliche Erklärung Eugen Spiros gegenüber der American Federation of Jews from Central Europe, Inc. 1674 Broadway, New York 19, N.Y.
22 Rings um das Ausstellungswesen. Rundfunkvortrag von Eugen Spiro, S. 1,
23 Ebd., S. 5
24 Ebd., S. 8
25 Ebd., S. 9
26 Ebd. S. 9
27 AdK, BArch N 2291 1/38
28 Abercron, S. 169f.
29 AdK, BArch N 2291 10/1 und 2 „Curriculum vitae von Eugen Spiro"
30 Abercron., S. 171ff.
31 Matelowski, S. 561–582
32 Ebd., S. 223
33 Ebd., S. 274
34 Abercron, S. 175f.
35 Canetti, Elias: Die Fackel im Ohr. Lebensgeschichte 1921–1931, Berlin 1981, S. 331f.
36 Vgl. Matelowski, S. 280
37 Abercron, S. 176f.
38 Hoffmann, Raimund: Peter Weiss – Malerei, Zeichnungen, Collagen, Berlin 1984, S. 12
39 Ausstellungskatalog des Vereins Berliner Künstler in Wien. Glaspalast. Burggarten. 4. November–4. Dezember 1932. Herausgegeben von der Kunstgemeinschaft (Wien), S. 6
40 AdK, BArch N 2291 1/34, Notizbuch „Agenda Pour 1925"
41 Vgl. Verein Berliner Künstler. Versuch einer Bestandsaufnahme von 1841 bis zur Gegenwart. Mit Beiträgen von Helmut Börsch-Supan, Lothar Fischer, Martin – M. Langner, Hellmuth Kotschenreuther, Jürgen Böckelmann, Berlin 1991, S. 88f.

Vor dem Exil – 1933 bis 1935

„Am Abend des 30. Januar 1933 begegneten sich Eugen Spiro und Max Liebermann auf einer Gesellschaft und wechselten ein paar ernste Worte miteinander über die beunruhigende Lage. Es war das erste Mal seit langer Zeit, seit der Secessions-Spaltung, dass sie wieder miteinander sprachen", berichtet Peter Spiro in seinen Erinnerungen.[1] Reichspräsident Paul von Hindenburg hatte an diesem Tag Adolf Hitler zum Reichskanzler ernannt. Der von den Nationalsozialisten daraufhin veranstaltete Fackelzug durchs Brandenburger Tor ließ erahnen, wohin Deutschland steuerte. Bei aller Sorge um die Entwicklung dürften Spiro und Liebermann freilich noch auf die Machtverteilung im Reichstag gehofft haben, die Hitler Rücksichten auferlegte, konnten er und die NSDAP doch nicht allein regieren, sondern bedurften als Koalitionspartner der Deutschnationalen Volkspartei. Diese lehnte ebenfalls die Weimarer Republik ab, galt aber immerhin als bürgerlich und stellte im Kabinett die Mehrheit der Minister. Im Unterschied zu Heinrich Mann, der sich öffentlich für eine Allianz von KPD und SPD ausgesprochen hatte und nach Hitlers Machtantritt umgehend als Präsident der Sektion Dichtkunst der Akademie der Künste des Amtes enthoben wurde, waren weder Spiro noch Liebermann derart politisch exponiert. Insofern mochten beide Künstler keine Veranlassung gesehen haben, in vorauseilendem Gehorsam zurückzutreten.

Obwohl der den Nationalsozialisten nahestehende Kampfbund für deutsche Kultur zusehends in der Berliner Secession an Einfluss gewann, versuchte die Leitung, ein Stück Normalität aufrecht zu erhalten. Lediglich die sich häufenden Sitzungen gaben einen Eindruck davon, welche Unsicherheit und Nervosität herrschte. „Anfang Februar schien sich der Vorstand noch mit alltäglichen Fragen zu befassen. Die nächste Kollektivausstellung wurde geplant sowie eine Benefizveranstaltung mit der Aufführung einer Kinderkantate von Paul Dessau. Außerdem schlug Spiro vor, H.C. Starck ‚für seine der Secession in hohem Masse erwiesenen Wohltaten' zum Ehrenmitglied zu ernennen, was im Vorstand und in der folgenden Mitgliederversammlung Zustimmung fand."[2]

Vorbereitet werden musste des Weiteren die turnusmäßige Vorstandswahl. Am 20. Februar stellten sich die Kandidaten vor. Bei der geheimen Probeabstimmung errang Spiro nicht mehr die meisten Stimmen. Noch deutlicher fiel das Ergebnis auf der Generalversammlung am 27. Februar aus. Ein Datum, das sich der deutschen Geschichte aus einem anderen Grund sprichwörtlich eingebrannt hat. Am selben Abend stand der Reichstag in Flammen. Spiro wurde zwar wiedergewählt, landete aber nur auf Platz vier.[3] Gewillt das Amt ungeachtet dessen weiterzuführen, war es nach Peter Spiros Aussage Elisabeth Spiro, die „sehr wohl den tiefgreifenden politischen Wandel" spürte und ihren

Mann drängte zurückzutreten.[4] Dieser hat offenbar lange mit sich gerungen, verband ihn doch mit der Berliner Secession ein fast zwanzigjähriges Engagement an vorderer und vorderster Stelle, das auch zu einem Stück Lebenswerk geworden war. Der Reichstagsbrand, den die Nationalsozialisten zum Anlass nahmen, mit einer sofort eingeleiteten Verhaftungswelle tausende von politischen Gegnern, insbesondere Kommunisten und Sozialdemokraten, auszuschalten, machte deutlich, dass Hitler sich keinesfalls die Macht entreißen lassen würde. Als am 5. März die Wahlen zum Reichstag und zum Preußischen Landtag stattfanden, konnte von einer freien Abstimmung schon keine Rede mehr sein. Auch in der Secession wuchs der Anpassungsdruck. Auf der Vorstandssitzung vom 17. März wurde bezeichnenderweise die „Möglichkeit der Zusammenarbeit mit dem Staat und dem Kampfbund für deutsche Kultur" erörtert.[5] Es sollte die letzte Sitzung werden, an der Spiro teilnahm. Wenig später trat er vom Vorstand und allen anderen Ehrenämtern zurück.

Die politische Lage verschärfte sich weiter. Hatte Hindenburgs Notverordnung vom 28. Februar bereits provisorisch die Weimarer Verfassung außer Kraft gesetzt und mithin den braunen Terror legalisiert, wurde am 24. März das Ermächtigungsgesetz im inzwischen domestizierten Reichstag durchgepeitscht, mit dem die gesetzgebende Gewalt faktisch auf Hitler überging. Am 1. April kam es in Berlin prompt zu einem ersten von den Nazis organisierten Boykott jüdischer Geschäfte, der sich ebenso gegen jüdische Ärzte, Anwälte und Hochschullehrer richtete. Mittels des am 7. April erlassenen Gesetzes „zur Wiederherstellung des Berufsbeamtentums" konnten diejenigen, die als politisch unzuverlässig oder „Nichtarier" galten, nunmehr aus ihren Anstellungen entlassen werden.[6] Arbeitsverbote, die den freiberuflich tätigen Spiro zunächst nicht direkt betrafen, aber nachhaltig die Atmosphäre vergifteten. Ausstellungsgelegenheiten zu finden und Bilder zu verkaufen, wurde für jüdische Künstler immer schwieriger, schließlich unmöglich. Nicht zufällig bricht Spiros akribische Auflistung seiner Ausstellungen und Ausstellungsbeteiligungen im Herbst 1933 ab. Im Februar wurden in Hannover (vermutlich im Kunstverein) sowie im Badischen Kunstverein Karlsruhe noch Arbeiten von ihm gezeigt. Die Präsentation in Karlsruhe bot mit 25 Gemälden – von Porträt und Selbstporträt über Akt und Stillleben bis hin zu Landschaft und Stadtansicht – keine umfassende Werkschau, aber eine weitgehend vollständige Übersicht über die Bandbreite seines malerischen Schaffens.[7] Der letzte Notizbuch-Eintrag datiert vom 7. Oktober und betrifft die Übergabe dreier Arbeiten an [die Kunsthandlung] Pictura am Lützowplatz 11 für eine Ausstellung in Palästina.[8]

In Berlin oder anderen deutschen Städten auszustellen, wurde nur noch innerhalb des im Juli 1933 gegründeten Kulturbundes Deutscher Juden gestattet, dem Spiro beigetreten war. In diesem Rahmen organisierte er gemeinsam mit Josef Bató und Martin Bloch zur Eröffnung der Theatersaison am 1. Oktober im „Berliner Theater", das der Kulturbund in der Charlottenstraße 90–92 bezogen hatte, eine „Kollektion von Gemälden, Aquarellen, Zeichnungen und Graphiken noch junger Künstler [...] geadelt von einigen kleinen Stücken von Max Liebermann, Zeichnungen von Ludwig Meidner und seiner Frau Else Meidner, daneben Werke von Arno Nadel, Julius Rosenbaum, Fritz Lederer, Adele Reifenberg, Julie Wolfthorn, Manfred Prager, und Paula Neufeld. Einen Monat später, zur Premiere von *Figaros Hochzeit,* gab es eine weitere Vernissage mit Portraits bekannter Männer: *Jakob Wassermann,* gemalt von Max Liebermann, *Ernst Lissauer,* gemalt von Eugen Spiro und *Kurt Singer,* gemalt von Arno Nadel. Daneben hingen Chagall, Jankel Adler [...] und weitere unbekannte Berliner Künstler".[10] Der Eintritt in den Kulturbund, auch wenn er darin bald organisatorische Aufgaben übernahm, dürfte ihm dennoch schwergefallen sein, verstand er sich doch keineswegs als jüdischer, sondern deutscher, wenn nicht europäischer Maler. Damit stand er nicht allein. Curt Glaser, Direktor der Berliner Kunstbibliothek und selbst Jude, hatte anlässlich des am 24. Januar 1933 eröffneten Jüdischen Museums in der Oranienburger Straße 31 in einem Zeitungsbeitrag geschrieben, dass sich die Frage stelle, „wohin es führt, wenn irgendein Stilleben oder eine Landschaft eines deutschen Malers jüdischer Konfession hier unter dem Titel jüdischer Kunst vorgeführt wird. Es führt zu einer durchaus unerwünschten und sachlich in keiner Weise begründenden Spaltung. [...] Eine jüdische Kunst gibt es außerhalb des Kultbereiches heute so wenig, wie es eine katholische oder evangelische Kunst gibt. [...] das Judentum liefert seinen Gegnern selbst die Waffen, indem es den Begriff einer jüdischen Kunst aufstellt, die es in Wahrheit nicht gibt."[11] Zur Wahrheit gehörte aber auch, dass die Spaltung, die Glaser mit Sorge ansprach, längst im Gange war. Nicht durch die Eröffnung des Jüdischen Museums, sondern durch den erstarkten Antisemitismus.

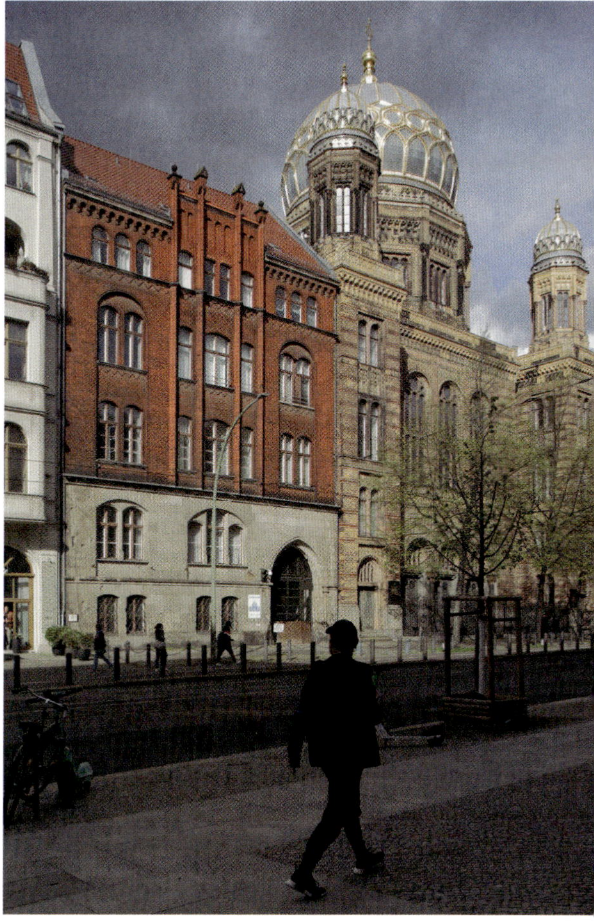
Ehemaliges Jüdisches Museum und Neue Synagoge

Die mit dem politischen und gesellschaftlichen Umbruch einhergehenden Einnahmeverluste hatten Spiro offenbar gezwungen, auf eine Sommerreise zu verzichten. Landschaftsbilder und -skizzen, die er von seinen Aufenthalten mitzubringen pflegte, fehlen in Abercrons Werkverzeichnis. Neben dem „Selbstbildnis in Zigarrenkiste" (der passionierte Raucher bemalte gern seine leeren Zigarrenkisten und verschenkte sie an Freunde) stehen bislang vier nachgewiesene Porträts als Bilanz des Jahres: „Junge Dame mit Bubikopf", „Frau Christ mit Hut" und „Frau Christ".[12] Nicht erfasst bei Abercron ist das Bildnis „Mela Kempinski". Die 27-jährige Melanie Rahmer war verheiratet mit dem Erben der Hoteldynastie Ernst Gerhard Kempinski. Spiro konzentriert sich in sei-

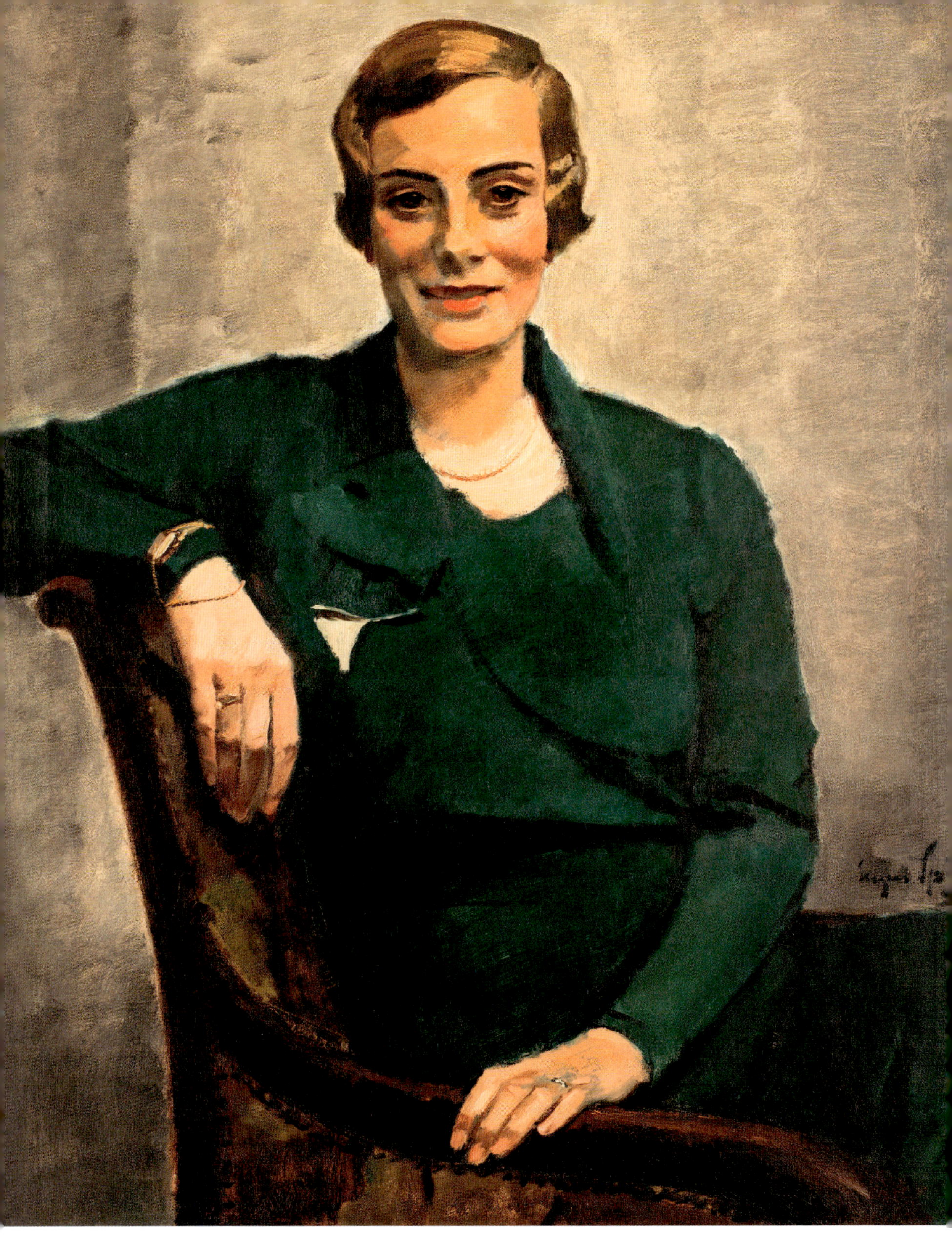

Mela Kempinski, 1933

nem Gemälde ganz auf die Dargestellte. Außer dem Sessel, auf dem sie sitzt, die Beine übereinandergeschlagen und den rechten Arm auf die Rückenlehne gelegt, lenkt kein Ausstattungsstück des Raumes von ihr ab. Ihr offener Blick richtet sich auf den Betrachter. Ein Lächeln, nicht ohne Selbstironie, umspielt den Mund. Die Eleganz ihrer Erscheinung wird durch das Dunkelgrün des Kleides, das mit dem Blond ihres Haares harmoniert, und dem zurückhaltenden Schmuck (Halskette, Armband, Armbanduhr und Ring) unterstrichen. Spiro bietet all sein Können als Porträtist auf und zeigt eine junge, selbstsichere Frau, die sich – bar aller Herablassung – ihrer gesellschaftlichen Stellung und ihrer Wirkung auf andere durchaus bewusst ist. Ein Auftragsporträt, das bei ihm die Hoffnung genährt haben dürfte, seine Existenz als Maler ungeachtet der politischen Umstände in Berlin fortsetzen zu können.

Und in der Tat sollte ihm das Jahr 1934 einen Höhepunkt bescheren, sorgte doch der Mährische (oder Böhmische Kunstverein?) für eine Ausstellung mit seinen Arbeiten, die in Brünn und Prag gezeigt wurde. „Der damalige Außenminister und spätere Staatspräsident Edvard Beneš kam zur Prager Eröffnung, sprach ein paar Begrüßungsworte und kaufte auch ein Bild, und zwar das 1930 entstandene ‚Interieur'. Insgesamt wurden mehrere Bilder verkauft", erinnert sich Peter Spiro.[13] Der aus Berlin vertriebene und in die Tschechoslowakei emigrierte Kunstkritiker und Psychologe Max Deri verfasste unter dem Titel „Farbe und Seele" einen enthusiastischen Artikel:

> „Prof. Eugen Spiro, der in Berlin jahrelang die Secession geleitet hat, stellt im Kunstverein für Böhmen Landschaften, Frauenbilder, Männerporträts aus.
>
> Ist diese Reihe nicht eine Stufenleiter des Seelischen?
>
> Schön ist die Natur in ihrer Farbenpracht! Schon gar für einen Maler, der, wie Spiro, jede Schwierigkeit des Könnens weit hinter sich gebracht hat. Und dessen Auge so empfänglich und empfindlich ist für den Reichtum und die Fülle breit stehender oder voll strömender Farbflächen. Landschaften und ‚Stadtschaften' ruhen in dem Grün ihrer Bäume und Wiesen, in dem Weiss und Grau und Gelb ihrer Häuser und Strassen. Ist es Zufall – es gibt keinen – dass diese Straßen meist menschenleer sind? So können die Flächen der Wände und Dächer rein und ungestört gegen den Himmel und die Erde stehen. Lustwiesen für die Augen, die in der Farbe baden.
>
> Dann die Frau. Nicht gefasst als Werkerin kultureller Leistung, sondern als Werkerin sinnlicher Freude. Auch sie blühend in den Farben, doch schon spricht Seelisches als Sinnliches mit. So etwa in dem Bildnis der ‚Jungen Dame mit grauem Haar': Frauenschönheit eint sich mit Farbenschönheit. In leichter und lichter Bekrönung liegt das grauschwarze Haar über dem rötlichen Schimmer des frühsommerfrischen Gesichtes, dunkel kontrastieren die Augen zum rufenden Rot des Mundes, zwischen dem Hellrot der Hand und dem dunkelnden Braun des Kleides sprüht wie in Lachen und Locken ein liebkosendes Blau der Manschette – man wird im Sehen froh.
>
> Doch dann das Schwerste: Männer zu malen, die durch Kulturtaten wirken. Die nicht mehr bloss Farbenträger, sondern Geistesträger sind. Der Kapellmeister

Stiedry ist da, der Dichter Hauptmann und der Schauspieler Bassermann. Nun muss das Gesicht zur kündenden Ausdrucksform für seelische Bedeutung werden. Nun liegen Licht und Farben nicht mehr auf einer Fläche, die in ihrer Farbenschönheit sich selbst genügt, sondern sie müssen Diener und Künder für Höheres werden, für Tieferes und Komplexeres. Am besten scheint hier das Seelenbild von Bassermann gelungen, sein scharfer Blick, sein gespannter Mund, das Aktive eines greifenden, packenden, gestaltenden Geistes.

Und das wohl allerbeste: das Selbstbildnis mit Frau und Sohn vor der Staffelei. Frei und völlig gelöst in der Malerei, frei und völlig gelöst in der Seele. Von ferne her etwas sinnend traurig umweht in Geste und Blick des Kopfes. Von einer Unbefangenheit und Ueberlegenheit sich selbst gegenüber, die selten sind."[14]

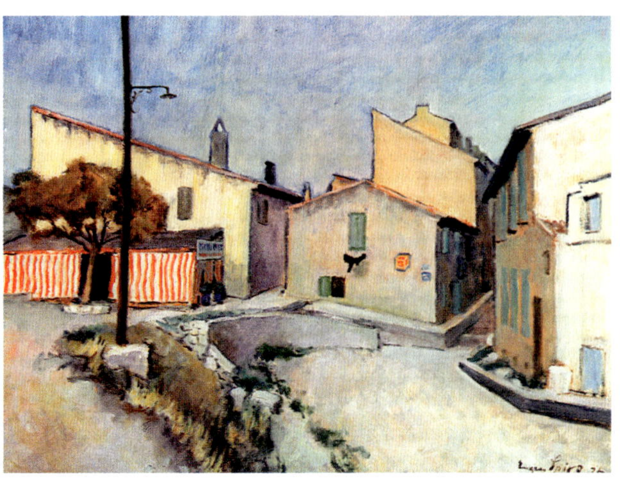
Cassis, Südfrankreich, 1926

Getrübt wurden die beiden Ausstellungserfolge durch Probleme, die Spiro mit der Devisenbehörde in Berlin bekam. Einen Teil der erzielten Einnahmen hatte er in der Tschechoslowakei ausgegeben und nicht, wie vorgeschrieben, vollständig nach Deutschland abgeführt. Nach einigem Hin und Her mit dem Amt gelang es ihm aber wohl, seine Unwissenheit über die diesbezüglichen Verordnungen glaubhaft zu machen, sodass von einer Strafe abgesehen wurde.[15] Die vorangegangene Aufregung und Verunsicherung dürfte dennoch Spuren hinterlassen haben.

Auf die Präsentation in Brünn und Prag ging vermutlich auch Spiros im April 1936 eröffnete Ausstellung in der Amsterdamer Kunsthandlung Fetter zurück, die „beim Publikum und bei Fachkreisen der holländischen Hauptstadt überaus freundliche Aufnahme findet", wie das Gemeindeblatt für die jüdischen Gemeinden in Rheinland und Westfalen berichtete.[16]

Das Jahr 1934 indes sollte für Spiro neben immer wieder aufkeimender Hoffnung auch Existenz bedrohende Rückschläge bereithalten. Dankbar war er gewiss für die Doppelausstellung im Jüdischen Museum Berlin, die gelegentlich seines sechzigsten und Ludwig Meidners fünfzigsten Geburtstag stattfand,[17] gleichwohl ihre künstlerischen Positionen weit auseinanderlagen und weder er noch Meidner unter anderen Umständen auf die Idee gekommen wären, sich wegen des Zusammenfallens ihrer Jubiläen (im April) zu einer Werkschau zu vereinen. Da es darüber hinaus der nichtjüdischen Öffentlichkeit staatlicherseits verboten war, an Ausstellungen und Veranstaltungen des Museums teilzunehmen und viele potentielle jüdische Käufer ohnehin auf gepackten Koffern saßen, dürften Bilderverkäufe, so es sie überhaupt gab, rar gewesen sein. Nicht anders erging

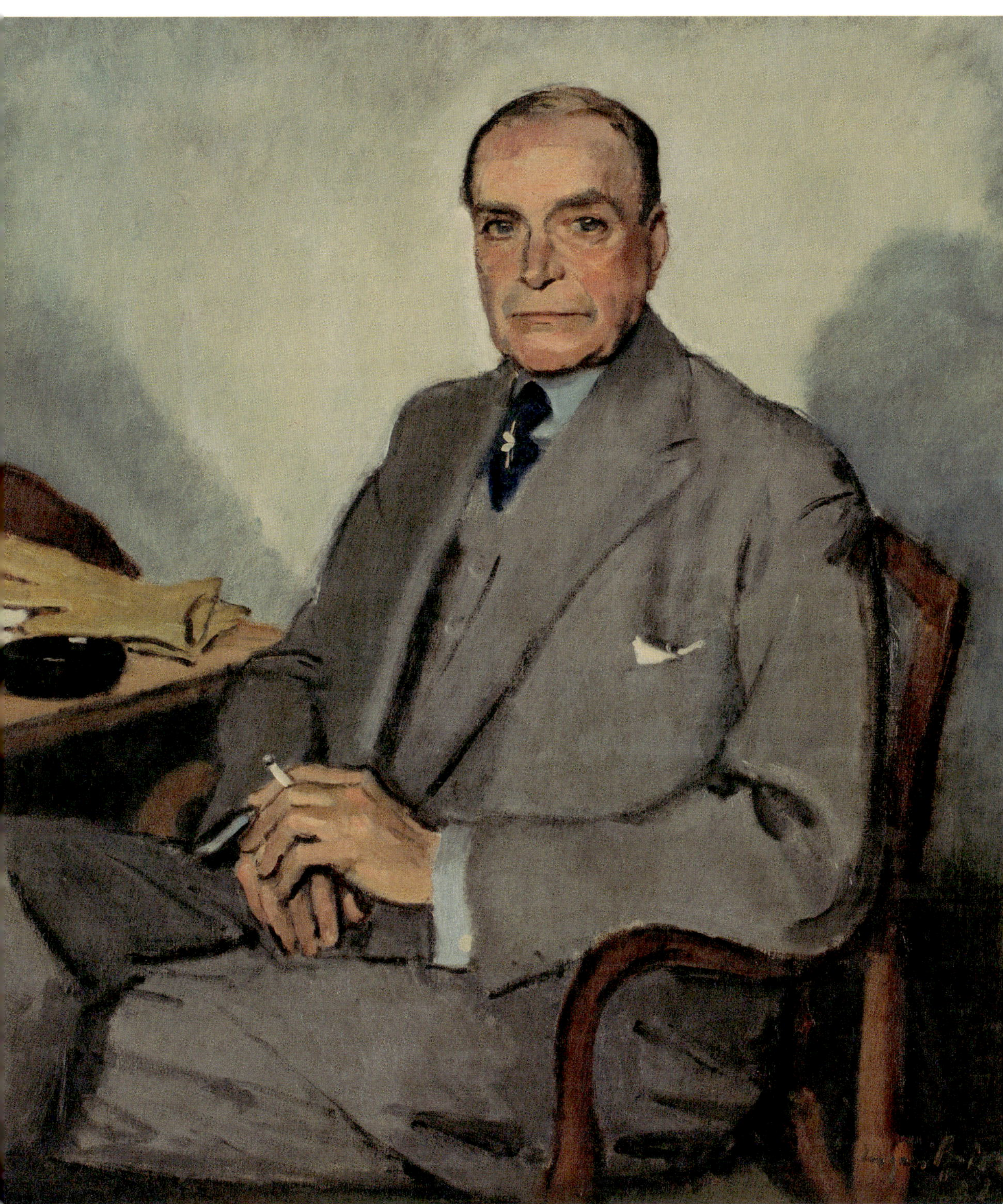

Portrait des Schauspielers Albert Bassermann, 1931

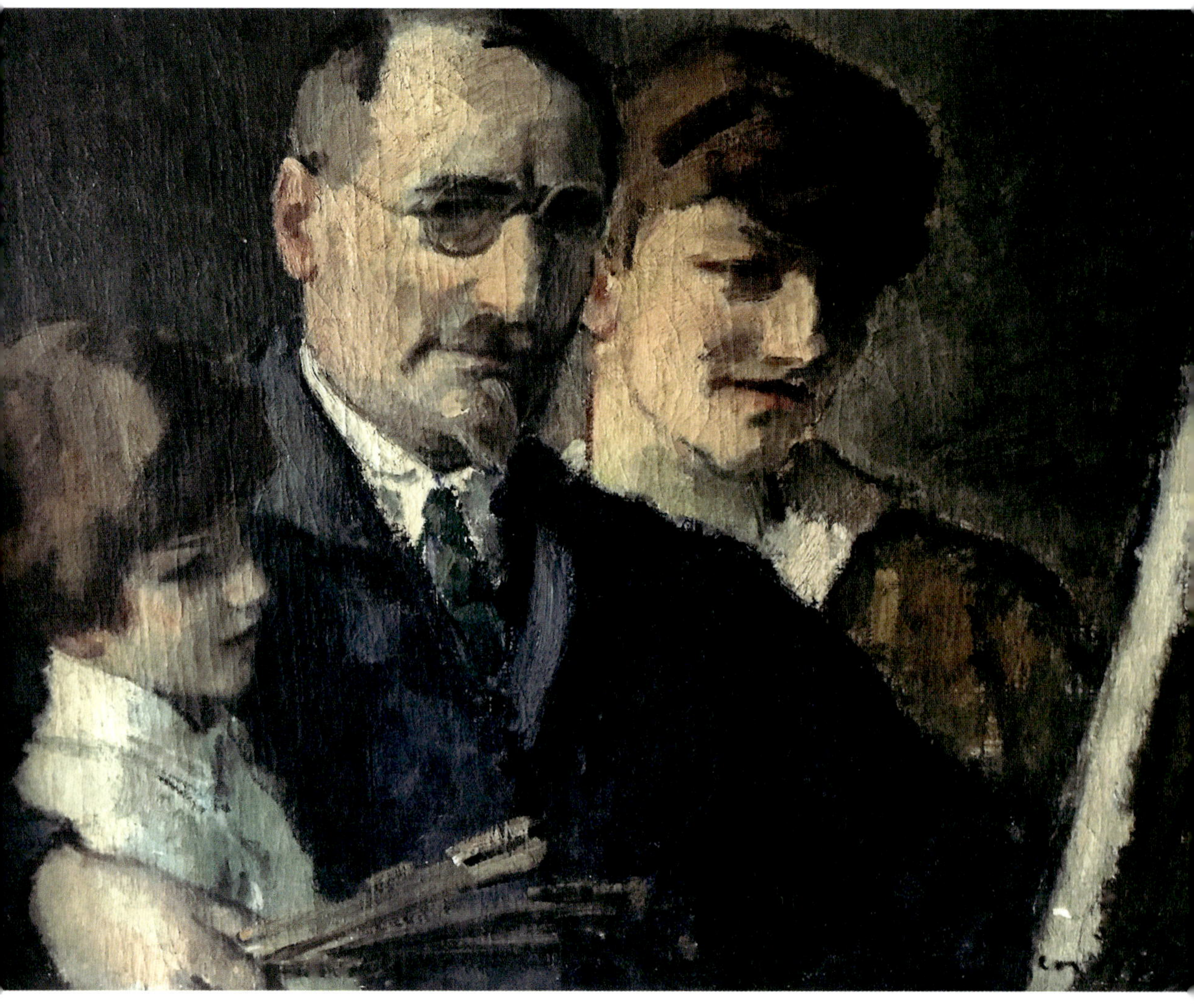

Selbstbildnis mit Frau und Sohn vor der Staffelei

es Arbeiten, die Spiro nach London sandte. Noch durften jüdische Künstler im Ausland ausstellen. Dort aber war es die antideutsche Stimmung, die dazu führte, dass keines seiner Bilder verkauft wurde. Wegen einer anonymen Drohung gegen die Galerie, ihr die Scheiben einzuwerfen, musste die Präsentation sogar vorzeitig beendet werden.[18]

Allen Widrigkeiten zum Trotz traten die Spiros diesmal wieder ihre Sommerreise an. Ziel war Tossa de Mar an der Costa Brava. Der malerisch gelegene Küstenort, von dem sich in diesen Jahren auch Marc Chagall anregen ließ, verfehlte seine Wirkung auf Spiro nicht. Mehr als ein halbes Dutzend Landschaften und Stadtansichten entstand, fast durchweg auf Leinwand und teilweise in größeren Formaten, u.a. „Tossa del Mar", 82×100,5 cm, „Tossa del Mar II", 84,5×104,5 cm, „Boote in Tossa del Mar", 63,5×81,5 cm, „Tossa del Mar" (Altstadt), 65×81 cm oder „Tossa, Hof der Casa Simtoy" (sein Hotel),

65×81 cm. Dokumentiert ist ferner das Gemälde „Spanische Netzflickerinen“ sowie das ebenfalls in Tossa geschaffene Porträt „Junge deutsche Ehefrau“ (105×85 cm).[19] Zum Abschluss des Aufenthaltes stellte er die Bilder in seinem Hotelzimmer aus.[20]

Mitte August erhielt Spiro vom Jüdischen Museum e.V. die gute Nachricht, dass die Reichskammer der Bildenden Künste „die geplante Ausstellung von Werken jüdischer Künstler in Breslau für die Zeit vom 14. Oktober 1934 bis gegen Ende November in Aussicht genommen“ habe.[21]

Ende August wandte sich Johannes Joachim in einem Brief an ihn:

„Sehr geehrter Herr Spiro!

Verzeihen Sie, wenn ich Sie mit einer recht unerquicklichen Sache belästige.

Wie Ihnen ja bekannt ist, wird das Andenken meines Bruders, des Oberstleutnant Hermann Joachim, durch Lügen und Verleumdungen verunglimpft.

Als ich zuerst vor 1½ Jahren davon hörte, hatte ich eine Erklärung an verschiedene Zeitungen gesandt, die aber gerade von den angesehensten Blättern nicht aufgenommen wurde mit dem Hinweis, dass die Anspielungen in einem obskuren Winkelblättchen erschienen seien, die kein Mensch ernst nehme. Von einer Beleidigungsklage musste meine Nichte, wie Sie ja wissen, abstehen, weil sie nach den Gutachten zweier Rechtsanwälte – was ich übrigens persönlich für falsch u. oberflächlich halte – von zweifelhaftem Erfolg gewesen wäre. –

Jetzt wird aber die Angelegenheit von Neuem aufgegriffen und zieht weitere Kreise: Ein Dr. E. Haber in Berlin, der ein umfangreiches Buch über die Freimaurerei in einem so angesehenen Verlag wie die ‚Union‘ in Stuttgart hat erscheinen lassen, reist im Lande herum und bringt diese Lügen in Vorträgen (in Jugendlagern u. Verschiedenen Versammlungen) mit grösstem Erfolg vor.

Sind Sie damals noch glimpflich fortgekommen, so wird jetzt auch Ihr Name in den Schmutz gezogen. Mir liegt der Bericht über einen Vortrag Habers in Hildesheim vor, dessen Gemeinheit kaum zu übertreffen ist. Der ‚Hildesheimer Beobachter‘ referiert üb.d. Vortrag u. leistet sich folgenden Passus: „... Ein ganzes Jahr dauerte es noch, bis der Landesverrat der 3 Juden [Joachim, Goldschm., Spiro] offenbar wurde. Joachim vergiftete sich, Goldschmidt sprang aus dem fahrenden Hamburger Schnellzug u. Spiro flüchtete in die Schweiz, aus der er nach der November-Revolte in grossen Ehren zurückkehrte.‘ –

Meine Nichte denkt jetzt daran, falls es ihr nicht als aussichtslos widerraten wird, Klage einzureichen. Würden Sie sich eventuell auch dazu entschliessen können? Ich muss offen gestehen, dass ich wenig Zutrauen dazu habe, denn heutigen Tages genügt ‚nicht-arischer‘ beinahe, um zu scheitern, und gar einem Freimaurer wird jedes Verbrechen zugetraut! Allerdings soll es auch noch gewissenhafte u. anständige Rechtsanwälte u. Richter geben. –

Auch wenn Sie nicht Anklage erheben wollen, wäre ich Ihnen für ein paar Zeilen dankbar, und besonders, falls Sie uns einige Unterlagen geben können. Es muss doch noch Leute aus der ‚Cart' geben, die von der Erkrankung m. Bruders wissen. Waren Sie bei dem Prozess gegen Hauptmann Gabriel als Zeuge zugegen? Und was ist mit Ihrer ‚Flucht in die Schweiz'?

Ist Goldschmidts perverse (?) Veranlagung notorisch und darf man das erwähnen? Gabriel sprach nur von Beurlaubungen Goldschm. zu Konzerten in Hamburg u. Wien; Haber spricht von Beurlaubungen ins ‚neutrale Ausland'! Wissen Sie irgendetwas darüber?

Wenn man nur die Akten jenes Prozesses, der in Hannover stattgefunden haben soll, einsehen könnte!"[22]

Der Pianist Paul Goldschmidt diente im Ersten Weltkrieg ebenfalls in der Karthographischen Abteilung. Spiro hat ihn 1916 sowohl gemalt als auch in den Musiker-Lithos festgehalten. Goldschmidt nahm sich 1917 das Leben, nicht weil er in landesverräterische Umtriebe verstrickt, sondern schwul war und unter Depressionen litt. Genauso gehörte Spiros „Flucht" in die Schweiz ins Reich böswilliger Erfindungen.

Noch schwerwiegender als die Verleumdungen erwies sich das Schreiben des Präsidenten der Reichskammer für Bildende Kunst Eugen Hönig, das Spiro zwei Monate später erhielt und in dem ihm mitgeteilt wurde: „In entsprechender Anwendung des Gesetzes zur Wiederbelebung des deutschen Beamtentums vom 7. April 1933 (RGB1. I S 175) lehne ich gemäß § 10 der ersten Verordnung zur Durchführung des Reichskammergesetzes vom 1. November 1933 (RGBI. I S. 797) Ihr Gesuch um Aufnahme in die Reichskammer der bildenden Künste, Fachverband Bund Deutscher Maler und Graphiker, ab. Ich untersage Ihnen die weitere Berufsausübung als Maler und Graphiker."[23] Der hinzugezogene Anwalt Dr. Ludwig Ruge, Rechtsbeistand des Ullstein Verlages, erhob Einspruch beim Reichsminister für Volksaufklärung und Propaganda – allerdings ohne Erfolg.[24]

Damit war Spiro seiner Existenzgrundlage als freiberuflicher Künstler beraubt. Weder mit der Unterrichtung jüdischer Malschülerinnen und -schüler noch mit Bilderverkäufen innerhalb der jüdischen Gemeinschaft – beides wurde durch das Verbot der Berufsausübung zunächst nicht berührt – war der Lebensunterhalt auskömmlich zu bestreiten. Spiro und seine Familie mussten sich einschränken und wären dazu in weit stärkerem Maße gezwungen gewesen, hätte es nicht Mäzene wie Dr. Paul Grünfeld, H.C. Starck oder Baby Goldschmidt-Rothschild gegeben. Laut Peter Spiro kam zuweilen sogar von anderer Seite Hilfe in der Not, so durch den Secessions-Kollegen Robert F.K. Scholtz. „Von Haus aus war er Photograph [...], doch er malte auch und gehörte zur Jury der Secession, in deren Katalogen der zwanziger Jahre er auch als Aussteller erwähnt wird. Später entwickelte er den Ehrgeiz, in der Berliner Gesellschaft als Porträtmaler Anerkennung zu finden. Daher trat er mit meinem Vater in Verbindung und es entwickelte sich eine äußerst ungewöhnliche Zusammenarbeit. Scholtz kam per Taxi zu uns und brachte eine auf Keilrahmen gespannte Landwand, auf der schon ein Porträt, meistens ein Damenporträt, angefangen war, nur Schultern und Kleidung waren bereits erkennbar. Dazu lieferte Scholtz einen Satz von Lichtbildern. Seinen Auftraggebern hatte Scholtz

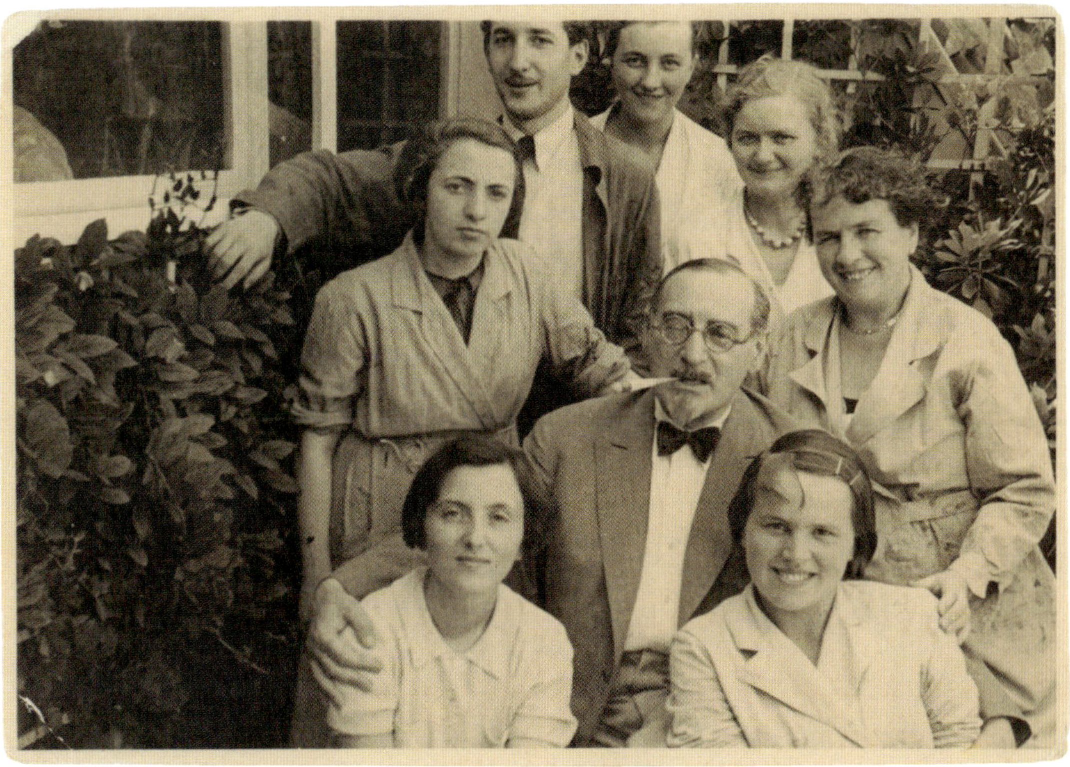

Eugen Spiro mit Schülerinnen und Schüler seiner Malschule, 1935

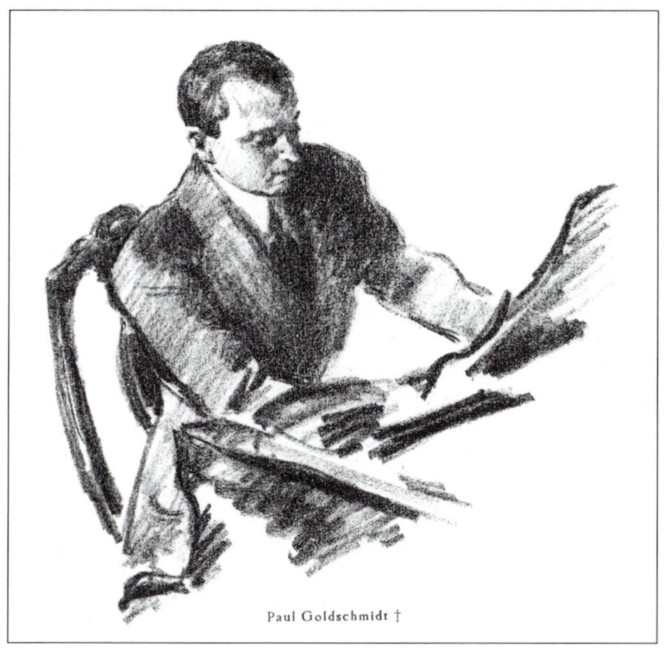

Paul Goldschmidt

erklärt, dass er sie nicht mit allzu vielen Sitzungen belasten wolle, weswegen er Fotos mache, um nach ihnen arbeiten zu können. Die weitere Arbeit fand statt, aber ... durch Eugen Spiro, in dessen Atelier. Das fast fertige Porträt holte Scholtz und vollendete es in Anwesenheit seines Kunden. Der Erlös dieser Zusammenarbeit wurde zwischen Scholtz und Spiro geteilt."[25]

Doch auch solche Momente, in denen dem Regime ein Schnippchen geschlagen werden konnte, machen deutlich, in welch unhaltbarer Lage sich selbst ein durch seine exzellenten Kontakte noch herausgehobener Künstler wie Spiro befand. Resignation widersprach aber wohl seinem Naturell, wie sich an dem Dutzend entstandener Gemälde des Jahres ablesen lässt. Neben den Bildern aus Tossa gehören dazu: „Damenbildnis (El. Spiro)", „Woman reading", „Portrait Luscha Firle" und „Haus in Berlin-Dahlem"[26] Wegen seiner dritten Frau Luscha, die Jüdin war, wurde Otto Firle, zwei Jahre nach seinem ehemaligen Schwager, ebenfalls mit Berufsverbot belegt.

Am 8. Februar 1935 starb 87-jährig Max Liebermann. Der gleichgeschalteten Presse war das keine Nachricht wert. Drei Tage später fand auf dem Jüdischen Friedhof Schönhauser Allee das Begräbnis statt. Neben Angehörigen und Freunden der Familie hatten auch einige wenige Künstlerkollegen den Mut daran teilzunehmen: Erich Braunthal, Rudolf Großmann, Konrad von Kardorff, Leo Klein-Diepold, Georg Kolbe, Käthe Kollwitz, Otto Nagel, Hans Purrmann, Hans Sauerbruch, Karl Thurmann und Eugen Spiro.[27] Der Fotograf Abraham Pisarek machte heimlich Aufnahmen. Die Fotoabzüge gelangten nach London und legten als Einzige Zeugnis von der Trauerfeier ab.

Der schäbige und würdelose Umgang des NS-Staates mit dem Tod des bedeutendsten deutschen Malers der Gegenwart wie auch der lauter und aggressiver werdende Antisemitismus dürften Spiros letzte Zweifel ausgeräumt haben, seine künstlerische Existenz anderswo fortzusetzen. Als er in einer seiner letzten Berliner Arbeiten die Frau des Tischlermeisters Tornow porträtierte, gestand er dieser beim Malen, „dass er „über die Entwicklung geängstigt und nervös sei und nicht mehr so bei der Sache, wie er es selbst sich eigentlich gewünscht hätte".[28]

Spätestens nach den am 15. September 1935 verkündeten „Nürnberger Rassegesetzen", mit denen die Verfolgung der Juden auf eine „rechtliche" Grundlage gestellt wurde, scheint Spiros Entschluss festgestanden zu haben, Paris zum Mittelpunkt seines Lebens und Arbeitens zu machen. Noch war eine Übersiedlung möglich, sogar mit dem gesamten Hab und Gut. „Ein älterer jüdischer Mieter zog in unsere zweistöckige Wohnung in der Reichsstraße", schreibt Peter Spiro, „er machte meiner Mutter bittere Vorwürfe, er meinte, dass es Hochverrat am deutschen Volk sei auszuwandern, denn dieser braune Spuk werde nicht ewig dauern. Was später aus ihm wurde, weiß ich nicht."[29] Der Familie Spiro rettete dieser Schritt das Leben.

1 Spiro, Peter: Nur uns gibt es nicht wieder, Hürth bei Köln 2010, S. 69
2 Matelowski, Anke: Die Berliner Secession 1899–1937. Chronik, Kontext, Schicksal, Wädenswil am Zürichsee 2017, S. 455
3 Ebd., S. 457
4 Spiro, Peter:, S. 70
5 Matelowski, S. 458
6 Vgl. Materna, Ingo/Ribbe, Wolfgang in Verbindung mit Baudisch, Rosemarie/Holtz, Bärbel/Such, Gaby/Seyer, Heinz; Geschichte in Daten Berlin, Berlin 1997S. 192
7 Akademie der Künste Berlin [AdK], BArch N 2291 1/34 und 35, Notizbuch „Agenda Pour 1925"
8 Ebd, 1/36
9 Berliner Adreßbuch 1934, Teil IV., S. 132
10 Fritsch-Vivié, Gabriele: Gegen alle Widerstände. Der jüdische Kulturbund 1933–1941. Fakten, Daten, Analysen, biographische Notizen und Erinnerungen. Mit einem Vorwort von Jakob Hessing, Berlin 2013, S. 138
11 Glaser, Curt: Das neue „jüdische Museum", in: Berliner Börsen-Courier, 25.1.1933. Zitiert in: Geschlossene Vorstellung. Der Jüdische Kulturbund in Deutschland 1933–1941. Herausgegeben von der Akademie der Künste, Ausstellungskatalog, Berlin 1992, S. 138f.
12 Abercron, Wilko von: Eugen Spiro 1874 Breslau–1972 New York. Spiegel seines Jahrhunderts, Alsbach 1990, S. 177f.
13 Spiro, Peter, S. 70
14 Akademie der Künste Berlin [AdK], BArch N 2291 2/26, Postkarte an Eugen Spiro von Max Deri mit ausgeschnittenem und aufgeklebtem Zeitungsartikel
15 Vgl. Spiro, Peter, S. 72
16 Gemeindeblatt für die jüdischen Gemeinden in Rheinland und Westfalen, Nr. 16, 17. April 1936, S. 122
17 Geschlossene Vorstellung, S. 139
18 Vgl. Spiro, Peter, S. 72
19 Abercron, S. 178
20 Ebd., S. 24
21 AdK, BArch N 2291 2/37, Schreiben des Jüdischen Museum e.V. vom 17. August 1934
22 Ebd., N 2291 2/22–23, Brief von Johannes Joachim, Göttingen, 28. August [19]34
23 Ebd., 10/14, Einschreiben vom 20. Oktober 1934. Der Präsident der Reichskammer der Bildenden Künste, gez. E. Hönig
24 Ebd., 10/15, Einspruch beim Reichsminister für Volksaufklärung und Propaganda
25 Spiro, Peter, S. 70f.
26 Abercron, S. 178f.
27 Schmalhausen, Bernd: Ich bin doch nur ein Maler – Max und Martha Liebermann im „Dritten Reich", Hildesheim-Zürich-NewYork 1996, S. 88ff. und 189ff.
28 Wirth, Irmgard: Lichtbildervortrag über das Leben und Werk des Berliner Malers Eugen Spiro, Deutsche Kulturgemeinschaft Urania Berlin, 18. September 1969. In: Zur Ausstellung Eugen Spiro, Berlin, September 1969. Gedruckt anlässlich seines 96. Geburtstages am 18. April 1970, S. 35
29 Spiro, Peter, S. 80f.

Abschied von Berlin – Rückkehr nach Paris

Familie Spiro konnte Berlin im September 1935 noch auf gut vorbereitete Weise verlassen. Die äußeren Umstände waren verhältnismäßig günstig. Über die seelischen Verletzungen sagt das nichts aus. Sich mit diesen zu beschäftigen, blieb für Eugen und Elisabeth Spiro kein Raum angesichts der umfangreichen praktischen Probleme.

Die Erinnerungen von Sohn Peter sind dagegen geprägt vom Schmerz, den der Abschied von Berlin sein langes Leben lang für ihn bedeutet hat. Er hält die Bezeichnung „Umzug" für zutreffender als die später verwendete Bezeichnung „Flucht", zumal die Mitnahme von Mobiliar und Bildern nicht behindert wurde. Seiner Ansicht nach hätte man während der von ihm so genannten „Zwielichtzeit" bis zu seinem Abitur an der Herder-Schule ein Jahr später abwarten können. Dass er in einem Schweizer Internat innerhalb eines Jahres einen Abschluss erreichen konnte, der ihn zum Ingenieur-Studium am renommierten Imperial College in London befähigte, tröstete ihn in keiner Weise, auch nicht, dass er bis zum Kriegsausbruch die Semesterferien bei der Familie in Frankreich verbringen konnte.

Peter Spiro verkennt womöglich, was es für einen Künstler bedeutet, nur noch heimlich arbeiten zu können und wieviel lebensrettende Weisheit vor allem seiner Mutter darin lag, Deutschland rechtzeitig zu verlassen. Er scheint in seinen Erinnerungen gewissermaßen die seelische Last der heimatlos werdenden Familie zu artikulieren.

Günstig fügte sich für die äußerlich unproblematische Übersiedlung, dass das Nazi-Regime vor der Olympiade um internationales Ansehen bemüht war. Das Jahr 1936 ermöglichte sogar, dass Elisabeth Spiro von Paris aus einen Besuch bei den Freunden Starck in Berlin machen konnte.

Jetzt zeigte sich, wie wichtig es war, dass Eugen Spiro gleich nach dem Ersten Weltkrieg die Beziehungen nach Frankreich wieder aufgenommen und während der Berliner Jahre gepflegt hatte. Botschafter André François-Poncet selber sorgte für ein Dauer-Visum der Familie.[1]

Die Mehrzahl von Spiros zweiten Pariser Jahren 1935–1940 war für sein malerisches Werk nicht herausragend fruchtbar, er musste gegen Ende sogar Sparsamkeit beim Erwerb von Farben und Leinwänden walten lassen. Aber zum einen gab es mit dem Sommer 1936 eine sehr positive Ausnahme, zum anderen scheint die beachtlich große Szene der nach Paris emigrierten deutschsprachigen Maler und Bildhauer geradezu auf Eugen Spiro gewartet zu haben. Im Gegensatz zu den Schriftstellern, die im Exil den Schutzverband Deutscher Schriftsteller (SDS) wiedergegründet hatten, gelang es den bildenden Künstlern lange nicht, sich erfolgversprechend zu organisieren. Erst der als langjähriger

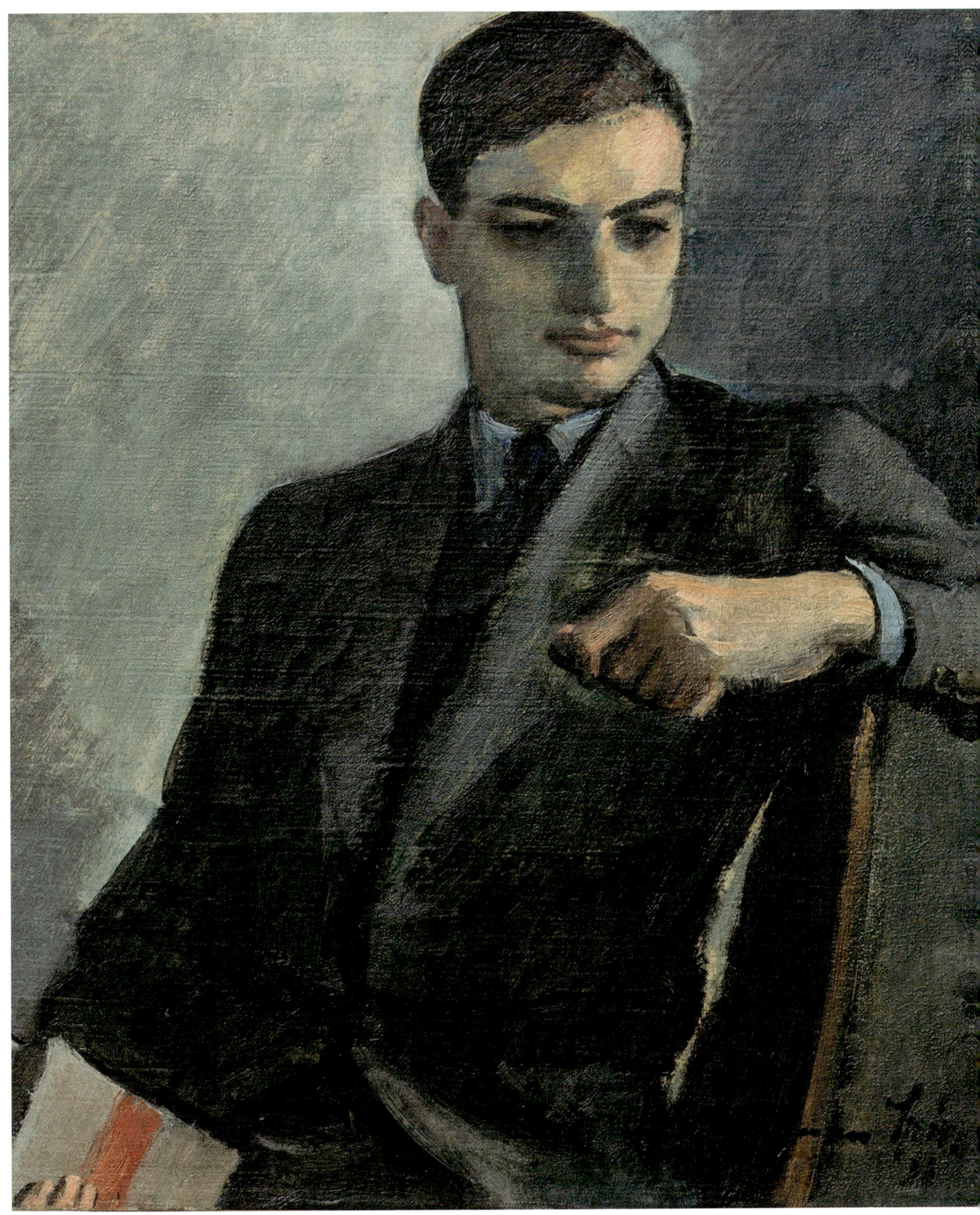

Peter Spiro, 1936

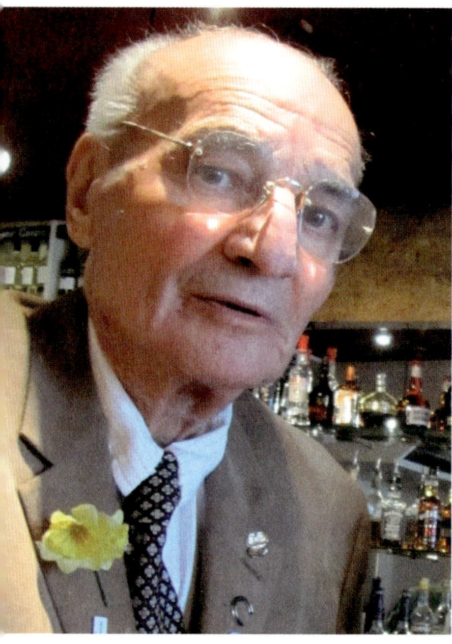

Peter Spiro an seinem 95. Geburtstag, 2013

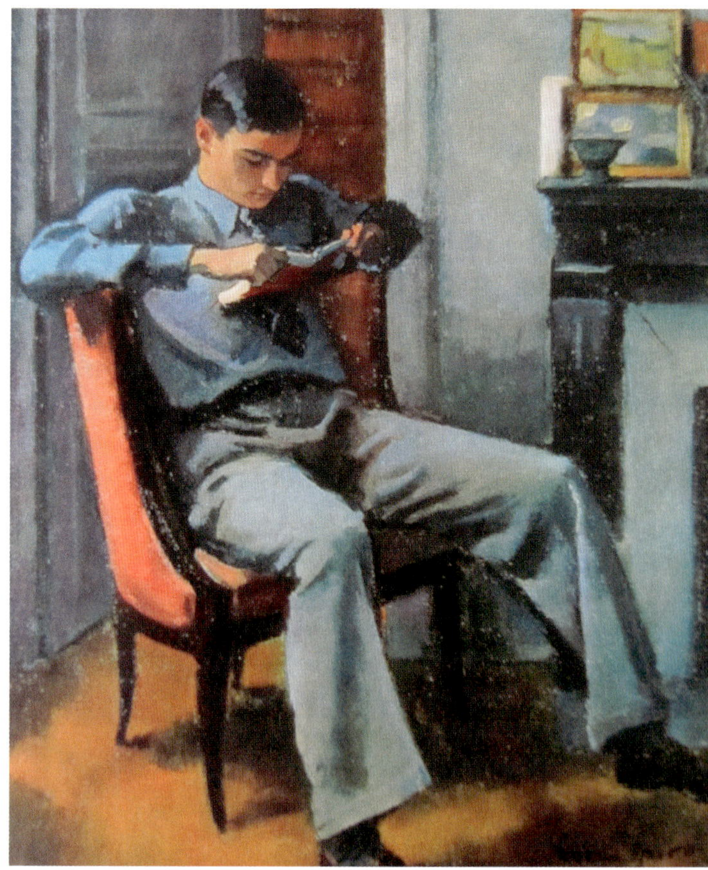

Peter Spiro lesend, 1936

Sprecher der Berliner Secession bewährte Spiro besaß das Format, der schwierigen künstlerisch und politisch auseinanderstrebenden Szene eine Stimme zu geben.

Anders als über den Porträtisten der Prominenz und Leiter der Berliner Secession ist von dem Exilierten Spiro in zeitgenössischen Publikationen nur selten die Rede. Dass seine zweite Pariser Zeit gleichwohl relativ gut erfasst werden kann, beruht weitgehend auf der dichteren Abfolge von schriftlichen Zeugnissen im Archiv der Akademie der Künste in Berlin. Die Schriftstücke wurden 1940 in Paris vom Einsatzstab Reichsleiter Rosenberg beschlagnahmt, weil Spiro der dem Nazi-Regime verhassten Künstlervereinigung „Freier Künstlerbund/Union des artistes libres“ vorstand. Die privaten Unterlagen wurden bei dieser Gelegenheit gleich mit konfisziert. Darauf wird im Einzelnen bei der Darstellung des Kriegsbeginns zurückzukommen sein. Nach Ende des Zweiten Weltkrieges wurden die Spiro und die Künstlervereinigung betreffenden Schriftstücke neben großen Mengen weiterer Archivalien in Berlin von der Sowjetunion beschlagnahmt und nach Moskau verbracht. Lange galt das Material als verschollen. Später als politisch unbedeutend eingeschätzt, wurde es dem Staatsarchiv der DDR in Potsdam übergeben und kam 1990 schließlich ins Bundesarchiv. Auf Wunsch der Familie wurden die

Marianne und ihre Arlésienne, 1929

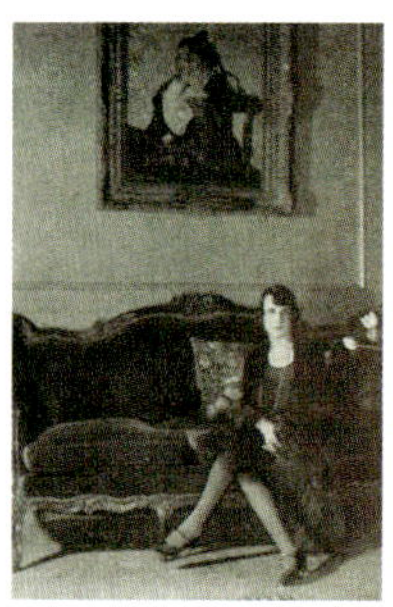

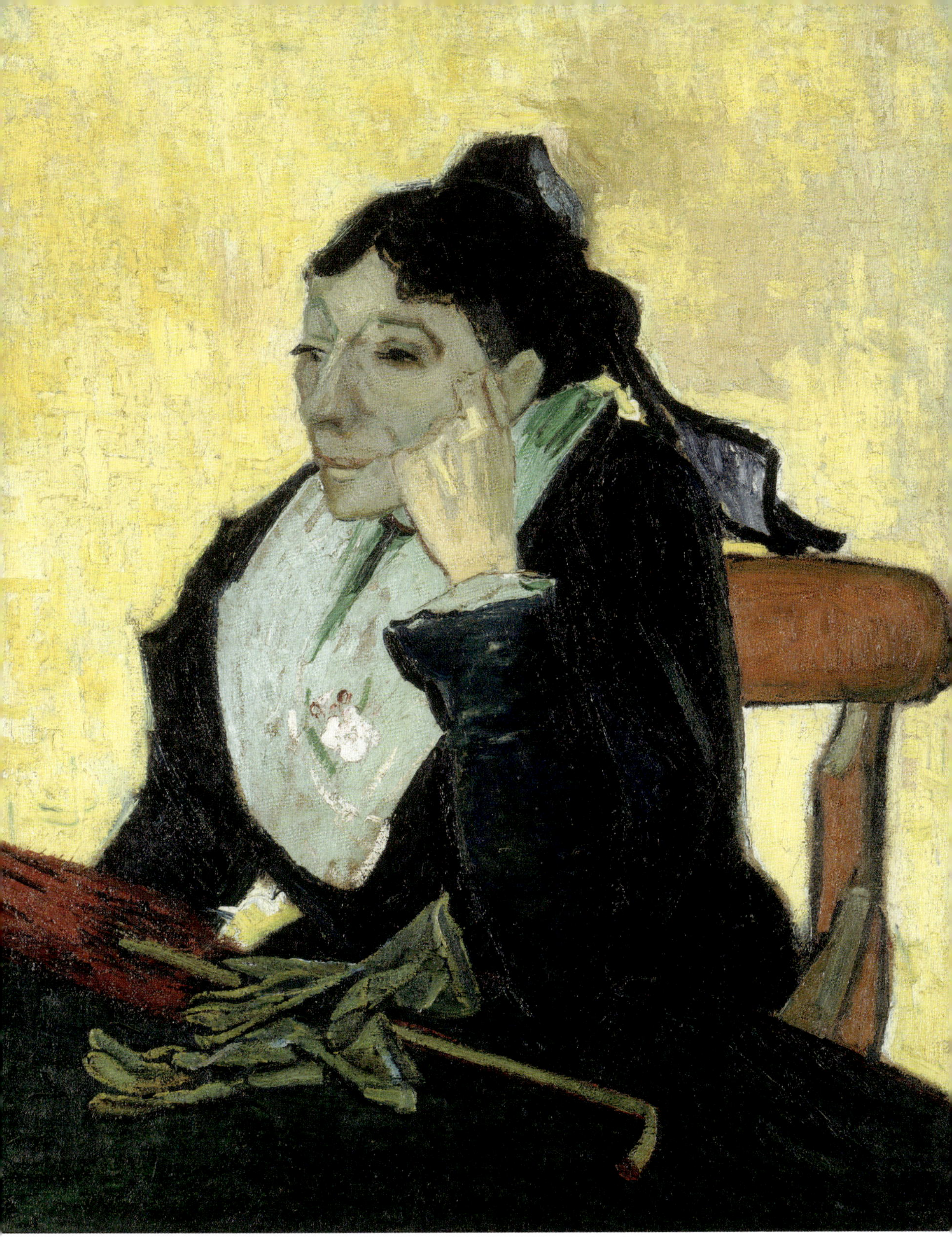

Vincent van Gogh: Arlésienne, 1888

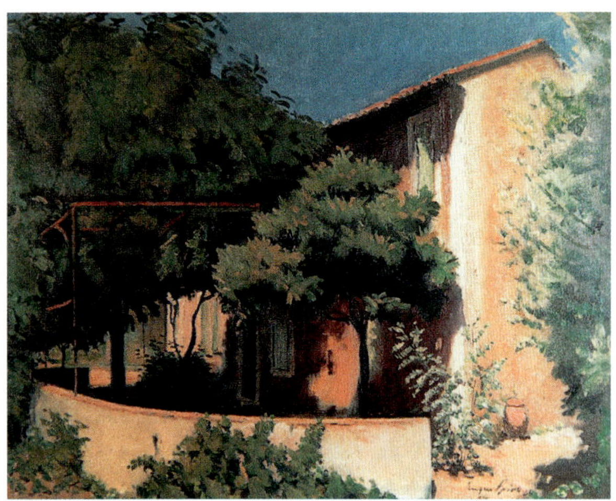

Villa Estelle, 1936

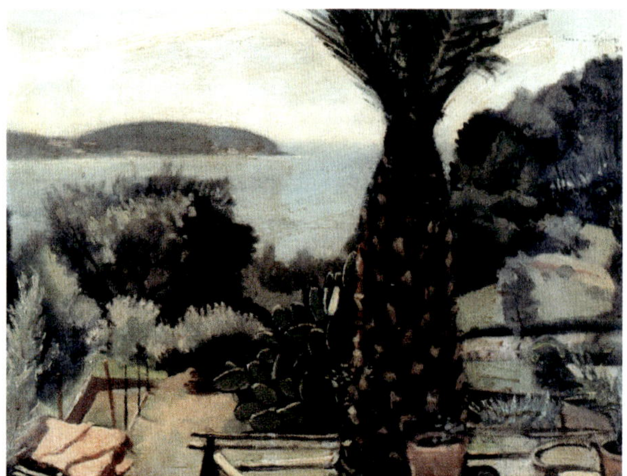

Blick aus Villa Estelle aufs Meer, 1936

Spiro-Unterlagen von dort aus dem Archiv der Akademie der Künste in Berlin anvertraut.[2]

Es führt nur scheinbar von Eugen Spiro weg, wenn hier mit der „Arlésienne" von einem Gemälde Vincent van Goghs, dessen Eigentümerin und der dargestellten Person die Rede ist. Die Arlésienne ist Madame Ginoux, die in der Stadt Arles in Südfrankreich ein Café betrieb. Vincent van Gogh (1853–1890) hat sie sechsmal in örtlich typischer Kleidung porträtiert. Hier geht es um Vincents erste Arlésienne von 1888, bei der keine Bücher wie bei späteren Versionen, sondern Handschuhe und Regenschirm vor ihr auf dem Tisch liegen.

Die 22-jährige Marianne von Friedlaender-Fuld hatte es im Frühjahr 1914 in Berlin nicht weit zur damaligen Viktoriastraße 35, wo Paul Cassirer seine legendäre Galerie betrieb.[3] Als einziges Kind einer der reichsten Familien ganz Deutschlands war die der Moderne Aufgeschlossene in den Ausstellungen der Galerie willkommen. Dort hingen in der van Gogh-Ausstellung nicht nur zum Verkauf angebotene Bilder, sondern zur Abrundung des Eindrucks auch in Privatbesitz befindliche. Unter Letzteren, also eigentlich unverkäuflich, befand sich die Arlésienne. Als Marianne sich in diese verguckt hatte, spielten solche kleinen Hindernisse keine Rolle mehr. Cassirer überzeugte die Eigentümerin Thea Sternheim von der einmalig günstigen Verkaufsmöglichkeit für die Arlésienne.[4] In ihren Räumen im Elternhaus am Pariser Platz 5a räumte Marianne der Arlésienne einen hervorgehobenen Platz ein. Dort konnte das Gemälde Rainer Maria Rilke bei seinem Besuch im Jahre 1914 beeindrucken. Vier Jahrzehnte später hat Marianne mit dem Pseudonym-Nachnamen Gilbert Rilkes Briefe an sie aus den Jahren 1914–1918 auf Französisch abdrucken lassen und beschrieben, wie diese und ihre Arlésienne ihr Leben geprägt haben.[5]

Marianne war dreimal verheiratet. In die Zeit ihrer Ehe mit Rudolf von Goldschmidt-Rothschild 1923 bis 1938 fallen die Geburten ihrer beiden Kinder und ihre Rolle als Gastgeberin des glanzvollsten Salons von Berlin. Wer dort verkehrte, durfte sie „Baby" nennen. Nicht nur in dem inzwischen von ihr ererbten Haus am Pariser Platz, sondern zur Sommerzeit auch in ihrem Schlösschen Lanke, verkehrten alle, die in Berlin Rang und

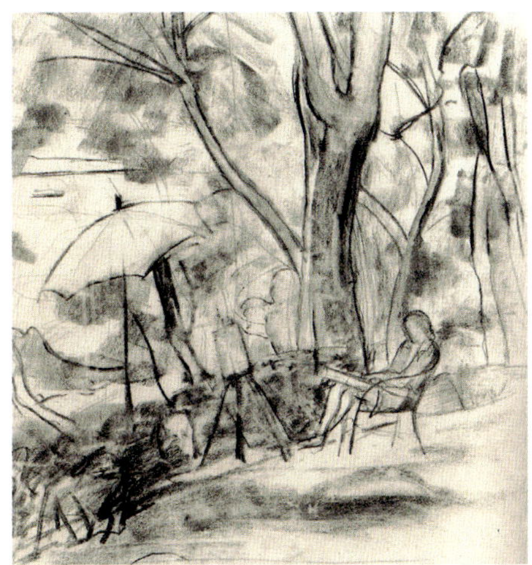

Marianne von Goldschmidt-Rothschild, Zeichnung ohne Titel 1

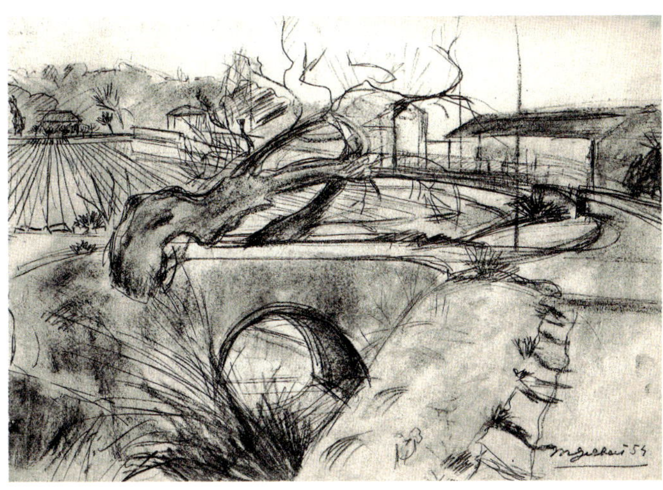

Marianne von Goldschmidt-Rothschild, Zeichnung ohne Titel 2

Namen hatten. Im Unterschied zu anderen Salons musste bei ihr nicht adelig oder reich sein, wer mit künstlerischen Fähigkeiten zu dem Laientheater beitragen konnte, in dem sie gern Rollen übernahm.[6]

Der Glanz ging ab 1933 zu Ende. Marianne war jüdischer Herkunft, getauft, aber zum Judentum zurückgekehrt, um Rudolf zu heiraten. Er war an die Rothschild'schen Hausgesetze gebunden, die ihn sein Erbe hätten verlieren lassen, wenn er eine Nicht-Jüdin geheiratet hätte. Marianne und Rudolf begannen nun, mehr von ihrer mehrflügeligen Villenanlage 33 rue de la Faisanderie im eleganten 16. Arrondissement in Paris und von ihrem Gut „Le Vaisseau" in Le Pradet bei Toulon Gebrauch zu machen. Mariannes Scheidung von Rudolf und ihre endgültige Übersiedlung nach Frankreich im Frühjahr 1938 fallen zeitlich ungefähr zusammen. Der französische Botschafter André François-Poncet, der im benachbarten Botschaftsgebäude am Pariser Platz amtierte, hatte ihr und den Kindern unbefristete Visa verschafft. Die ihr vom Nazi-Regime auferlegten unerhörten Summen an Fluchtsteuer sowie Zwangsverkäufe ließen von dem in Deutschland verbliebenen Vermögen nicht viel übrig.

Zu den Vorkehrungen, die Marianne für ihre Übersiedlung getroffen hatte, gehörte auch die Fürsorge für die Arlésienne. Die wurde schon bald nach der Machtübernahme der Nazis erforderlich. Bevor alles Moderne zu „Entarteter Kunst" erklärt wurde, interessierten sich Goebbels und Göring auch für van Gogh. Sie sahen Chancen, Werke aus dem Besitz bedrohter Juden zu Schleuderpreisen zu erwerben.

Vor allem durch die Freundschaft von Marianne mit Elisabeth Spiro gehörte zum Kreis um die Goldschmidt-Rothschilds auch Eugen Spiro. Sie hatten den Maler in den 1920er Jahren durch den Erwerb von Bildern gefördert und kannten seine Fähigkeiten, ungeheuer präzise Kopien herzustellen. Bevor Spiros im September 1935 selber emigrierten, entwickelten Marianne und der Maler eine Idee für die Rettung der Arlésienne und anderer, meist impressionistischer Gemälde. Die Bilder wurden ins Atelier von Spiro gebracht, den Dienstboten gegenüber mit der Begründung, sie müssten gereinigt und neu gefirnisst werden. Im Ergebnis kamen Kopien an den Pariser Platz, während die Originale, von Spiro fachmännisch aus dem Rahmen genommen und schonend zusammengerollt, von vertrauenswürdigen nichtgefährdeten Personen nach Paris gebracht wurden.[7] Die Arlésienne wird erneut eine besondere Rolle spielen, wenn Marianne sich bei Beginn des Zweiten Weltkrieges in die USA retten muss.

Elisabeth und Eugen Spiro bewohnten ab September 1935 zwei Etagen in Mariannes Villenanlage in Paris. Sie mussten dafür keine Miete bezahlen, eine der Etagen diente als Atelier. Im Sommer 1936 verbrachten beide Familien mehrere Wochen gleichzeitig auf dem Gut Le Vaisseau. Dort gab es neben dem Herrenhaus die hübsche Villa Estelle, die Spiros überlassen war. Nach dem mit Ungewissheiten quälenden Jahr 1935 war Eugen Spiro rund um die Uhr tätig. Er erlebte einen Produktivitätsschub, porträtierte die Anwesenden, darunter neben den Familien die zahlreichen prominenten Besucher, und malte die vielgestaltige mediterrane Landschaft.[8] Freundin Marianne und die Kinder führte er ins künstlerische Zeichnen ein. Die Zeichnungen Mariannes in ihrem Erinnerungsbuch deuten auf seinen Einfluss hin.

Der Spiro'sche Aufenthalt im Sommer 1936 in Le Vaisseau ist noch unter einem weiteren Gesichtspunkt bemerkenswert. Bei Ausflügen ins nur wenige Kilometer entfernte Sanary-sur-Mer traf Spiro seinen Jugendfreund und ehemaligen Schwager Erich Klossowski wieder und porträtierte ihn. Nach der von Baladine betriebenen Trennung lebte dieser mit der Schweizer Schriftstellerin Hilde Stieler zusammen. Angeregt von Julius Meier-Graefe, der sich zuvor im nahe gelegenen St. Cyr niedergelassen hatte, waren sie in das Städtchen Sanary gekommen, das ab 1933 zum Sammelpunkt von Schriftstellern wurde. Ludwig Marcuses Bezeichnung „Hauptstadt der deutschen Literatur“ überschreitet die Dimension eines Scherzes. Neben mehrjährigen Aufenthalten wie vor allem dem von Lion und Martha Feuchtwanger gab es eine große Zahl kürzerer, unter denen der mehrmonatige von Thomas Mann und Familie im Sommer 1933 am meisten Aufmerksamkeit fand.[9]

Die Freiheit, mit dem Porträt nicht dazu beitragen zu müssen, dem Porträtierten zu öffentlichem Glanz oder Respekt zu verhelfen, hat Spiro in die Lage versetzt, von Erich Klossowski eines seiner interessantesten Porträts zu schaffen. An einem der Tage in Sanary waren Elisabeth und Eugen Spiro zum Tee bei Lion und Martha Feuchtwanger eingeladen. Die Feuchtwangers pflegten die Szene der dort versammelten künstlerischen Emigration zu Lesungen mit Tee und Imbiss einzuladen, wo Lion das jüngst Geschriebene gewissermaßen vor Publikum testete.[10]

Eine der Beziehungen, die sich 1936 für Eugen Spiro beim Aufenthalt in Le Vaisseau ergeben hatten, ermöglichte ihm noch im selben Jahr eine Reise nach London. Er konnte dort seinen Sohn besuchen. Erst 1947 sollte dies wieder möglich sein. Anlass der Reise war der relativ lukrative Auftrag, den Politiker und späteren britischen Außenminister Lord Gerald Isaacs Reading zu porträtieren. Den Auftrag vermittelte dessen Tochter, die Gast der Goldschmidt-Rothschilds gewesen war.

Elisabeth und
Peter Spiro, 1936

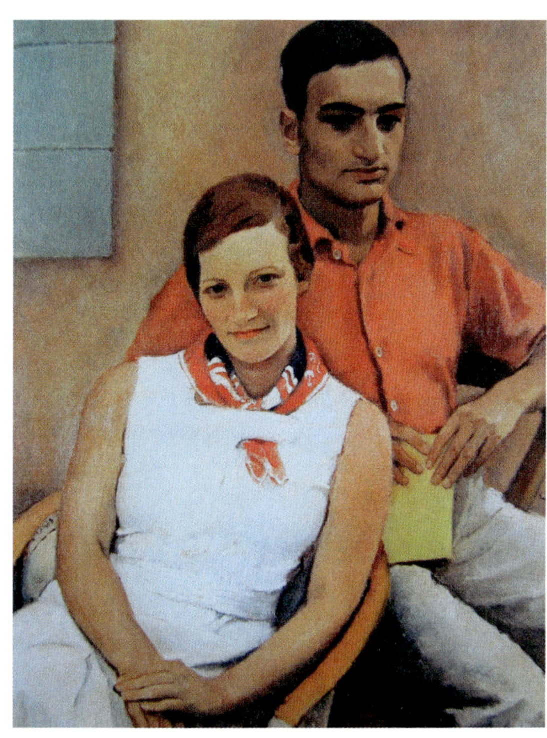

Lektüre im Garten, 1936

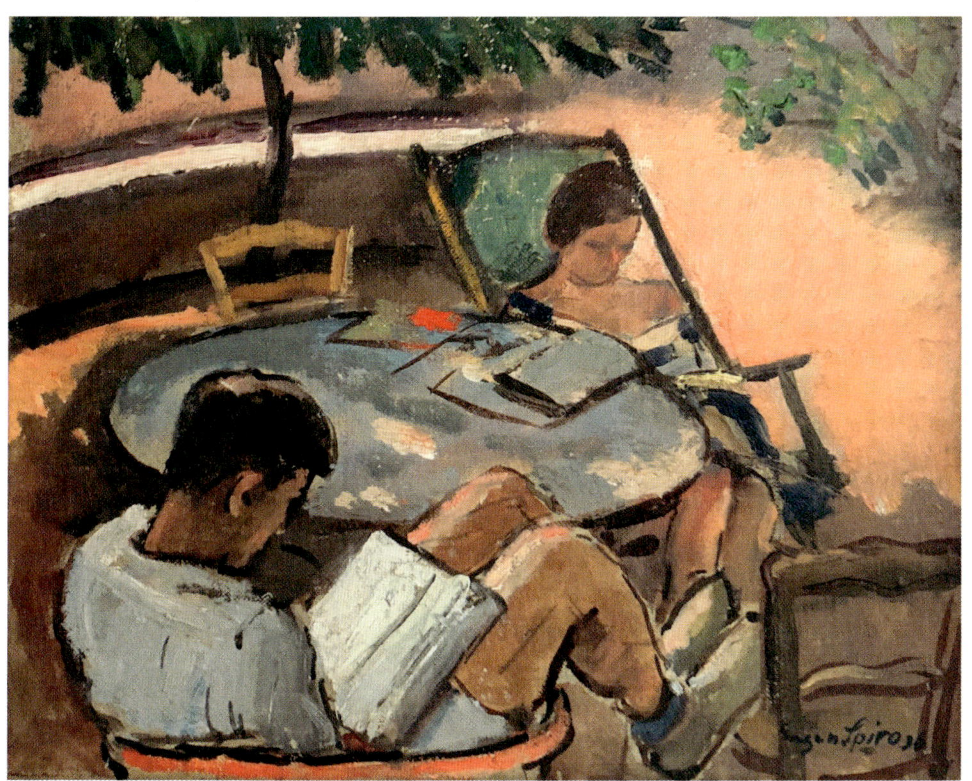

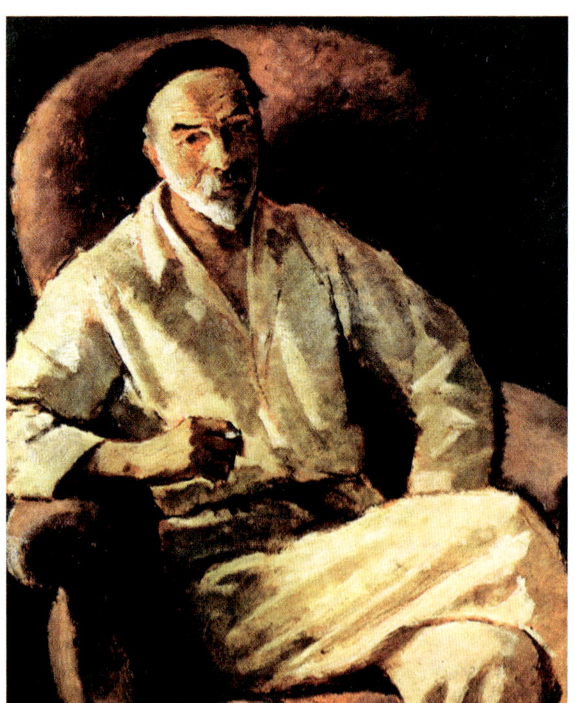

Erich Klossowki, 1936

Die London-Reise ermöglichte Spiro zahlreiche Begegnungen mit alten Freunden und Bekannten. Davon zeugen drei eng aufeinanderfolgende Briefe von Eugen an Elisabeth Spiro, sämtlich mit dem Kosenamen „Mouche“ sowohl für Absender als auch für Empfängerin.[11] Wiedersehensfreude prägte den Besuch bei Artur und Therese Schnabel. Daneben sprach man über den möglichen Erwerb von Bildern durch den Industriellen Samuel Courtauld. Offenbar ging es dabei nicht um Werke Spiros, sondern um solche anderer Maler aus seinem Besitz. Ausdrücklich fallen die Namen Renoir und Modigliani. Der Industrielle sammelte für die Courtauld Gallery. Spiro verschob seine Rückreise, um einen Besprechungstermin mit ihm abzuwarten. In welchem Umfang oder ob überhaupt es zu einem Abschluss kam, ist den Briefen nicht zu entnehmen.

Das am stärksten von alter Freundschaft geprägte Treffen in London war das mit Josef Bató, der auch wichtige Bezugsperson für den von der Familie getrennten Sohn Peter war. Auf die Begegnung mit dem im Londoner Exil lebenden Kunsthändler Alfred Flechtheim wird zurückzukommen sein, wenn es im nächsten Kapitel um den Weg von Spiros Hauptmann-Porträt ins Musée du Jeu de Paume und schließlich ins Centre Pompidou geht.

Die oben begonnene Geschichte von Mariannes Arlésienne war mit der Rettung nach Paris noch nicht zu Ende. Nach der endgültigen Übersiedlung nach Frankreich wurde das Gut Le Vaisseau für Marianne zur Seelenheimat. Der Beginn des Krieges im September 1939 und die Besetzung Frankreichs im Juni 1940 zwangen sie, sich und die Kinder über den Atlantik in Sicherheit zu bringen. Eigenhändig rollte Marianne nach der von Eugen Spiro erlernten Methode die Arlésienne zusammen und nahm sie mit auf die Flucht. Auf der umwegereichen Reise waren Bild und Eigentümerin in beängstigender Weise getrennt, fanden aber in den USA wieder zusammen. Auch dort waren Mariannes Lebensumstände nicht so schlecht, dass sie ihre Arlésienne hätte verkaufen müssen. Diese hing zeitweilig im Metropolitan Museum in New York neben dessen Version mit Büchern. Im Gegensatz zu ihren Kindern wurde Marianne in den USA aber nicht heimisch. Als sie von der Befreiung von Paris im August 1944 erfuhr, stellte Marianne aus Begeisterung darüber dem Louvre die Überlassung der Arlésienne in Aussicht. Sie kehrte schon 1946 nach Le Vaisseau zurück. Im Jahre 1952 überließ Marianne den

Pariser Museen die Arlésienne im Sinne eines Nutzungsrechts, das ihr gestattete, sich Ausleihungen an andere Museen vorzubehalten und sie gelegentlich zu sich zu holen. Letzteres hat wahrscheinlich nicht stattgefunden. Mit dem Tode von Marianne im Jahre 1973 wurden die Pariser Museen Eigentümer. Heute gehört die Arlésienne zu den Glanzpunkten im Musée d'Orsay.[12]

1 Spiro, Peter: Nur uns gibt es nicht wieder, Hürth bei Köln 2010, S. 58ff., 78ff.

2 Kennedy Grimsted, Patricia: „Trophy". Archives in Moscow and the Art Scene in France and Germany under the National Socialist Regime 1933–1945, in Ines Rotermund Reynard, Echoes of Exile – Moscow Archives and the Arts in Paris 1933–1945, Berlin 2015, S. 45ff, speziell zu Spiro S. 63

3 Ihr Name bedarf der Präzisierung. Seit 1910 hieß die Familie „von Friedlaender-Fuld". Diesen Namen trug Marianne wieder, nachdem ihre erste, im Januar 1914 geschlossene Ehe mit einem Engländer im Dezember 1914 aufgehoben worden war. Aus dem ursprünglichen Vornamen Marie-Anne war für den leichteren internationalen Gebrauch Marianne geworden.

4 Thea Sternheim, geb. Bauer, war die durch Erbe wohlhabende Ehefrau des Schriftstellers Carl Sternheim, die durch ihre Tagebücher zur Chronistin der künstlerischen Moderne wurde. Sie hatte früh begonnen, vor allem Werke van Goghs zu sammeln.

5 Gilbert, Marianne: Le tiroir entr'ouvert, précédé d'une introduction de Marcel Brion, avec trente et une lettres inédites de R.-M. Rilke, Paris 1956, S. 18 und S. 114

6 Reibnitz, Kurt von: Gestalten rings um Hindenburg, Dresden 1928 (zunächst anonym erschienen), S. 185; Reibnitz (1877–1937), selber aus adliger schlesischer Familie stammend, war nach 1918 als SPD-Politiker aktiv. In seiner Glossierung benutzt er für die Salons der Hochfinanz und ihre Gäste den schönen Ausdruck „janz tout Berlin". Dem Salon Goldschmidt-Rothschild widmet er ein eigenes Kapitel, weil dort nicht nur alte und neue Prominenz verkehrte, sondern entsprechend den Neigungen Mariannes auch Künstler und Schauspieler. Bei der Nennung von Namen ist Reibnitz zurückhaltend, vermutlich weil er die baldige Entschlüsselung des anonymen Autors absehen konnte.

7 Spiro, Peter, S. 86

8 Abercron, Wilko von: Eugen Spiro 1874 Breslau–1972 New York. Spiegel seines Jahrhunderts, Alsbach 1990, S. 180/181; Marianne ist auch schon die Porträtierte im „Damenbildnis im Armstuhl" von 1928 (Abercron S. 169)

9 Wunderlich, Heinke: Sanary-sur-Mer – Deutsche Literatur im Exil, Eggingen 2004, bietet die beste Gesamtwürdigung und nimmt oft Bezug auf Marcuse, Ludwig, Mein zwanzigstes Jahrhundert, Zürich 1975. Marcuse hat von 1933 bis 1938 in Sanary gelebt und ist allen Exilierten begegnet, die sich dort kürzer oder länger aufgehalten haben.

10 Wunderlich S. 209, aus dem Briefwechsel mit Annette Kolb zitierend René Schickeles satirische Darstellung von einem „Monstre-Thee": „Unter den Anwesenden bemerkte man: die Gastgeber, den weltberühmten Dichter Lion F. und seine der Königin von Saba vergleichbare Gattin, Ernst Toller und Frau, Ludwig Marcuse und Frau, Eugen Spiro und Frau, Eva Hermann, Sibylle von Schoenebeck (jetzt Mrs. Bedford), Rudolf Leonhard, Schwarzschild und Frau, den Maler Kisling nebst Gattin, Frau Huxley u. a. m."

11 AdK BArch N 2291 4/29–37. Das französische Wort „Mouche" bedeutet in erster Linie „Fliege". Über die Bezeichnung für die im Rokoko beliebten Schönheitspflästerchen führte es zur hier zutreffenden Bedeutung nach der Art von „Schätzchen". Heinrich Heine nannte die ihn am letzten Krankenlager besuchende Verehrerin und Freundin Elise Krinitz „Mouche".

12 Gilbert, Marianne, S. 118. Zur Provenienz der Arlésienne im Musée d'Orsay: museeorsay.fr/de/kollektionen/werkkatalog/notice.html?no_cache=1&nnumid=1405; Geschichte und Schicksal der Kunstsammlung von Marianne von Goldschmidt-Rothschild sind Gegenstand der Untersuchung von Christel H. Force, Rolled Canvases Across Borders – The Collection of Marianne Goldschmidt-Rothschild: https://archiv.ub.uni-heidelberg.de/artdok/7517/1/Force-Rolled_Canvases_Across_Borders_2021.pdf

Wie kommt Spiros Hauptmann-Porträt ins Centre Pompidou in Paris?

Beinahe bis ins Familiäre gingen die Beziehungen zwischen Gerhart Hauptmann und seiner zweiten Ehefrau Margarete einerseits und der Familie Saenger-Sethe/Spiro andererseits. Beide Familien besaßen Häuser in Kloster auf Hiddensee. Die wiederholten gleichzeitigen Aufenthalte der Familien führten quasi zwangsläufig zu Hauptmann-Porträts von Spiro. Erhalten sind zwei großformatige Zeichnungen aus dem Jahre 1924; wie im Hiddensee-Kapitel zitiert, hat Spiro deren Zustandekommen und die dabei entstandene persönliche Nähe ausführlich beschrieben.

Wahrscheinlich im Hinblick auf den am 15. November bevorstehenden 70. Geburtstag entstand im Sommer 1932 auf Hiddensee das großformatige Hauptmann-Porträtgemälde. Aufschluss über die Zusammenhänge geben Tagebuchnotizen von Ernst Feder, Ressortleiter Politik beim Berliner Tageblatt, über das Bankett, das der PEN-Club und der Schutzverband Deutscher Schriftsteller (SDS) am 17. November 1932 zu Ehren Hauptmanns gaben: „Eugen Spiro erzählt, wie er auf Hiddensee Gerhart Hauptmann malte (‚Malen Sie mich nicht zu sehr als Kommerzienrat'), wie Gerhart Hauptmann im täglichen Verkehr gar keine geistige Anregung, sondern behagliches Genießen liebt ...". In der Secessionsausstellung vom Herbst 1932 wurde Spiros Hauptmann-Porträt gezeigt. In der Zeitschrift „Der Kunstwanderer" hieß es dazu: „Spiro bringt ein interessantes Porträt von Gerhart Hauptmann, nicht auf Repräsentation gestimmt, sondern den geistigen Menschen schildernd."[1]

Das Hauptmann-Porträt wurde zu kurz vor der NS-Machtübernahme fertiggestellt, um noch in Deutschland verkauft werden zu können. Es gelangte mit dem Umzugsgut 1935 nach Paris, als Familie Spiro sich rechtzeitig aus Nazi-Deutschland in Sicherheit brachte. Im Jahre 1936 gelangte das Hauptmann-Porträt zunächst ins Musée du Jeu de Paume, dessen Schwerpunkt auf ausländischen Künstlern lag.[2] Mit dem Entstehen des Centre Pompidou und des Musée d'Orsay wurden die Moderne-Bestände der Pariser Museen neu aufgeteilt.

In seinem Laudatio-Artikel in der Pariser Tageszeitung vom 16. April 1939 zu Spiros zwei Tage später folgendem 65. Geburtstag hebt Paul Westheim ein spektakuläres Ereignis hervor: „1936 erwarb der französische Staat für das Musée du Jeu de Paume sein Hauptmann-Portrait".[3] Das ist auch die Lesart der Spiro-Nachkommen.

Das Centre Pompidou nennt dagegen als Provenienz „Don de M. Alfred Flechtheim, 1936". Ein Geschenk von Herrn Alfred Flechtheim?[4]

Tanja Frank hat die von ihr neu herausgegebenen Aufsätze Westheims kommentiert. Bei ihr heißt es, das Porträt „wurde zusammen mit dem ‚Porträt Julius Meier-Graefe' von

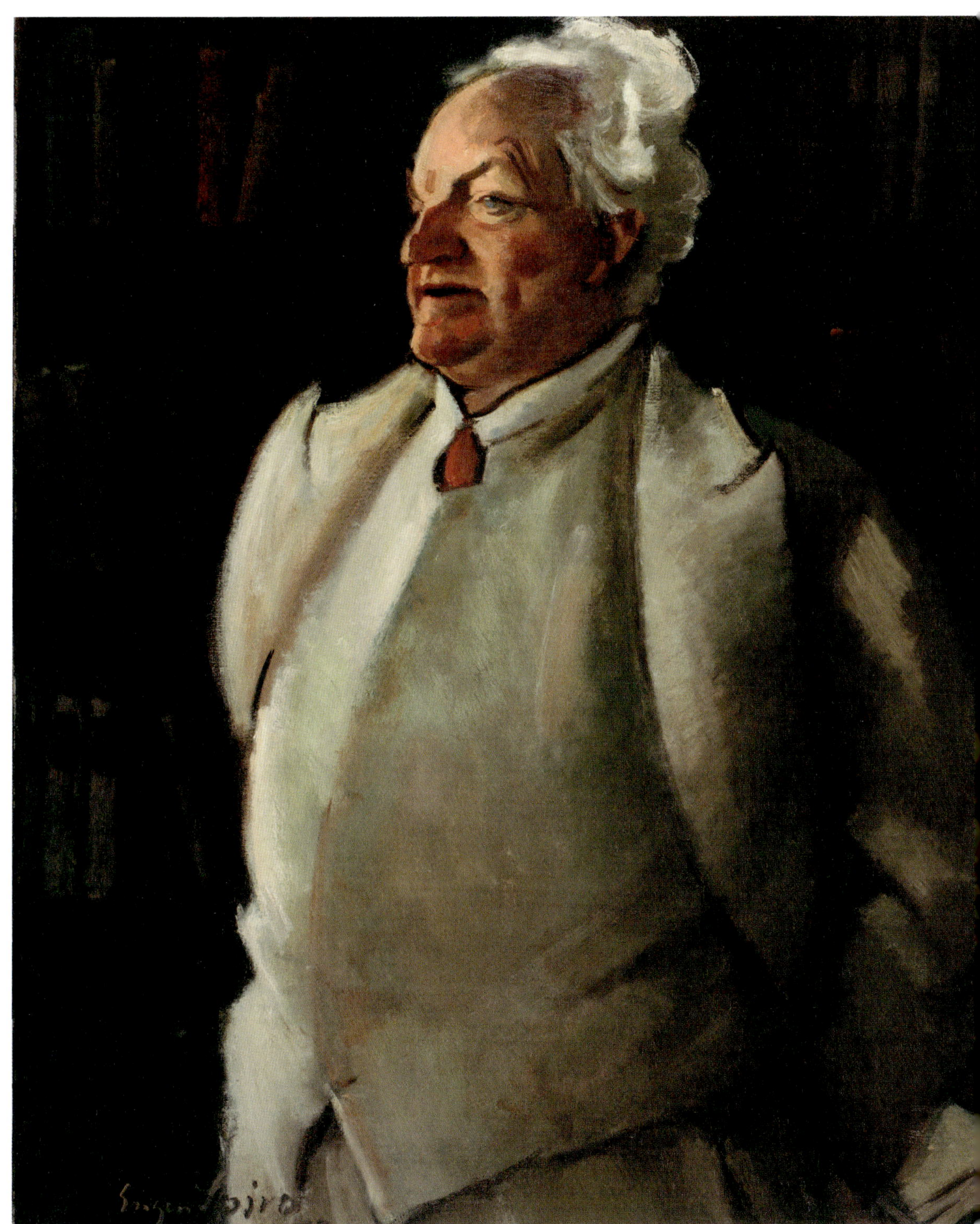

Gerhart Hauptmann, 1932

Lovis Corinth von der Galerie Flechtheim (London, Paris) dem Museum Jeu de Paume 1938(!) geschenkt".[5]

Davon kann einiges nicht ganz richtig sein. Dass der Vorgang sich nicht 1938, sondern 1936 abspielte, ergibt sich übereinstimmend aus dem Westheim-Text und den Provenienz-Angaben der Museen. Flechtheim war auch schon 1937 gestorben.

Spiro und Flechtheim kannten sich aus gemeinsamen Berliner Zeiten, wo Letzterer ein überaus erfolgreicher Galerist war. Vor den Nazis floh er 1934 über die Schweiz und Paris nach London. Ihm ging es finanziell schlecht, und ohnehin gehört es nicht zu den Gepflogenheiten von Galeristen, Bilder aus ihrem Bestand zu verschenken. In Flechtheims Situation dürfte das alles andere als naheliegend gewesen sein.

Viel plausibler ist allerdings auch nicht, dass der französische Staat tatsächlich nennenswert Geld ausgegeben hätte, um das Porträt eines deutschen Malers zu erwerben, während gleichzeitig französische Künstler über finanzielle Notlagen klagten.

Zumindest eine erhebliche Plausibilität hat die Vermutung, dass der aus früheren Zeiten mit Künstlern, Sammlern und Museen gut vernetzte Flechtheim bewirken konnte, dass das Musée du Jeu de Paume das Hauptmann-Porträt übernahm. Hauptmann war auch in Frankreich sehr bekannt, und Spiro konnte es als Durchbruch in der französischen Kunstszene betrachten, dass ein Werk von ihm in das bedeutende Museum gelangte. Es ist nicht zu weit hergeholt zu vermuten, dass die Realisierung dieser Idee Gegenstand des Treffens mit Flechtheim war, von dem Spiro in dem erwähnten Brief aus London an seine Frau berichtete.[6]

Licht in diese Zusammenhänge bringt ein Brief, der kürzlich in Frankreich veröffentlicht wurde. In nicht ganz fehlerfreiem Französisch schrieb Spiro am 26. Mai 1936 an André Dézarrois, den Leiter des Musée du Jeu de Paume: „Ganz selbstverständlich erhalten Sie dieses Werk als Geschenk für das Musée du Jeu de Paume; und da es Herr Flechtheim ist, der die Idee hatte, dass dieses von ihm sehr geschätzte Bild ins Musée du Jeu de Paume gehöre, gelte das Bild als ein Geschenk von ihm. Was mich betrifft, bin ich froh, nun in diesem Museum repräsentiert zu sein, und ich hoffe, cher Monsieur, dass Sie mir einen guten Platz einräumen."[7]

In der Zeitschrift Comoedia vom 30. Dezember 1936 ist das Hauptmann Porträt abgebildet und Gegenstand von Gesprächen mit Spiro und Dézarrois.[8]

Reizvoll ist ein Seitenblick darauf, dass gemäß dem Hinweis von Tanja Frank gleichzeitig mit der Schenkung des Spiro-Gemäldes dem Jeu de Paume Corinths Porträt von Julius Meier-Graefe aus dem Jahre 1917 geschenkt wurde. Dieses ist oben im Kapitel „Paris 1906–1914" dem Meier-Graefe-Porträt von Spiro gegenübergestellt worden. Corinths Werk befindet sich heute im Musée d'Orsay mit der Provenienz-Angabe „1936, Don d' E.J. Goeritz au Musée du Jeu de Paume".[9] Dass auch hier Flechtheim eine Vermittler-Rolle hatte, ist sehr plausibel. Der Textilunternehmer Erich Joseph Goeritz war ein bedeutender Sammler moderner Kunstwerke, der auch persönliche Beziehungen zu Künstlern und Galeristen pflegte. Freundschaft verband ihn mit Lovis Corinth, der ihn und Familienmitglieder mehrfach porträtiert hat. Goeritz erkannte schon 1933, dass er und seine Familie in Deutschland nicht bleiben konnten. Er konnte seine berufliche Tätigkeit und das Sammeln in London fortsetzen, wo nun auch Flechtheim wirkte. Sammeln hieß für Goeritz stets zugleich das Beschenken von Museen, zunächst in Deutschland, dann in England und Frankreich. Am spektakulärsten ist seine Zuwendung an das damals in Gründung befindliche Kunstmuseum in Tel Aviv im Jahre 1933.[10]

Die gleichzeitige Zuwendung von Werken Corinths und Spiros an das Pariser Museum ist beziehungsreich. Spiro unterstützte den gesundheitlich angeschlagenen Corinth in den letzten Jahren vor dessen Tod im Jahre 1925 bei der Wahrnehmung der Aufgaben als Präsident der Berliner Secession und wurde sodann sein Nachfolger.

1 Feder, Ernst: Heute sprach ich mit … – Tagebücher eines Berliner Publizisten 1926–1932, Stuttgart 1971, S. 322; Der Kunstwanderer 1932, S. 364, https://digi.ub.uni-heidelberg.de/diglit/kunstwanderer1932/0054

2 Das Jeu de Paume wurde 1940 zu einem verrufenen Ort, weil die deutsche Besatzungsmacht dort beschlagnahmte Kunstwerke zusammenführte.

3 Frank, Tanja (Hrsg.): Paul Westheim, Karton mit Säulen – Antifaschistische Kunstkritik, Leipzig und Weimar 1985, S. 240

4 centrepompidou.fr/en/ressources/oeuvre/c8E44ny

5 Frank: Anmerkungen zu Westheim „Eugen Spiro zum 65. Geburtstag“, S. 317;

6 Vgl. Ende voriges Kapitel

7 Zitiert in: Juliard, Sophie: Eugen Spiro (1874–1972) Exil, pillage et restitution in Julia Drost/Hélène Ivanoff und Denise Vernerey-Laplace (dir.), Arts et politiques, Paris–Heidelberg 2022, S. 298 (Übersetzung J.G.); auch zugänglich über https://books.ub.uni-heidelberg.de/arthistoricum/catalog/book/878/c13318

8 https://gallica.bnf.fr/ark:/12148/bpt6k7653774w/f3.item.r=comoedia%2030%20decembre%20%201936#

9 musee-orsay.fr/de/kollektionen/werkkatalog/notice.html?no_cache=1&nnumid=9094
Wegen schwerer Leserlichkeit der Datierung ist das Bild dort fälschlich 1912 datiert. So schmal und leidend sah Meier-Graefe erst nach Erfahrungen mit Krieg und Gefangenschaft aus.

10 Schütz, Chana: Von Berlin nach Tel Aviv – Karl Schwarz und die Anfänge des Tel Aviv Museum, in Tel Aviv Museum visits Berlin, Ausstellungskatalog München, London, New York 2015, S. 30ff.

Kargeres Leben in Paris

Was die Goldschmidt-Rothschilds und nach der Scheidung Marianne allein für das Überleben der Spiros im Exil geleistet haben, kann nicht hoch genug bewertet werden. Auf die Stabilität der Freundschaft weist das Porträt hin, das Eugen Spiro während der Überschneidung ihrer Lebensphasen in den USA von ihr geschaffen hat: diesmal ihrerseits malend an der Staffelei (1944).[1]

Entspannter und geradezu innig schildert Peter Spiro die über die Trennung der Exiljahre unvermindert anhaltende Freundschaft zwischen den Familien Spiro und Starck. H.C. Starck hatte Spiros ab 1933 veranlasst, bei einer Pariser Bank Ersparnisse anzusammeln und selber mit Zuschüssen geholfen. Er trug partiell die Kosten für Peter Spiros Schweizer Internat und sein Studium in London. Als das NS-Regime Einschränkungen im Devisen-Verkehr erließ, wurde für Peters Studium der Umweg gewählt, dass Starck den Großeltern Saenger Mittel zur Verfügung stellte. Zu Gunsten von Verwandten durften in engen Grenzen Überweisungen ins Ausland stattfinden. Starck war in der Produktion und dem Handel von Grundstoffen für Edelstähle tätig. Deren gesamtwirtschaftliche Relevanz erstreckte sich bis in die Rüstung. Wahrscheinlich war das ausschlaggebend dafür, dass Starcks mit ihren zwei Kindern die NS-Zeit trotz der jüdischen Herkunft von Frau Klara Starck zwar zeitweilig bedroht, aber physisch unverletzt überstanden. Dank der internationalen Verwobenheit des Handels mit besonderen Stählen konnten Starcks dazu beitragen, dass es auch während der Exilzeit zu Porträtaufträgen für Eugen Spiro durch Industrielle kam.[2] Die Mitglieder der Familie Starck hat Spiro vor und nach der Exilzeit porträtiert.[3]

Die Bereitschaft Frankreichs, deutsche Emigranten aufzunehmen, verlief in Wellen. Die Empörung über die Machtübernahme der Nazis führte im Jahre 1933 zunächst zu großer Offenheit. Dass viele Emigranten kamen und länger blieben als erwartet, ließ – auch unter Künstlern – Konkurrenzängste entstehen. Anders als politisch verfolgte Emigranten litten Spiros nicht darunter, dass Ausländern politische Aktivitäten untersagt waren. Unter der Volksfront-Regierung Léon Blum kam es von 1936 bis 1938 erneut zu einer begrenzten Öffnung und Stimmungsverbesserung. Die folgende erneute Regierung Daladier begann, eine Politik der Anpassung an Wünsche der NS-Regierung zu betreiben, die die Lebensumstände der Emigranten zunehmend schwieriger machte.

Familie Spiro erging es bis zum Beginn des Zweiten Weltkriegs besser als anderen deutschen Emigranten in Frankreich. Gleichwohl blieben viele Erwartungen unerfüllt. Trotz der Bemühungen von Marianne von Goldschmidt-Rothschild, ihm Aufträge zu vermitteln, kam es nur begrenzt zu Einnahmen aus der Porträtmalerei. Mit den übrigen

Gattungen der Malerei ließ sich noch weniger verdienen. Im Gegensatz zu einer Vielzahl der nach Frankreich emigrierten Künstler musste Spiro aber keinen Tätigkeiten außerhalb seines Metiers nachgehen. Bei anderen reichte das von fachnaher Arbeit wie Pressezeichnung, Illustration und Filmplakat bis zu fachfernen Dienstleistungen.

Mit seiner Rückkehr nach Paris ergaben sich Anknüpfungen an die Zeit vor 1914. Das gern getragene lila Knopflochbändchen des Officier de L'Académie des Beaux Arts ließ ihn für sich selbst und andere zur Pariser Kunstszene gehörig erscheinen. Die Mitgliedschaft im Salon d'Automne war nie erloschen, führte jetzt zu Ausstellungsmöglichkeiten, aber wegen allzu großer Konkurrenz kam es nur zu wenigen Verkäufen. Der Kunsthändler Wilhelm Uhde und Spiro kannten sich aus der Zeit vor 1914. Seine Verdienste um die Entdeckung vor allem der „Naiven" Henri Rousseau und der meist nur mit ihrem Vornamen bezeichneten Séraphine Louis wurden anerkannt, aber sein Einfluss auf dem französischen Kunstmarkt war während Spiros zweiten Pariser Jahren nicht mehr groß.

Enge Beziehungen pflegten Spiros zu Eugens ebenfalls in Paris lebender jüngster Schwester, die so verwirrend viele Namen hatte. Ihr amtlicher Name war Elisabeth Dorothée, die Eltern nannten sie Else, unter den Kindern entstand der Spitzname Muki, der während des Exils in Frankreich zu Mouky wurde. Ihre Bilder signierte sie mit Baladine Klossowska, auch nach der Trennung von Erich Klossowski. Als sie zwischen 1919 und 1926 die letzte Geliebte von Rainer Maria Rilke war, nannte dieser sie neben Mouky und Baladine meist „Merline". Die Mystifikationen Liebende machte sich gern fünf Jahre jünger als der Kalender mit dem Geburtsjahr 1881.

Die Beziehung zu Rilke währte in Briefen bis in die letzten Tage vor seinem Tode. Obwohl beide von deutscher Muttersprache, schrieben sie sich ihre Briefe auf Französisch mit nur gelegentlichen deutschen Einsprengseln. Der Briefwechsel Rilke – Merline ist nie ohne ihre zensierenden Eingriffe erschienen. Nur Insider wussten, wer sich hinter Merline verbarg. Rilkes Briefe zeigen ihn angeregt von ihrer Begeisterungsfähigkeit. Gerade dass sie seine Werke nicht kannte, bevor sie ihn kannte, hat

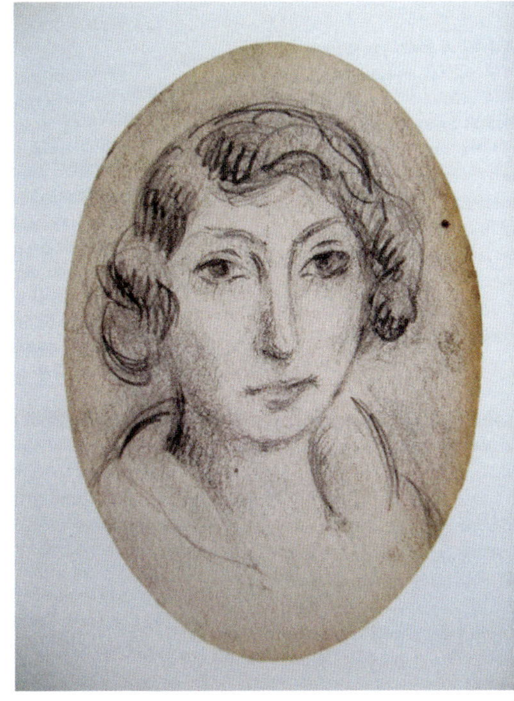

Selbstporträt Baladine, um 1925

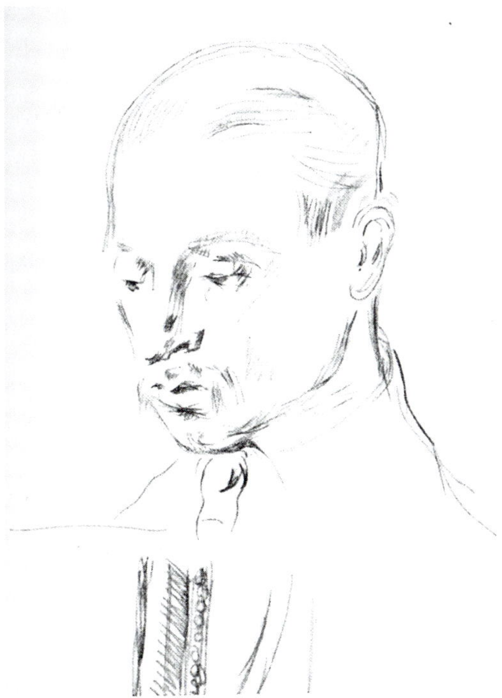

Rilke gezeichnet von Baladine, um 1922

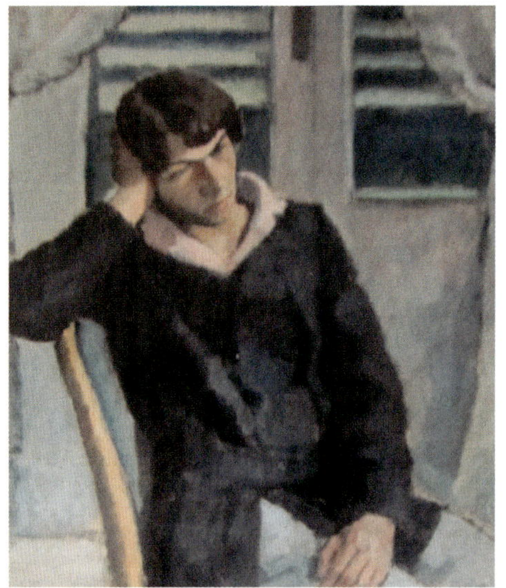

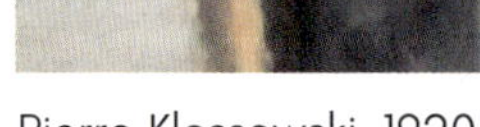

Pierre Klossowski, 1920

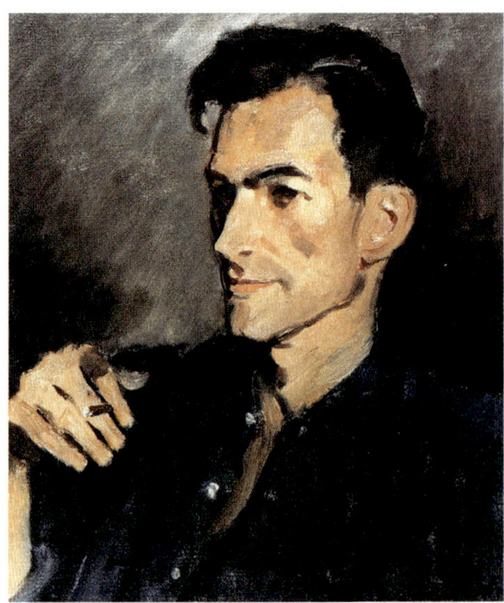

Balthus, Balthasar Klossowski, 1947

ihm einen weniger prätentiösen Ton ermöglicht als gegenüber seinen hochmögenden Gönnerinnen. Der in Frankreich gut vernetzte Rilke hat Merlines Söhne Pierre und Balthasar (Balthus) Klossowski bei ihren ersten Schritten ins französische Kulturleben unterstützt. Seit Pierre Klossowski die Briefe der Bibliotheca Bodmeriana überlassen hat, wird an einer vollständigen Ausgabe des Briefwechsels gearbeitet.[5]

Baladine war nun mit dem aus hugenottischer Familie stammenden Deutschen Paul Bourdin liiert. Von Baladines Beziehung zu ihm hielt Eugen Spiro noch weniger als von der zu Rilke. Bourdin war vielfältig in die Aktivitäten involviert, mit denen dem Misstrauen der Franzosen gegenüber dem NS-regierten Deutschland entgegengewirkt werden sollte. Im Rahmen der Öffentlichkeitsarbeit für die Deutsche Botschaft war er im Comité France-Allemagne (CFA) aktiv, das aus Deutschland Geld erhielt und konservative französische Kräfte für das NS-Regime einnehmen sollte. Aushängeschild war der angesehene Autor Jules Romains.[6]

Spiro war mit dem Großteil des künstlerischen Exils und dem französischen Schriftsteller Romain Rolland auf Seite derjenigen, die es für gefährlich hielten, wenn man in Frankreich die deutschen Kriegsvorbereitungen übersähe. Die dezidierte Teilung der deutschen Szene in Paris zwischen Orientierung an der Botschaft und dem CFA einerseits und verfolgten Exilierten andererseits wirkte in die Familie hinein. Baladine überlebte Krieg und deutsche Besatzung in Frankreich. Ihre Nähe zu einem für die Deutsche Botschaft wichtigen Deutschen war dafür hilfreich; auch dank ihrer polnisch klingenden Namen war es ihr und den Söhnen gelungen, keine Hinweise auf ihre deutsche und jüdische Herkunft bestehen zu lassen.

Die von den Spiros anfänglich praktizierte Fortsetzung der aus Berlin gewohnten breiten Lebensführung zehrte Ersparnisse auf und musste schließlich reduziert werden.

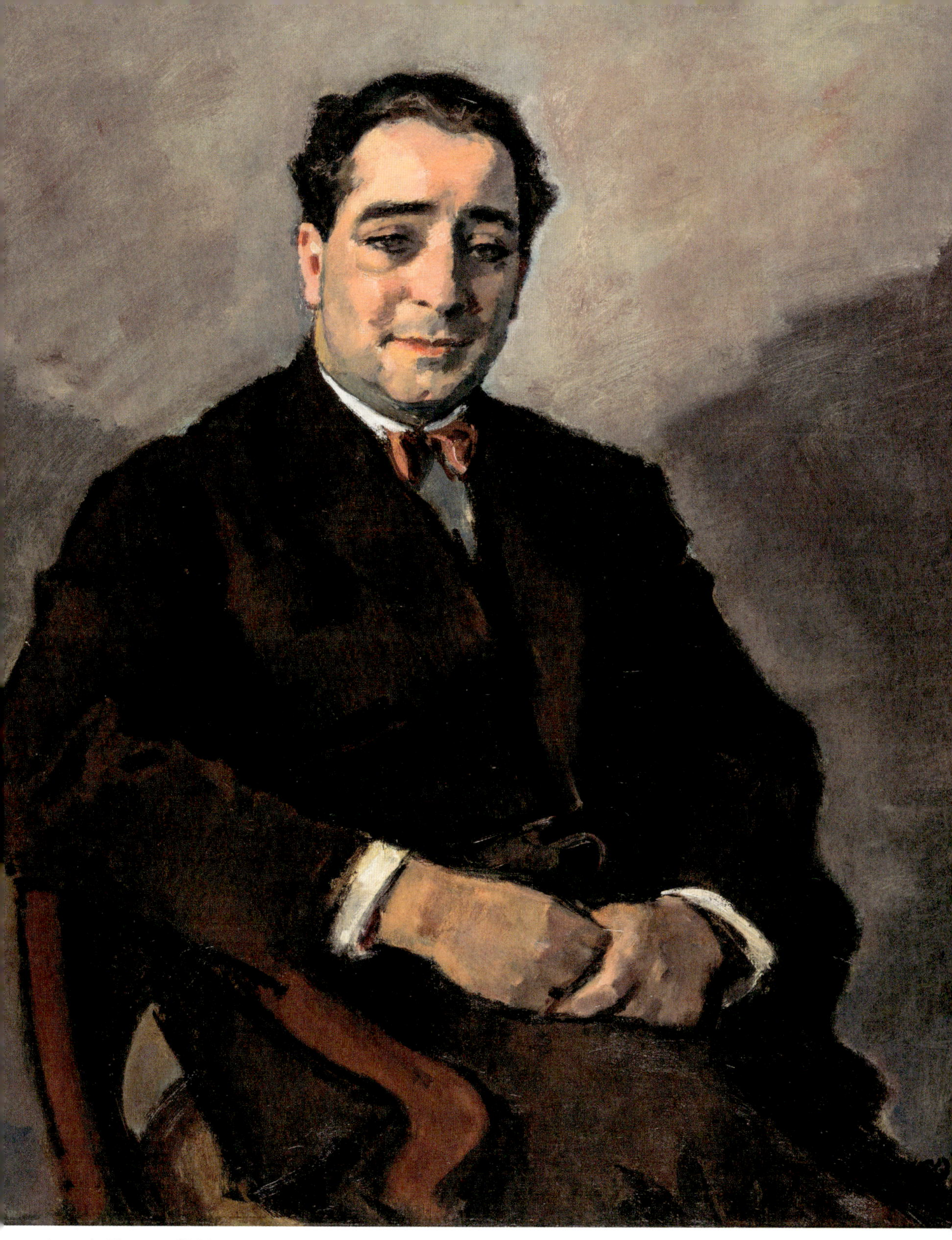

Joseph Chapiro, 1928

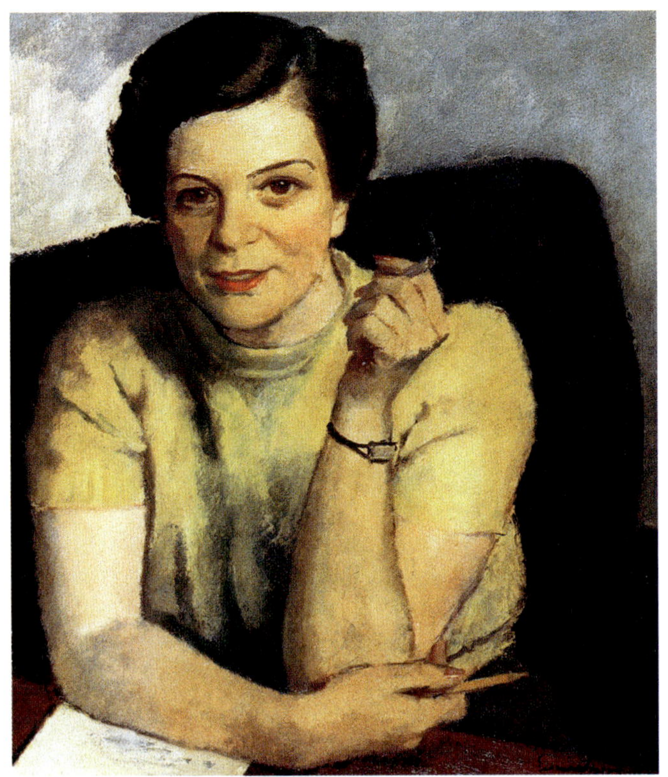

Lilli in gelbem Pulli, 1942

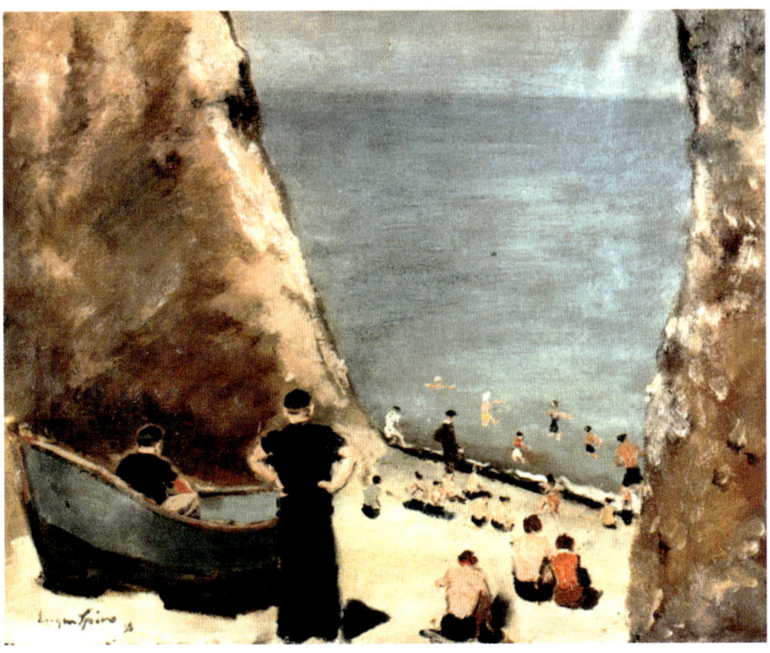

Varangeville 1938

Es ist schwierig auszumachen, ab wann es erneut Krisenerscheinungen in ihrer Ehe gab. Offenkundig wurden sie unter den einschränkenden Lebensbedingungen des Exils. Überdies zeigte der Altersunterschied von 24 Jahren Spuren. Die Ehe wurde schrittweise zur Formalität. Entgegen ihrer Neigung sah sich Elisabeth veranlasst, durch bescheiden bezahlte – illegale – Tätigkeit als Verkäuferin in einem Modegeschäft finanziell unabhängiger zu werden. Es lag gewissermaßen in der Luft, dass sich beide zu anderen Partnerschaften bewegten.

Der auf Französisch ebenso geläufig wie auf Deutsch schreibende Journalist und Autor Joseph Chapiro hatte in Berlin und auf Hiddensee viele Jahre lang in denselben Kreisen verkehrt wie die Spiros. Seine Aufzeichnungen über „Gespräche mit Gerhart Hauptmann" waren seit 1922 in Zeitungen und 1932 als Buch erschienen und hatten für ihn die Bezeichnung „Eckermann Gerhart Hauptmanns" entstehen lassen. In seinem Berliner Salon verkehrte viel Prominenz; auch einen Briefwechsel mit Thomas Mann gab es. Im Jahre 1928 wurde Chapiro von Spiro porträtiert. Seine internationale Vernetztheit empfahl ihn, nachdem er Deutschland 1933 verlassen hatte, die Interessen der spanischen Republik in anderen Ländern zu vertreten. Die damit verbundene Stellung verschaffte ihm, der sich nunmehr auch José nannte, die spanische Staatsangehörigkeit, die nach Beginn des Bürgerkriegs eine zweischneidige Angelegenheit wurde. Wenig von finanziellen Nöten bedrängt, lebte der inzwischen geschiedene Chapiro mit seinen Kindern in Paris. Die dortige Wiederbegegnung mit Elisabeth Spiro führte zu einer Liebesbeziehung.[7]

Elisabeth war die aktiver sich neu Orientierende, es ist aber nicht ausgemacht, dass sich nicht Eugens Liebesbeziehung zu Lilli Jacoby parallel entwickelte.

Eine Ursache für wiederkehrende Krisen in der Verbindung zwischen Eugen und Elisabeth Spiro war aus ihrer Sicht der Altersunterschied von 24 Jahren. Der noch größere Altersunterschied zwischen ihm und Lilli, ab 1941 verheiratete Spiro, war – soweit bekannt – kein Anlass zu Krisen. Sie stammte auch aus Berlin und wirkte jetzt als Mitarbeiterin von Leopold Schwarzschild, der in Paris „Das neue Tagebuch" herausgab und redigierte. Ihr Vater war Inhaber von Schuhgeschäften in Berlin und Hannover. Sie hatte Deutschland gemeinsam mit ihm verlassen, als er sich nach Inkrafttreten der Nürnberger Gesetze 1935 bedroht sah, weil seine Verbindung mit einer „arischen" Frau als „Rassenschande" strafbar war. Artur Jacoby hatte Vermögen aus Deutschland herausschaffen können und lebte nun in London. Das kam auch Spiro zugute, denn Lilli konnte ihren Vater zum Erwerb von zwei Bildern veranlassen.[8]

Wenig überraschend gab es eine Phase von Distanz zwischen Elisabeth Spiro und Joseph Chapiro einerseits und Lilli Jacoby und Eugen Spiro andererseits. Im Sommer 1938 reisten Lilli und Eugen nach Varengeville in der Normandie, Elisabeth und Joseph nebst seinen Kindern und Peter in die Haute Savoie. Überraschend ist, dass die Distanz nicht nur nicht anhielt, sondern dass bei der 1940 erzwungenen Flucht in die USA ein stabiles Team bestand, das sich selber als „Quadriga" titulierte. Spiro malte weiterhin Elisabeth und schließlich 1945 auch Elisabeth und Joseph Chapiro im Doppelporträt.[9]

1 Wilko von Abercron: Eugen Spiro 1874 Breslau–1972 New York. Spiegel seines Jahrhunderts, Alsbach 1990, S. 134 und 187

2 Spiro, Peter: Nur uns gibt es nicht wieder, Hürth bei Köln 2010, S. 41 und vielfach wiederkehrend

3 Abercron, S. 167, 175 (Biri), 202, 207, 209

4 Zu den Schwankungen der französischen Politik gegenüber den Exilierten: Francke, Julia: Paris – eine neue Heimat – Jüdische Emigranten aus Deutschland 1933–1939, Berlin 2000, insbes. S 287f.

5 Bassermann, Dieter (Hrsg.): Rainer Marie Rilke et Merline, Correspondance 1920–1926, Rédaction Dieter Bassermann, Éditions Max Niehans S.A. Zürich 1954; Bircher Martin: Rainer Maria Rilke und Merline – Zum Erwerb von Baladine Klossowskas Nachlass durch die Bibliotheca Bodmeriana, Cologny, in: Librarium – Zeitschrift der Schweizerischen Bibliophilen-Gesellschaft Band 47 (2004), Heft 2; auch zu finden über https://www.e-periodica.ch/cntmng?pid=lib-006:2004:47::249

6 Paul Bourdin (1900–1955) hat es verstanden, seine Pariser Aktivitäten so überzeugend als dem Literarischen zugewandt zu definieren, dass er es nach 1945 bis zum zeitweiligen Sprecher der Adenauer-Regierung und Chefredakteur der „WELT" bringen konnte.

7 Spiro, Peter, S. 92; Abercron S. 41 und 47; Chapiro, Joseph: Gespräche mit Gerhart Hauptmann, Berlin 1932; erweiterte Auflage, herausgegeben von H. D. Tschörtner, Berlin 1996; Tschörtner, H. D. (Herausgeber): Joseph Chapiro – Gerhart Hauptmann – Briefwechsel, Göttingen 2006

8 Spiro, Peter, S. 93, Abercron 41, 42 und 47

9 Abercron, S. 185 und S. 189

Freier Künstlerbund – UNION DES ARTISTES LIBRES

Soweit sie jüdischer Herkunft waren, erkannten viele Künstler aller Sparten früh die Bedrohung und verließen Deutschland 1933/34.[1] Spiro hatte sich als Prominenten-Porträtist und Inhaber hoher Ämter des Kunstbetriebs zunächst sicher gefühlt: „Ich werde diesen Hitler noch malen", zitiert Sohn Peter seinen Vater Anfang 1933.[2]

Wenn sie nicht wegen der jüdischen Herkunft mit Bedrohung rechnen mussten, war die Situation – anders als für Schriftsteller – für bildende Künstler nicht unmittelbar bedrohlich. Einerseits lassen sich ihre Botschaften, sofern sie nicht explizit politisch sind, schwerer entschlüsseln, andererseits war unter den NS-Größen anfänglich durchaus umstritten, ob nicht manche Strömung der zeitgenössischen bildenden Kunst den „revolutionären" Anspruch des Nationalsozialismus stützen könnte. So hatten es die italienischen Faschisten mit dem Futurismus gehalten. Hitler war zeitlebens verbittert, weil ihn die Kunstschule der Wiener Akademie nicht zum Studium angenommen hatte. Nachdem die als Röhm-Putsch bezeichneten Morde 1934 seine politische Position gefestigt hatten, machte er alsbald klar, dass für keine Richtung der künstlerischen Moderne im NS-Staat Raum war. Als Weltzentrum der Künste stellte Paris einen wichtigen Zielort für bedrohte Künstler aus Deutschland dar. Die Stadt war seit langem zumindest als Durchgangsstation für viele von Bedeutung. Reisen bildete darüber hinaus für bildende Künstler oft so sehr einen Bestandteil ihrer Arbeitsweise, dass nicht immer zu erkennen war, ob und ab wann eine Emigration vorlag. Was es besonders erschwerte, Interessen emigrierter Künstler zu organisieren, waren in der anhaltend dynamischen Entwicklung der Moderne konträre Auffassungen darüber, was die richtige Kunst sei.

Nachdem es in Paris zuvor nur randständige Beteiligungen emigrierter Maler und Bildhauer an kulturellen und politischen Aktivitäten gegeben hatte, regte ab Frühjahr 1936 das Vorbild des im Exil wiedergegründeten Schutzverbandes deutscher Schriftsteller (SDS) dazu an, etwas Ähnliches für bildende Künstler zu realisieren. Neben Erwägungen zur Schaffung von Ausstellungsmöglichkeiten und damit zur Sicherung des Lebensunterhaltes nahm – vor allem bei der Kommunistischen Internationale und daran angelehnten kulturellen Aktivitäten – das Motiv des politischen Widerstandes eine wichtige Rolle ein.

Auch wenn die Quellenlage dürftig ist, sind Bestrebungen zur Bildung eines „Kollektivs Bildender Künstler" seit dem Frühjahr 1936 nachweisbar. Die Exil-Zeitschrift „Das Wort" berichtet von der Erstausgabe einer Zeitschrift „Die Mappe" mit gelungenen Reproduktionen von Max Ernst, Max Lingner, Heinz Lohmar. Von dieser einzigen Ausgabe ist kein Exemplar mehr auffindbar. Eher unwahrscheinlich ist, dass Spiro in die Bemühungen des Kollektivs eingebunden war. Der Name der offenbar nicht auf längerfristiges Bestehen angelegten Vereinigung deutet auf die Tradition linker Künstlerkreise vor 1933 hin. Die Instabilität verhinderte, dass sich das Kollektiv zum Skandal der Münchner Ausstellung "Entartete Kunst" 1937 äußern konnte.[3] Diese Ausstellung bot dann den aktuellen Anlass für eine andere Gruppe, die für ihre Vorstellungen von einem Zusammenschluss auf die Tradition des Deutschen Künstlerbundes zurückgriff. Dieser war 1903 von prominenten Künstlern und Kunstförderern ins Leben gerufen worden, um über die einzelnen örtlichen Secessionen und Künstlerverbände hinaus zu wirken. Nach der NS-Machtübernahme wurde er ebenso wie der Schutzverband deutscher Schriftsteller verboten.

Eine wesentliche Rolle für die neue Künstlervereinigung spielte der Journalist und Kunstschriftsteller Paul Westheim (1886–1963). Als Gründer, Herausgeber und unermüdlicher Autor der Zeitschrift „Das Kunstblatt" war er eine dominierende Figur des Kunstbetriebes der Weimarer Zeit gewesen. Er schrieb jetzt für das Pariser Tageblatt/die Pariser Tageszeitung. Da er mit den Organisationen der Schriftsteller wie auch der bildenden Künstler vertraut war, konnte es keinen Berufeneren geben, um in Paris aktiv zu werden.

Spiro, im Umgang mit den persönlich oft schwierigen Malerkollegen aus der Secessionszeit vertraut, verfügte über eine kaum anzufechtende seelische Gelassenheit. Sein exzellentes Französisch befähigte ihn, die Beziehungen zu französischen Kollegen und Institutionen zu pflegen. Westheim sprühte stets von Ideen und war ungnädig gegenüber nicht gleichermaßen Begeisterten. Die beiden bildeten das Duo, dem sich sowohl die aus der Künstlerbundtradition kommenden Künstler als auch die „Revolutionären" zugesellen konnten. Dass es zu einem gedeihlichen Zusammenwirken zwischen beiden kam, war keineswegs selbstverständlich gewesen. Zu Berliner Zeiten hatten Westheim und sein „Kunstblatt" in Begeisterung für den Expressionismus Spiro nur wenig Aufmerksamkeit geschenkt. In seinem Artikel in der Pariser Tageszeitung zu dessen 65. Geburtstag schwingen denn auch gleichermaßen Untertöne von Wiedergutmachung und freundschaftlicher Ironie mit:

> „Ein Maler in dieser Zeit, der merkwürdigerweise keiner Richtung angehört, auch nie einer verfallen war. Er hat immer nur wie Spiro gemalt, gediegen, ein Könner, der wohl auch nie einen falschen Pinselstrich gemacht hat [...] Nach dem Tod von Corinth, mit dem zusammen er die Berliner Sezession geleitet hatte, wählte die Sezession ihn zum Ersten Vorsitzenden. Jetzt in Paris ist er Vorsitzender des Freien Künstlerbundes. Berliner Sezession war gewiß großartig, in den toten Winkeln noch großartiger als Münchner Öldrucktempel im Ehrensaal, aber Freier Künstlerbund ist auch etwas: er ist dank Spiros Tatkraft, dank seiner Initiative, dank seiner organisatorischen Erfahrung das Cadre geworden für die unabhängigen deutschen und österreichischen Künstler, die es vorziehen, nicht nach ‚richtungweisenden' Vorschriften, sondern selbständig zu malen."[4]

Westheim erinnert auch an Spiros Rolle im Prozess um Fälschungen von Gemälden van Goghs im Jahre 1932. Ein vermeintlicher van Gogh-Spezialist habe geglaubt, durch

Versenkung in den Geist der Bilder diese als echt erkennen zu können, während Spiros Hinweis auf die handwerkliche Seite zum abschließenden gegenteiligen Ergebnis beigetragen habe.

Die neue Vereinigung nahm zunächst den traditionsreichen Namen Deutscher Künstlerbund wieder auf. Die Programmatik des Kampfes gegen die NS-Kunstpolitik akzentuierend, stellte sie dem alsbald „Freier" voran. Um auch am deutschsprachigen Kunstleben teilnehmende Künstler aufnehmen zu können, die nie einen deutschen Pass besessen hatten, wurde daraus bei der offiziellen Konstituierung Anfang 1938 „Freier Künstlerbund/ UNION DES ARTISTES LIBRES (FKB)".

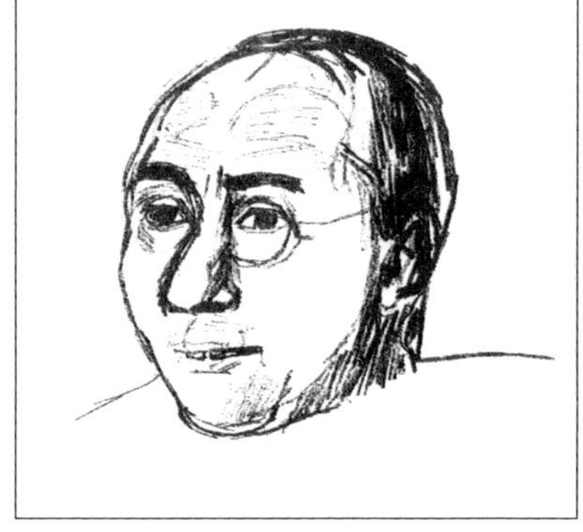
Oskar Kokoschka: Litho-Porträt Paul Westheims, 1923

Als die praktische Arbeit im Herbst 1937 begann, verständigte man sich darauf, dass vor allem anderen eine Gegenausstellung zur Münchner Ausstellung „Entartete Kunst" zu verwirklichen sei. Neben Spiro und Westheim nahmen an dieser ersten Versammlung am 20. September 1937 die Maler Max Lingner, Erwin Oehl und Gert Wollheim sowie die Kunstkritikerin Herta Wescher teil.

Bei der Versammlung, die zur offiziellen Gründung auch gegenüber den französischen Verwaltungsinstanzen führte, wurden am 20. April 1938 im Café Méphisto die Künstler Max Ernst, Heinz Lohmar, Eugen Spiro, Victor Tischler und Gert Wollheim sowie die Kritikerin Sabine Spiro (mit Eugen Spiro nicht verwandt oder verschwägert) und Paul Westheim zu Mitgliedern des Vorstandes gewählt. Zum Ehrenpräsidenten wurde der in Prag lebende Oskar Kokoschka bestimmt.[5] Interessant ist die Kandidatur und Wahl von Max Ernst, der der international bekannteste Künstler im Vorstand war und schon lange vor 1933 in Paris gelebt hatte.

In der ersten Sitzung des Vorstandes wurde Spiro zum Vorsitzenden gewählt. Ähnlich wie schon zu Zeiten seines Wirkens für die Berliner Secession kam ihm offenbar zugute, dass weder er im Verhältnis zu seinen Künstlerkollegen noch diese im Verhältnis zu ihm sich in einem Konkurrenzverhältnis sahen. Das bei vielen vorhandene Bewusstsein, zu Neuerungen verpflichtet zu sein, sei es in künstlerischer, sei es in politischer Richtung, fehlte weitgehend seinem Verständnis vom Beruf und der Berufung des Malers.

Eine in ähnliche Richtung gehende und schon früher gestartete Ausstellungsinitiative in London schien zunächst ein gemeinsames Anliegen zu unterstützen. Westheim hatte dort anfangs eine bedeutende Rolle gespielt, sich aber empört zurückgezogen, als er feststellte, dass sich die Initiative an den Interessen von Sammlern und Galeristen ausrichtete und Hinweise auf Verfolgung und Exil von Künstlern ablehnte. Das war darin zum Ausdruck gekommen, dass auch eine Skulptur des von den Nazis hofierten Georg Kolbe gezeigt werden konnte und von der zeitweilig vorgesehenen Mitgliedschaft Thomas Manns im Kuratorium ausdrücklich abgesehen wurde.[6]

In Paris war es erforderlich, sich „unpolitisch" zu geben, weil das Augenmerk der politischen Polizei nicht auf die Initiative gelenkt werden durfte. Ziel war aber unzweideutig, die Münchner Ausstellung und die ihr zugrunde liegende Kunstpolitik zurückzuweisen und Aufmerksamkeit für die Kunst der Exilierten zu gewinnen. Die ungleich opulentere Ausstellung im Juli 1938 in London, die so anders gerichtet war, hatte gleichwohl die Wirkung, die Absurdität und Brutalität der NS-Kunstpolitik sichtbar zu machen und irritierte das Regime beträchtlich. Trotz der vorausgegangenen Meinungsverschiedenheiten berichtete davon auch das Mitteilungsblatt des FKB anerkennend.[7]

Die Pariser Ausstellung fand schließlich vom 4. bis 18. November 1938 in der Maison de la Culture unter der Schirmherrschaft des SDS statt. Sie war Bestandteil der vom SDS zu seinem 30. Jahrestag veranstalteten Deutschen Kulturwoche in Paris. Gezeigt wurden vor allem Werke emigrierter Künstler, darunter mit Beckmann und Klee auch solcher, die sich nicht in Frankreich aufhielten. Spiro beteiligte sich mit dem Klossowski-Porträt und einer Normandie-Landschaft, die beim Aufenthalt in Varangeville im Sommer 1938 entstanden war. Mit der Dokumentation der Zerstörung von Bildern Oskar Kokoschkas und Auguste Renoirs durch Nazi-Schergen machte die Ausstellung ihre Haltung gegenüber der NS-Politik unmissverständlich deutlich.[8] Ebenfalls gedacht wurde Ernst Ludwig Kirchners, der sich kurz vorher das Leben genommen hatte.[9]

Obwohl die französische Öffentlichkeit mit deutscher Kunst wenig anfangen konnte, gab es nach der Eröffnung ein breites, Respekt bekundendes Presseecho.[10] Nachdem die Ausstellung erst wenige Tage gelaufen war, begann die Pogromnacht in Deutschland (9./10. November), die Aufnahmebereitschaft der französischen Medien für deutsche Angelegenheiten vollständig in Anspruch zu nehmen.

Einladungen zur Mitwirkung zeigen, dass sich das Selbstverständnis der Vereinigung auf exilierte deutschsprachige Künstler in aller Welt bezog. Gemessen an der kurzen Dauer ihres Bestehens war sie erfolgreich. Von Paul Westheim redigierte regelmäßige Mitteilungsblätter mit dem Titel „Freie Kunst und Literatur" wurden verschickt. In dem Titel kam der Anspruch zum Ausdruck, ein intellektuelles Publikum über das Interesse an bildender Kunst hinaus zu erreichen. Zusammenarbeit mit anderen Exilorganisationen wurde erprobt, aber nach der vierten Ausgabe beendet. Für die Beendigung waren vermutlich Meinungsverschiedenheiten über den Einfluss der Kommunistischen Internationale ausschlaggebend.

Für die Finanzierung des Mitteilungsblattes wurden Bitten um Spenden an potentielle Gönner versandt. Für Spenden von 100 Francs aufwärts waren 100 Exemplare des Mitteilungsblatts reserviert, bei denen die enthaltene Originalgrafik signiert war. Für den heutigen Betrachter anrührend ist die zwangsläufige Bescheidenheit der mittels Wachsmatrizen hergestellten Grafiken: „Aus unserer Not machen wir eine Tugend; wie vor 100 Jahren in der politisch erregten Zeit um die Julirevolution fuer die auf aktuellste Wirkung eingestellte Presse sich die Notwendigkeit ergab, den schwerfaelligen, allzu lange Herstellungszeit erfordernden Holzschnitt durch die Lithographie zu ersetzen, wie daraus der neue Stil der Lithographie (Daumier) sich entwickelte, so hoffen wir durch unser Experiment, dem Kuenstler ein neues durch die technische Entwicklung ermoeglichtes Graphikverfahren zu erschliessen."[11]. Die Technik hatte den Nachteil, dass keinerlei nachträgliche Korrekturen möglich waren.

Spiros Grafik in der ersten Ausgabe von „Freie Kunst und Literatur" war eine Variante zum Thomas Mann-Porträt in dem Band zum 100. Geburtstag des Reclam-Verlages im Jahre 1928. Dass Spiro dieses Porträt wählte, war sicher auch eine Demonstration gegen den Ausschluss Thomas Manns aus dem Kuratorium der Londoner Ausstellung. Das Blatt wirkt durch die ungewohnte Technik bedingt ein wenig ungelenk. Beim Selbstporträt Spiros, das Heft 6 im Zusammenhang mit der Gratulation zu seinem 65. Geburtstag brachte, beherrschte er diese Technik bereits wie alle zuvor von ihm praktizierten.

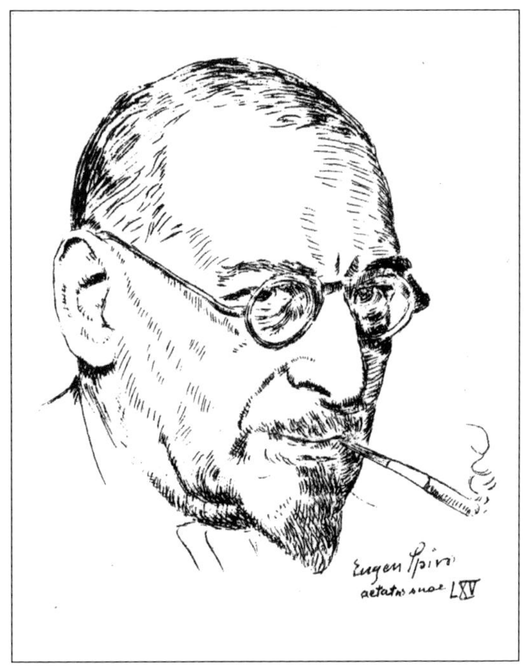

Selbstbildnis 65. Geburtstag, 1939

Im letzten (neunten) Heft wurde noch auf eine Veranstaltung am 17. September 1939 hingewiesen, die dann schon kriegsbedingt ausfiel.

Der FKB war dem Nazi-Regime verhasster, als man es bei einem Künstlerverein von politisch begrenzter Bedeutung erwarten würde. Das beruhte insbesondere darauf, dass ihm die Veröffentlichungen Westheims zugerechnet wurden, der in zahlreichen Publikationen mit Schärfe und Spott die NS-Kunstpolitik international in ihrer Fragwürdigkeit dargestellt hatte.[12] Aus der Wohnung Spiros wurden wenige Tage nach der Besetzung von Paris und nur Stunden nach seiner Flucht die Unterlagen des FKB beschlagnahmt. Einzelheiten über das Vorgehen des Einsatzstabs Reichsleiter Rosenberg (ERR) haben sich erst sehr viel später aus den Archiven ergeben und werden im Zusammenhang mit Spiros ersten Europareisen nach Ende des Zweiten Weltkrieges behandelt.

1 Zur Situation der nach Paris emigrierten bildenden Künstler ist Hélène Roussel eine umfassende Untersuchung zu verdanken: „Die emigrierten deutschen Künstler in Frankreich und der Freie Künstlerbund" in: Exilforschung – Ein internationales Jahrbuch, Band 2, München 1984, S. 173ff. Sie konnte die damals im Staatsarchiv der DDR befindlichen Archivalien auswerten, die vom Einsatzstab Reichsleiter Rosenberg 1941 in Spiros Pariser Wohnung beschlagnahmt worden waren. Siehe auch ihre Zusammenfassung und Aktualisierung: German speaking Artists in Parisian Exile: Their routes to the French Capital, Acitvities There, and Final Flight – a Short Introduction –, in: Ines Rothermund-Reynard Ed.), Echoes of Exile – Moscow Archives and the Arts in Paris 1933–1945, Berlin/Munich/Boston 2015, S. 1ff. Die von Tanja Frank neu herausgegebenen und kommentierten kunstkritischen Texte von Paul Westheim aus der Zeit des Pariser Exils erleichtern den Zugriff auf unmittelbare Zeitzeugenschaft: Paul Westheim, Karton mit Säulen – Antifaschistische Kunstkritik, herausgegeben von Tanja Frank, Leipzig und Weimar 1985
In diesem Kapitel kommen zahlreiche Namen von Künstlern und Kunstschriftstellern vor. Soweit sie nicht weltberühmt sind wie Lovis Corinth, Max Ernst, Ernst Ludwig Kirchner oder Oskar Kokoschka sollen sie hier kurz vorgestellt werden:

Max Lingner (Leipzig 1888–Berlin 1959), schon ab 1927 in Paris, dort als Zeichner erfolgreich, ab Kriegsbeginn im französischen Widerstand aktiv, ab 1949 Professor an der Kunsthochschule Berlin-Weißensee, heute vor allem durch sein riesiges Wandbild „Aufbau der Republik“ von 1952 am heutigen Bundesfinanzministerium (Detlev-Rohwedder-Haus) gegenwärtig.

Heinz Lohmar (Troisdorf 1900–Berlin 1976), 1933 wegen Mitwirkung in der Roten Hilfe verhaftet, nach Freilassung über die Schweiz und Italien nach Frankreich, zu Beginn des Krieges Flucht in den unbesetzten Süden und Mitwirkung in der Résistance, 1946 Rückkehr nach Deutschland, ab 1949 Professor an der Kunsthochschule Dresden, Lehrer von Gerhard Richter.

Erwin Oehl (Thalmässing 1907–München1988), wegen Mitgliedschaft in der KPD und der „Assoziation revolutionärer bildender Künstler“ nach der Machtübernahme der Nazis verhaftet, nach Freilassung nach Frankreich emigriert, dort nach Einmarsch der Wehrmacht in Haft genommen, danach an die Front geschickt. Nach Kriegsende in Bayern als Maler und Kulturpolitiker aktiv.

Sabine Spiero (während des Exils in Frankreich Spiro); die Namensähnlichkeit führt wie schon bei ihrem Vater, dem Germanisten Heinrich Spiero, zu Verwechslungen und Vermutungen über Verwandtschaft. Die Kunsthistorikerin (1901–2000) hat unter ihrem Ehenamen Gowa (Gova) publiziert.

Victor Tischler (Wien 1890–Beaulieu-sur-Mer 1951), trotz Erfolgs als Maler in Österreich ab 1928 in Paris, 1941 Flucht in die USA, 1949 Rückkehr nach Frankreich.

Herta Wescher, geb. Kauert (Krefeld 1899–Paris 1971), Kunsthistorikerin und Journalistin, ab 1933 in Paris, maßgebliches Werk „Die Collage, Geschichte eines künstlerischen Ausdruckmittels“, Köln 1968.

Paul Westheim (Eschwege 1888–Berlin 1963), Westheim konnte sich dank des European Rescue Committe 1941 in letzter Minute nach Mexiko retten. Dort hielt er sich von der KP-orientierten Exilszene fern und fand in der mexikanischen Kunst ein neues Betätigungsfeld. Dort entstand u.a. das wegweisende Werk „Die Kunst Alt-Mexicos“, Köln 1966.

Gert Wollheim (Dresden-Loschwitz 1894–New York 1974), aktiv in der Künstlergruppe „Junges Rheinland“, zahlreiche Werke des zum „Entarteten“ Erklärten wurden zerstört, Exil in der Schweiz und in Frankreich, nach Kriegsbeginn aus Lagerhaft entkommen, bis Ende des Krieges in den Pyrenäen versteckt, ab 1947 New York.

2 Spiro, Peter: Nur uns gibt es nicht wieder, Hürth bei Köln 2010, S. 70

3 Roussel,: Die emigrierten deutschen Künstler ..., S. 182

4 Westheim, Paul: Karton mit Säulen, S. 240

5 Roussel, Die emigrierten deutschen Künstler ..., S. 189ff.

6 Wasensteiner, Lucy: Die Organisation von *Twentieth Century German Art* – Ein britisches statement gegen die Nazis, in Lucy Wasensteiner/Martin Faass: London 1938 – Mit Kandinsky, Liebermann und Nolde gegen Hitler, Begleitbuch zur Ausstellung in London und Berlin, Wädenswil 2018, S. 67ff.

7 Heft 1, S. 5. Die Mitteilungsblätter sind vollständig auffindbar über https://portal.dnb.de/opac.htm?method=simpleSearch&reset=true&cqlMode=true&query=partOflf%3D026135213&selectedCategory=any

8 Vgl. Feilchenfeldt, Christina: „... meine Bilder zerschneidet man schon in Wien“ – Das Porträt des Verlegers Robert Freund von Oskar Kokoschka, in Das verfemte Meisterwerk – Schicksalswege moderner Kunst im Dritten Reich, herausgegeben von Uwe Fleckner, Berlin 2009

9 Von der Ausstellung gibt es keinen Katalog. Ergiebig sind Fotos aus der Ausstellung von Josef Breitenbach. Darauf sind der zerschnittene Kokoschka, Kirchners „Die roten Häuser auf Fehmarn“, und Spiros Klossowski-Porträt zu erkennen. Siehe Holz/Schopf, Im Auge des Exils – Josef Breitenbach und die Freie Deutsche Kultur in Paris 1933–1941, 147ff.

10 Freie Kunst und Literatur, Heft 3, S. 3

11 Freie Kunst und Literatur, Heft 1, S. 9

12 Der Titel „Karton mit Säulen“ der gesammelten Aufsätze Westheims aus dem Pariser Exil bezieht sich vor allem auf das Haus der Deutschen Kunst in München

Von Paris nach New York

Der Wechsel Eugen Spiros von Paris nach New York 1940/41 war von anderer Art als der von Berlin nach Paris im Jahre 1935. Die deutsche Besetzung von Paris hatte Anfang Juni 1940 begonnen. Dieses Mal gab es keine großen Umzugswagen, nur einen Handkoffer konnte Spiro mitnehmen. Ihm war bewusst, dass er es nicht überleben würde, wenn er den deutschen Besatzern in die Hände fiele. Nur die Flucht in den Teil Frankreichs, der nach dem Waffenstillstandsabkommen zwischen Deutschland und Frankreich vom 22. Juni 1940 als unbesetzt bezeichnet wurde, bot die Chance, sich zu retten. Über die in Abhängigkeit gehaltene Vichy-Regierung von General Pétain hatte die Besatzung auch dort wesentlichen Einfluss.

Spiro flüchtete gemeinsam mit Lilli sowie Elisabeth und J. Chapiro. Die Flucht zog sich von Juni 1940 bis Mai 1941 hin. In seinem Antrag auf Wiedergutmachung hat Spiro sachlich zurückhaltend den Ablauf der Ereignisse geschildert.[1] Erst aus den Akten des European Rescue Committee (ERC) ergibt sich, welche Dramatik sich hinter der langen Wartezeit mit ständiger Angst vor dem deutschen Einmarsch, Mittellosigkeit und Gesundheitsproblemen verbirgt.[2]

Wegen seines Alters musste Eugen Spiro nicht in französische Internierungslager. Es gelang, Elisabeth nach wenigen Tagen wieder frei zu bekommen. J. Chapiro war dank seines spanischen Passes weder von Internierung noch von Auslieferung bedroht.

Lilli war nach kurzer Internierung in Paris ins Lager Gurs an den Pyrenäen gebracht worden. Zum ersten Fluchtziel Marseille musste der Weg für Spiro daher über Gurs führen. Die vier gemeinsam Flüchtenden bezeichneten sich selber als „Quadriga“. Die Flucht zu viert machte die Angelegenheit zwar in mancher Hinsicht komplizierter, bot aber überwiegend Vorteile. Die komplizierten Liebesverhältnisse ließen das Team unberührt, das mit den unterschiedlichen Begabungen der Beteiligten erfolgversprechend handeln konnte. Chapiro konnte nicht nur dank des spanischen Passes offener agieren, er hatte auch finanziell besser Vorsorge getroffen. Wahrscheinlich bewirkte Eugens Auftreten mit perfektem Französisch und französischem Ordensbändchen zusammen mit Chapiros Zahlungsfähigkeit die Freilassung Lillis. Nach drei Wochen erreichten alle vier Marseille. Dort trafen sie auch mit Elisabeths Eltern, Samuel und Irma Saenger-Sethe, zusammen. Wo und wie Spiros in Marseille wohnten, ist nur bruchstückhaft bekannt. Spiro erbat Antworten auf seine Briefe und Telegramme „poste restante“, zumindest zeitweilig wohnte er im „Hôtel Splendide“, einem vom Eigentümer zur Verfügung gestellten Zufluchtsort für Flüchtlinge in Bahnhofsnähe.

Die in Marseille herrschenden Zustände mit tausenden um ihr Leben Fürchtenden haben Varian Fry in seinem Bericht „Auslieferung auf Verlangen“[3] und Anna Seghers in ihrem Roman „Transit“[4] eindrucksvoll beschrieben. Das Buch von Varian Fry beschreibt das Wirken des Emergency Rescue Committee (ERC) in Marseille. Der Titel seines Buchs nimmt Bezug darauf, dass das Vichy-Frankreich nach dem Waffenstillstandsabkommen jede vom Deutschen Reich benannte Person ausliefern musste. Fry selber war von den USA aus als Sprachenkundiger und Europa-Kenner entsandt worden, um vom NS-Regime verfolgten Künstlern, Wissenschaftlern und Politikern die Flucht zu ermöglichen. Ursprünglich sollte sein Aufenthalt sich auf wenige Wochen beschränken und ausschließlich von den USA aus benannten Personen gelten. Er blieb schließlich mehr als ein Jahr. Die Zahl der unter seiner Mitwirkung Geretteten liegt weit über tausend.

Wegen der bereits überbuchten deutschen Quote waren die Aussichten für Eugen, Elisabeth und Lilli, US-Visa zu erhalten, monatelang gleich Null. Das Büro des ERC in Marseille unter Leitung von Varian Fry leitete Spiros Antrag trotzdem befürwortend weiter. In New York kämpften das dortige ERC-Büro unter Leitung von Dr. Frank Kingdon und Spiro-Freunde unermüdlich um ein sogenanntes Ex-quota-Visum für ihn. Dagegen wehrte sich das State Department (US-Außenministerium) hartnäckig. Selbst die Förderung des ERC durch die Präsidentengattin Eleanor Roosevelt reichte nicht aus. Das State Department sah in den Immigranten eine Verstärkung der Kräfte, die die USA in den Krieg gegen Nazi-Deutschland hineinziehen wollten. Bis zum Angriff Japans bei Pearl Harbour im Dezember 1941 verfolgte das Ministerium eine Linie der Neutralität.

Das Werkzeug des State Department, die Erteilung von Visa zu verhindern oder zumindest hinauszuzögern, bestand im Überprüfen der sogenannten Affidavits. Voraussetzung für die Visumerteilung waren eine Bescheinigung der politischen Unverdächtigkeit durch einen unbescholtenen US-Bürger sowie die Übernahme der Verpflichtung, notfalls für den Unterhalt der immigrierenden Person aufzukommen. Das machte oft, so auch für Spiro, zwei Affidavits erforderlich. Neben diesen für alle Visa geltenden Voraussetzungen verlangte das State Department bei sogenannten Ex-quota-Visa den Nachweis, dass es für die USA vorteilhaft sei, wenn die antragstellende Person einwandere.

Unter Spiros Unterstützern überwogen selber erst kürzlich Eingewanderte. Ihre Erklärungen konnten den Visumsantrag informell unterstützen, als Geber für das finanzielle Affidavit wurden sie nicht akzeptiert, wenn kein Steuerbescheid für 1938 vorlag. So wurde das Affidavit des Baumeisters Ernst M. Schlesinger nicht akzeptiert, obwohl er inzwischen gut verdiente. Niemand durfte für mehr als eine Person oder ein Ehepaar das finanzielle Affidavit abgeben. Deshalb konnte Elisabeth Spiros Schwester Magdalena (Lella), die inzwischen in Hollywood im Geschäft der Filmmusik erfolgreich war, sich nur organisatorisch für Spiros engagieren, denn auch ihre Eltern benötigten die finanziellen

Winterlicher Vieux Port in Marseille, Aquarell, 1940 ↗
Zeppelin über New York, 1929 →

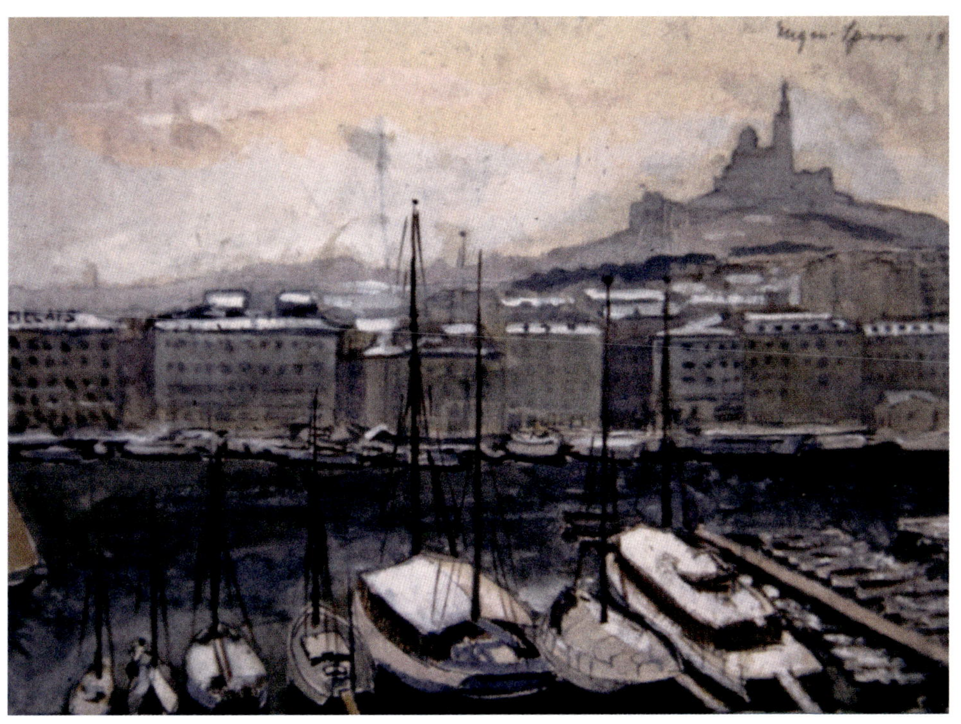

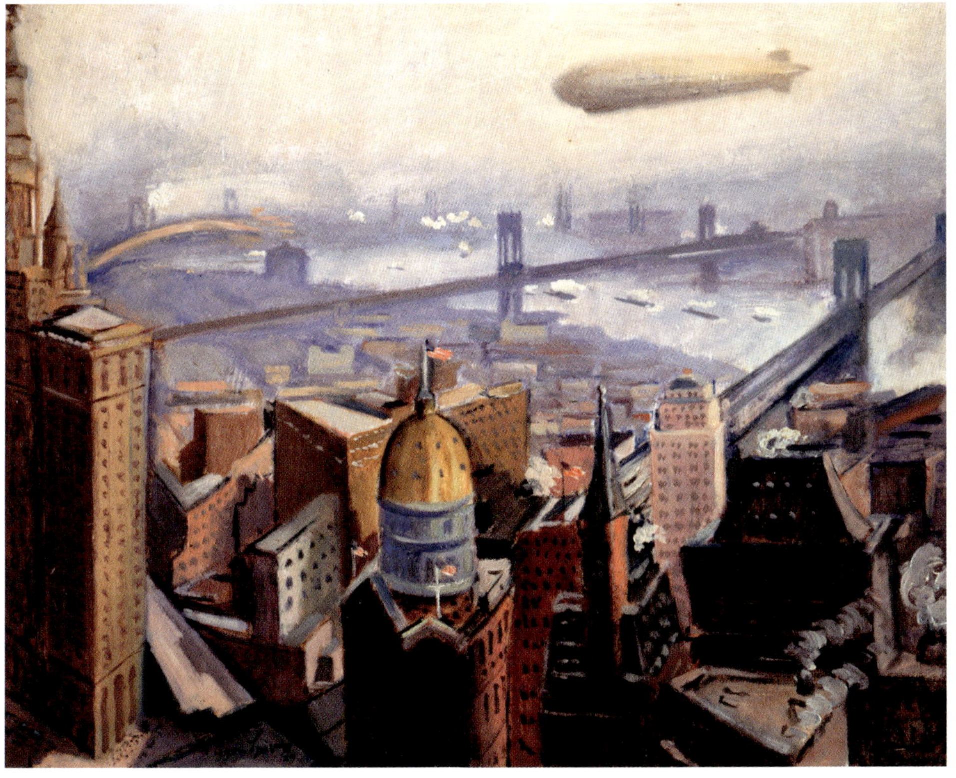

Affidavits. Für Samuel und Irma Saenger-Sethe lief es insofern unproblematischer, weil sein Geburtsort die Verrechnung über die nicht überbuchte russische Quote erlaubte.

Das ERC holte weitere finanzielle Affidavits für Spiro ein. Eine wichtige Rolle spielte dessen alter Freund, der seit 1935 in den USA lebende Pianist Bruno Eisner. Er wurde vom ERC-Büro herangezogen, wenn an den Unterlagen für Spiro noch etwas fehlte. Selber nicht finanziell leistungsfähig, hatte er aber Beziehungen in die Szene wohlhabender Laienmusiker. Wahrscheinlich war schließlich das finanzielle Affidavit der Philanthropin und Amateursängerin Louise Crane ausschlaggebend. Nach den Spiro betreffenden Akten des ERC endeten die Bemühungen des ERC um USA-Visa für ihn und Elisabeth im November 1940. Offenbar waren die Visa erteilt.

Bis zur Abreise nach Lissabon vergingen noch weitere quälende Monate. Es wurden noch das französische Ausreise-Visum sowie Transit-Visa für Spanien und Portugal benötigt. Spiro musste sich noch in Marseille einer Prostata-Operation unterziehen, Lilli war von November 1940 bis Januar 1941 im Lager Bompard in Marseille interniert.

Spiros Ersparnisse reichten nur noch knapp für den Lebensunterhalt. Die finanzielle Unterstützung durch das ERC war gering und von wechselnder Höhe. Wohlhabende Freunde in USA und Deutschland konnten nur eingeschränkt helfen, weil der Post- und Geldverkehr nach Vichy-Frankreich von der Besatzung überwacht wurde. Das ERC befasste sich nicht mit Geldtransfers, weil es die Schließung seines Büros in Marseille fürchtete.

Unter den prominenten Unterstützern befanden sich Bruno Eisner, Thomas Mann, J. B. Neumann, Artur Schnabel, Hans Staudinger, William R. Valentiner. Die für das Verfahren offenbar wichtigen unterstützenden Personen Frida Best und Josef Brinkmann konnten nicht identifiziert werden. Die Unterstützung durch J. B. Neumann unterschied sich von den anderen, weil sie die konkrete Zusage enthielt, Spiro in New York Aufträge für Malerei-Unterricht und die Restaurierung von Gemälden zu verschaffen. Neumann war nach Verkauf seiner Berliner Galerie schon 1923 nach New York übergesiedelt und hatte seine dortige Galerie zum Zentrum der Vermittlung der deutschen Moderne in die USA gemacht.

Wie sehr das Malen für Spiro Lebens-, hier sogar Überlebensmittel war, zeigt die meisterliche Stadtlandschaft des winterlichen Marseille, die er während dieser Zeit geschaffen hat.

Unproblematischer lief es für Chapiros USA-Visum, weil die spanische Quote nicht überbucht war. Entgegen der tatsächlich bestehenden Paargestaltung wurde Lilli in offiziellen Zusammenhängen als Chapiros Partnerin ausgegeben.

Schließlich konnten Eugen Spiro und Lilli mit der Eisenbahn durch Spanien nach Lissabon reisen. Damit erging es ihnen sehr viel besser als denjenigen, die weniger mit legitimierenden Papieren ausgestattet waren. Für Walter Benjamin hat der Versuch, die Pyrenäen zu Fuß zu überqueren, tödlich geendet, Heinrich Mann und Franz Werfel

Interieur mit Frau (Lilli), 1954 →

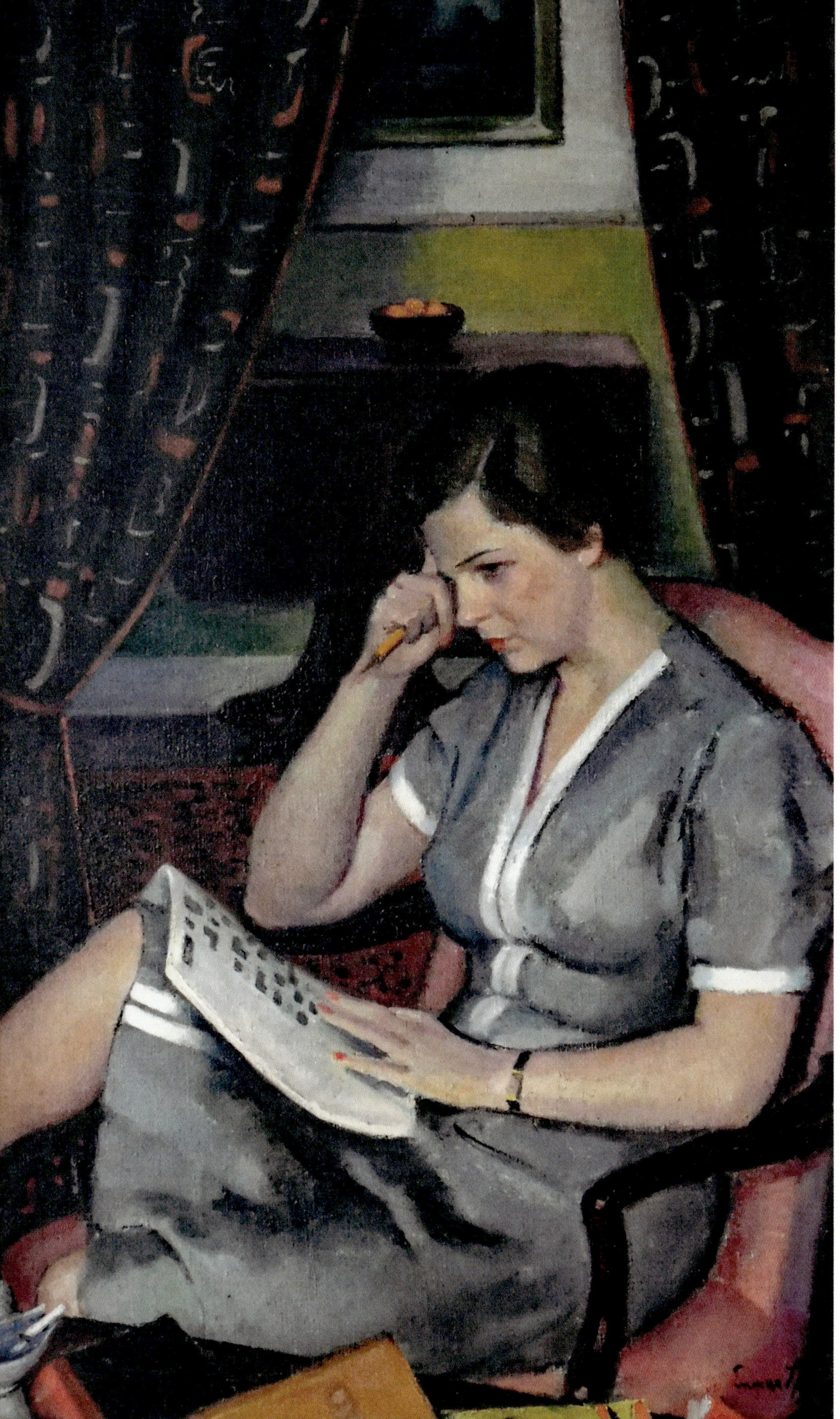

haben es nur geschafft, weil Jüngere sie gestützt haben. Chapiro musste per Schiff über Nordafrika nach Lissabon reisen, weil er als Unterstützer der spanischen Republik vom Franco-Regime gesucht wurde. Aus den Unterlagen von Spiros Wiedergutmachungsverfahren ist nicht zu entnehmen, ob Elisabeth mit Eugen und Lilli per Eisenbahn oder mit Chapiro per Schiff nach Lissabon gelangte.

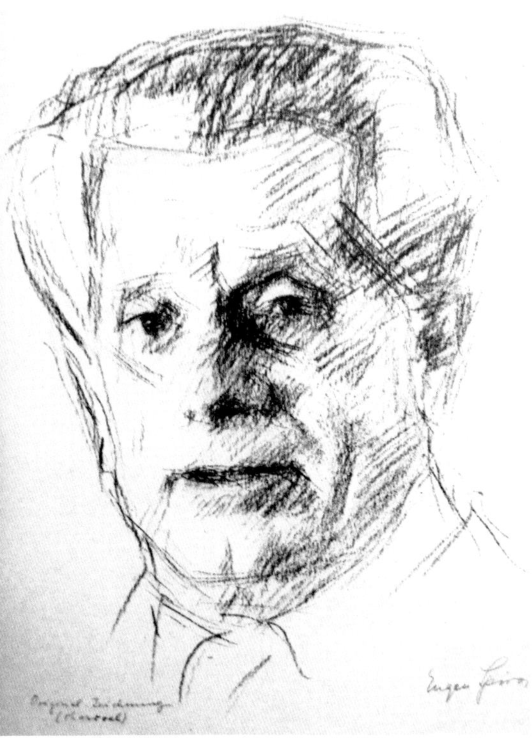
Porträt-Zeichnung Max Reinhardt, 1942

In Portugal war die Quadriga halbwegs sicher. Das Salazar-Regime sympathisierte zwar ideologisch mit Nazi-Deutschland, verfolgte aber eine strikte Neutralitätspolitik und hielt sich von antisemitischen Verfolgungen fern. Chapiro hatte auch hier nützliche Verbindungen, H.C. Starck sorgte von Berlin aus dafür, dass mit ihm geschäftlich verbundene Metall-Industrielle Spiros unterstützten.

Wie es der Quadriga gelang, nach mehreren Wochen in Lissabon die übernachgefragten Schiffspassagen in die USA zu erhalten, bleibt ein wenig unklar. Eine von Peter Spiro überlieferte Familienlegende besagt, dass es Elisabeth bei einer Abendgesellschaft in Lissabon gelungen sei, den Kapitän eines Schiffes zu becircen.[5] In dieser Version ist die Rede von einem amerikanischen Schiff. Nach Angaben Spiros im Wiedergutmachungsverfahren, handelte es sich um das portugiesische Schiff „San Tomé“ der Companhia Nacional de Navegacao. Die Passagen kosteten 225 US$ pro Stück. Da mögen es doch eher die Beziehungen zu Metall-Industriellen gewesen sein, die den Ausschlag gaben. Die „San Tomé“ legte am 6. Mai 1941 in Lissabon ab und am 21. Mai in New York an.

Es fällt auf, dass Spiro nach dem Ende des Zweiten Weltkrieges bei seinen großen Europareisen nicht nur Deutschland, sondern auch Frankreich nur kurze Besuche widmete. Die Pariser Jahre von 1935 bis 1940 haben den nicht mehr jungen Spiro gegen Ende an die Grenzen seiner Kräfte geführt und waren nur noch ein Abglanz seiner früheren französischen Zeit. Ohne die schützenden Hände großzügiger und tatkräftiger Freunde, die seine Kunst schätzten und der Familie zugetan waren, hätten er und seine engere Familie nicht überleben können. Bemühungen, die französische Staatsbürgerschaft zu erlangen, erwiesen sich als aussichtslos. Nach einem Verkehrsunfall im Herbst 1938, bei dem Spiro als Fußgänger von einem Auto angefahren worden war, musste er für einige Tage ins Krankenhaus. Die dadurch entstandenen Kosten wurden nicht voll ersetzt, was er durch einen deutschfeindlichen Richter veranlasst sah.[6] Zu gesundheitlichen Problemen und der sich abzeichnenden Auflösung der Ehe mit Elisabeth trat die schmerzliche Erkenntnis, dass von ihm mehr Hilfe erwartet wurde, als er leisten konnte.[7]

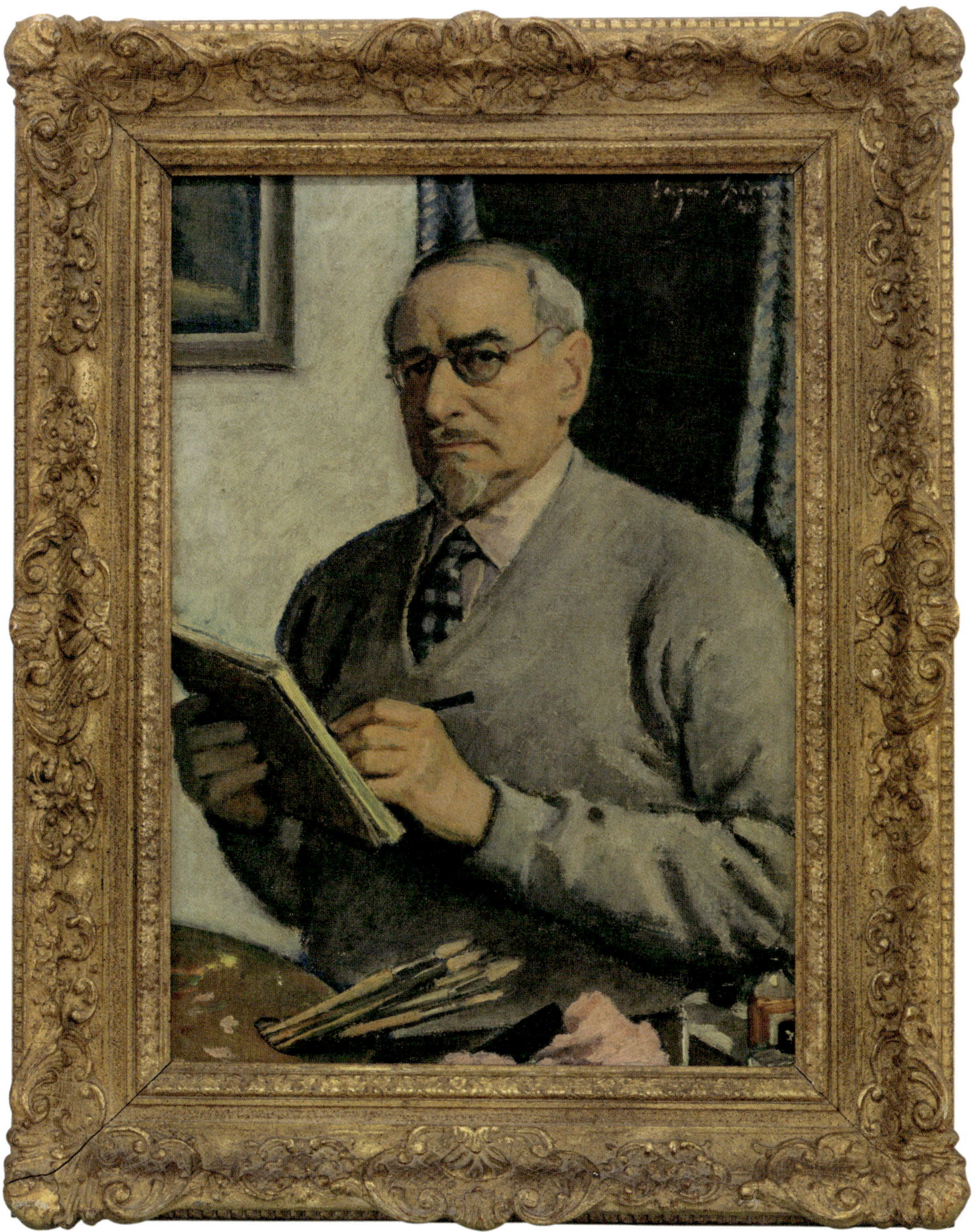

Selbstbildnis mit Skizzenbuch, 1946

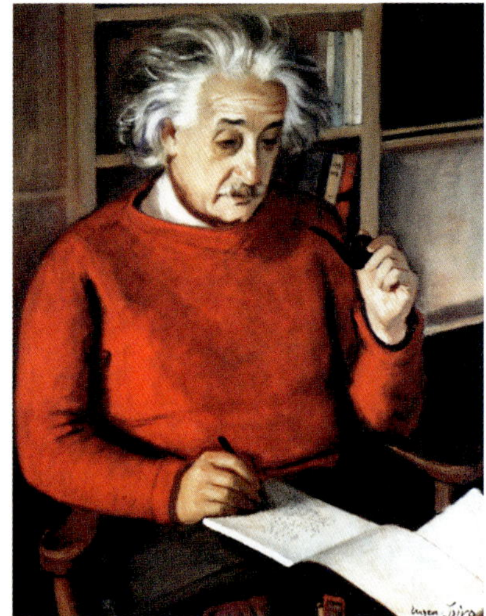
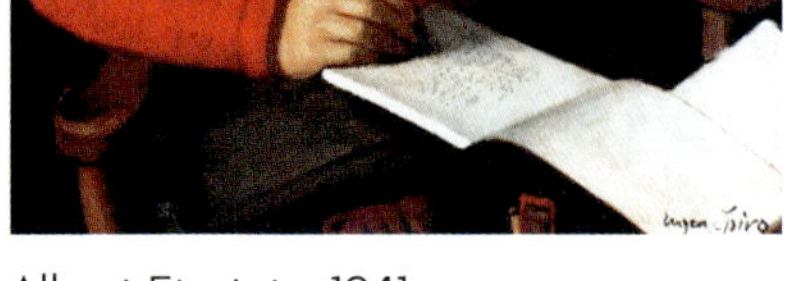

Albert Einstein, 1941

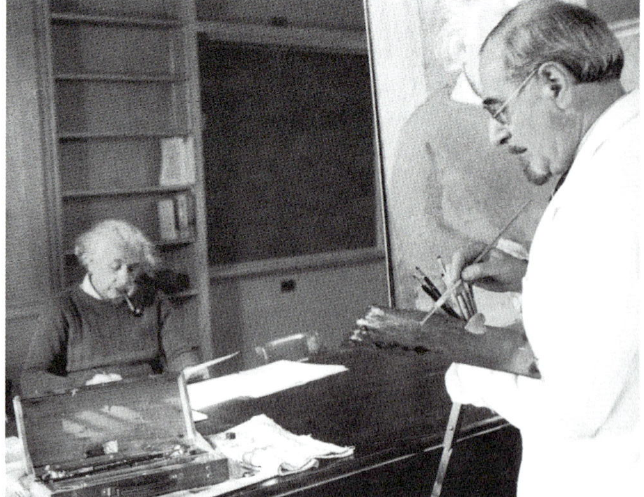

Foto: Eugen Spiro malt Albert Einstein

Ein weiterer Grund für Spiro, nach Kriegsende Aufenthalte in Frankreich auf das Notwendige zu beschränken, mag darin zu finden sein, dass er nicht überall auf Entgegenkommen stieß, als er sich darum bemühte, wieder in den Besitz der Gegenstände zu gelangen, die er 1940 hatte zurücklassen müssen. Darunter befanden sich vor allem 150 bis 250 Gemälde, zum Teil auch von anderer Hand. Darauf wird bei der Darstellung der Nachkriegszeit zurückzukommen sein.

Mit 67 Jahren und mit nur geringen Englischkenntnissen kam Eugen Spiro in ein Land, auf dessen Kunstmarkt seine Reputation in Deutschland und Frankreich nicht zählte. Bei der Ankunft in New York war er darüber hinaus gesundheitlich angeschlagen. Ein namentlich nicht bekannter Unterstützer ermöglichte ihm und Lilli eine Erholungszeit auf dem Lande.[8]

Die New York-Bilder, die Spiro während und nach der gemeinsamen Reise mit seinem Berliner Freund H.C. Starck im Jahre 1929 gemalt hatte, lassen ihn fasziniert von der Stadt erscheinen. Nach Verkehrsunfall und Prostata-Operation in den beiden vorausgegangenen Jahren ging es gesundheitlich wieder aufwärts. Er und die ihm Nächststehenden hatten sich vor Nazi-Gräueln und Krieg in Sicherheit gebracht, die Liebesbeziehung zu Lilli war beglückend. Sohn Peter aus der Ehe mit Elisabeth und Enkelin Elizabeth äußern sich über Lilli mindestens so angetan wie über die Mutter/Großmutter Elisabeth. Das ist unproblematisch, denn es wird davon zu berichten sein, dass die beiden sich anfreundeten, in späteren Jahren zu dritt mit Eugen große Europareisen unternahmen und sich gemeinsam seines Nachlasses annahmen.

Wie von J. B. Neumann im Visum-Verfahren erwartet, konnte Spiro alsbald einen bescheidenen Lebensunterhalt durch Lehrtätigkeit und die Restaurierung von Gemälden

Einstein-Litho, 1941 →

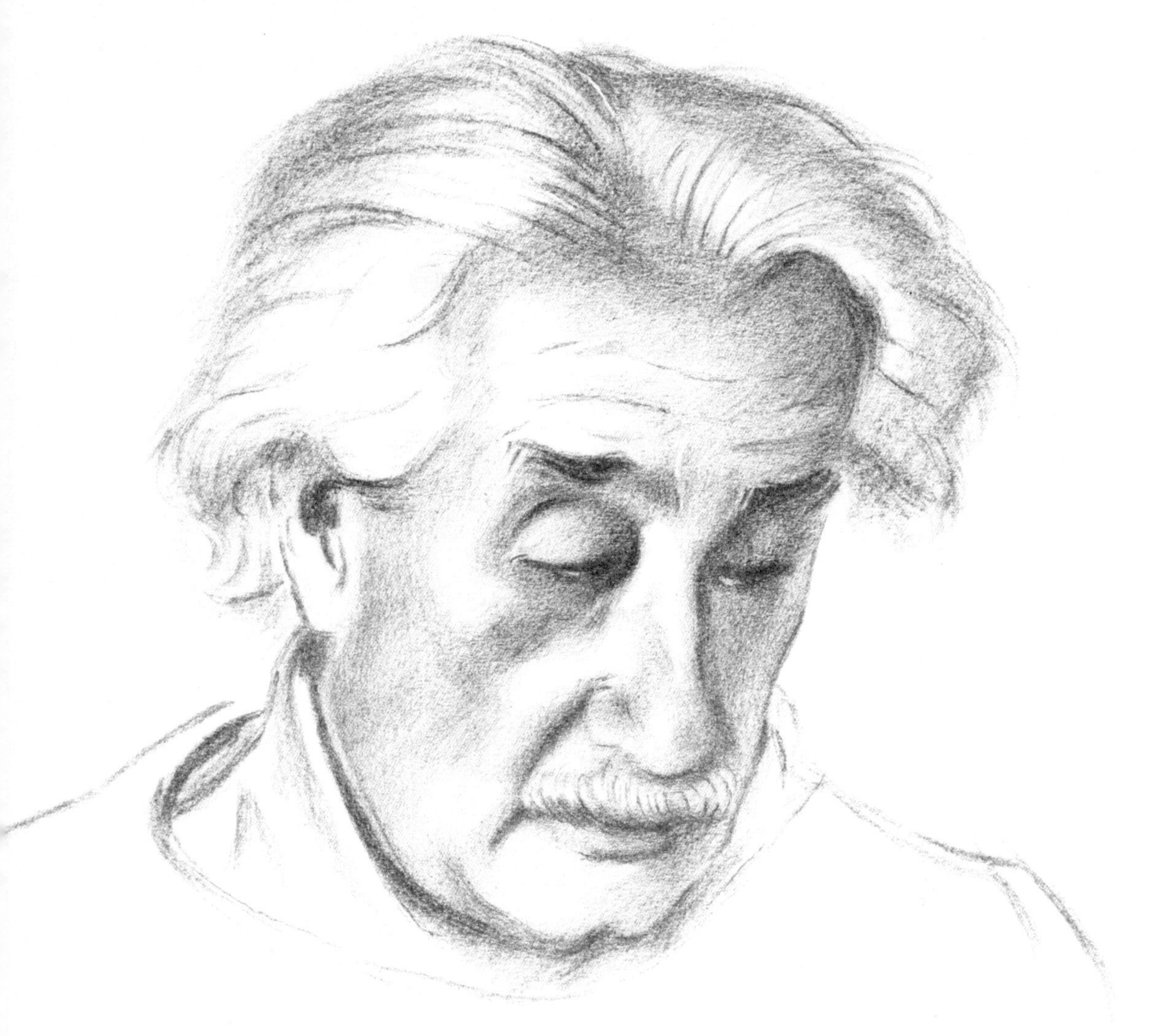
Eugene Spiro
Albert Einstein

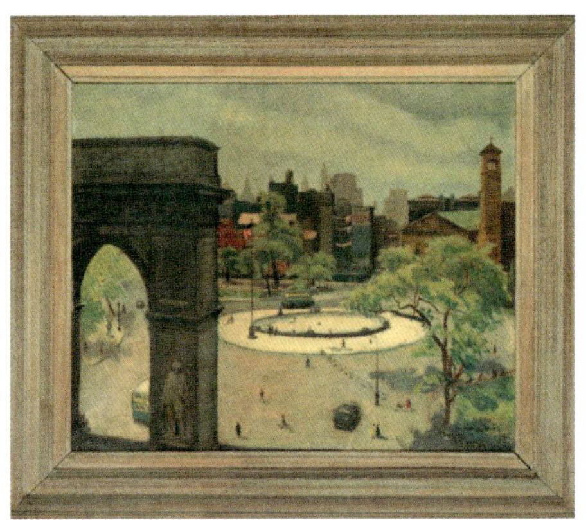

Washington Square

verdienen. Die nach kurzer provisorischer Unterbringung im Broadmoor Hotel bezogene Wohnung 15 West 67th Street liegt in der damals wie heute attraktiven Gegend Upper West Side. Konzertsäle und andere öffentliche und private kulturelle Einrichtungen prägen das Viertel. Es ist das bevorzugte Wohnquartier von Akademikern und Künstlern. Viele Exilierte aus Europa wurden davon angezogen, die für sie wichtige Zeitung „Aufbau" hatte hier ihren Sitz.

Spiros Wohnung bestand aus nur einem großen Raum, der zugleich als Wohnraum und Atelier diente, sowie kleinen Nebenräumen. Ein Lagerraum für Bilder befand sich unter dem Dach. Spiro brauchte kein großes Atelier; die von ihm zu Porträtierenden suchte er üblicherweise in ihren Räumen auf, die Landschaften entstanden im Freien. Das Atelier diente für den letzten Schliff und für die Porträts von Lilli, die jetzt in ebenso dichter Folge entstanden wie früher die von Tilla, Madeleine und Elisabeth. Spiro verbrachte viele Abende in Konzerten. Auch die für ihn entscheidend wichtig werdende Galerie St. Etienne war nicht weit. Das führte dazu, dass die Wohnung dieselbe blieb, auch als zunehmender Wohlstand in späteren Jahren eine größere erlaubt hätte.

Die mit den neuen Partnern zusammenlebenden, aber noch miteinander verheirateten Eugen und Elisabeth Spiro flogen im September 1941 nach Nevada, um sich scheiden zu lassen. Nur dort stellten die komplizierten ausländischen Personalpapiere kein Hindernis für eine abgesprochene Scheidung dar. Spiro musste allerdings den Vorwurf seelischer Grausamkeit auf sich nehmen. Am 30. September 1941 heirateten Eugen Spiro und Lilli Jacoby.[9] Wahrscheinlich hatte auch hier Joseph Chapiro finanziell besser vorgesorgt. Die Freundschaft der als Quadriga Geflohenen hielt an, Spiro hat Elisabeth allein und auch gemeinsam mit Chapiro erneut porträtiert.[10]

Der Wechsel von Frankreich in die USA versetzte Spiro in dem so besonderen Jahr 1941 in die Lage, zwei Kontinente charakteristisch ins Bild zu setzen: Winterlicher Alter Hafen in Marseille und Washington Square sowie Central Park in New York.[11]

Spiros langjähriger Freund Bruno Eisner konnte nicht wirtschaftlich helfen, kannte aber viele deutschsprachige Exilierte. Die für Spiro am wichtigsten werdende Verbindung Eisners war die zu Albert Einstein. Dieser hatte für Eisner das Affidavit gegeben, als er 1936 in die USA übersiedelte. Ihre persönliche Beziehung reicht an den Anfang der 1920er Jahre zurück. Obwohl selber angesehener Berufspianist, zögerte Eisner nicht, mit Amateurmusikern zusammenzuwirken, so auch mit dem Amateurviolinisten Einstein und dem Amateursänger Spiro. Eisners Frau, die Sängerin Olga Eisner, war von Schwerhörigkeit bedroht. Das hatte Einstein dazu veranlasst, zeitweilig über Hörhilfen zu forschen.[12] Eisner stellte für Spiro die Verbindung zu dem jetzt in Princeton lebenden Einstein her.

Spiros Einstein-Porträt wurde 1942 im Museum of Modern Art (MoMA) in der Ausstellung „20th Century Porträts“ gezeigt. Als Eigentümer wird im Katalog der Galerist J. B. Neumann genannt.[13] Über die Website des MoMA findet man das Foto, auf dem Spiros Porträt neben zwei anderen Einstein-Porträts zu sehen ist.[14]

Einstein hat Spiros Porträt geschätzt und das auch dokumentiert, indem er die Lithographie, die Spiro neben dem Gemälde herstellte, gegengezeichnet hat. Für einen späteren privaten Erwerber des Gemäldes schrieb Einstein auf eine Reproduktion: „Das Bild ist ausgezeichnet. Es drückt nämlich überzeugend den seelischen Zustand aus: ‚Ich weiß nicht, was ich schreiben soll‘ und gerade dies bewahrheitet sich in diesem Augenblick“. Über die Umstände, die zur Entstehung des Einstein-Porträts geführt haben, hat Spiro in einem Zeitungsartikel berichtet. Dieser entstand im Jahre 1956 in Erinnerung an den im Vorjahr Verstorbenen.[15] Dreißig Jahre zuvor hatte Einstein Spiros Bitte, ihn malen zu dürfen, abschlägig beschieden: „Ihnen sitze ich nicht. Sie haben's ja gar nicht nötig. Sie sind ein sehr bekannter Portraitmaler und brauchen mein Bild nicht mehr für Ihren Ruhm. Ich sitze nur unbekannten, armen Malern, die glauben, mit ihrem Bilde von mir sich einen Namen machen zu können.“ Daran hatte Spiro in einem Brief an Einstein erinnert und seine nun so anders gewordene Situation geschildert. Umgehend kam die Antwort: „Kommen Sie nach Princeton, ich sitze Ihnen.“

Einsteins Ablehnung, sich zu Berliner Zeiten von Spiro porträtieren zu lassen, kann auch darauf beruht haben, dass es schon Einstein-Porträts von Max Liebermann aus den Jahren 1922 und 1925 gab. Einstein ist bei Spiro im Jahre 1941 nicht nur älter, sondern erscheint als ein zutiefst besorgter Mensch. Von Einstein ist bekannt, wie ihn das mörderische Nazi-Regime und das Kriegsgeschehen umgetrieben haben. Er wusste auch, welches die Menschheit gefährdende Potential die Kernspaltung bedeutete.

1 Akten des Landesamtes für Bürger- und Ordnungsangelegenheiten (LABO), Abteilung 1 Entschädigungsbehörde – Opfer des Nationalsozialismus: Entschädigungsfall Eugen Spiro;
Spiro, Peter: Nur uns gibt es nicht wieder, Hürth bei Köln 2010, S. 97; Abercron, Wilko von: Eugen Spiro 1874 Breslau–1972 New York. Spiegel seines Jahrhunderts, Alsbach 1990, S. 51

2 Personalakte Spiro in den Unterlagen des Emergency Rescue Committee (ERC) im Exil-Archiv der Deutschen Nationalbibliothek Frankfurt am Main, 42 Seiten; die Akte enthält die Schriftstücke des New Yorker ERC-Büros zu den Aktivitäten, die nach Überwindung vieler Widerstände Spiro schließlich zu einem Ex-quota-Visum verhalfen. Neben der Auswertung der Akte der Entschädigungsbehörde und der Akte Spiro in den Unterlagen des ERC waren einige Unterlagen ergiebig, die das Archiv der Universität Albany im US-Staat New York zur Verfügung gestellt hat (Grenander Special Collections and Archives – University at Albany/State University of New York). Außer Familienbriefen sind aus dem Nachlass von Eugen Spiro alle Unterlagen dorthin gelangt, die sich seit seiner Übersiedlung nach New York bei ihm angesammelt hatten. An der Universität in Albany war der österreichische Exil-Forscher Joseph P. Strelka tätig, der dort ein Exil-Archiv aufgebaut hat. Nach dem Tode von Eugen Spiro hat Sohn Peter mit Prof. Strelka die Überführung der Unterlagen nach Albany geregelt.

3 zuerst New York 1945 als „Surrender on demand“, deutsch München 1986

4 zuerst Berlin 1948, zuvor schon auf Englisch und Spanisch

5 Spiro, Peter, S. 98; im Gespräch machte es Peter Spiro sichtlich Vergnügen, davon so zu berichten, als sei er dabei gewesen

6 Spiro, Peter, S. 90

7 Im Berliner Archiv der Akademie der Künste, unter BArch N 2291/3 3, befindet sich ein langer verzweifelter Brief von Eugens ältester Schwester Bertha, verheiratete Schor, vom 31.12.1938 zur ihrer und der Situation ihrer Schwester Jenny in Deutschland; Bertha wurde Opfer der NS-Mordaktionen. Unter BArch N 2291 2 47: Schreiben von Max Osborn vom 5.12.1936 mit der Bitte um Hilfe für seine (erwachsenen) Kinder durch Vermittlung von Kontakt zu Marianne von Goldschmidt-Rothschild

8 In den Spiro-Archivalien des Deutschen Exil-Archivs befindet sich ein knapper Schriftwechsel zwischen Eugen Spiro, Broadmoor Hotel, und der American Guild for German Academic Freedom aus dem Juli 1941. Als deren Leiter, Hubertus Prinz zu Löwenstein, ihm von Schwierigkeiten beim Finden einer geeigneten Einrichtung für die Erholungszeit berichtete, teilte Spiro mit, dass er eine private Lösung gefunden habe. Mit der Ansicht von Bar Harbor im US-Staat Maine hat er den Erholungsort ins Bild gesetzt; siehe Abercron S. 183

9 In den Akten zu Spiros Wiedergutmachungsantrag (Anmerkung 1 zum vorhergehenden Kapitel) befinden sich Kopien des Scheidungsurteils und der Heiratsurkunde

10 Abercron, S. 185, S. 189

11 Abercron, S. 183

12 Peter Kölzsch, Einstein und die Akustik, https://www.researchgate.net/publication/299976275_Albert_Einstein_und_die_Akustik

13 https://www.moma.org/documents/moma_catalogue_1732_300061981.pdf, S. 143

14 https://www.moma.org/calendar/exhibitions/1732?installation_image_index=9

15 Vom Archiv in Albany zur Verfügung gestellt: M.E. Grenander Department of Special Collections & Archives Box 1, Folder 23

Der Europäer in New York

Nach der verhältnismäßig kurzen Phase von Orientierungssuche und wirtschaftlicher Beengtheit, führte Spiros Wechsel in die USA zu einem nach Vielfalt und Differenziertheit beeindruckenden Alterswerk. Frei von Pflichten in Künstlerorganisationen à la Berliner Secession oder Union des artistes libres konnte er sich ganz seiner Kunst widmen.

Zeitweilig ließ New York den Landschaftsmaler Spiro ein neues Sujet finden. Die Zusammenballung von Millionen Menschen auf begrenzter Fläche konnte auch der an sozialen Fragen eher wenig interessierte Spiro nicht übersehen. Beginnend mit dem Zeppelinbild von 1929 gibt es die Verdichtung, die von Landschaft im herkömmlichen Sinne nicht viel übriglässt. Spiros New York-Bilder zeigen ihn überwältigt durch die Stadt mit Wolkenkratzern und andererseits bestrebt, Menschenmaß dazu in Beziehung zu setzen.[1] Der Blick geht durch Fenster oder zeigt eine Person im Vordergrund wie auf dem Selbstbildnis von 1954. Nach weiteren Bildern mit Hochhäusern lässt er das Thema wieder fallen, als Reisen wieder Landschaften mit Bergen und Tälern, Bäumen und Wasser ermöglichen.

Wie an den vorausgegangenen Lebens- und Arbeitsorten bestand Spiros künstlerische Arbeit auch in Lehrtätigkeit, für die er begabt und qualifiziert war und gegen die er keinen Widerwillen empfand. In New York sicherte sie anfänglich den überwiegenden Teil des Lebensunterhalts. Das begann in New York als Privatunterricht, meistens in den Familien von Exilierten. Lehrtätigkeit blieb auch über die Phase wirtschaftlicher Notwendigkeit hinaus viele Jahre Teil von Spiros Wirken. Der in den USA bekannte Porträtist Wayman Adams (1883–1959) betrieb im Sommer eine Malschule in Elizabethtown am Lake Champlain im Staate New York. Dort wurde Spiro in zunehmender Weise tätig, zeitweilig vertrat er den Leiter der Schule. Neben den damit verbundenen Einnahmen ermöglichte Elizabethtown Eugen und Lilli Spiro, den Sommer in sehr viel angenehmerem Klima zu verbringen als dem von New York City. An der Sommerschule nahmen vor allem wohlhabende Amateurmaler teil. Darin prägte sich die „do it yourself"-Bewegung jener Zeit aus. Für Spiro war das eine zwiespältige Angelegenheit, weil es zugleich bedeutete, dass professionell geschaffene Bilder an Bedeutung verloren. Anspruchsvoller dürfte die zeitweilige Tätigkeit Spiros am angesehenen Dartmouth College in Hanover/New Hampshire gewesen sein, wo Studierende im Grundstudium auch künstlerische Techniken wählen konnten.

Dass keine Gefahr der Vereinsamung entstand, verdankte Spiro auch der wiederaufgenommenen Teilnahme am Musikleben und seinen persönlichen Beziehungen zu den Musikern, die sich in viel größerer Zahl als bildende Künstler in die USA in Sicherheit gebracht hatten. Mit Ausdauer und Hingabe nahm er wieder auf, was ein Vierteljahrhundert zuvor zu dem erfolgreichen Band IM KONZERT mit seinen Lithos und dem Text von Oscar Bie geführt hatte. Wie damals zeichnete er für Lithos Musiker bei der Ausübung ihrer Kunst. In den meisten Fällen gelang es ihm, die dargestellten Künstler für eine Gegensignatur zu gewinnen. Das Arbeiten mit Litho-Kreide erlaubt das schnelle Erfassen von Bewegung. Bei den frühen wie bei den späten Musiker-Zeichnungen nutzte Spiro gern die körnige Struktur des Drucksteins, um mit der Kreide stärker oder schwächer eingefärbte Flächen entstehen zu lassen. Das gibt den Porträts eine malerische Qualität, die sich bei Radierungen mit ihrer Strichorientierung so nicht erreichen lässt.

Innerhalb der großen Zahl dieser Zeichnungen haben diejenigen einen speziellen Reiz, bei denen dieselben Künstler mit großem zeitlichem Abstand ein zweites Mal porträtiert werden: Adolf Busch, Bronislaw Huberman, Fritz Kreisler, Artur Schnabel und Bruno Walter. Es waren zugleich diejenigen, die sein Exilschicksal teilten.

Die Musiker-Zeichnungen führen weit über die alten Bekannten hinaus. Wer immer in den bedeutenden Konzertsälen als Solist auftrat, wurde gezeichnet. Generalproben boten geeignete Gelegenheiten. Sohn Peter berichtet, dass Eugen Spiro wie schon in Berliner Zeiten in manchen Sälen einen Stammplatz gehabt habe, der es erlaubte, die Künstler so gut wie möglich sowohl en face als auch im Profil zu sehen. Er habe auch eine Lampe mit engem Lichtkegel benutzen dürfen. Seine Zeichnungen wurden für Zettel und Broschüren der Konzertveranstalter verwendet.

Exilierte Musiker machen den überwiegenden Teil von Spiros Zeichnungen aus. Spiro zeichnete aber auch nicht zum Exil zählende Künstler, beispielsweise nach Kriegsende für Gastspiele Angereiste aus der nächsten Generation, darunter den Bariton Dietrich Fischer-Dieskau und den Pianisten Friedrich Gulda.

Ähnlich wie in den 1920er Jahren wurde Spiro in den USA zum Porträtisten von Prominenten, auch in Fällen, in denen der schöpferische Maler hinter den Chronisten zurücktreten musste. Das konnte so weit führen, dass der Name des Malers angesichts der Bedeutung des Porträtierten nicht einmal erwähnt wurde. So geschah es, als im Jahre 1955 das Porträt des ehemaligen Reichskanzlers Heinrich Brüning in seiner Schule, dem Paulinum in Münster, enthüllt wurde. Brüning hatte der Schule das Porträt geschenkt, das Spiro 1947 im amerikanischen Exil von ihm gemalt hatte.[2] Eine Besonderheit unter Spiros in New York entstandenen Auftragswerken stellen die fünfzehn um 1958 entstandenen Propheten-Gemälde dar. Sie lassen die Vertrautheit Spiros mit der jüdischen Tradition erkennen. Wie Peter Spiro zu berichten wusste, zeigen die Prophetenbilder in einigen Fällen die Gesichtszüge von Freunden des Malers.[3]

Auch aus den Akten zu Spiros Wiedergutmachungsverfahren lässt sich nicht genau entnehmen, wann er Staatsbürger der USA und amtlich zu „Eugene" wurde. Plausibel ist, dass das zwischen dem Kriegsende 1945 und Anfang 1947 geschah. Während des Krieges bestand von Seiten der US-Behörden Zurückhaltung gegenüber der Einbürgerung von

Selbstbildnis im Central Park mit achtzig, 1954 →

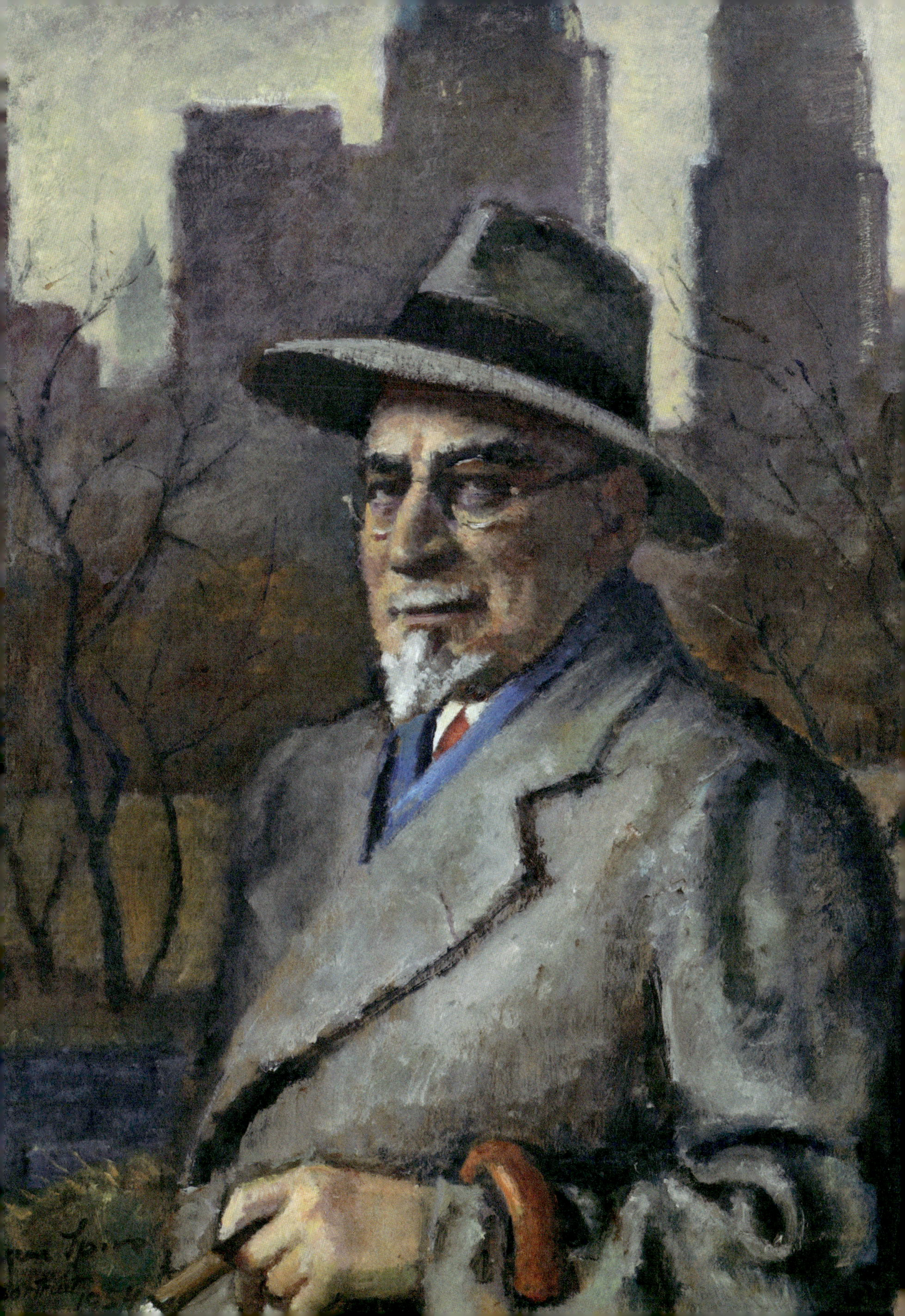

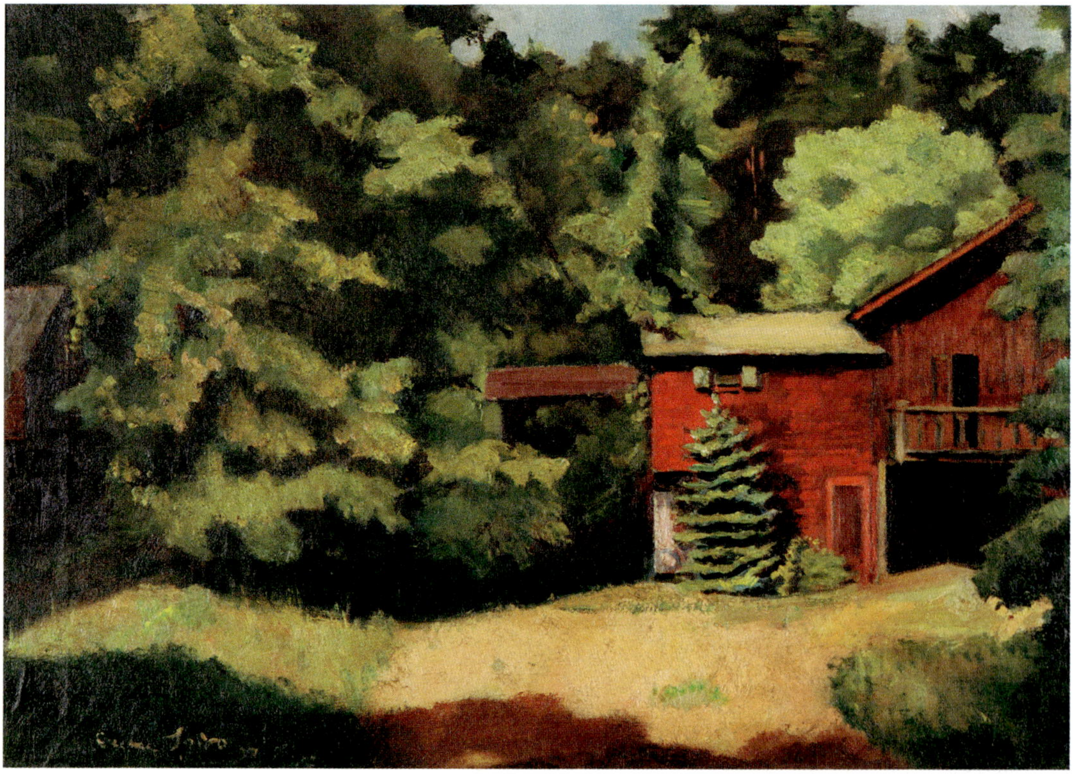

The Mill Elizabethtown, um 1950

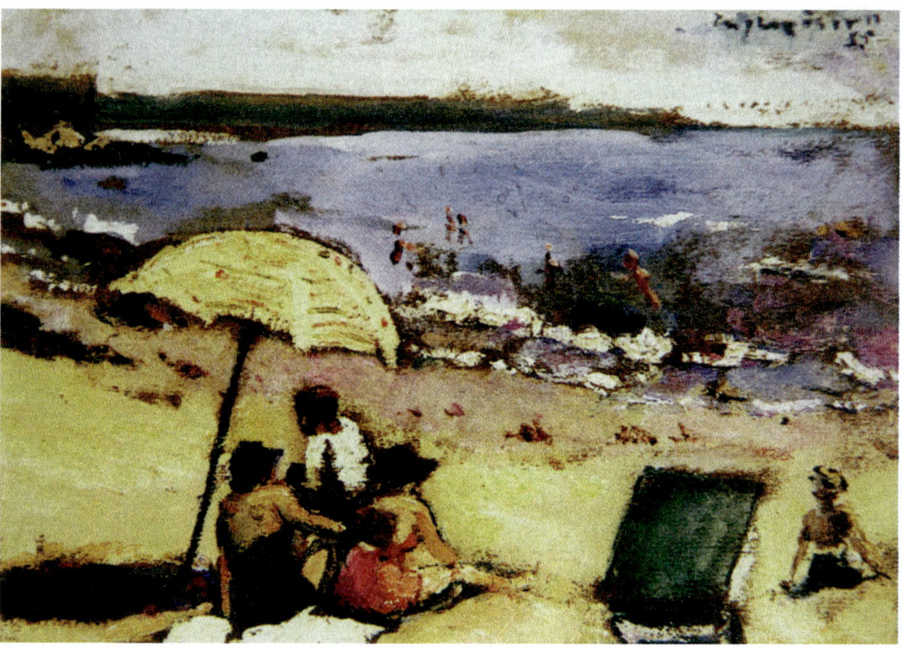

Kennebunk Coast, 1955

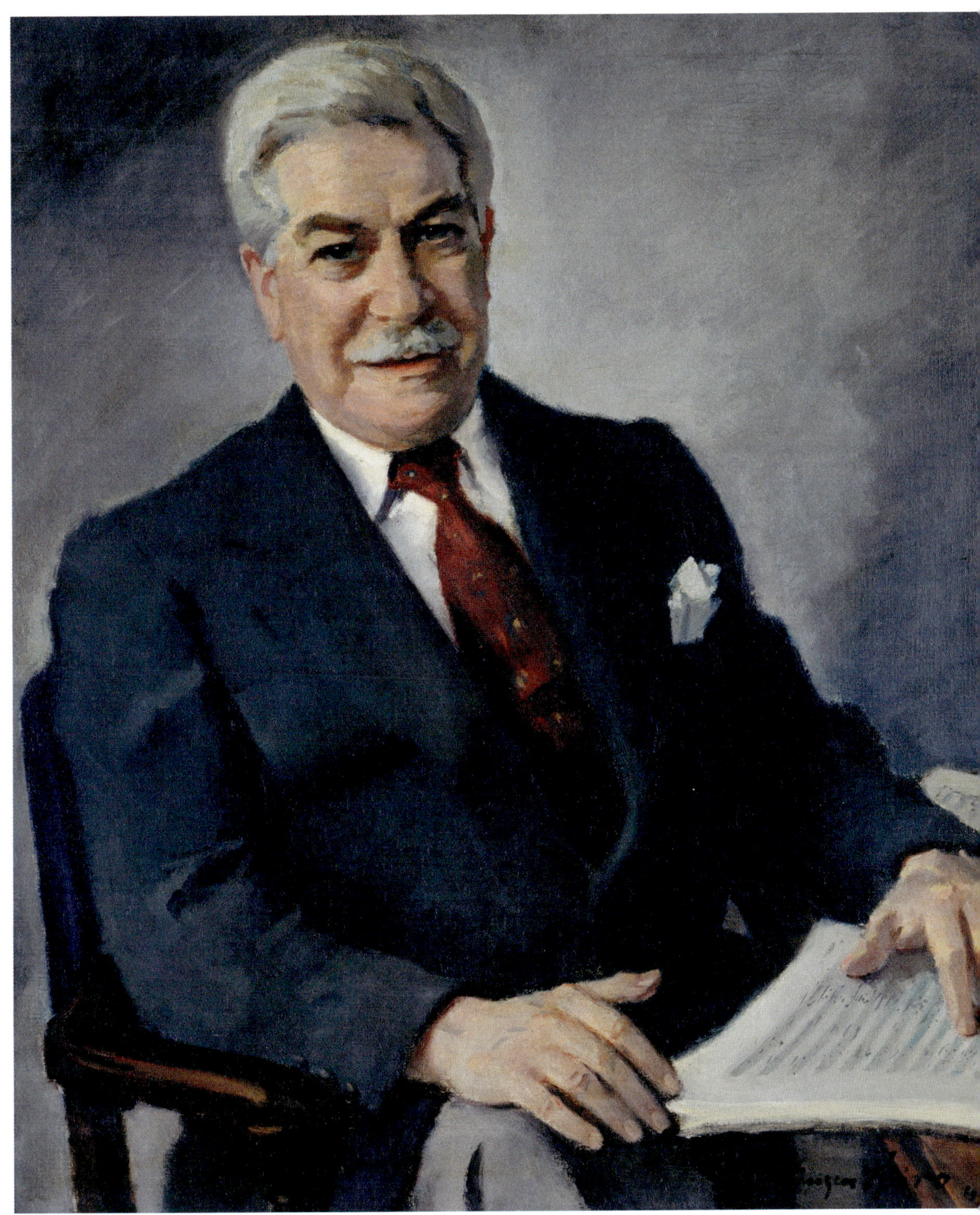

Artur Schnabel, 1945

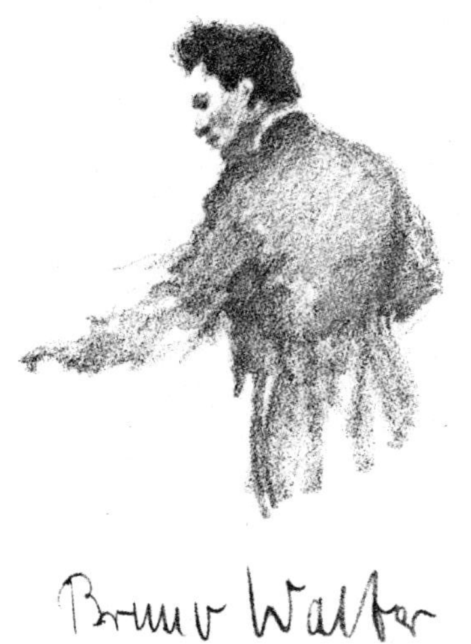

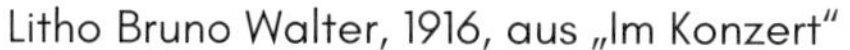

Litho Bruno Walter, 1916, aus „Im Konzert"

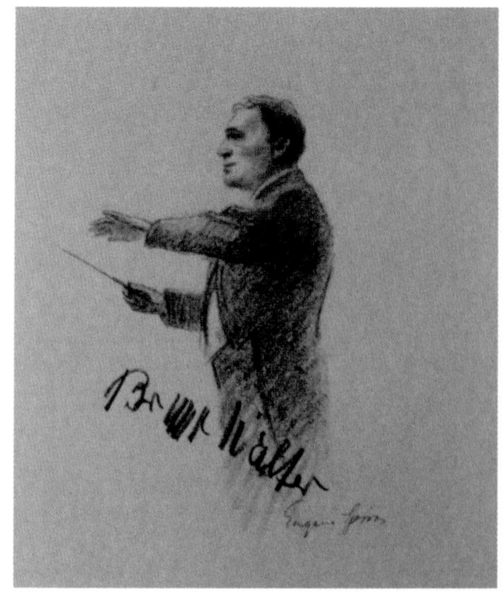

Litho Bruno Walter, um 1950

Deutschen, selbst wenn diese erklärte NS-Gegner waren und ihre ehemalige Staatsbürgerschaft verloren hatten. Auf der anderen Seite hätte Spiro wahrscheinlich nicht die Gelegenheit zu einer Europareise im Jahre 1947 wahrnehmen können, wenn er nicht einen US-Passport gehabt hätte. Die Wiedereinreise wäre zu schwierig geworden.

Den nach der Einbürgerung in die USA amtlich geltenden Vornamen „Eugene" benutzte Spiro auch für seine künstlerische Produktion. Es scheint aber keine Übereinstimmung zwischen beidem und kein konsequent praktiziertes Prinzip zu geben. Die englische Fassung erscheint beispielsweise schon auf dem Litho-Porträt von Thomas Mann aus dem Jahre 1943, als sie amtlich noch nicht galt. Auf späten Arbeiten ist das „e" am Ende deutlich nicht vorhanden, öfter ist nicht sicher zu erkennen, ob es vorhanden ist.

Den Anlass zu Spiros erster Nachkriegsreise nach Europa bot der Auftrag des in Karlsruhe geborenen Kunsthistorikers Stephen S. Kayser (1900–1988), in London Rabbiner Dr. Leo Baeck (1873–1956) zu porträtieren. Kayser wollte das Porträt für das New Yorker Jewish Museum haben, wo er gerade Kurator geworden war. Baeck hatte Kayser gratuliert und seine Zustimmung gegeben.[4]

Anscheinend fanden Baeck und Spiro 1947 in London nicht genug Zeit füreinander, um das Porträt fertigzustellen. Zwei Baeck-Porträts von Spiros Hand tragen die Datierung 1949.[5] In diesem Jahre weilte Baeck als Gastprofessor am Hebrew Union College in Cincinnati im US-Staat Ohio, und sie konnten erneut zusammentreffen.

In London besuchte Spiro Sohn Peter und dessen Familie. Es gab auch ein Wiedersehen mit Josef Bató, Freund aus Berliner Secessionszeiten, den Spiro auch bei seiner ersten London-Reise im Jahre 1936 getroffen hatte.

Von London aus reiste Spiro nach Paris. Künstlerisch hat sich das in dem Porträt seines Neffen Balthus (Balthasar Klossowski) aus dem Jahre 1947 niedergeschlagen, das im Zusammenhang mit Porträts seiner Mutter Baladine und seines Bruders Pierre im

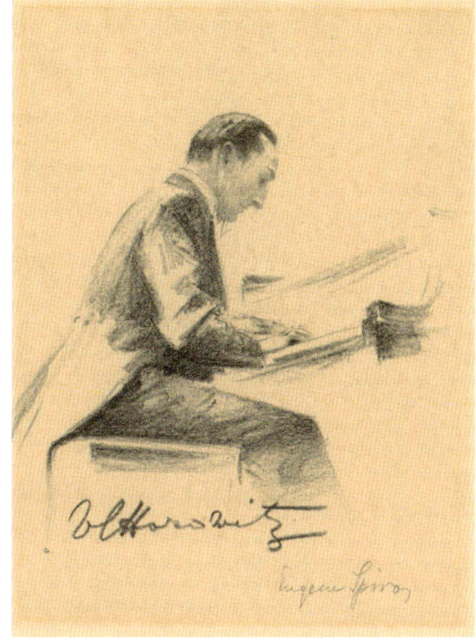
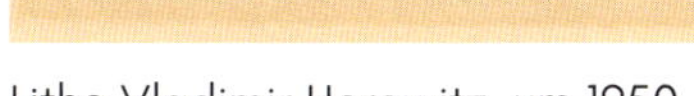

Litho Vladimir Horowitz, um 1950

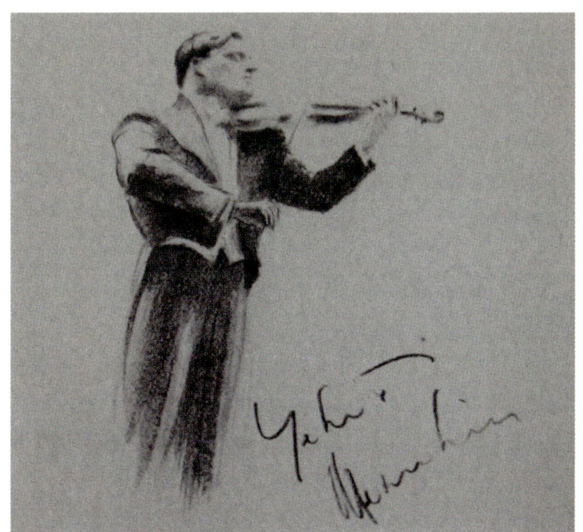

Yehudi Menuhin, um 1950

Kapitel „Kargeres Leben in Paris" abgebildet ist. Es gab aber auch ganz praktische Gründe für Spiros Paris-Reise: einzelne der 1940 beschlagnahmten Bilder standen zur Abholung bereit, bei anderen hatten sich seine seit Kriegsende von New York aus schriftlich betriebenen Restitutionsbemühungen festgefahren.

Was mit dem Inhalt von Spiros Pariser Wohnung geschehen ist, war lange Zeit nur in Bruchstücken bekannt. Kürzlich sind Ergebnisse von Forschungen publiziert worden, die sich mit dem Gesamtkomplex der Auswirkungen der deutschen Besatzung auf Pariser Kunstbesitz befassen. Im Rahmen des Deutschen Forums für Kunstgeschichte/Centre Allemand d'histoire d'art in Paris ist der Band „Arts et politiques – Le marché de l'art entre France et Allemagne de l'Entre-deux-Guerres à la Liberation" im Jahre 2022 erschienen. Sophie Juliard hat darin Eugen Spiro als einen charakteristischen Fall herausgearbeitet, in dem die unterschiedlichen Vorgehensweisen der Besatzer zusammentreffen.[6]

Wie Spiro schon 1940 in Marseille aus einem Brief der Concierge der Pariser Wohnung erfahren hatte, waren dort unmittelbar nach seiner Flucht Angehörige des Einsatzstabs Reichsleiter Rosenberg (ERR) erschienen, hatten alles fotografiert und Atelier und Wohnung versiegelt. Zu der hohe Werte verheißenden Umgebung der Villen-Anlage Goldschmidt-Rothschild trat Spiros Rolle als Präsident des Freien Künstlerbundes. Der Bund war bei den NS-Instanzen besonders verhasst, hatte er doch dazu beigetragen, dass die NS-Kunstpolitik weltweit blamiert dastand. Die Akten des Künstlerbundes sowie Spiros private Papiere wurden gleich mitgenommen und nach Berlin weitergeleitet.

Einige Tage später fuhren Lastwagen vor und luden alles auf, was wertvoll erschien, darunter zwischen 150 und 250 Gemälden sowie eine große Zahl von Zeichnungen und graphischen Blättern. Näher lässt sich das nicht bestimmen, weil Spiro nie systematische Verzeichnisse seiner Werke und seines Kunstbesitzes geführt hat. Nicht rekonstruierbar ist, in welchem Umfange sich darunter auch Werke anderer Künstler befanden.

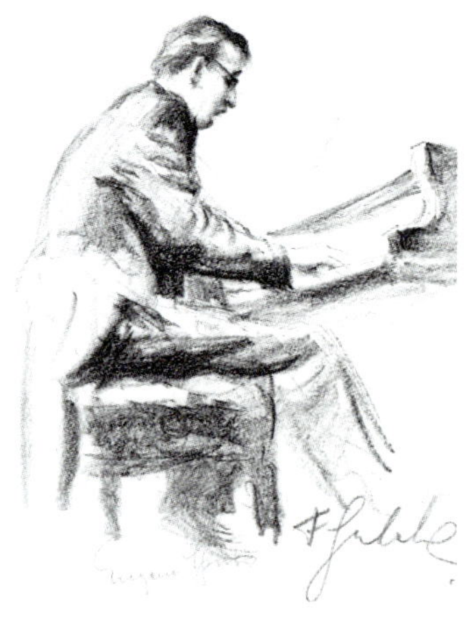

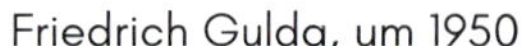

Friedrich Gulda, um 1950

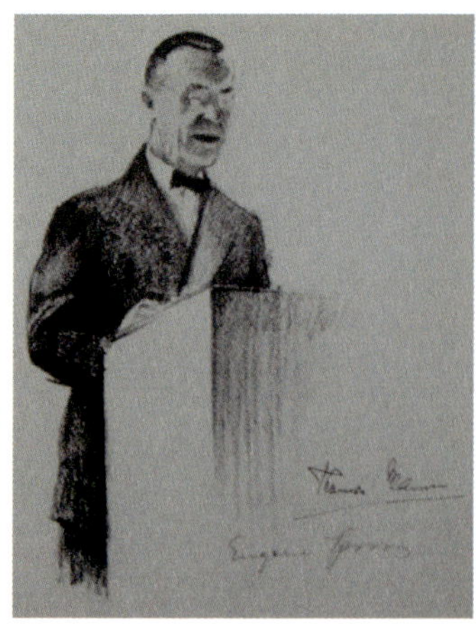

Litho Thomas Mann, 1943

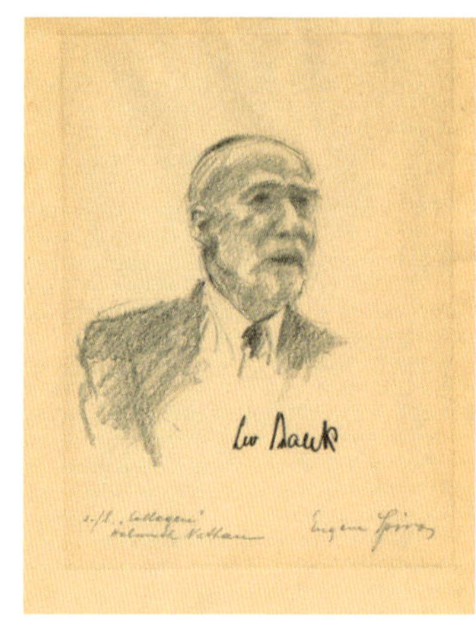

Litho Leo Baeck, 1949

Die Kunstwerke gelangten in die vom ERR betriebenen Sammelstelle für geraubte Kunst im Musée du Jeu de Paume. Dort konnte weiterhin die Kustodin Rose Valland tätig sein, die von den Besatzern unbemerkt für die Résistance alles aufgezeichnet hat, was ihr über den Kunstraub bekannt wurde. Sie ist dafür später vielfach ausgezeichnet worden, auch mit dem Bundesverdienstkreuz.

Werke aus der Sammlung Spiro wurden von Rose Valland für mehrere von ihr beschriebene Varianten des Umgangs der Nazis mit der geraubten Kunst genannt. Zweimal hat es Verbrennungsaktionen gegeben, manche Leinwände wurden für geeignet befunden, von genehmen Malern erneut verwendet zu werden. Einige Bilder gelangten nach Deutschland, andere befanden sich in dem Zug, der 1944 geraubte Kunst und Vermögenswerte nach Deutschland transportieren sollte, von der Résistance im Zusammenwirken mit dem Lokomotivführer aber aufgehalten wurde und sein Ziel nicht mehr erreichte. Der sogenannte „Train d'Aulnay" ist Gegenstand des Films „The Train" mit Burt Lancaster und Jeanne Moreau geworden. Im Ergebnis hat Spiro bei weitem nicht alle, aber im Laufe der Zeit doch eine beträchtliche Zahl der Kunstwerke zurückerhalten, die im Jahre 1940 aus seinem Atelier und der Wohnung in Paris geraubt worden waren.

Wahrscheinlich nutzte Spiro seine London/Paris-Reise 1947 auch für einen Abstecher ans Mittelmeer, um in Sanary Erich Klossowski und in Le Pradet Marianne von Goldschmidt-Rothschild zu besuchen.[7]

Mit Deutschland verbanden sich für Spiro bei Kriegsende keine heimatlichen Gedanken mehr. Geschwister und Freunde gab es dort nicht mehr. Sie waren tot oder ins Exil getrieben. Sein Freund und Gönner H.C. Starck hatte seine jüdische Frau und die beiden Kinder retten können, befand sich aber in sowjetischer Haft, weil er als Metall-Industrieller unter Verdacht stand, am NS-Rüstungswesen beteiligt gewesen zu sein. Sich mit den bürokratischen Hürden der Besatzungsmächte für private Besuche in Deutschland auseinanderzusetzen, lohnte sich für Spiro unter diesen Umständen nicht. Erst bei den vielen Europareisen, die Spiro ab 1954 unternahm, kam er auch wieder nach Deutschland.

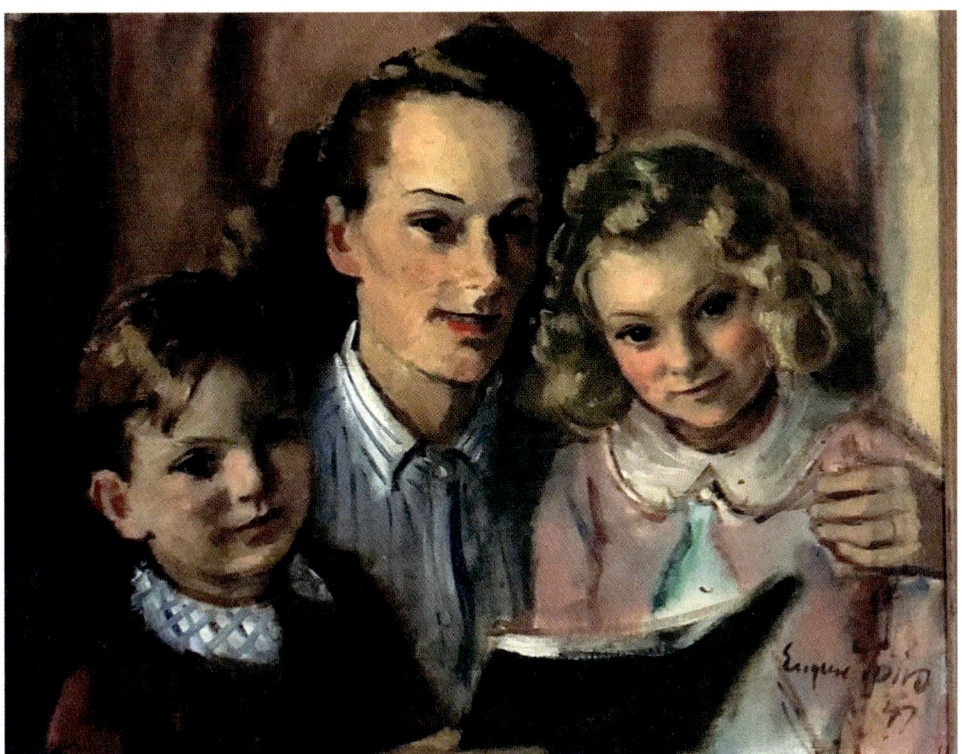

Schwiegertochter mit Enkelkindern, 1947

1 Abercron, Wilko von: Eugen Spiro 1874 Breslau–1972 New York. Spiegel seines Jahrhunderts, Alsbach 1990, S. 183–188

2 Westfälische Nachrichten vom 28.12.1955 (über Google zu finden über alt-pauliner.de/historisches/alt-pauliner-persönlichkeiten); Abercrons Werkverzeichnis enthält auf Seiten 183–212 eine große Zahl von Auftragsporträts prominenter Persönlichkeiten aus vielen Bereichen des öffentlichen Lebens aus Spiros New Yorker Zeit.

3 Abercron S. 204/5

4 Schriftwechsel Kayser/Baeck unter https://archive.org/details/stephenskayserco1318unse/page/n1/mode/2up

5 Abercron S. 193/4

6 Juliard, Sophie: Eugen Spiro (1874–1972) Exil, pillage et restitution (Exil, Plünderung und Rückerstattung) in Julia Drost/Hélène Ivanoff und Denise Vernerey-Laplace (dir.), Arts et politiques – Le marché de l'art entre France et Allemagne de l'Entre-deux-guerres à la Libération (Der Kunstmarkt zwischen Frankreich und Deutschland von der Zwischenkriegszeit bis zur Befreiung) Paris–Heidelberg 2022, S. 291ff.; auch zugänglich über https://books.ub.uni-heidelberg.de/arthistoricum/catalog/book/878/c13318

7 Der Abstecher nach Süden ist nur durch Erzählungen von Sohn Peter überliefert, der darüber außer durch seinen Vater auch durch den später wiedergetroffenen Sohn von Marianne von Goldschmidt-Rothschild erfahren hat.

Der amerikanische Kunstmarkt

Auf dem Kunstmarkt der USA war Spiro nicht ganz so verloren, wie es auf den ersten Blick scheint. Er konnte zwar nur in wenigen Fällen Entgelte erzielen, wie er sie aus Berlin kannte, aber nicht nur Einstein erinnerte sich an den Porträtisten von einst. Auch über den Kreis der Exilierten hinaus erhielt Spiro zunehmend Porträt-Aufträge.

Im Februar/März 1943 kam es zur ersten Ausstellung in der Galerie St. Etienne mit einem kleinen, aber aufschlussreichen Begleitheft.[1] Die Galerie hatte damals noch nicht den legendären Ruf, der entstand, als sie für die Wiener Moderne, allen voran Klimt und Schiele, den Weg in die USA öffnete. Galerist Otto Kallir (1894–1978) begann ursprünglich in der Nähe des Stephansdoms. Aus Wien vertrieben, setzte er seine Tätigkeit in Paris unter dem Namen Galerie St. Etienne fort und nahm diesen auch mit in die USA.[1]

Spiros gezeichnetes Selbstporträt im Begleitheft zeigt einen kraftvollen Maler bei der Arbeit. Im COMMITTEE OF SPONSORS waren Größen aus Wissenschaft und Kunst versammelt, wie sie nirgends auf der Welt eindrucksvoller hätten zusammenkommen können. Die beiden in den USA geborenen Sponsoren hatten einerseits so intensive Beziehungen zum deutschsprachigen Raum, dass sie leicht für das Committee gewonnen werden konnten, andererseits ging von ihnen die Botschaft aus, dass Spiro das Interesse aller US-Amerikaner verdiene, auch derer, die nicht zu den NS-Verfolgten zählten. Der aus Chicago gebürtige Kunstpublizist und Herausgeber der New Yorker „Art News" Alfred M. Frankfurter (1906–1965) wurde nach einem in Princeton begonnenen Studium an der Berliner Friedrich-Wilhelms-Universität promoviert. Anlässlich der Spiro-Ausstellung 1945 beklagte *Art News* das zu geringe Interesse des amerikanischen Publikums an der Kunst der Exilierten, gering im Verhältnis zur Begeisterung für Thomas Mann und Franz Werfel. Der im Staate Wisconsin geborene Philologe George N. Shuster (1894–1977) entstammte nicht nur einem deutschsprachigen Elternhaus, sondern hatte auch zeitweilig in Deutschland studiert. Der langjährige Präsident des Hunter College in New York wurde 1944 von Spiro porträtiert.

Im Begleitheft zur ersten Ausstellung steht ein aufschlussreicher Text von Max Osborn (1870–1946) über Eugen Spiros „first One Man Show". Osborn war Kunstkritiker in Berlin, bekannt durch seine vielfach wieder aufgelegte „Geschichte der Kunst – Eine kurzgefasste Darstellung ihrer Hauptepochen". Seine Flucht aus Deutschland führte ihn auf Umwegen schließlich ab 1941 nach New York. Den 1945 auf Englisch erschienenen Erinnerungen widmete Thomas Mann eine „Hommage"; der Einband der deutschen Ausgabe aus dem Jahre 2012 trägt Spiros Osborn-Porträt von 1945.[2] Aus dem im Begleitheft auf Englisch abgedruckten Text steht hier ein Auszug aus

COMMITTEE OF SPONSORS

RICHARD BEER-HOFMANN
ALBERT EINSTEIN
ALFRED M. FRANKFURTER
THOMAS MANN
MAX REINHARDT
GEORGE N. SHUSTER
BRUNO WALTER
FRANZ WERFEL

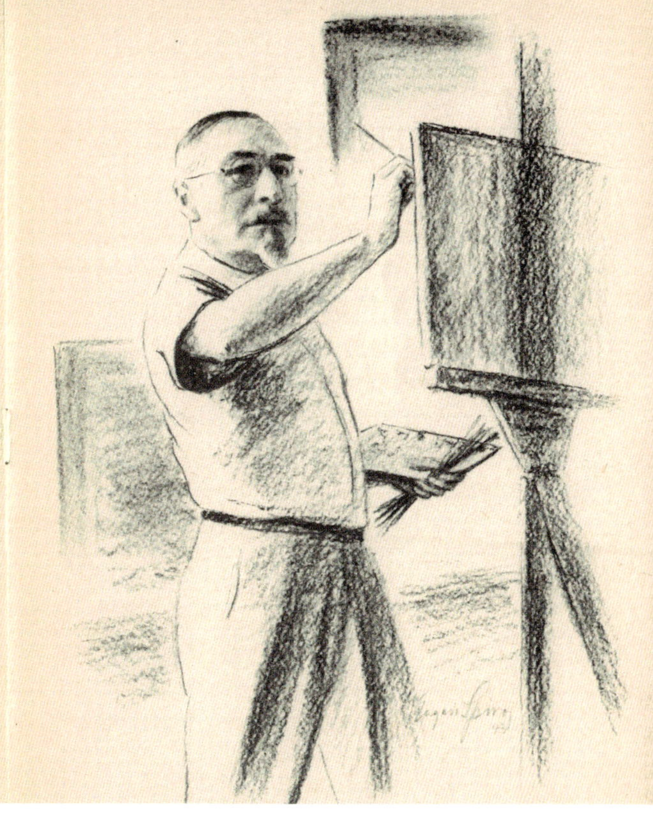

Begleitheft der Galerie St. Etienne zur ersten Spiro-Ausstellung, 1943

dem deutschen Original. Osborn schreibt, es könne keine Vollständigkeit anstrebende Werkschau geben, weil all die Werke, die sich noch in Spiros Besitz befanden, in Paris beschlagnahmt worden seien:

> „[…] Aber dafür kann Spiro die jetzige Schau aus zwei Bildergruppen herrichten, die gerade das Interesse der amerikanischen Besucher verdienen: er verband eine Auswahl der zahlreichen Werke seiner Hand, die einst von amerikanischen Kunstfreunden angekauft wurden und die er nun in diesem Lande wieder vorfand, mit den jüngsten Arbeiten, die seit seiner Ankunft in New York vor fast zwei Jahren entstanden sind […].
>
> Zugleich hatte sich in seinem New Yorker Atelier, dessen Wände ihn zuerst leer und frostig aufgenommen hatten, neues Bildervolk angesiedelt. War das derselbe Spiro, der kurz zuvor hierher gekommen? Man ist ein anderer, wenn man in Europa den Dampfer besteigt – ein anderer, wenn man an der Küste Amerikas landet. Schon die Meerfahrt hat durchrüttelnde, umzaubernde Kraft. Die Stadt selbst jedoch wird jeden, der empfängliches Künstlerblut hat, von Grund auf verwandeln. Alles sieht plötzlich anders aus, die äußere Welt, die Menschen, die Lebensformen, die eigenen Empfindungen. Es war selbstverständlich, daß ein Maler von der Aufnahmefähigkeit und Sensibilität Spiros durch das ungeheure Erlebnis ‚New York' ein gewaltiges Maß tiefgreifender Eindrücke und Anregungen in sich aufnahm."[3]

Die Beziehungen zur Galerie St. Etienne entwickelten sich positiv. Die nächste Ausstellung folgte schon Anfang 1945, spektakulär vor allem wegen des Einstein-Porträts und des Briefs von Thomas Mann, der im Katalog abgedruckt war. Die vier folgenden Ausstellungen führten bis zu derjenigen aus Anlass von Spiros 90. Geburtstag 1964, bei der er zu seiner Freude das Bundesverdienstkreuz erhielt.

Thomas Mann konnte bei seinem Brief zur Ausstellung 1945 nicht wissen, dass der Hinweis auf die bis zum Alter von über 90 Jahren anhaltende Fruchtbarkeit Tizians für Spiro so viel mehr als eine Redewendung werden würde. Der hier im englischen Original und in der deutschen Übersetzung abgedruckte Brief birgt ein Geheimnis.[4] Thomas Manns Englisch war nicht gut genug für einen so ausgefeilten Brief, wie er anders seinen Ansprüchen nicht genügt hätte. Das Thomas Mann-Archiv in Zürich lässt wissen, dass sich auf der dort vorhandenen Kopie der Durchschrift des englischen Originals der Stempel „Deutsch diktiert" befindet. Welche Hilfsperson mit perfektem Englisch tätig wurde, ließ sich nicht ermitteln.

Künstlerisch weniger wichtig als für seine gesellschaftliche Akzeptanz in New York wurde Spiros Mitgliedschaft im noch heute bestehenden Salmagundi Club. Der konservative, damals auf männliche Mitglieder beschränkte Club besaß eigene Räume. Auch dort stellte Spiro aus und erhielt 1955 einen Preis.[5]

1 Vgl. Jane Kallir, Saved from Europe – Otto Kallir and the History of the Gallery St. Etienne, New York 1999

2 Max Osborn, Der bunte Spiegel – Erinnerungen 1890–1933, Hürth bei Köln 2013

3 Im deutschen Original abgedruckt im Spiro-Katalog der Galerie von Abercron Köln-München 1978

4 Mit Dank an den S. Fischer-Verlag für die Genehmigung des Abdrucks.

5 Abercron, Wilko von: Eugen Spiro 1874 Breslau–1972 New York. Spiegel seines Jahrhunderts, Alsbach 1990, S. 53

Rückkehr ohne Rückkehr

Wie ein Lichtblick in der Düsternis, die für Eugen Spiro über seinem ehemaligen Vaterland lag, erschien ihm im Jahre 1954 die Berührung mit Theodor Heuss. Mit ihm hatte die alte Bundesrepublik von 1949 bis 1959 einen kunstsinnigen ersten Präsidenten. Kunstsinnig waren auch der von Heuss deswegen ausgesuchte persönliche Mitarbeiter Hans Bott und der mit diesem gut bekannte Kulturreferent der Deutschen Diplomatischen Vertretung in Washington Bruno E. Werner. Werner machte Bott auf Spiros bevorstehenden 80. Geburtstag am 18. April aufmerksam[1]. Daraufhin erging das bemerkenswert persönlich gehaltene Glückwunschschreiben von Bundespräsident Theodor Heuss. Spiro war tief gerührt. Er schrieb an Werner: „... Sie haben mir mit der Zusendung des Glückwunschschreibens des Bundespräsidenten und Ihren eigenen sehr freundlichen Zeilen eine ungeheure Freude bereitet, deren Ausmaß ich nicht beschreiben kann. Nehmen Sie meinen sehr herzlichen Dank entgegen ..."

Spiro trat kurz darauf die schon vorher geplante Europareise an, die keine Malaufenthalte vorsah. Schon unterwegs, schrieb Spiro an Bott: „... Ich wäre besonders glücklich, wenn ich während meines Aufenthaltes in Bonn die Ehre hätte, den Herrn Bundespräsidenten malen zu dürfen. Ich benötige dafür nur wenige Stunden, die sich auf zwei bis drei Sitzungen beschränken lassen."[2] Das geschah in den Tagen 6.–8. August 1954 in Bonn.

Der Industrielle und Spiro-Freund Herbert Grünfeld erwarb das Gemälde und stiftete es der deutschen diplomatischen Vertretung in Washington, die 1955 zur Botschaft wurde. Zwischen Familie Grünfeld und Eugen Spiro bestanden seit den 1920er Jahren freundschaftliche Beziehungen. Er hatte Herbert Grünfelds Eltern porträtiert. Im englischen Exil betreute dieser zeitweilig den minderjährigen Peter Spiro. Anfang der 1950er Jahre war Herbert Grünfeld und seinem Bruder Ernst die vom NS-Regime enteignete Gesellschaft für Elektrometallurgie zurückübertragen worden.

Da selbst in großen Botschaften nicht die Gewohnheit besteht, gemalte Porträts der ehemaligen Bundespräsidenten zu präsentieren, wurde das Heuss-Porträt später ins Generalkonsulat in New York transferiert. Dort ist der Anknüpfungspunkt der Wohnsitz des Malers.

Von Heuss wie von Spiro ist überliefert, dass sie begabte Plauderer waren. Das mag auch ihr Zusammentreffen geprägt haben. Spiro berichtete vom Eindruck seiner Rechtsvertreter im Wiedergutmachungsverfahren, dass die zuständigen Behörden bei bejahrten Anspruchstellern jedenfalls nicht besondere Beschleunigung walten ließen, um deren Tod zuvorzukommen.[3] Am 9. August 1954 richtete Heuss auf Privatbriefbogen ein befürwortendes Schreiben an den Leiter des Berliner Entschädigungsamtes. Am 1. September teilte dieser dem Bundespräsidenten mit, dass Spiro die Behörde aufgesucht habe und die Angelegenheit in dem Sinne geklärt worden sei, dass dieser statt einer Kapitalentschädigung eine monatliche Rente gewählt habe.[4] Offenbar fand er den Sachverhalt erwähnenswert, dass ein 80-Jähriger sich so entschied; er konnte nicht ahnen, wie recht Spiro damit hatte, sich so für 18 Jahre eine Rente zu sichern. Heuss ließ den Amtsleiter mit Schreiben vom 10. September wissen, dass er sich freue, „dass sich das Entschädigungsamt des alten Eugen Spiro so hilfreich angenommen hat."[5]

Der für Spiro so segensreiche Kontakt zu Heuss kam im Jahre 1960 noch einmal zur Wirkung. Eine Veränderung der Rechtslage machte es möglich, dass auch im Ausland erlittene Schäden ersetzt wurden. Das war für Spiro interessant, weil er zwar beim Wechsel von Berlin nach Paris Hausstand und Bilder hatte mitnehmen können, bei der Flucht aus Paris „mit Handkoffer" aber alles verloren ging. Vergleichsverhandlungen mit dem Entschädigungsamt zogen sich für den 86-jährigen unerträglich hin. Mit Schreiben vom 24. Februar 1960 erbat Spiro unter vielfachen Entschuldigungen für die Störung des Ruhestandes von Heuss ein Schreiben, in dem dieser den Ausgleich der Verluste befürworte. Dem entsprach Heuss in herzlicher Weise, und Spiro bedankte sich postwendend. Inwieweit dieser Schriftwechsel sich tatsächlich auf den bald darauffolgenden Vergleich ausgewirkt hat, ist nicht nachweisbar. Beides war aber für Spiro beglückend. Die Vergleichssumme belief sich auf 250.000 DM und ermöglichte Spiro ein sorgenfreies letztes Lebensjahrzehnt.[6]

Von staatlicher Seite wurde Spiro seitdem Aufmerksamkeit zuteil. Zu seinem 90. Geburtstag im Jahre 1964 erhielt er das Bundesverdienstkreuz. Das geschah in den Räumen der Galerie St. Etienne, wo aus demselben Anlass Ausschnitte aus seinem Lebenswerk präsentiert wurden.

Von einem vollständigen Wechsel Spiros in die USA kann nur für begrenzte Zeit die Rede sein. Auf die Versuchsphase 1947 bis 1954 folgte ab 1956 eine Wiederannäherung an Europa mit fast alljährlich langen Reisen. Erst jetzt waren die Reisen ausführlich genug, um weitgehend das Malen zum Inhalt zu haben. Die Reise 1956 ermöglichte Landschaftsbilder von so entfernt voneinander liegenden Orten Italiens wie Amalfi (südlich von Neapel), Lenno (Comer See) und Torbole (Gardasee) in Norditalien. Das für ihn fruchtbare Jahr 1956 ermöglichte Spiro auch, in Berlin erneut den aus sowjetischer Haft zurückgekehrten Freund H.C. Starck zu porträtieren.[7]

Die norditalienischen Seen erwiesen sich als die ideale Umgebung für Erholung und Malen. Spiro, jetzt im neunten, schließlich zehnten Lebensjahrzehnt, reiste nicht allein. Lilli begleitete ihn stets, und Sohn Peter beschreibt anekdotisch überspitzt die Besonderheit, dass der Maler bei mehreren der späteren Reisen mit den beiden Ehefrauen Lilli und Elisabeth unterwegs war. Soweit möglich, reisten sie per Flugzeug, ansonsten ließen sie sich von Freunden mitnehmen oder mieteten Autos mit Fahrer.

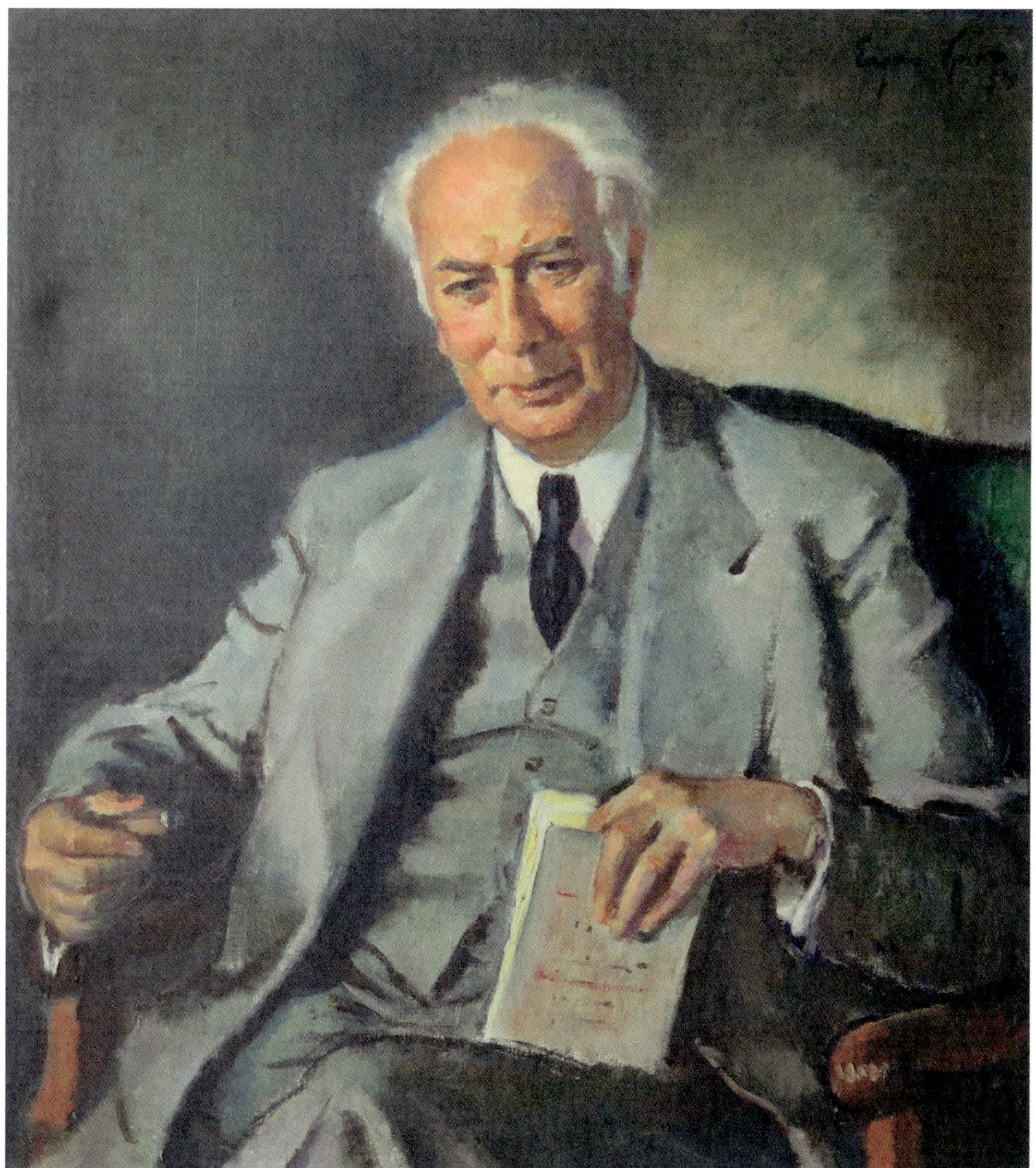

Theodor Heuss, 1954

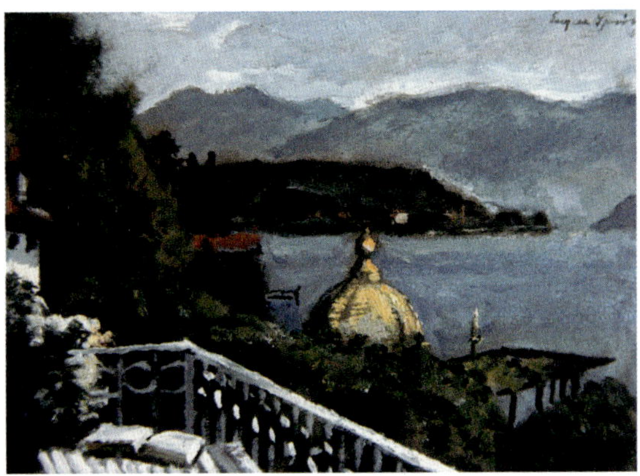

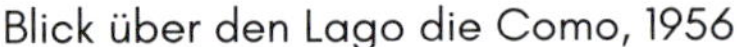

Blick über den Lago die Como, 1956

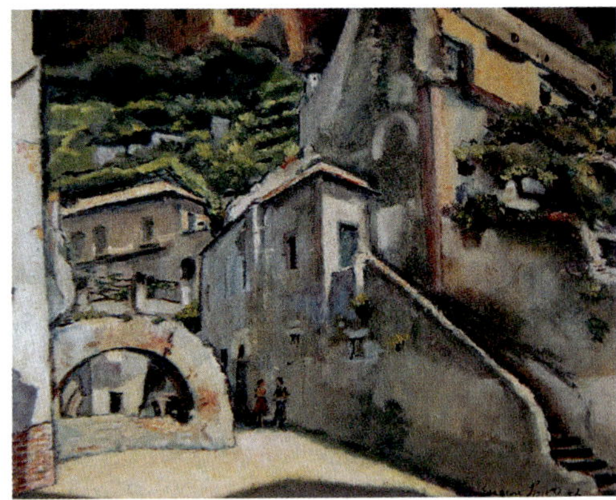

Straße in Amalfi, 1956

Die Reisen der folgenden Jahre führten

1958 nach Orta an dem kleinen nach dem Ort benannten See westlich vom Lago Maggiore, Torbole, Malcesine (Gardasee),

1959 nach Torbole, Malcesine,

1960 nach Bornholm.

Ab 1961 führten die sommerlichen Reisen in die Schweiz: 1961, 1962, 1963 nach Ascona am Lago Maggiore, 1964 und 1967 nach Engelberg, dessen Gebirgsklima für den jetzt neunzigjährigen Spiro als günstig eingeschätzt wurde. Von dort gibt es noch Bilder, auch das letzte Ölbild aus dem Jahre 1967. Dass das landschaftlich reizvolle, aber teure Reiseland in Betracht kam, um dem unangenehmen New Yorker Sommer zu entfliehen, hatte damit zu tun, dass es gelungen war, die Wiedergutmachung für die in Frankreich erlittenen Verluste zu klären. Zeitweilig scheint sogar von einer Übersiedlung in die Schweiz die Rede gewesen zu sein.

Dazu waren die Bindungen an und in New York aber zu groß geworden. Da gab es die Galerie St. Etienne und das reiche Musikleben. Auch die unweit gelegene, von deutschen Immigranten gegründete Habonim Synagoge war ein Stück Heimat für Eugen und Lilli Spiro.

Im Jahre 1964 entstand Spiros letztes Selbstporträt. Obwohl wir von Spiro auch eigene lebensgeschichtliche Texte besitzen, sind beim Maler auch die Selbstbildnisse eine Art Memoiren. Von ihnen sind annähernd drei Dutzend bekannt, ohne unsignierte Vorstudien mitzuzählen. Sie erstrecken sich vom 27. bis zum 90. Lebensjahr. Eine Auswahl von ihnen enthält dieses Buch über die jeweiligen Lebensphasen verteilt.

Spiro legte Wert auf sein Erscheinungsbild. Die Barttracht mit Oberlippen- und Kinnbart behielt er in Erinnerung an schöne Jugendtage lebenslang und über wechselnde

Lido bei Torbole, 1959 ↗
Torbole mit Segelboot, 1959 →

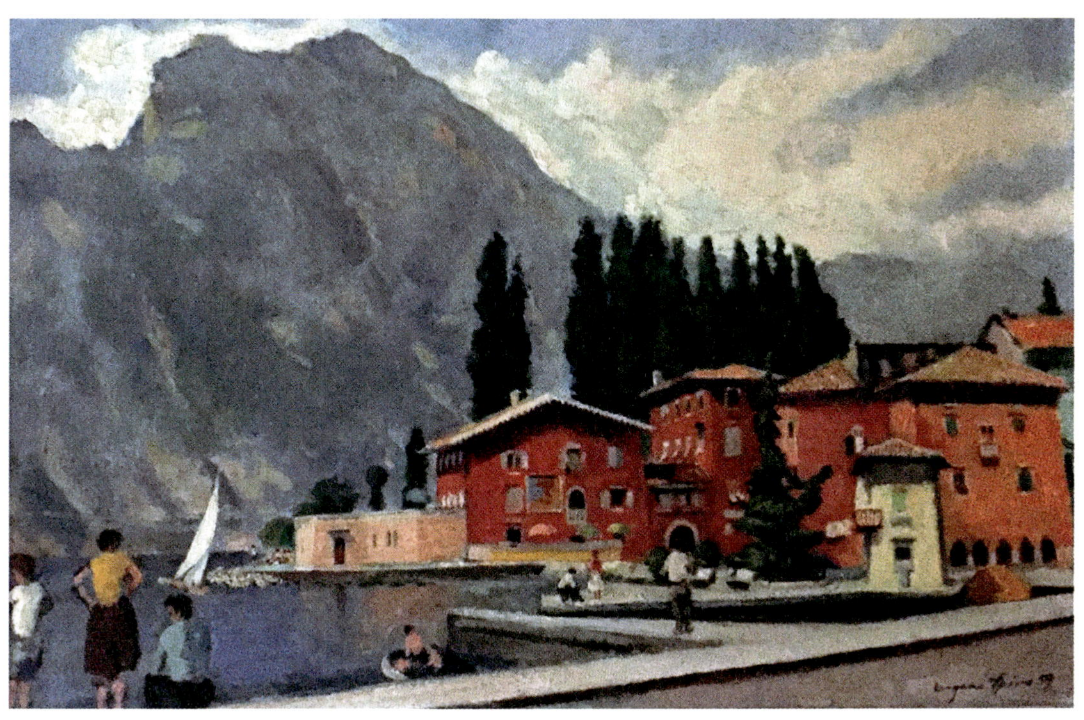

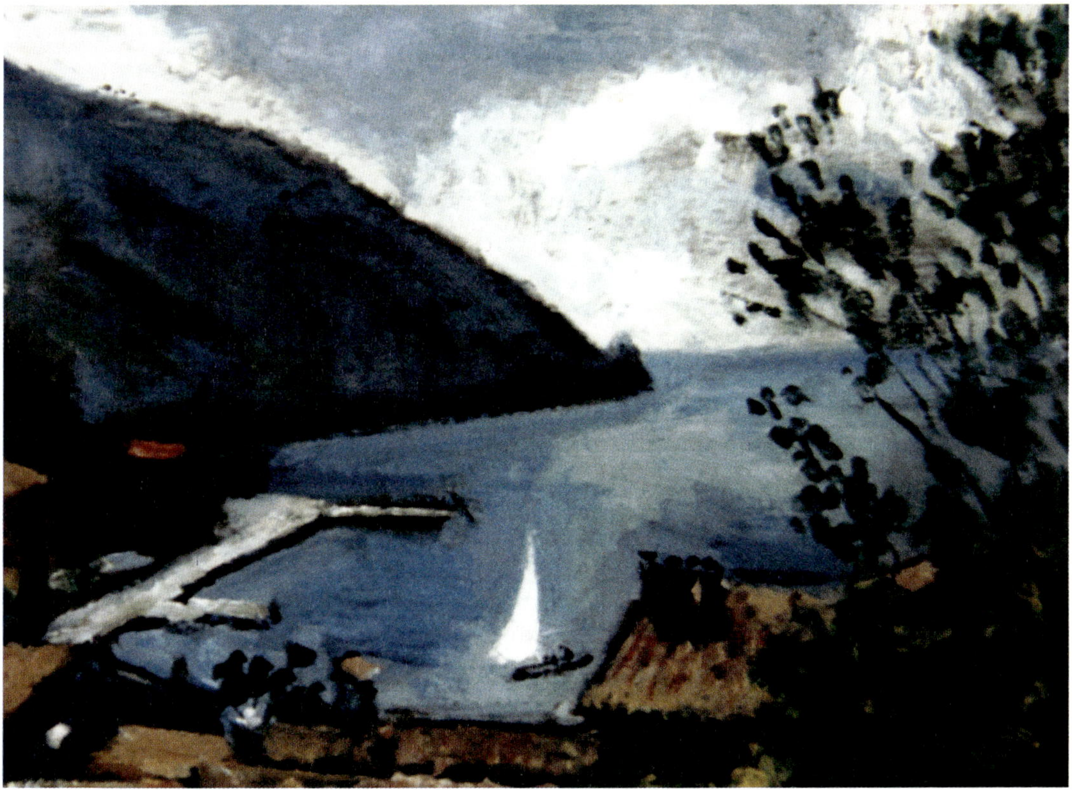

Moden hinweg bei, während der mittleren Lebensphase – wie Sohn Peter wissen lässt – hennagefärbt. Friedrich Ahlers-Hestermann, Freund aus Zeiten des Café du Dôme vor dem Ersten Weltkrieg, würdigte Spiro bei der Eröffnung der Ausstellung 1969 im Berlin-Museum. Er hob hervor, dass sich der jetzt 95-jährige Spiro schon zu jener Zeit durch Eleganz hervorgetan habe, alles andere als ein Bohème-Typ.[8] Die Krawatte fehlt meistens auch auf Bildern nicht, die ihn im Malerkittel zeigen, dann unter diesem hervorscheinend.

Nach der überwiegenden Zahl seiner Selbstbildnisse, die ihn bei der Arbeit zeigen, könnte man Spiro für einen Linkshänder halten. Dass er stets mit der rechten Hand zeichnete und malte, wissen wir aus anderen Selbstporträts, vor allem aber aus Fotografien, prägnant diejenige, die Spiro beim Porträtieren von Einstein zeigt. Über die Seitenverkehrung, die das Spielbild mit sich bringt, hat sich Spiro in einem Aufsatz über die Errungenschaft des Doppelspiegels Gedanken gemacht und ein Selbstporträt ausdrücklich als „Selbstporträt im Doppelspiegel" bezeichnet.[9] Da man auf dieser Zeichnung keine arbeitende Hand sieht, ist man auf den Scheitel angewiesen. Andere Asymmetrien, die jedes Gesicht enthält, erkennt nur, wer selber sein Spielbild mit einem Foto vergleicht. Durch die Auseinandersetzung mit der Problematik der Spiegelverkehrtheit unterscheidet sich Eugen Spiro von den meisten sich selbst porträtierenden Malern. Bei der Hartnäckigkeit, mit der beispielsweise Max Liebermann als Linkshänder erscheint, ist man fast ganz auf Fotos des Malenden angewiesen, um sich vom Gegenteil zu überzeugen.

Es scheint, als habe sich Spiro nur dann selbst dargestellt, wenn es ihm gut ging, oft mit der von ihm gern genossenen Zigarre. Der Gesichtsausdruck wandelt sich von jugendlich-naiver Weltherausforderung zu weiser Kontemplation, aber man merkt in den Selbstporträts nichts von der sich verdüsternden Atmosphäre Anfang der 1930er Jahre in Berlin, von den problematischen Exil-Situationen.

Nachdem ihn das hohe Alter schon über längere Zeit pflegebedürftig gemacht hatte, starb Eugen Spiro am 26. September 1972. Die Trauerfeier in der Habonim Synagoge hatten die Familie mit Lilli und Elisabeth und dem aus London angereisten Sohn Peter vorbereiten können. An den Vorbereitungen war auch der Pianist Bruno Eisner beteiligt, der seit mehr als einem halben Jahrhundert immer wieder als Freund Eugen Spiros in Erscheinung trat. An der Trauerfeier selber konnte er anscheinend nicht teilnehmen. Er hat seinen Abschied „Eine nicht gehaltene Grabrede für Eugen Spiro" genannt. Sie verdient ungekürzten Abdruck im Anhang.

Eugen Spiro ist auf dem Friedhof der Habonim Synagoge gerade jenseits des Hudson im Staate New Jersey begraben.

Boote in Bornholm, 1960

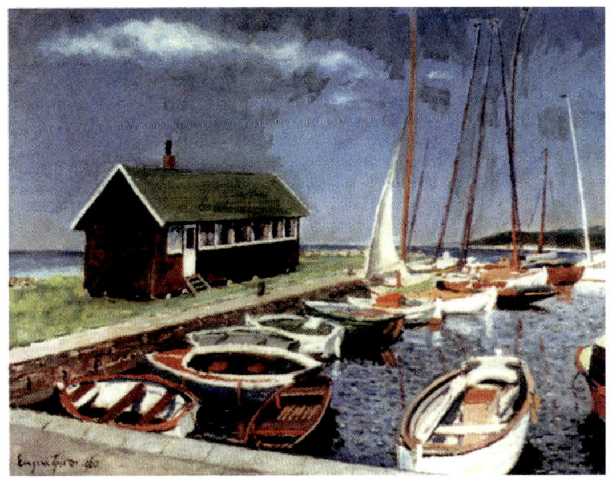

Selbstbildnis mit Pinsel und Palette, 1928 →

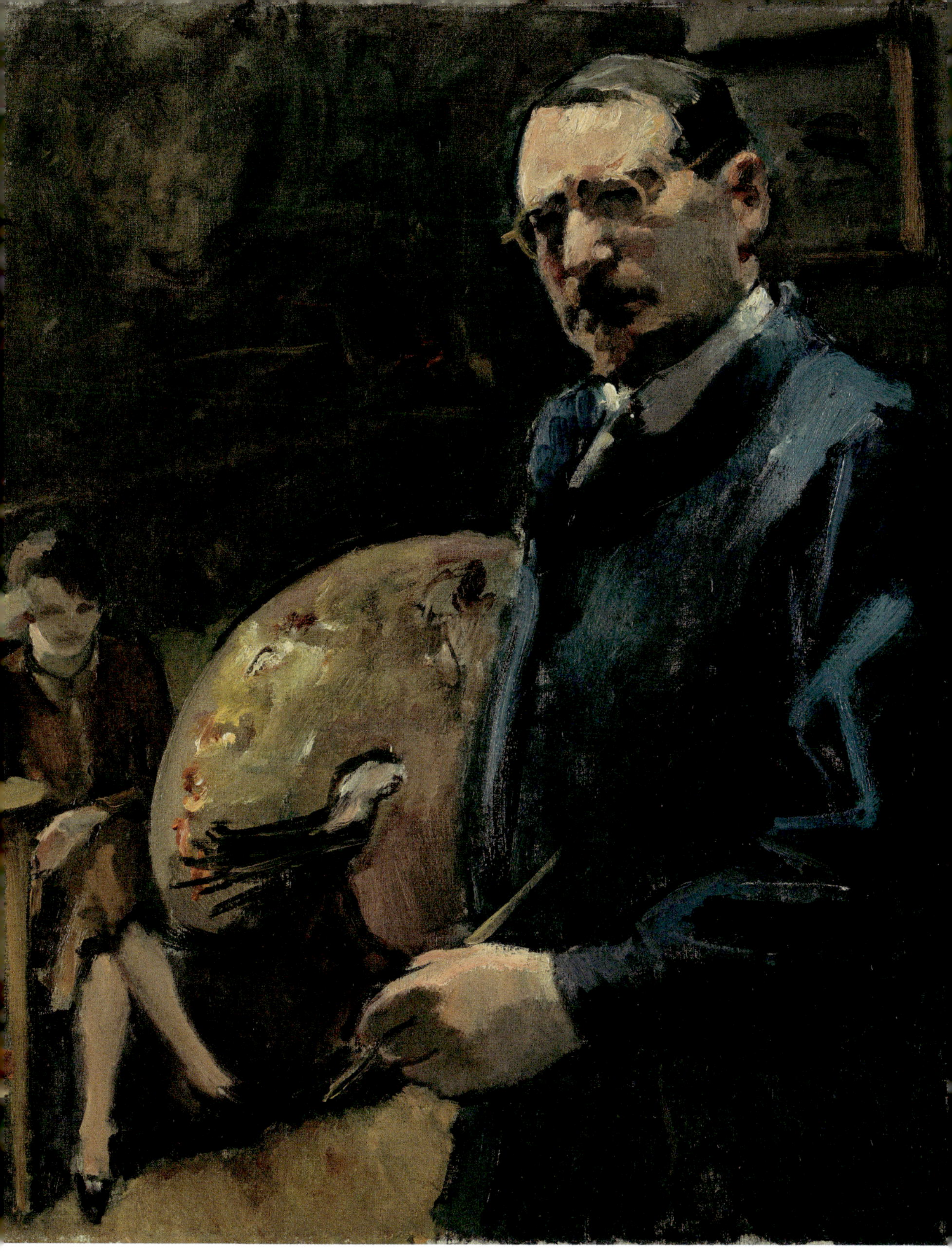

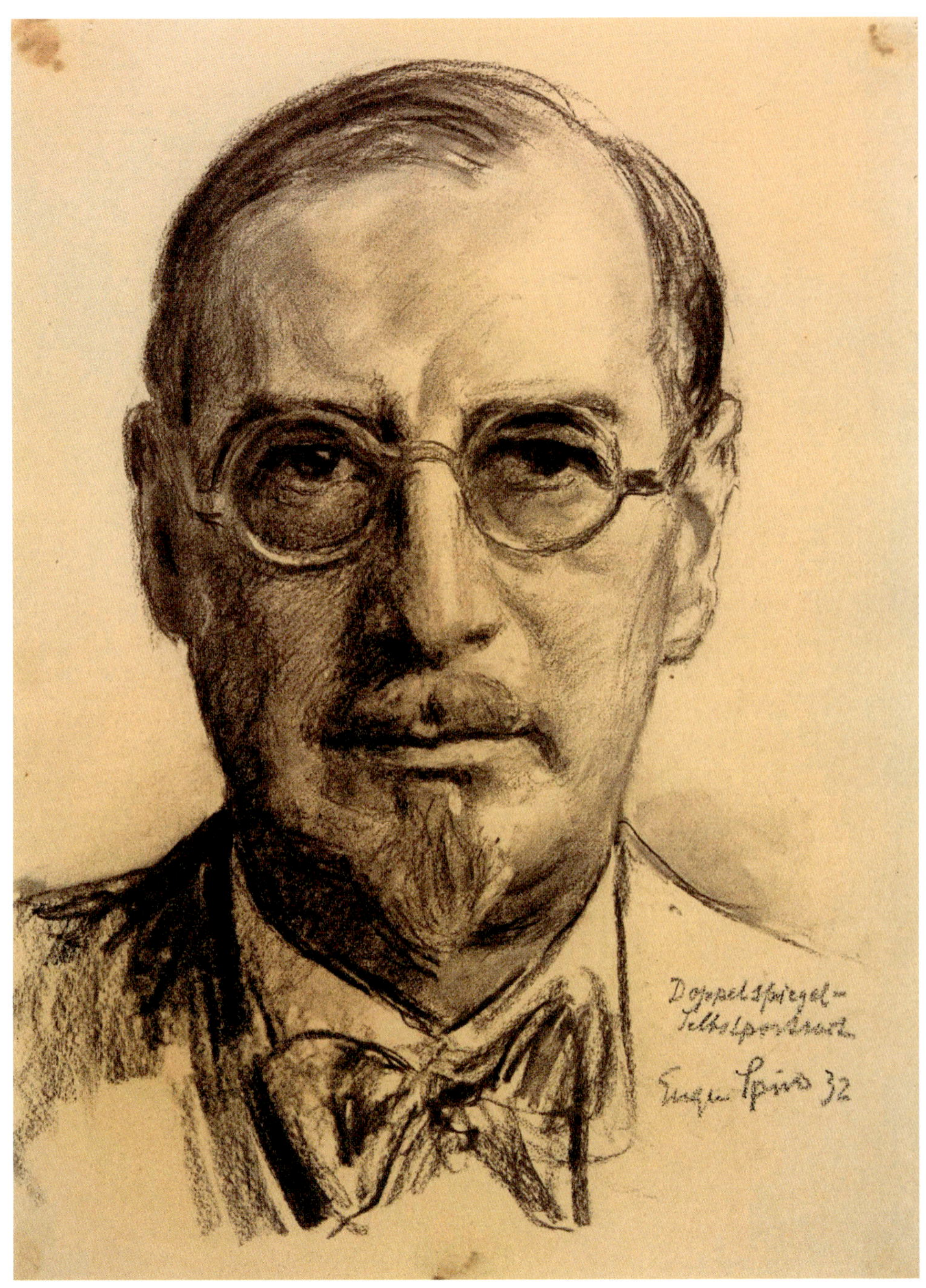

Selbstbildnis im Doppelspiegel, 1932

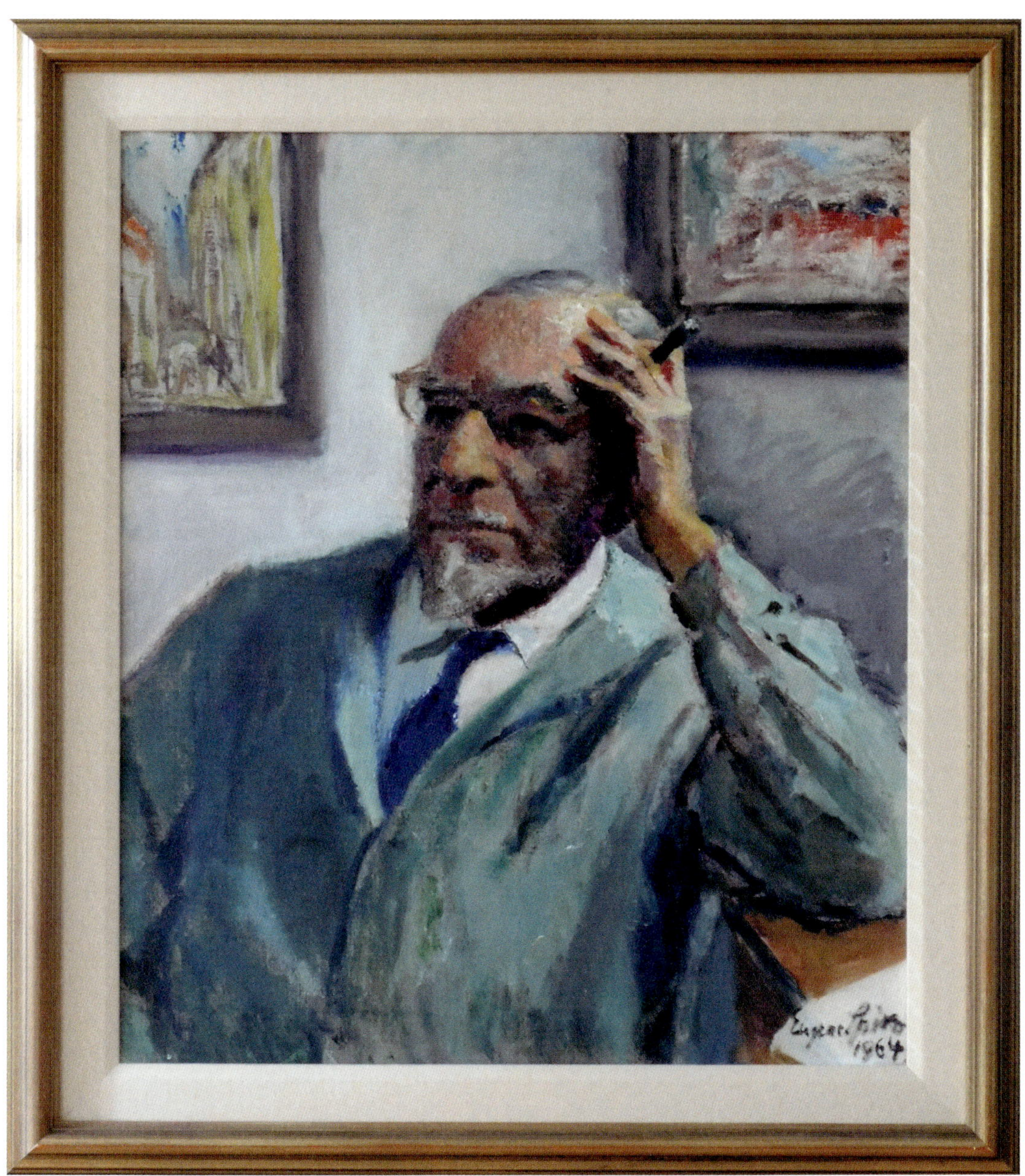

Selbstporträt mit 90, 1964

1 Schreiben vom 24. März 1954:„Der Maler Eugen Spiro, bis 33 eines der prominentesten Mitglieder der Berliner Sezession, feiert in New York am 18. April seinen 80. Geburtstag. Wenn ich mich nicht täusche, ist Spiro dem Herrn Bundespräsidenten gut bekannt. So habe ich mir überlegt, ob vielleicht der Herr Bundespräsident geneigt wäre, diesem einstmals so angesehenen Künstler, der in der Berliner Gesellschaft eine Rolle spielte, ein Glückwunschschreiben zukommen zu lassen. Ich glaube, dass das die schönste Auszeichnung ist, die dem Achtzigjährigen zuteil werden kann ..."

2 Wie auch die vorstehend zitierten Schreiben ist auch dieses von der Stiftung Theodor-Heuss-Haus in Kopie zur Verfügung gestellt worden.

3 Es gibt flächendeckend Hinweise auf bis ins Schikanöse reichende zögerliche Bearbeitung von Wiedergutmachungsanträgen; nur wenn aus der Emigration zurückgekehrte Politiker wie Ernst Reuter (Berlin), Max Brauer, Herbert Weichmann (beide Hamburg) und Wilhelm Hoegner (Bayern) Einfluss nehmen konnten, lief es ausnahmsweise besser; siehe Krauss, Marita, Heimkehr in ein fremdes Land – Geschichte der Remigration nach 1945, 137ff.

4 Auf dem Entwurf des Schreibens ist vermerkt „Antrag ist im gelben Umschlag sofort durch alle Prüfungsinstanzen zu geben." Die Rente betrug zunächst 600,00 DM/Monat und bezog sich auf verfolgungsbedingten Verlust von Einkommensmöglichkeiten.

5 Dieses Schreiben befindet sich wie die beiden vorstehend zitierten in der Akte des Entschädigungsamtes.

6 Heuss schrieb u.a.: ... ich würde mich bei dem Rang, den Sie im Berliner Kunstleben eingenommen haben und bei der schaffensfrohen Energie, die auch Ihren späten Jahren treu geblieben ist, aufrichtig freuen, wenn die Dinge bald und befriedigend für Sie in Ordnung gebracht werden könnten." Dieser Schriftwechsel ist wiederum von der Stiftung bereitgestellt worden.

7 Abercron, Wilko von: Eugen Spiro 1874 Breslau – 1972 New York. Spiegel seines Jahrhunderts, Alsbach 1990, S. 202 ; dort S. 37 auch Näheres zu Familie Grünfeld als Spiro-Förderer.

8 Neue Deutsche Hefte 124, Jahrgang 16, Heft 4, S. 228ff (230)

9 The double Mirror, Manuskript von 1954 im Archiv in Albany, Eugen Spiro Papers, Box 2, Folder 6: übersetzte und überarbeitete Fassung von Eugen Spiro, Ein neuer Spiegel, der *kein* Spiegelbild zeigt, Berliner Illustrirte Zeitung 1932, Nr. 41, S. 1341

Wahrnehmung Spiros in Deutschland nach 1945

Bei seinen zahlreichen Europareisen ist Eugen Spiro auch immer wieder in Westdeutschland und in Westberlin gewesen, vor allem um die Freunde Starck zu treffen und erneut zu porträtieren. Seine Aufenthalte waren eher kurz, unter den von ihm gemalten Landschaften befindet sich keine deutsche. In der DDR hätte sein Werk noch weniger als im Westen eine Position in den damals aktuellen künstlerischen Diskussionen gefunden. Überlegungen für eine Rückkehr nach Deutschland hat Eugen Spiro nicht angestellt. Es kann nur insofern von Rückkehr die Rede sein, als Spiros Werk auf dem Kunstmarkt, in Ausstellungen und in der Kunstpublizistik in Deutschland wahrgenommen wurde.

Der Wertschätzung durch Bundespräsident Theodor Heuss, den höchsten Repräsentanten der Bundesrepublik, entsprach das Echo auf dem Kunstmarkt nur begrenzt. Die Galerie Wolfgang Gurlitt präsentierte im Jahre 1957 in München Werke von Spiro gemeinsam mit denen von zwei anderen Künstlern. Spiros Werke gingen dann noch weiter in eine Ausstellung des Kunstvereins für die Rheinlande und Westfalen. Lokal wurde das zur Kenntnis genommen, einen Durchbruch bedeutete es nicht.[1]

Da war die zwölf Jahre später stattfindende Ausstellung im Berlin-Museum unter Leitung von Frau Dr. Irmgard Wirth von anderem Kaliber. 138 Positionen weist der Katalog auf, davon 68 Ölgemälde.[2] Mit 16 ganzseitigen Farbabbildungen ist der Katalog für damalige Maßstäbe fast opulent. Umfangreich wurden auch Spiros zeichnerische Musiker-Porträts aus Berlin und New York dokumentiert. Der lebenslange Freund H.C. Starck hatte nicht nur wichtige Werke aus seinem Besitz beigesteuert, sondern Ausstellung und Katalog auch weitgehend finanziert. Spiro war nicht ganz zufrieden damit, dass sich unter den Farbabbildungen nur eine Landschaft befand. An Frau Dr. Wirth schrieb er: „Sie sagen auch in Ihrer Ansprache, daß ich vor allem Bildnismaler sei. Damit gebe ich Ihnen völlig recht, aber für mich war die Landschaft, die ich gemalt habe, auch ein Portrait. Es interessiert mich nicht, sie aus irgendeinem bildnismäßigen Grund zu verändern, während der wirkliche Landschaftsmaler durch seine subjektive Vorstellung vieles dem Geschmack zuliebe in seinem Bild verändern mag. Diese Erklärung wird Ihnen vielleicht meine landschaftlichen Arbeiten etwas näher bringen."[3]

Der Senator für Wissenschaft und Kunst Werner Stein gab der Ausstellung mit einem Vorwort Gewicht. Mit den Hinweisen auf den 95. Geburtstag von Spiro und dessen lange zurückliegenden besten Jahre in Berlin trug er zu dem Eindruck bei, dass die Ausstellung zu spät kam, um noch einen Bezug zum gegenwärtigen Kunstgeschehen zu haben. Spiros Gesundheitszustand erlaubte keine Berlinreise. Ehefrau Lilli, die auch an der Vorbereitung mitgewirkt hatte, konnte für die Ausstellung nach Berlin reisen, weil Ex-Ehefrau Elisabeth solange die Pflege allein übernahm.

Auch diese Ausstellung bewirkte nicht, Spiro als wichtige Figur der Kunst des 20. Jahrhunderts zu verankern. Das Preisniveau für seine Bilder wurde allenfalls unwesentlich beeinflusst. Spiro hat auf dem Kunstmarkt nach 1945 nie den Status eines Malers gehabt, dessen Bilder schon deswegen gekauft werden, weil sie von ihm sind. Es hing mehr davon ab, ob es dekorative Stücke waren oder ob gezieltes Interesse an einem bestimmten Porträtierten bestand.

Liest man den ausführlichen Katalogtext der Leiterin des Berlin Museums, Irmgard Wirth, ist man froh darüber, selber ein halbes Jahrhundert später dran zu sein. Die Kunsthistorikerin quält sich geradezu damit, Spiro stilistisch einzuordnen. Sie zeigt sich verwirrt darüber, dass Spiro mit seinem Wechsel nach Paris unter anderem durch die Berührung mit dem Impressionismus den Jugendstil überwunden habe. Er habe damit die Stilrichtungen in umgekehrter Reihenfolge durchlaufen, da der Impressionismus in Paris vor der „art nouveau" lag. Mit dem eher hilflosen Bemühen, Spiro in eine Stilrichtung einzuordnen, hat erst Annette Gautherie-Kampka in ihrem Beitrag „Ein Maler abseits der Ismen" abgeschlossen.[4] Der Kunsthandel bezeichnet Spiro oft als – späten – Impressionisten. Das ist im Sinne einer Charakterisierung noch weniger hilfreich als bei denjenigen, die üblicherweise als „deutsche Impressionisten" gehandelt werden, so vor allem Max Liebermann, Lovis Corinth und Max Slevogt.

Jenseits der Bemerkungen von Wirth und Gautherie-Kampka nehmen Spiros Beobachter keine wesentlichen Entwicklungen seiner Malweise über die Jahrzehnte wahr. Spiro hat es den Betrachtern da nicht leicht gemacht. Es gibt die schlichten Einsichten, dass der frühe Wechsel von Breslau nach München zu vermehrten Einflüssen des Jugendstils führte und der Wechsel von München nach Paris zu solchen des Impressionismus. Das Aufnehmen des Einflusses von Cézanne hat Spiro reflektiert, mindestens zweimal kopierte er Manet-Gemälde, einzelne Werke seiner frühen Pariser Zeit atmen den Geist von Manet.

Es gibt in Spiros Werk keine spektakulären Brüche; gleichwohl erscheint es überhöht, wenn Scheyer Spiros Herkunft aus Breslau und den dort seit dem Barock vorherrschenden „malerischen Stil" als das Gesamtwerk stetig prägend darstellt.[5] Noch weniger als die Herkunft aus Breslau kann man sich die Pariser Jahre 1906 bis 1914 als entscheidende Prägung wegdenken, um Spiros Werk zu verstehen. Die dort empfangenen Einflüsse haben ihn für den Handel zum Impressionisten gemacht, während für Spiro vor allem Cézanne und Manet wichtig waren. Deren ausgeprägt höchstpersönlich geprägtes Schaffen lässt sie nur zu den Impressionisten zählen, wenn man den Begriff bis zur Inhaltslosigkeit ausweitet. In der auf Englisch gehaltenen Ansprache zur Eröffnung der Ausstellung zu seinem 90. Geburtstag hob Spiro den Wechsel in die USA als bedeutsam hervor: „Einen gewissen Wandel in meinen Bildern erzeugte Amerika, genauer gesagt New York, wo ich die Atmosphäre so klar und durchsichtig empfand, dass meine Palette reiner und die Farben weniger gedämpft wurden."[6] Zu einem letzten Produktivitätsschub führten Spiro jenseits seines 80. Geburtstages die zwischen USA und Europa aufgeteilten Jahre.

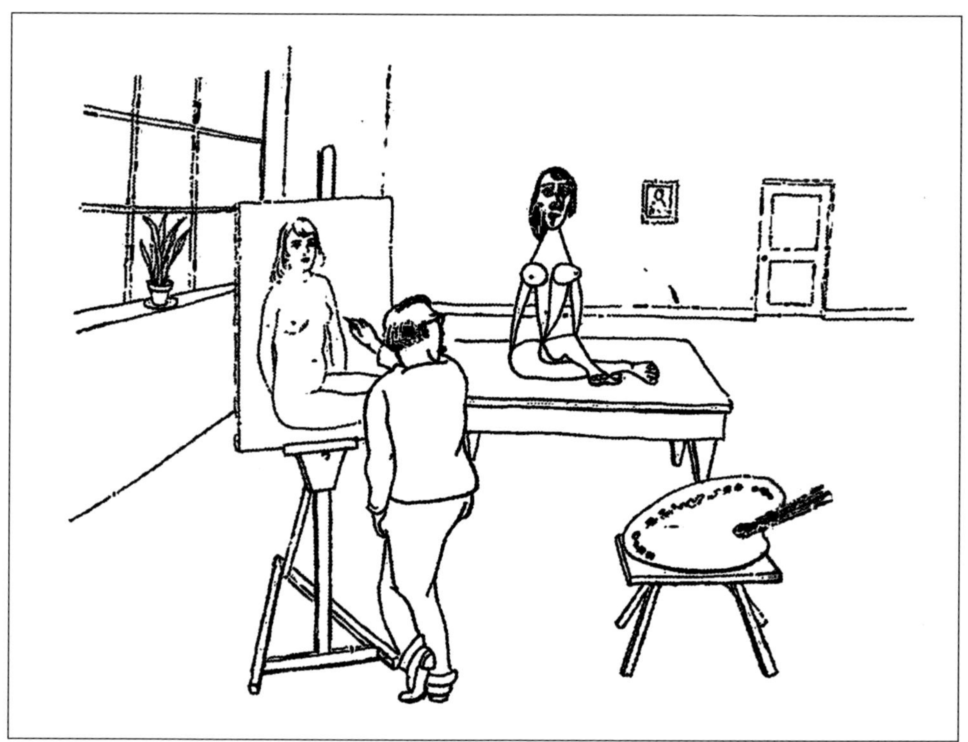

Karikatur aus dem Atelier, 1960

Spiro hat seinen fundamentalen Unterschied zu Picasso karikaturenhaft dargestellt. In einem Punkte sind sie sich aber ähnlich: Sie konnten alles und haben das Publikum verwirrt, indem sie bei geeigneter Gelegenheit auf hinter ihnen Liegendes zurückgegriffen haben. Wenn die Zeitschrift „Jugend“ bei Spiro ein Titelbild bestellte, bekam sie eines in ihrer Tradition, auch wenn Spiros eigene Jugendstilphase schon länger zurücklag. Sollte er Richter und Staatsmänner porträtieren, machte er das über viele Jahrzehnte auf Wunsch ganz akademisch in der Tradition des 19. Jahrhunderts.

Ebenso interessant wie Wandlungen chronologisch zu erfassen, ist zumindest bei den Porträts die Unterscheidung zwischen Auftragswerken und solchen, die aus Interesse am besonderen Auftritt, aus Zuneigung, aus Leidenschaft entstanden sind. Dass Frauenbildnisse mit Baladine, Tilla, Madeleine, Elisabeth und Lilli dabei überwiegen, überrascht nicht. Die Entwicklung seines Sohnes Peter hat Eugen Spiro vom Baby bis zum Familienvater höchst einfühlsam verfolgt. Aber auch die Bildnisse von Julius Meier-Graefe, Ernst Toller, Erich Klossowski und Albert Einstein halten mit, von den Selbstbildnissen gar nicht zu reden. Bei seinen vielen Landschaften und seinen wenigen Stillleben konnte sich Spiro ganz auf seine Auseinandersetzung mit dem Bildmaterial konzentrieren.

Einen würdigen Anschluss an die Berliner Ausstellung des Jahres 1969 gab es 1978 mit einer Retrospektive der Galerie von Abercron in Köln und München. Neben einer ganzen Reihe von Bildern, die in Berlin nicht dabei waren, gab es einen Katalog, der sich neben reichhaltigen Abbildungen dadurch auszeichnet, dass aufschlussreiche schriftliche Quellen zu Spiro enthalten sind: der Heuss-Brief und der Text von Max Osborn aus dem St. Etienne-Katalog von 1943 im deutschen Originaltext. Auch Abercrons eigener Text ließ ihn als berufen für Abfassung der 1990 erschienenen Monografie erscheinen.[7]

Für die Erfassung von Eugen Spiros Werk ist Wilko von Abercrons Monografie wichtig. Inzwischen sind viele Werke aufgetaucht, die Abercron nicht kannte oder ihm nur in kleinen Schwarz/Weiss-Abbildungen zugänglich waren. Über den historischen Hintergrund, vor allem die Vereinigungen und Institutionen, in deren Rahmen sich die Arbeit des Malers abspielte, war zum Zeitpunkt der Abfassung von Abercrons Werk weniger bekannt als heute. Die spezielle werbende Perspektive des Galeristen, der das Werk des Künstlers vertritt, war darauf auch kaum gerichtet.

Bei allen Verdiensten von Abercrons Monografie und seiner Galerie ist die Rückkehr von Spiros Werk nach Deutschland keine wirkliche Erfolgsgeschichte. Das betrifft neben dem Kunstmarkt auch die Würdigung seiner Rolle für die Entwicklung der bildenden Künste im 20. Jahrhundert, immerhin Sprecher von deren Organisationen in Berlin und Paris. Als Exilschicksal war dasjenige Spiros anscheinend zu einzigartig, um auf das Interesse der dazu Publizierenden zu stoßen. Erst nach Spiros Tod hatte Abercron Gelegenheit, sich in Kooperation mit Sohn Peter Spiro intensiv mit dem Werk Eugen Spiros zu befassen.

Die Gründe für das Ausbleiben einer größeren Erfolgsgeschichte sind vielfältig.

Der Wichtigste ist Spiros Selbstverständnis, Malerei als Beruf auszuüben. Es wäre zu kurz gegriffen, sähe man in seinen Werken vor allem das Bestreben, damit einen nicht zu knapp bemessenen Lebensunterhalt zu bestreiten. Dafür gibt es zu viele Werke, bei denen alsbaldige Verwertung nicht zu erwarten war.

Spiro hat sich nicht als die Künstlerpersönlichkeit stilisiert, die in ihrem Werk aufgeht, und schon gar nicht an seinem Nachruhm gearbeitet. Er hat keine systematischen Grundlagen für ein Werkverzeichnis geschaffen. Auch abgesehen von Auftragswerken scheint Spiro das Interesse an Bildern verloren zu haben, waren diese einmal verkauft.

Solch pragmatische Haltung gegenüber der eigenen Arbeit hat bei anderen Künstlern nicht verhindert, dass ihnen Gegenwart und Nachwelt Genie-Status zuerkannt haben: Mondpreise auf dem Kunstmarkt lassen kritische Stimmen verstummen. Anders als Literatur- und Musikkritik ist die Kunstkritik in der genierlichen Situation, den Kunstmarkt im Nacken zu haben. Argumentationen können noch so stringent sein, gegen den Markt anzuschreiben, schadet dem Kritiker mehr als den Werken. Die Gemengelage von Markt und Kritik hat in der Moderne zu einer Besessenheit vom jeweils Neuesten geführt, zuweilen unter Hintanstellung des Kriteriums Qualität. Vielleicht führt eine zunehmend zu beobachtende Ermüdung gegenüber der Neuigkeitsbesessenheit zur Wiederkehr des Interesses an Eugen Spiro.

Es lohnt sich, nach weiteren Gründen zu suchen, die erklären könnten, warum sich nach den Jahren des Glanzes bis 1933 in Deutschland nach 1945 nichts annähernd daran Heranreichendes wieder einstellte.

In einem Rundfunkvortrag hat Spiro schon im Juni 1928 beschrieben, dass nach der Krise der Kriegs- und Inflationsjahre der wiederaufgelebte Wohlstand bürgerlicher Milieus nicht dazu geführt habe, dass wieder Kunstwerke aktueller Produktion gekauft würden; wenn überhaupt, genössen Werke anerkannter verstorbener Künstler dank größerer Wertbeständigkeit den Vorzug. Noch dramatischer wirke sich aus, dass die Gewohnheit verloren gegangen sei, Familienmitglieder malerisch porträtieren zu lassen. Das war für Spiro schädlicher als für andere, die nicht eine breite Lebensführung auf die Nachfrage nach Porträts gestützt hatten. Für ihn waren die Einnahmen aus Porträts die Grundlage für weniger Einnahmen versprechende Stillleben und mehr noch für die großen Reisen, aus denen sein umfangreiches landschafterisches Werk hervorging.

Wenig günstig war für Spiro die langjährige Dominanz der Abstrakten in den USA wie in Europa. Die „Weltsprache der Kunst" zu sein, nahm die Abstraktion in Anspruch. Die „École de Paris", deren Exponent Spiro auch in New York geblieben ist, wurde durch die Dominanz von Abstrakten abgelöst, gerade auch solchen aus den USA. In Westdeutschland war die Kontroverse abstrakt/figürlich besonders aufgeladen. Weniger von den abstrakten Malern selbst als von ihren publizistischen Unterstützern wurde die Kontroverse abstrakt/figürlich eingespannt in Begriffspaare à la intellektuell/dumpf, phantasievoll/eklektizistisch, geschichtsbewusst/ahistorisch, freiheitlich/totalitär usw.[8]

Die Westalliierten hatten zumindest während der chaotischen Verhältnisse der frühen Nachkriegsjahre kein Interesse an der baldigen Rückkehr von Emigranten, soweit diese nicht ausdrücklich mit militärischen oder das Besatzungsregime stützenden Aufgaben versehen waren. Es gibt aber auch keine Anhaltspunkte dafür, dass der inzwischen über siebzigjährige Spiro solche Absichten gehabt hätte. Die Geschichte der Remigration weniger ist zugleich die Geschichte der Nichtremigration vieler, auch solcher, bei denen Alter kein Hinderungsgrund war.[9]

Viel hartnäckiger und langfristiger wirkte sich aus, dass den Emigranten aus Westdeutschland kaum Botschaften zugingen, aus denen sie hätten entnehmen können, dass ihre Rückkehr willkommen sei. Mag sein, dass man in den Hungerjahren andere Sorgen hatte. Aber auch, als nach der Währungsreform 1948 das „Wirtschaftswunder" Fahrt aufnahm, blieben solche Botschaften aus. Mit weniger Konkurrenz zu tun zu haben, war schon recht. Aus der DDR ergingen Willkommensbotschaften an exilierte Künstler, wenn sie sich denn zum Kommunismus bekannten. Mit kommunistischen Künstlern hatte Spiro zu Zeiten des Freien Künstlerbundes in Paris problemlos zusammengearbeitet, war aber für seine Person weit entfernt von solchen Bekenntnissen.

Wer weiß, wie Eugen Spiro reagiert hätte, hätte man ihn als Sprecher einer wiederzubelebenden Berliner Secession zurückgerufen. Stattdessen gedieh der konturenärmere traditionelle Verein Berliner Künstler, von dem sich die Secession ursprünglich abgespalten hatte.

Die Zurückhaltung gegenüber dem Exil beschränkte sich aber nicht auf kleinliche Vorteilsmaximierung. Zurückkehrende Emigranten hätten die Erinnerung an Momente eigener Anpassung ans NS-Regime wachgerufen. Sehr bekannt ist die sogenannte „Große

Kontroverse“ um die mögliche Rückkehr Thomas Manns. Da wurden Rettung vor KZ und Vernichtung in Bevorzugung bequemeren Lebens und die Unfähigkeit verfälscht, das Leiden der im Lande Verbliebenen zu erkennen.[10]

Interessant ist ein Seitenblick auf die Abfolge von Ausstellungen mit dem Namen „documenta“ in Kassel ab 1955. Aus kleinen Anfängen entwickelten sich die alle fünf Jahre stattfindenden Ausstellungen zu weltweit wahrgenommenen Ereignissen der Kunst und des Kulturtourismus. Vor allem documenta1 im Jahre 1955 und documenta2 im Jahre 1959 akzentuierten die Erinnerung an das blühende Kunstleben, das vom Nazi-Regime beendet worden war. Damit meinte man allerdings Kunst, die mehr als die Spiro'sche mit traditionellen Sehgewohnheiten gebrochen hatte. Seine Teilnahme wurde nicht erwogen. Aufschlussreich ist der Umgang mit Spiros Freund aus Münchner und Pariser Zeiten Rudolf Levy, geboren 1875, umgekommen Anfang 1944 in Auschwitz oder beim Transport dorthin. Seine Berücksichtigung wurde erwogen, sodann verworfen. Ähnlich wurde mit Otto Freundlich verfahren, geboren 1878, ermordet 1943. Die documenta war auch eine Demonstration der Überlegenheit des Westens im „Kalten Krieg“, da passten Hinweise auf den Holocaust nicht ins Konzept. Der Kunsthistoriker Werner Haftmann (1912–1999) war der theoretische Kopf der frühen documenta. Dafür hatte er sich mit seiner über viele Auflagen erfolgreichen „Malerei im 20. Jahrhundert“ von 1954 qualifiziert. Dieses Buch enthält den erstaunlichen Satz: „Die moderne Kunst wurde (vom Nazi-Regime; Ergänzung J.G.) als eine jüdische Erfindung zur Zersetzung des ‚nordischen Geistes‘ erklärt, obwohl nicht ein einziger der deutschen modernen Maler Jude war“, so als gäbe es beispielsweise Otto Freundlich, Lotte Laserstein, Rudolf Levy, Max Liebermann, Ludwig Meidner, Lesser Ury gar nicht. Der auf den ersten Blick ausschließlich wie Kritik an NS-Kunstideologie klingende Satz schließt scheinbar grundlos bedeutende Künstler aus. Erst später hat sich herausgestellt, dass Haftmanns eigene Verstrickungen in NS-Unrecht ihm Anlass gaben, die documenta von jedem Hinweis auf die Verfolgung jüdischer Künstler freizuhalten.[11] Es herrschte wahrhaftig kein Klima, in dem es potentiellen jüdischen Remigranten in der bildenden Kunst leicht gemacht worden wäre.

Die Erinnerung an Eugen Spiro aufrecht zu erhalten, erforderte den Einfallsreichtum der Nachkommen. Selber zu malen, war für den als Ingenieur tätigen Sohn Peter Liebhaberei, die er aufnahm, als seine Tochter Elizabeth begann, das in ihrem Akademie-Studium Gelernte nicht nur in eigene Werke, sondern auch in Lehrtätigkeit umzusetzen. Ein schönes Ereignis war für die Spiro-Freunde in aller Welt viele Jahre lang das Eintreffen der jährlichen „season's greetings“ in Form der Drei-Generationen-Karten. Peter und Elizabeth reisten an Orte, von denen es Gemälde von Eugens Hand gab und suchten sich dort Motive, die sich auf Letztere bezogen. Es wird erkennbar, wie Eugen Spiros Malerei in Variationen weiterlebt.

Vor allem wegen der hohen Versicherungskosten konnten Sohn Peter und Enkelin Elizabeth Ausstellungen der Werke Eugen Spiros in Deutschland nicht bewirken. Da fügte es sich günstig, dass sie mit Maciej Łagiewski auf einen polnischen Museumsdirektor trafen, der in seinem Stadtmuseum Muzeum Miejkie Wrocławia gerne auch die Traditionen der früheren Stadt Breslau pflegt. So kam es im Jahre 2002 zu einer beeindruckenden Ausstellung „Eugen Spiro und Nachkommen“ mit beachtlichem Katalog. Das Exil Eugen Spiros wurde um ein drittes Land angereichert, ein nennenswertes Echo in Deutschland gab es nicht.

Die Exilsituation setzte sich 1972 gewissermaßen noch im Sterben des 98jährigen Eugen Spiro fort. „Mit Verspätung traf in Berlin, dem Ort seiner ergiebigsten Schaffensjahre, die Nachricht vom Tode des Malers Eugen Spiro ein. Spiro starb am 26. September im tizianischen Alter von knapp 99 Jahren in New York, dem Ort, an dem er nach der Emigration aus Deutschland eine neue Heimat gefunden hatte.“ So beginnt Camilla Blechen ihren Nachruf in der Frankfurter Allgemeinen Zeitung vom 16.10.1972. Nach Zusammenfassung seines Wirkens und seiner Exilgeschichte schließt sie im Hinblick auf Spiros zitierte Selbsteinschätzung anlässlich der Ausstellung von 1969: „Die Summe ihrer Exponate widerlegte den Glauben des Malers, ‚die Natur zu reproduzieren‘, und bestätigte, daß er stets ein hochartistisches Mehr gab.“

1 Abercron, Wilko von: Eugen Spiro 1874 Breslau–1972 New York. Spiegel seines Jahrhunderts, Alsbach 1990, S. 54
2 Eugen Spiro – Ein Querschnitt durch das malerische und graphische Werk, Ausstellungskatalog Berlin 1969, herausgegeben von Dr. Irmgard Wirth
3 Abercron, S. 13
4 Gautherie-Kampka, Annette, Eugen Spiro – Ein Maler abseits der Ismen, Weltkunst 2003 (Heft 5), S. 722
5 Scheyer, Ernst: Eugen Spiro – Clara Sachs, München 1977, S. 11
6 Spiro, Peter: Nur uns gibt es nicht wieder, Hürth bei Köln 2010, S. 110
7 EUGEN SPIRO Retrospektive, erschienen anlässlich einer Ausstellung der GALERIE VON ABERCRON Köln-München Januar 1978
8 Hermand, Jost: Freiheit im Kalten Krieg – Zum Siegeszug der abstrakten Malerei in Westdeutschland, in H. Borger/E. Mai/S. Waetzoldt (Herausgeber), ’45 und die Folgen – Kunstgeschichte eines Wiederbeginns, S. 135
9 Krauss, Marita: Heimkehr in ein fremdes Land – Geschichte der Remigration nach 1945, S. 69/70 und 46.
10 Hermand, Jost: Die große Kontroverse, in Jost Hermand/Wigand Lange, „Wollt ihr Thomas Mann wiederhaben?“ – Deutschland und die Emigranten, Hamburg 1999, S. 23ff.
11 Voss, Julia: Das Werner-Haftmann-Modell, in documenta – Politik und Kunst, Ausstellungskatalog Berlin 2021, S. 69ff.; Werner Haftmann, Malerei im 20. Jahrhundert, München, vierte veränderte und erweiterte Auflage 1965, S. 364

THOMAS MANN

December 13, 1944

Mr. Eugene Spiro
15 West 67th Street
New York 23, N.Y.

Dear Mr. Spiro:

It is an honor for me to write a word of sympathy and congratulation for the catalogue of your second American exhibition. The first exhibition took place two years ago, and could, of necessity, include only a few examples of your recent work, showing the present phase of development of your brilliant talent; the exhibit had to be sprinkled with older works which, luckily, you found here in private ownership; - because in the year of the horror, 1940, you had to leave all your possessions in France.

Today things are different. It is only new or almost new paintings that you are showing, and a great number of them too. You have used the years since you had to flee from your second home the spiritual home of so many European artists, Paris, to build with amazing strength and freshness and with admirable disregard for the hard outer circumstances, a second life's work, because the first one had been swallowed up by the dark powers of the world. We all know what it means to work under the pressure of outer events on our heart, our thoughts. But on the other hand, how could we have withstood these painful years without our work? What would have become of us without it, our staff and main-stay? I am somewhat familiar with your quiet, solitary and restless industry. What is mostly responsible for robbing us of our peace and interfering with our work: the uproar of the world about us, must also serve as a kind of wild protection, granting us time and cover to pursue our peaceful secrecies.

There was another paradoxical stimulus for your working furore: your obscurity. You were nobody when you arrived here, nobody but what you were capable of becoming in front of your easel. Your former big position in Germany as one of the leaders of the Berlin Sezession was of little help, and so was your European prestige as perhaps the most talented and inspired pupil and heir of French impressionism. To the broad American public your name meant nothing. At seventy, you had to fight like a beginner. That was tough, but it was also an impetus to fertility, and as painting, - contrary to music which usually consumes its adepts soon - is a healthy, vitally preserving art, I would not be surprised if you had never felt more alive than today and hoped to render your very best during the coming decades. Titian reached 99...

Already a few orders have come to the assistance of your portraying genius. The exhibition shows Arch-Bishop Mooney's likeness, which you painted last spring, the one of Judge Proskauer, and that of George N. Shuster of Hunter College. The good work will result in more good work. Have confidence in the favor and good will of this country, which knows how to be a cosmopolitan universe and a national state at the same time, and in which a personality with international education like yours may feel at home.

Very sincerely yours

Thomas Mann

THOMAS MANN 13. Dezember 1944

Lieber Herr Spiro,
es ist mir eine Ehre, für den Katalog Ihrer zweiten amerikanischen Ausstellung ein Wort der Sympathie und des Glückwunsches zu schreiben. Die erste Ausstellung fand vor zwei Jahren statt und konnte zwangsläufig nur einige Beispiele Ihrer jüngsten Arbeit zeigen, die den Entwicklungsstand Ihres glänzenden Talents belegen; die Ausstellung wurde durch ältere Arbeiten bereichert, die Sie hier glücklicherweise in Privatbesitz fanden, nachdem Sie in dem Schreckensjahr 1940 Ihren ganzen Besitz in Frankreich zurücklassen mussten.

Heute liegen die Dinge anders. Sie stellen neue oder fast neue Gemälde aus und das in großer Zahl. Sie haben die Jahre, seit Sie aus Ihrer zweiten Heimat Paris, der geistigen Heimat so vieler europäischer Künstler fliehen mussten, genutzt, um ungeachtet der harten Gegebenheiten mit erstaunlicher Kraft und Frische eines neuen Lebens Werk zu schaffen, war doch das erste durch die dunklen Mächte dieser Welt verschlungen worden. Wir alle wissen, was es heißt zu arbeiten, wenn äußere Gegebenheiten unser Herz und unsere Gedanken bedrücken. Aber wie hätten wir andererseits diese schmerzlichen Jahre ohne unsere Arbeit durchstehen können? Was wäre aus uns ohne sie, unseren Halt und unsere Stütze geworden? Ich bin gewissermaßen mit Ihrem stillen einsamen und nimmermüden Fleiß vertraut. Was am meisten dafür verantwortlich ist, uns unseren Frieden zu rauben und unsere Arbeit zu stören: der uns umgebende Aufruhr der Welt muss zugleich als eine Art von wildgewachsenem Schutz dienen, der uns Zeit und Deckung gewährt, um unsere friedlichen inneren Ziele verfolgen zu können.

Es gab noch einen weiteren paradoxen Stimulus für Ihren Arbeitseifer: Ihre Unbekanntheit. Sie waren ein Niemand, als Sie hier ankamen, Sie waren nichts als das, was Sie vor Ihrer Staffelei werden konnten. Ihre frühere angesehene Position als einer der Leiter der Berliner Sezession half da wenig und auch nicht Ihr europäisches Prestige als der vielleicht begabteste und phantasiereichste Schüler und Erbe des französischen Impressionismus. Dem breiten amerikanischen Publikum bedeutete Ihr Name nichts. Mit siebzig mussten Sie wie ein Anfänger kämpfen. Das war hart, aber es war auch ein Ansporn zur Fruchtbarkeit, und da die Malerei – im Gegensatz zur Musik, die gewöhnlich ihre Adepten früh verbraucht – eine gesunde, belebende und bewahrende Kunst ist, wäre ich nicht erstaunt, wenn Sie sich nie lebendiger als heute fühlten und hofften, Ihr Bestes in den kommenden Jahrzehnten zu leisten. Tizian wurde 99 Jahre alt …

Einige Aufträge sind bereits dem Genius Ihrer Porträtkunst zur Hilfe gekommen. Die Ausstellung zeigt Bischof Mooneys Bild, das Sie im vergangenen Frühling malten, das Porträt von Richter Proskauer und das von George M. Shuster vom Hunter College. Auf die gute Arbeit wird weitere aufbauen. Haben Sie Vertrauen in die Gunst und den guten Willen dieses Landes, das es versteht, ein kosmopolitisches Universum und zugleich ein Nationalstaat zu sein, und in dem eine Persönlichkeit mit internationaler Bildung wie der Ihren sich zu Hause fühlen kann.

Sehr herzlich
Ihr Thomas Mann

Übersetzung: Peter Spiro/Jan Gehlsen

DER PRÄSIDENT
DER
BUNDESREPUBLIK DEUTSCHLAND

Bonn, den 31. März 1954

Herrn
Eugen S p i r o
15 West 67 Street
N e w Y o r k City
U.S.A.

Sehr geehrter Herr Spiro!

Auf das Älterwerden haben Sie sich genau 10 Jahre vor mir langsam vorbereitet. Aber wie ich mir vor ein paar Jahren von gemeinsamen Bekannten, die hier zu Besuch weilten, erzählen ließ, zu dem Alt-geworden-Sein sind Sie auch noch nicht vorgedrungen. Ich hoffe sehr, daß die damalige Aussage heute noch zutrifft, denn Alter ist, wie wir ja schließlich alle erfahren haben, ein relativer Begriff, der nicht an den Jahreszahlen abzulesen ist.

Es sind wohl jetzt so 50 Jahre her, da ich damals als junger Publizist in der Umgebung von Friedrich Naumann neben den Kunstdingen in Berlin mittrabte, keine Ausstellung versäumte und gelegentlich auch meine wohlweisen jungen Meinungen von mir gab, die später etwas gesicherter waren als in den Jahren der kühnen Behauptungen. Seit dieser Zeit waren mir der Strich Ihres Pinsels und die Farben, mit denen Sie eine so lebendige und bleibende Wirkung auf den Beschauer

auszuüben

-2-

auszuüben verstanden, vertraut, und ich weiß um die Stellung, die Sie in der damaligen Kunst des sich entfaltenden sogenannten Impressionismus eingenommen haben. Ich selber halte von den Typen-Bezeichnungen innerhalb der Kunst nicht sehr viel, sondern sehe stärker auf die Individualität, die hinter dem einzelnen Künstler steckt und nicht auf die Richtung, zu der er sich rechnet oder der er zugerechnet wird. Ich möchte Ihnen aus der alten Heimat zu Ihrem 80. Geburtstag einen Gruß senden dürfen und einen Glückwunsch. Sie sollen spüren, daß Sie hier nicht vergessen sind.

Mit freundlichen Empfehlungen

Ihr

Theodor Heuss

Eine nicht gehaltene Grabrede fuer Eugen Spiro

Zunaechst muss gesagt werden: Spiro war ein vollendeter Gentleman, in seiner Haltung, Grazie, seinem Charme, seiner Guete, Grossherzigkeit, Grosszuegigkeit - in seiner Liebenswuerdigkeit.
Das ueber den Mann Spiro - den Menschen.
Darueber hinaus - und das ist auch der Kuenstler - sein gluehendes Interesse am Leben fuer alles, was zur Verschoenerung, Bereicherung desselben notwendig ist:
dies eignete er in wahrlich nicht alltaeglichem Maasse.
Dieses Interesse umfasste ebenso Literatur, Theater und vor allem - Musik ! Dies war die andere seite, nach der das Pendel ausschlug.
Es ist natuerlich gewagt zu sagen, dass das Pendel nach beiden Seiten gleich ausschwang. Wenn es je in seiner Jugend auftauchte zu entscheiden: Maler oder Musiker, so nur im Unterbewusstsein.
Er war der Maler.
Ich glaube nicht, dass Spiro nennenswerte Probleme zu loesen hatte. Er war keine problematische Natur. Ohne zu merken, wie hoch seine grosse Bedeutung als Maler war - er war gluecklich ausgeglichen. "Wie er kommt, so musst' er", aber auch: "Wie er musst, so kommt er." Seine Musikalitaet war die des geborenen Musikers, ohne Frage seine Veranlagung zum Saenger von Klasse.'
Sein Gedaechtnis, besonders fuer Opern und Liedliteratur, erstaunlich. Noch am letzten Weihnachtsabend im Hause der Spiro's sang er ploetzlich bei Tisch ein Lied Mendelssohns mit voller Stimme, ohne ein Wort des Textes zu vergessen. Da war er erst 97 Jahre alt ! Kurz vorher eines Abends, wir standen schon angekleidet zum Weggehen, sang er mir den "Leiermann" aus der "Winterreise" vor. Immer mit Vollklang seiner Stimme, die so jung blieb wie er.
Nun ist dieser ausserordentliche Mann gegangen.

Ich glaube nicht an das Fortleben nach dem Tode - bei Eugen Spiro zweifle ich zum ersten Male. Diese Erscheinung - diese Freude am Leben ! Wahrscheinlich ist er nicht tot und sitzt da oben, angekleidet "à quatre épingles", mit dem Beret am Kopf. Entweder vor der Staffelei, oder vor einem Buch.
Da sitzt er: Malt - liest und singt !

(von Bruno Eisner)

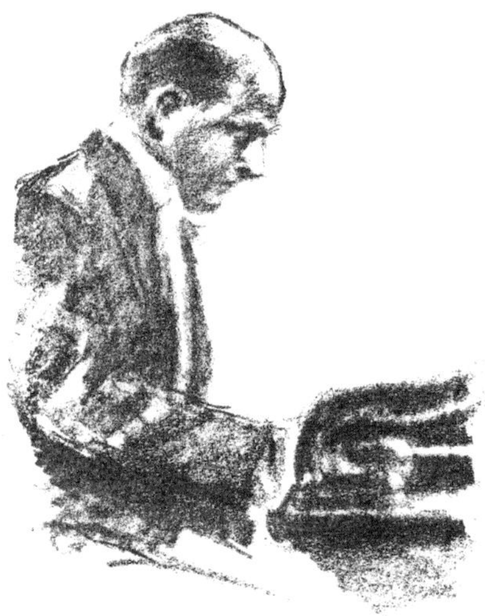

Bruno Eisner

Personenregister

G

H

I

J

K

L

M

N

O

P

R

S

T

U

V

W

Y

Z

Abbildungsnachweis

aus ***Abercron, Wilko von:*** Eugen Spiro 1874 Breslau – 1972 New York – Spiegel seines Jahrhunderts, Alsbach 1990

- Cassis, Südfrankreich, 1926

aus ***Antike Fresken,*** München 1922

- Landschaft aus Pompei
- Mädchen mit Schreibzeug

Architekturmuseum der Technischen Universität Berlin

- Landhaus über einem See, o.J. (Sethe-Hof, Hiddensee-Kloster)

Berlinische Galerie

- Tänzerin Baladine, 1901. Foto Roman März
- Landaufenthalt, 1906. Foto Kai-Annett Becker

Bildagentur für Kunst, Kultur und Geschichte (bpk)

- Theaterloge, 1907. Nationalgalerie Berlin, Foto Jörg P. Anders
- Lovis Corinth: Schlossfreiheit in Berlin gesehen von der Darmstädter Bank aus, 1923. Nationalgalerie Berlin, Foto Jörg P. Anders
- Landschaft bei Spalato. 1923. Nationalgalerie Berlin, Foto Jörg P. Anders
- Leo von König: Käthe Kollwitz, 1941. Dresden, Galerie Neue Meister, Foto Elke Estel/ Hans-Peter Klut
- Doppelspiegel-Selbstbildnis, 1928. Herzog Anton Ulrich-Museum Braunschweig
- Bildnis Elisabeth Spiro 1929. Nationalgalerie Berlin, Foto Andreas Kilger
- Luftschiff LZ 127 über New York, 1929. Deutsches Historisches Museum, Foto Arne Psille
- Ernst Toller, 1930. Schiller-Nationalmuseum u. Deutsches Literaturarchiv Marbach, Foto Lutz Braun
- Gerhart Hauptmann, 1932. Centre Pompidou, Paris, Foto Bertrand Prévost
- Paul Cézanne: Gustave Geffroy, 1895, Musée d'Orsay, Paris, Foto Hervé Lewandowski
- Lovis Corinth: Julius Meier-Graefe, 1913. Musée d'Orsay, Paris, Foto Jean Schormans
- Vincent van Gogh: Arlesienne, 1888. Musée d'Orsay, Paris, Foto Stéphane Maréchalle

aus ***Das Podium. Künstlergesten aus dem Concertsaal.*** Lithographien von Eugen Spiro, Berlin o. J.

- Rosé-Quartett mit Artur Schnabel am Klavier
- Therese Schnabel
- Ferruccio Buson

Deutsche Botschaft Prag

- Samuel Saenger, 1917

aus ***Gilbert, Marianne:*** Le tiroir entr'ouvert, précédé d'une introduction de Marcel Brion, avec trente et une lettres inédites de R.-M. Rilke, Paris 1956

- Zwei Zeichnungen

aus ***Franz Heckendorf*** von Joachim Kirchner. Mit einer Selbstbiographie des Künstlers, einem farbigen Titelblatt und 52 Abbildungen, Junge Kunst Band 6, Leipzig 1919

- Franz Heckendorf: Selbstbildnis

aus ***Frauen aus der Stadt der Minarette*** von Prinzessin Mirza Riza Khan Arfa. Autorisierte Übertragung von Heinrich Goebel. Mit Illustrationen von Eugen Spiro, Berlin 1926

- Konstantinopel

Galerie Mutter Fourage, Berlin-Wannsee

- Franz Heckendorf: Vorstadt, 1923. Foto Barbara Schnabel

Germanisches Nationalmuseum Nürnberg

- Julius Meier-Graefe, 1913. Foto Monika Runge

aus ***Im Konzert.*** Ein leitmotivischer Text von Oscar Bie. Mit vierundfünfzig Steinzeichnungen von Eugen Spiro, Berlin o. J.

- Carl Flesch
- Lilli Lehmann
- Richard Strauss
- Maria Ivogün
- Paul Goldtschmidt

Jüdisches Museum Berlin
Selbstportrait mit Melonenhut, 1907. Foto Roman März

- Selbstportrait mit Sohn, 1922. Foto Roman März
- Selbstportrait im Central Park, 1954
- Litho-Portrait Albert Einstein, 1941

aus ***Leo von König – 60 Bilder.*** Ausgewählt und eingeleitet von Anton Dörfler, Königsberg 1944

- Leo von König: Selbstbildnis, 1940

Kunstauktionshaus Schloss Ahlden

- Halbakt, 1908

- Sommerlandschaft auf Hiddensee, 1922

Kunstforum Ostdeutsche Galerie Regensburg
- Damenbildnis, 1905. Foto Uwe Moosburger
- Die Schauspielerin Elsa Sarto, 1906. Uwe Moosburger
- Maler Lodewijk Schelfhout, 1908. Foto Uwe Moosburger
- Trauerfeier für Reichsaußen-minister Stresemann, 1929. Foto Andreas Pauly
- Selbstbildnis mit Skizzenbuch, 1946. Foto Uwe Moosburger

Leo Baeck Institute New York/Berlin
- Washington Square

Max-Planck-Gesellschaft
- Bildnis Max Planck, 1927
- Bildnis Louis Pasteur nach Fotografie, 1930
- Bildnis Robert Koch nach Fotografie, 1930
- Bildnis Paul Ehrlich nach Fotografie, 1930

Museum der verlorenen Generation Salzburg
- Portrait Dr. Joseph Chapiro, 1928. Foto Hubert Auer
- Portrait des Sohnes Peter, 1936. Foto Hubert Auer
- Portrait Mela Kempinski, 1933. Foto Hubert Auer

Muzeum Miejskie Wrocławia
- Fanny Ephraim, um 1900. Foto Tomasz Gąsior
- Emil Ephraim, um 1900. Foto Tomasz Gąsior
- Bretagne Landschaft, 1906. Foto Tomasz Gąsior

Privatbesitz
- Dame mit Hund (Tilla Durieux), 1905
- Landschaft, 1919
- Am Frühstückstisch, 1921

Privatbesitz
- Lella, 1917
- Selbstbildnis, 1930
- Sommerlandschaft, 1939
- Bauernhäuser unter Bäumen an einem Sommertag, 1950
- Interieur mit Frau (Lilli Jacoby), 1954
- Selbstbildnis zum 90. Geburtstag, 1964

Privatbesitz
- Wolken am Meer, 1919

aus ***Hundert-Jahr-Feier des Verlages Philipp Reclam***, Leipzig 1928
- Thomas Mann am Rednerpult

aus ***Rothenberg, Beno (Hrsg.): Kaete Ephraim Marcus, Jerusalem 1961***
- Selbstbildnis Kaete Ephraim Marcus, 1933

Sammlung Thomas B. Schumann, Fotos Thomas Kersten
- Montmartre Sacre Coeur, 1925
- Olivenhain auf Korsika, 1928
- Knabenbildnis am Strand (Peter Spiro in Concarneau), 1929
- Selbstbildnis, 1932
  The Mill Elizabethtown, um 1950

Spiro, Elizabeth
- Selbstbildnis, 1985
- Sanary sur mer

Spiro Erben
- Selbstportrait, 1901
- Elisabeth, lesend im Bett, 1929
  Portrait auf der Terrasse, 1930
- Lektüre im Garten, 1936
- Lilli in rosa Bluse, 1946
- Schwiegertochter mit Ekelkindern, 1947
- Blick über den Lago die Como, 1956
- Lido bei Torbole, 1959
- Boote in Bornholm, 1960

Stadtmuseum Berlin
- Leopoldine Konstantin, 1916
- Albert Bassermann, 1931

Stadtmuseum Güstrow
- Hans Purrmann, Lützowufer, um 1929. Foto André Hamann, Groß Wokern, andrehamann.com

The Israel Museum Jerusalem
- Selbstportrait mit Pinsel und Palette, 1928
- Ludwig Hardt liest Heine, 1931

Tel Aviv Museum of Art
- Vor dem Ausgang, 1909
- Susi, Kate, Lotte, 1910
- Selbstportrait mit Frau und Sohn, 1924
- Portrait Prof. Carl Lewin, um 1931

aus ***Universitätsbibliothek Heidelberg***
- Frühling http://digi.ub.uni-heidelberg.de/diglit/jugend1900_2_0398
- Im Witwenschleier jugend1904_1_0168
- In Rosen Baladine 1901 jugend1905_1_0208
- Richard Muther jugend1910_1_0030
- Tilla Durieux mit kleinem Hund 1905 jugend1912_1_0535
- Tilla Durieux als Salome jugend1912_2_0209
- Baladine 1909 jugend1913_1-0484

- Erich Kleiber dirigierend 1924
  jugend_1935_0194
- Elisabeth Spiro 1918
  jugend1919_1_0286

aus: ***Velhagen & Klasings Monatshefte***, 36. Jahrgang 1921/1922, Bd. 2

- Landschaft am Gardasee
- Bildnis 1911
- Bildnis 1912
- Im Konzert
- Auf der Veranda
- Hauskonzert
- Lesende

aus: ***Velhagen & Klasings Monatshefte***, 39. Jahrgang 1924/1925, Bd. 1 und 2

- Gerhart Hauptmann beim Diktat
- Gerhart Hauptmann bei der Arbeit
- Geburtstagstisch
- Leni Riefenstahl
- Teestunde
- Gerda Müller als Medea
- Max Adalbert im Lustspiel „Klubleute"
- Mady Christians im Lustspiel „Frau ohne Kuß"
- Mimi Vesely als Helena in O. Nedbals „Polenblut"
- Josef Bató: Wandmalereien
- Josef Bató: Tennisspielerin

aus: ***Westermanns Monatshefte***, Heft: 822, Februar 1925

- Major Joseph Joachim, 1915

Fotos

aus **Abercron, Wilko von:**
Eugen Spiro 1874 Breslau – 1972 New York – Spiegel seines Jahrhunderts, Alsbach 1990

- Eugen Spiro malt Albert Einstein 1941

aus **Album von Berlin. Enthält 57 Ansichten und 1 buntes Panorama, Berlin o. J.**

- Tauentzienstraße um 1905
- Halensee. Henriettenplatz/ Kurfürstendamm um 1905

Wolfgang Feyerabend

- Elizabeth Spiro, Hiddensee 2022
- Regensburger Straße 10
- Lietzenburg, Hiddensee-Kloster
- Sethe-Hof, Hiddensee-Kloster
- Reichsstraße 106
- Gedenktafel vorm Haus Reichsstraße 106
- Ehemaliges Jüdisches Museum und Neue Synagoge

Jan Gehlsen

- Peter Spiros 95. Geburtstag

Jüdisches Museum Berlin

- Eugen Spiro mit Schülerinnen und Schülern seiner Malschule, Berlin 1935; Berlin, Inv.-Nr. 2010/40/4/005, Schenkung von Hedwig Wingler

aus: **Hans Purrmann zum 100.** – Ausstellungskatalog Museum Langenargen 1980

- Lotte Eckener: Hans Purrmann und Eugen Spiro im Langenargener Garten 1931

In einigen Fällen konnten Bildrechteinhaber nicht ermittelt werden. Berechtigte Ansprüche bleiben gewahrt.

Zu den Autoren:

Wolfgang Feyerabend, geb. 1951 in Wittenberg, Schulbesuch und Studium der Germanistik in Leipzig, arbeitete als Verlagslektor, Literaturkritiker und Hörspielautor. Er gründete 1995 die Agentur „Berliner Autoren Führungen" und lebt heute als freiberuflicher Schriftsteller in Berlin. Zahlreiche Buchveröffentlichungen zur Kulturgeschichte Berlins, u.a. „Spaziergänge durch Fontanes Berlin", „Berlin – Eine musikalische Entdeckungsreise", „Von Alex bis Zoo – Literarische Orte in Berlin".

Jan Gehlsen, geb. 1940 in Lübeck. Jura-Studium in München, Lausanne und Frankfurt am Main, daneben Französisch für Lehramt. Nach dem Zweiten Staatsexamen Arbeit in der Hochschulverwaltung, zuletzt 1982–2002 Kanzler der Universität Hannover. Mitgründer der Zeitschrift „Kritische Justiz", Publikationen über Juristen im Exil in Frankreich und USA 1933–1945. Sammler von Exil-Literatur und Exil-Kunst.